陈斌

史官云 主编

中国古桥文化艺术

中国建筑工业出版社

图书在版编目（CIP）数据

中国古桥文化艺术 / 陈斌, 史官云主编. -- 北京 ：
中国建筑工业出版社, 2025. 2. -- ISBN 978-7-112
-30898-9

Ⅰ. K928.78

中国国家版本馆 CIP 数据核字第 202595ZH91 号

责任编辑：张　瑞　刘颖超
责任校对：赵　菲

中国古桥文化艺术
陈　斌　史官云　主编
*
中国建筑工业出版社出版、发行（北京海淀三里河路 9 号）
各地新华书店、建筑书店经销
国排高科（北京）人工智能科技有限公司制版
北京富诚彩色印刷有限公司印刷
*
开本：880 毫米 × 1230 毫米　1/16　印张：23 ½　字数：694 千字
2025 年 7 月第一版　　2025 年 7 月第一次印刷
定价：**120.00** 元
ISBN 978-7-112-30898-9
（44568）

版权所有　翻印必究
如有内容及印装质量问题，请与本社读者服务中心联系
电话：（010）58337283　　QQ：2885381756
（地址：北京海淀三里河路 9 号中国建筑工业出版社 604 室　邮政编码：100037）

中国古桥是中国优秀历史文化遗产的重要组成部分，中国古桥文化是中国5000年文明史的重要内容，尤其在中国古建筑文化中占有不可替代的地位。

古桥文化特征鲜明，具有特定内容和表现形式，其显现的文化内涵和审美功能已经超越了古桥本身的实用价值。它通过桥梁这一物质载体，反映了劳动人民的聪明才智、科技水平、工艺成就和匠心精神；反映了时代变迁、地理通达、地域兴衰和人物事件；反映了地域文化、民风民俗、宗教信仰和环境变化；反映了人类精神世界、行为操守、生存愿望和对真善美的追求。

一座古桥就是一段历史，一座古桥就是一方文化，一座古桥就是一个故事。中国古桥是中国古建筑的重要组成部分。中国古桥文化具有明显的时代性、民族性、地域性和多元性。在5000年悠久的历史长河中，为实现"一桥飞架南北，天堑变通途"的交通愿望，劳动人民、贤达之士发挥了令人惊叹的创造力和奋斗精神，他们在桥位选址、营造工艺、材质选择、文化元素运用等方面倾注了极大的心血和无穷的智慧。

中国古桥究其历史之久、数量之大、品类之全、文化之丰、故事之多在世界古桥中可独占鳌头。从考古发掘、文献记载和现存实物多方考证，可以明确指出：我国是世界上最早人力建造桥梁的国家。在西安半坡村，距今4000多年前的新石器时代遗址，考古挖掘发现早期先民的居住地为防异族及野生动物侵袭，在居住区域周边挖掘出了单凭腿脚难以跨越的巨型沟槽（壕沟），那么，为了自身活动所需，势必在沟上架设临时通行的设施，或许就是一根或几根木头相互拼装而成的"活动桥"，从而成为最原始木梁桥。北魏晚期郦道元的《水经注·谷水》就写道："涧有石梁，即旅人桥也。凡是数桥，皆累石为之，亦高壮矣。悉用大石，下圆以通水，可受大舫过也。"由此可知，石材为料，筑成洞桥，石拱桥由此而成。我国现存的石拱桥，历史最早、保存完好的是河北赵县的安济桥，又称赵州桥，它的敞肩式单

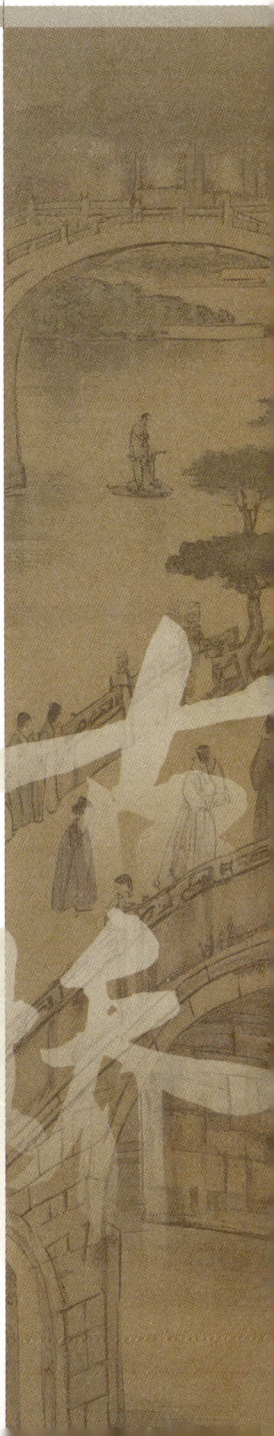

孔圆弧石拱桥结构创世界桥梁史之先河。它建于隋代，已有 1400 多年的历史，至今仍跨越在洨河之上。同为单孔敞肩圆弧石拱桥的还有建于隋代的小商桥，小商桥位于河南临颍县商水河上，它早于赵州桥 20 年建成，可谓世界历史上第一座单孔敞肩圆弧石拱桥，但其规模和影响力都不及安济桥（赵州桥）。

细分中国古桥品类，除了天工造物呈现的自然"天生桥"外，在我国大江南北、原野峻岭、河川溪谷分布着古代先人建造的水中碇步桥、浮桥、吊桥、栈桥、闸桥、槽（渡）桥、各式梁桥和拱桥、梁拱组合桥、园林景观桥等。另外，尚有一些结构比较特殊的桥型。由于自然环境的摧残，天灾人祸的发生，已有百年以上建造史的竹、木为材的古桥存量十分稀少，难以考察求索。

中国古桥文化主要通过古桥构筑之美，环境之和谐，桥名、桥碑、桥联、桥刻、桥诗、桥画、桥语等一系列文字和线条、图案表现了物质形象和思想内涵。桥名的选取无不是建造者意愿的表达和对环境的描述。桥碑基本上都记载了建桥的因果和过程，以及捐资人员的姓氏和功绩。桥上的楹联更是桥文化中的重要内容，一般它镌刻在石拱桥的楹联柱上，也有刻在桥廊柱、桥门柱、桥亭柱的显眼位置。桥联的内容众多，反映的是桥景、桥史、桥意和格言警句等。至今流传下来的关于"桥"的诗词多为古代达官贵人赶京赴任、告老还乡，或文人墨客寻朋访友、游历山水，或失意之士边域流放、话别众友，触景生情，留下的诗篇绝唱。古桥也是历代山水画家的创作源泉和灵感的发源地。北宋张择端的《清明上河图》中的汴河虹桥，王希孟的《千里江山图》中的水磨长桥，元代盛懋的《江乡渔隐》中的石虹桥，明代宋旭的《吕山汇》中的吕山桥，清代王原祁的《西湖十景图》中的断桥等传世名画，都离不开把桥梁作为画中点睛之处。古桥上的雕刻，堪称古桥上美的精华所在，无论阳刻还是阴雕，大多匠心独具，更有绝代佳品，所承载的时代渊源和呈现的宗教思想，令人回味无穷，浮想联翩。那些精美图案和形象生动的实体物件令人爱不释手、流连忘返，不少已成为艺术珍品，国之瑰宝。而因古桥建造所生成的故事内容十分丰富，涉及的事由又十分曲折，表现的情感又十分动人缠绵。那些红色之桥、战斗之桥、爱情之桥、友谊之桥、感恩之桥、艺术之桥，留下的实体和文化至今还引起人们的广泛记忆和流传。中国古桥伴随着中华民族几千多年的悠久历史和文明发展史，在历史长河中，展现了我国劳动人民和社会贤达对生命的热爱、生存的追求、自然的敬畏和改善环境的毅力。

中国古桥不仅是我们先人创造和智慧的结晶，也是克服困难、战胜自然取得的丰功伟绩，极具历史文化内涵和历史宝贵遗产，也是世界桥梁发展史中光辉的一页。中国古桥所传承的人文历史、民俗民风、道德精神、美好理想，如今依然影响着我们及子孙后代。

近年来，习近平总书记多次提出：历史文化遗产是不可再生、不可替代的宝贵资源，要始终把保护放在第一位；对待古建筑要有珍爱之心、尊崇之心，要像对待"老人"一样尊重和善待城市中的老建筑，保留城市历史文化记忆。在新时代中国特色社会主义建设中做好各类历史文化和历史文化遗产的保护工作；坚定文化自信，加强城乡历史文化抢救、保护和传承工作，这对于我们在城镇乡村建设、改造、开发中系统保护，维护、利用好历史文化遗产；对延续历史文脉、民族传统，推动城乡社会主义建设、城市更新、新农村建设、高质量发展；对我国几千年文化中的精华进行挖掘、提炼、吸收和再生，建设社会主义文化强国具有十分重大意义。

《中国古桥文化艺术》一书较系统地介绍了我国古桥起源和发展史；系统介绍了我国古桥的各种桥型和材质，以及营造技艺和法则；较详尽叙述了中国古桥所承载的历史文化以及其作用和表现形态。本书还对既有古桥的保护、修缮和安全检查、监测作了介绍。同时，作为资料性内容还列出了全国重点文物保护单位的桥梁名称。

本书在编写过程中，得到了浙江省长三角城市基础设施科学研究院、杭州同济大学校友会古桥研究会及江南古桥文化研究会领导和专家的关心和支持，在此表示衷心感谢。对本书在出版工作中得到中国建筑工业出版社的大力支持表示衷心感谢。本书作者在编写过程中参阅了罗关洲、朱惠勇、陈树尧、朱永宁、程国强、吴荣荣、颜剑明、季海波、顾若邕等老师提供的资料，在此深表谢意；同时对本书在文字录入工作中给予帮助的李睿、童湾、裘朝、任肖、史卓奇等同学表示感谢。另外，除书中提到的参考文献外，不再一一列举，在此一并表示感谢。如有异议和建议时，请及时联系编者订正。

本书可作为中国古桥研究和保护学者、专家和爱好者的阅读资料，也可作为土木工程学科桥梁专业学生的辅助教学资料。由于编者知识水平、学术水平及文字水平有限，如有疏漏和不当之处，敬请批评指正，以便纠正，不胜感谢。

史官云
2024 年 1 月 22 日于杭州

目录

中国古桥文化艺术

第 1 章

中国古桥概述

我国古代桥梁，具有悠久历史和卓越成就。几千年来，人们在与自然抗争中不断创造和更新改进，在江河湖海、山谷溪流之间架起了一座座不同类型、坚固美观的桥梁，"一桥飞架南北，天堑变通途"。当近代铁路、公路交通还未出现前，作为历史产物的古代桥梁，在各个不同的历史时期，基本上是随着社会经济的发展而发展，起到了道路通达、连通彼岸的交通作用。

图 1.0.1　杭州城区跨度最大的石拱桥——拱宸桥

桥梁是一种既普遍而又特殊的建筑物。说到普遍，因为它是通过河谷所必需，而河流峡谷则是遍布大地，随处可遇的。至于特殊，因为它是空中的道路。道路处在空中，它的建筑结构就复杂起来，由于复杂就需要合适的材料和特殊的构造，并且还要适应桥址的自然环境、水文条件、地理构造，并且还涉及营造技艺和建造能力。这些条件，在科技不断进步的今天，在国家交通资金的投入保障下，新型建筑材料不断涌现，各种功能的大型施工装备和各类工程学科理论的不断完善进步，使得我国桥梁工程建设日新月异，成为世界"基建狂魔"。但在古代则完全不具备上述条件，每一桥梁的建成，都是前人付出了百倍的努力和惊人的毅力。

我国古代的桥工匠师，也和世界上其他民族匠师一样，创建了形式多样的桥梁，虽然创建年代互有先后，但其基本形式则大致相同，足以说明桥梁建造的规律性和科学性以及事物发展的必然结果。在中世纪，西方旅游家曾赞誉我国为多桥的古国，他们亲身经历，并用翔实的文字记录了在我国所见到的桥梁结构构造，往往是在其他国土上所罕见的。由此影响所及，引起了世界工程界对中国桥梁建造技术的重视，中国古代桥梁在世界桥梁发展史上享有盛名，不少桥型起到了世界桥梁建设的引领作用。这无疑是我国历代劳动人民对人类文明作出的杰出贡献，也是我国古代灿烂文化的一个组成部分。这一历程即使在现代化的今天，仍在继续前进，虽然时代不同，功效各异，但事物发展原是永无止境的。

国外学者对我国古代桥梁及其文化的研究，已有一些专著，国内学者更有诸多研究和应用，特别是对列入国家文物保护单位的桥梁的研究和保护做出的贡献尤为突出。用今天的科学文化认知，探讨古代桥梁的技术成就和文化特征，鉴古知今，古为今用，具有极其深远的意义。

北京卢沟桥　　河北赵州桥

福建洛阳桥　　广东广济桥

图 1.0.2　中国四大古桥

图 1.0.3　李约瑟与《中国科学技术史》

1.1　我国古代桥梁的起源

　　早在远古时代，自然界便有不少天生的桥梁形式，如浙江天台山石梁桥，跨度长 6 米，厚约 3 米，横跨飞瀑之上，梁上可通行人。唐代国清寺拾得高僧有诗道："石桥莓苔绿，时见白云飞。瀑布悬如练，月影落潭晖。"近代康有为曾在石梁上题"石梁飞瀑"四个大字。除此之外，天生石桥还有江苏溧水的天生桥、江西鹰潭仙人桥等等。至于天然侵蚀成的石拱，也有很多，如广西桂林的象鼻峰和江西贵溪的仙人桥。《徐霞客游记》记江西宜黄狮子岩巩（即拱）寺："寺北有蠢崖立溪上，是峰东西横跨，若飞梁天半，较贵溪石桥，轩大三倍。"树木横架便成木梁桥；藤萝跨悬是为悬索

4

桥。人类在生存的过程中，从自然界天生的桥梁得到启发，不断仿效自然，以解决通行中受阻隔断的问题。

我们的祖先，由原始游牧的生活方式而进入到定点聚居。随着生产资料的日臻繁盛，逐渐解决行的问题，完整地创建了宫室坛台、城廓道路、车舆舟楫。考古发掘早期的群居建筑群，便成为部落聚居生活的特征。桥，这个体现着我国劳动人民智慧而创造的产物，也初具规模，并且日益成为人民日常的政治、军事、经济、生活中不可缺少的重要建筑物。

图 1.1.1　浙江天台山石梁飞瀑

图 1.1.2　江西省鹰潭贵溪仙人桥

图 1.1.3　山东省泰安仙人桥

图 1.1.4　广西乐业县布柳河仙人桥

图 1.1.5　湖南省怀化市新晃仙人桥

图 1.1.6　广西河池市仙人桥

图 1.1.7　江西省上饶弋阳县鬼峰仙人桥

《文物》杂志 1976 年 8 月刊文《河姆渡发现原始社会重要遗址》，经考古界考证，认为距今 7000 年前，在文化发展起步较晚的杭州湾以南宁波余姚的河姆渡镇，发现了木梁柱建筑构件，并发掘出一些小

件饰物，其中有一个匕的木鞘，厚度均匀，上下平直，弧度致外壁两头缠有多道藤类的固箍，由此可知，新石器晚期劳动人民智力发达，掌握和利用木、竹、藤等材料具备的性能进行多种组合的加工工艺，当时已经具备了建造木梁木柱桥的物质条件和建桥工艺。

1954 年，我国在陕西西安半坡村发现了新石器时代的氏族聚落，位于河东岸台地上，已发现密集的圆形住房几十座，中间最大的建筑面积约 100 平方米。在部落周围，挖有深宽各约 5～6 米的大围沟，这条沟当年可能有水，估计是为了防御野生动物入内伤人

图 1.1.8　西安半坡村遗址

和防止外来部落侵略的设施。其出入住地需要跨越围沟，则势必搭设通过沟渠的设施——桥，时约在公元前 4000 年。

史前和之后的原始竹木桥梁，由于当时的材料、工艺、技术等种种原因，不可能在天灾人祸频发的漫长岁月中长久保存下来，所以，现在存在百年以上的竹木桥梁非常少见。然而由材质坚固的石料和钢铁建造的桥梁可以使用百年，甚至千年之久。桥梁从古代的天生桥、碇步桥、独木桥、浮桥，发展到如今的大跨度、高桥柱的梁桥、拱桥、斜拉桥、悬索桥，无不是人类知识水平的增长、社会经济的发展、科技水平的提高而成就的。

1.2　桥梁字义解释

关于早期桥梁的情况，我们先从文字的释名进行考证。

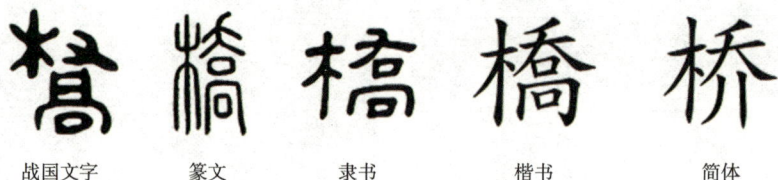

| 戦国文字 | 篆文 | 隶书 | 楷书 | 简体 |

图 1.2.1　"桥"字的演变

桥、梁两字，在古代是异名同义的两个单词。汉·许慎《说文解字》（下略为《说文》）作这样的解释："梁，水桥也，从木水，刃声。"又"桥，水梁也，从木，乔声。"互为通释，未说明其字义。清代段玉裁《说文解字注》（下略为《段氏注》）曾予以较详细的解释意义便较清晰。其梁字注为：梁之字，用木跨水，则今之桥也。《孟子》："十一月与梁成。"《国语》引《夏令》曰："九月除道，十月成梁。"《诗·大雅》："造舟为梁"皆今之桥制，见于经传者，言梁不言桥也。若《尔雅》："堤，谓之梁。"《毛诗》："石绝水曰梁"谓所以偃塞取鱼者，亦取亘（即横）于水之义，谓之梁。凡毛诗自"造舟为梁外，多言鱼梁"。《礼·王制》："鱼梁，水堰也，堰水为关，空承之以笋，以捕鱼，梁之曲者曰笱。"

对于桥的注释是："水梁，水中之梁也。梁者，宫室所以关举南北者也。然其字本从水，则桥梁其本义而栋梁其假借也。凡木者曰杠，骈木者桥。大而为陂陀者曰桥，古者挈皋（即桔槔，井上汲水的横木架）曰井桥。"《曲礼》："奉席如桥衡"读若居颐反，取高举之义也。

此外，还有同义的专门名词。如《尔雅·释宫》："石杠谓之徛。"《说文解字》释"徛"称取高举之义也"举胫有渡也。"《段氏注》为："聚石水中以为步渡约也。"且又于"榷"字条说明步渡是："然则石杠者谓两头聚石，以木横架之，可行，非石桥也。"又如《广志》："独木之桥曰彴曰杓。"《说文》释"榷"是："水上横木，所以渡者。"然则，"徛""彴""杠""榷"指的都是木梁桥，或精确地说是独木桥。《广韵》《集韵》《韵会》注"矼"字：古双切，音江，聚石为步渡水也，通作杠。那就是今天所谓的踏步桥或汀（碇）步桥，是上部不加木梁，排列较密，人可跨步的一个个"石磴子"。

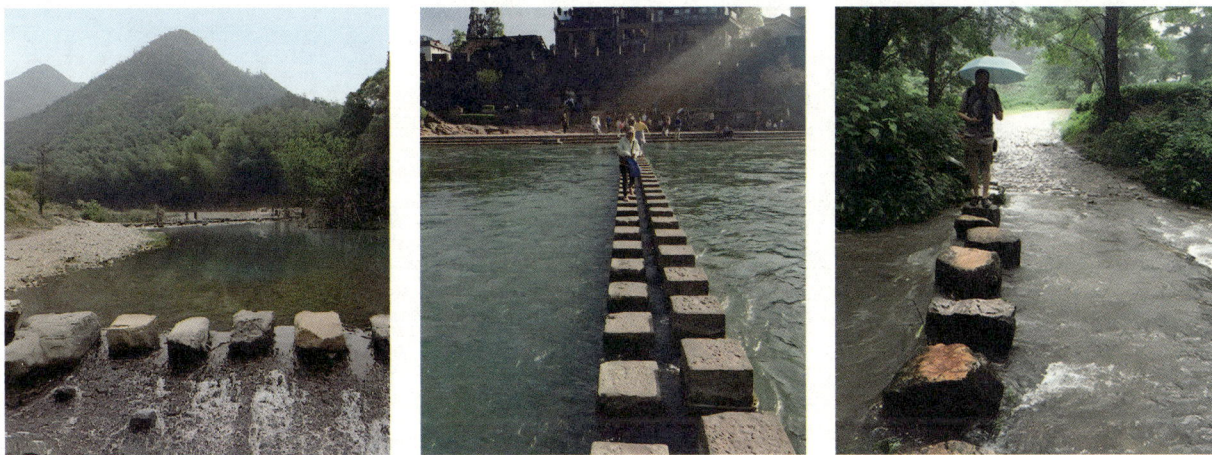

图 1.2.2　汀步桥

根据《段氏注》，可以知道：

（1）"桥"和"梁"是同义异名。"梁"这一专用名词，在文字应用上略先于"桥"。虽然，桥字出现也不晚。最近实物，如 1976 年出土秦·安陆令吏喜（公元前 262 年—公元前 217 年）墓竹简上有"千（阡）佰（陌）津桥"字样。

（2）"梁"和"桥"都从木，最早的桥梁应是木制的。《段氏注》："水阔者，必木与木相接，一其际也。"按照字形，二木之间有一横，似即指水阔而用有水中墩的多孔木梁桥。

（3）按《尔雅》和《毛传》的注，梁的字义不仅专指架木跨水的桥，还包括筑土或砌石绝阻断水所成横在水中堤，即所谓堤梁。这和今称山梁或鼻梁含义相同。堤梁从今日桥梁的含义来判别，不能称之为桥，那只是土或石堤上兼可以走人而已。

（4）"桥"和"梁"二字虽是异名同义，但桥字又有其含义。徐锴《说文解字系传通释》："乔，高而曲也，桥之为言也，矫然也。"联系上文，"大而陂陀者曰桥"，则"桥"字又形象地显示有坡度而中高的形状，与"梁"字仅训为跨水或绝水者有所不同。

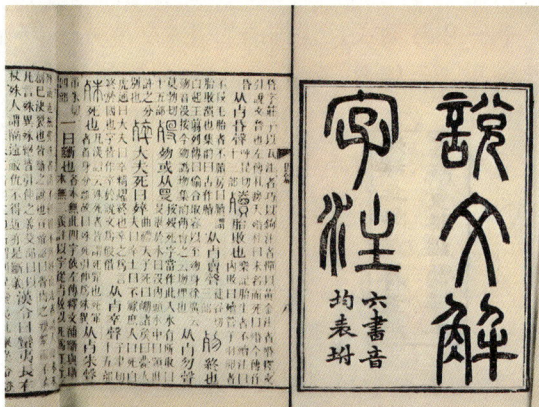

图 1.2.3   《说文解字注》

1.3   我国桥梁的最早记载

我国史前桥梁，文字已无可查证。根据我国有文字记载的历史考证，载于典籍的桥梁有：

《史记·殷本纪》记帝纣："厚赋税以实鹿台之钱，而盈钜桥之粟。"

《史记·周本纪》在武王伐纣（公元前 1122 年）之后说："命南宫括散鹿台之财，发桥之粟，以服贫弱萌隶。"

关于梁桥，东汉·许慎注以为是："钜鹿，水之大桥也，有漕粟也。"虽然尚有别种注法，如邹诞生云："钜，大；桥，器名也"；《水经注》漳水条："衡漳水北经巨桥，邸阁西，旧有大梁（桥梁之梁非堤梁之梁）横水，故有巨桥之称。武王伐纣发巨桥之粟以赈殷之饥民。"可见郦道元也认为这是当年津水上的大桥。因此在商、周之间公元前 12 世纪已不乏有名的桥梁。至于其桥式，因漳水是河水较急的河流，推测为多孔的木梁桥。地点在今河北省曲周县东北。

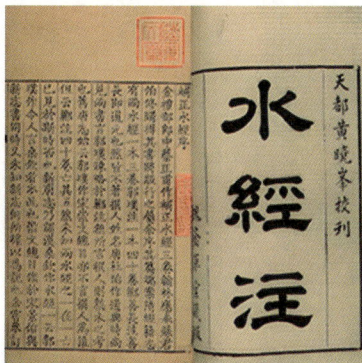

《水经注》是公元6世纪北魏游记文学创始人、中国古代著名地理学家郦道元所著，是我国古代较完整的一部以记载河道水系为主的综合性地理著作。《水经注》因注《水经》而得名，《水经》一书约一万余字，《唐六典·注》说其"引天下之水，百三十七"。

《水经注》共四十卷，三十余万字。《水经注》以《水经》为纲，详细记载了一千多条大小河流及有关的历史遗迹、人物掌故、神话传说等，是中国古代最全面、最系统的综合性地理著作。该书还记录了不少碑刻墨迹和渔歌民谣，文笔绚烂，语言清丽，具有较高的文学价值。由于书中所引用的大量文献中很多散失了，所以《水经注》保存了许多资料，对研究中国古代的历史、地理有很多的参考价值。

图 1.3.1　郦道元像与其著作《水经注》

考之《禹贡》，逾河，逾洛，津梁无定所。周有盟津，春秋有茅津、棘津、朱桑之津津之有名，始见于记载。津，即渡口，由无定所的津渡，演进到固定的码头，是一个进步。黄河、洛水都是大河，其所谓津梁，乃是今日的渡口或浮桥。

《诗·大明》："亲迎于渭，造舟为梁。"朱注："造作梁桥也。作船于水，比之而加版于其上以通行者也。即今之浮桥也……造舟为梁，文王所制。"在公元前12世纪，是浮桥最早的记载。

《左传》记鲁昭公元年（公元前541年）："秦公子鍼出奔晋……造舟于河。"公子在秦国无法安身，随从资财，"其车千乘"，靠舟渡要很长时间，于是搭起浮桥，使车辆连贯通过。这2座虽然都是属于临时一次搭用的浮桥，但由此可说明公元前500多年，人们已掌握了在长河大川中架设浮桥的技能。

《史记·秦本纪》："初作河桥。"张守节注："此桥在同州临晋县东，渡河至蒲州，今蒲津桥也。"桥址即今山西省临猗县西接陕西省朝邑县东境。"初"作浮桥，乃是指第一次在黄河上修建起固定式的浮桥。

拱式桥梁结构的出现，是人类的一大发明。从原始天然的侵蚀型石拱，到有意识地砌筑拱券，其间有很长的发展过程。根据历年发掘墓葬的调查，西汉末期（公元前2世纪—公元前1世纪）出现了多边形砖拱和圆形筒拱结构。如《考古》1973年第二期载麻弥图庙一号墓墓室内为砖券顶，年代为汉元朔二年（公元前127年），则拱的始创，必然更早。在我国建筑技术的术语中，砌拱称之为"发券"或"卷瓷"，这"卷瓷"二字是极有意思的。

《礼记·儒行篇》记有："蓬户瓷牖"，即为用破坛子砌在土壁中作窗户。此筑窗方法只要有陶出现之后，便有其可能，而陶土则在公元前五六千年前便有，虽然这还不能称为真拱，也并不是桥。

有明确记载的石拱桥，见《水经注·谷水》条记旅人桥："凡是数桥，皆垒石为之，亦高壮矣，悉用大石，下圆以通水，可受大舫过也。"目前还没有查到比这更早有关石拱桥的文字记录。

索桥是桥梁的基本形式之一，我国最早使用的都是竹索桥。

《四川名胜记》引西汉·杨雄《蜀记》称四川成都的七星桥为："桥上应七星，为秦·李冰所造（公元前256年—公元前251年）。"七星桥者，一曰长星桥，今名万里桥；二曰贞星桥；三曰安星桥，今名建昌桥；四曰夷星桥，今名笮桥；五曰尾星桥，今名升仙桥。

竹索，古写作"笮"，亦通"笮"。唐·李吉甫所写《元和郡县志》（以下略称《元和志》）称："昆明，本汉定笮。凡言笮者，夷人于大江水上置藤（或竹索）桥，谓之笮。"又记四外江："大江一名汶江，一名流江。经县（成都）南七里。蜀守李冰穿二江，成行舟，溉田万顷。蜀中又谓流江为悬笮桥。"

竹索桥发源于我国西南，在秦通蜀之前，这样的桥梁应该早就存在，公元前3世纪只是最早的记载。

以上所述是古代桥梁中几种主要结构形式：舟（浮）、索、梁、拱的最早记载，早期桥梁实属历时两三千年桥梁发展史的先驱。

　　至于《拾遗记》中："尧命禹疏川奠岳，济巨海鼋以为桥梁"；《集仙录》中："（周）骏吉日甲子，鼋以为梁，以济弱水而宾王母"；《风俗记》中："织女七夕当渡银河，使鹊为桥"；《述异记》中："秦始皇作石桥欲过观海日出处"。这些，虽也记录了桥，但均属非物化之桥，但也反映出先人的意愿和丰富的想象力。

第 2 章

中国古桥的发展及历代沿革

我国是一个封建社会时间最长久的国家，科学技术史研究工作者认为，从战国到秦汉，我国古代科学技术的发展，已经具有时代特色的体系。到宋元时期更达到一个高峰，在很多方面曾居于世界领先地位。在这期间，中国不断汲取其他国家的先进成果，也把自己的成果东向传入日本，西经阿拉伯辗转传入欧洲。我国桥梁技术的发展和流传，情况也大致如此。我国幅员辽阔，山河壮丽，江河流域面积在1000平方公里以上的水系，达1500多条。秦岭、淮河以南，水流密布、江河如网、人口稠密、交通不息，道路依赖桥梁跨越水系，到达彼岸，桥梁直接关系道路的通畅，在近代铁路、公路还未出现，桥梁建筑还未成为近代科学技术工程之时，我国古代劳动人民就以坚韧不拔的毅力，勇敢智慧的创新精神，反复实践，造就出一套符合交通需要的造桥技术，创造出形式多样的跨空桥梁。今天在祖国大地上依然屹立的古桥，虽经历了千百年天灾人祸的长期考验，仍然继续发挥着其应有功用，它们绝不是孤立幸存的个体，而是千百万古代桥梁，通过历代漫长岁月，屡建而成的代表之作。因此，它们是一份极其珍贵的历史遗产，不可再生、不可复制，着力研究古代桥梁的形态和其具有的文化，对于发扬我国优秀历史文化遗产具有重大作用和深远意义。

我国古代桥梁建设发展大致可以分为四个阶段。

2.1 创始阶段：西周、春秋时期

创始阶段以西周春秋时代为主，包括西周以前有历史记载的年代。这是古代桥梁的创始时期。

原始公社生产力非常落后，随着生产资料私有制的逐渐形成而进入有阶级的奴隶社会创始时期，生产力得到了逐渐提高。西周公私田制度的出现，标志着封建土地私有制产业出现了萌芽状态，其促进了农业生产的进步。又取山泽林之利，手工业和商业也活跃起来。这时期虽然已有了不少有名的桥梁，但一般情况下还做不到遇水搭桥的程度，桥梁的建造尚不普遍。《诗经》上有很多涉水的诗句，如《诗·郑风》有"流与方涣换兮"之句，朱注是"冰解而水散之时也"。于是便有"子惠思我，裳涉子惠思我，褰裳涉"等诗句。

对于稍深一些的河流，《诗·谷风》称："就其深矣，方（竹或木筏）之舟之；就其浅矣，泳之游之。"至于大江大河，如汉水、长江，则《诗·周南》："汉之广矣，不可泳思，江之永矣，不可方思。"

《孟子·离娄》："子产听郑国之政，以其乘舆济人于。孟子曰：'惠而不知为政岁十一月徒杠成，十二月舆梁成，民未病涉也……焉得人人而济之。'故为政者每人而悦之，日亦不足矣。"所谓舆梁，宋·孙奭《孟子音义疏》说："舆梁者，盖桥上横架之板，若车与者。"或有解作通车舆的桥梁。子产未能在溱洧上造桥，是不知为政呢，还是力有所不及？

《国语》中有为政不力、失职的记载：周定王使单公聘于宋，遂假道于陈，以聘于楚……道弗（音弗，路上长草）不可行也。侯不在疆，同空不视涂，泽不，川不梁……故先王之教曰："雨毕而除道，水涸而成梁。"所谓"司空以时平易道路"，就是利用冬季农闲季节，也恰好是枯水时期，召集民工，修道路建桥梁，使人们免去赤足涉水之苦。

春秋时期的桥梁记载多语焉不详，且加上"梁"有木梁和堤梁的不同含义，使很多单独称梁的记载分不清是何种结构。可以分析的如《诗·谷风》和《诗·小弁》有："毋逝（去）我梁，毋发我笱"，因为梁和桥同说，可见为捕鱼的石堤（也称之为梁）。而《诗·曹风》记："维鹈在架，不需其翼"，捉鱼鸟在梁，便可能是堤梁。《诗·卫风》："在彼梁"。注："石绝水为架，那便是洪水上用石堆砌的堤梁。"春秋鲁襄公十六年（公元前557年）："会于架"。以尔雅："梁莫大于漠梁"，注："漠水名堤也""然则以土石为堤，障绝水者名梁虽所在皆有，而无大于水之旁者"。如是连筑堤也算在桥梁之内，可认为这一时期建筑是比较简陋的，但正在逐步摆脱渡河"深则厉，浅则揭"的原始状态。

2.2　发展阶段：秦汉时期

　　发展阶段以秦汉为主，包括战国及三国，为古代桥梁的创建发展时期。秦在统一中国后，虽然国祚短促，但为以汉族文化为中心统一事业的建立，作出了巨大贡献。汉承秦制进一步巩固了中央集权的封建政体。东汉是我国建筑史上的一个灿烂发展时期，发明了人造建筑材料的砖，创造了砖结构体系建筑，同时，以石料为主体的石结构出现，而演进为新的拱券结构产生。在建筑艺术造型方面，又融合了佛教东渐的宗教色彩。秦汉两代，大兴土木，阿房未央，巍峨壮丽，大大拓展了建筑群的总体设计规模和个体建筑的高大形象。当时修建在都城的渭桥、灞桥，不仅体量雄伟，而且桥上饰以雕刻和文字，桥侧植木和树碑建塔，实用功能与艺术装饰、环境美化交融而结成一体。

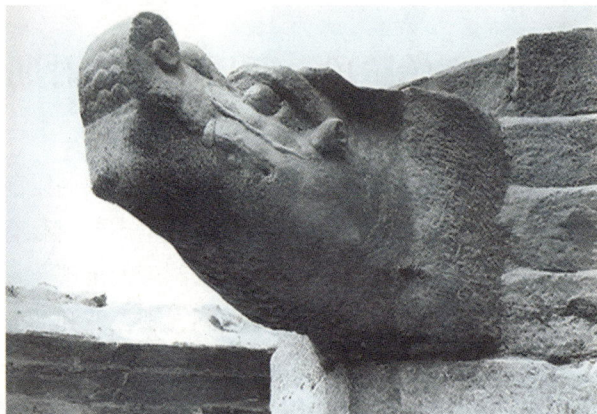

图 2.2.1　千年前的春秋霸主秦穆公留下的灞桥，如今只剩下几座桥墩和一个石雕龙头

　　春秋末战国初期，我国在金属冶炼技术方面，同时发明了生铁和冶炼铁，出现了铁器工具，又大大推进了建筑工程对石料的多方面利用，为建造大量石桥，提供了物质条件。首先在原来木柱梁桥发展的基础上，增添石柱、石梁、石桥面等新构件。而石料用于桥梁建筑的重大意义，则在于由此而产生了石梁桥、石拱桥，在可靠、实用、经济、美观各方面都起着划时代作用。石梁石拱的大量发展，不仅减少了维修费用，延长了桥梁使用寿命，还提高了桥梁构造、施工工艺和装备的科技水平。西晋太康三年（282年）建的七里涧旅人桥，它是石拱桥建造技术已经相当成熟的作品。考古发现在汉代砖上显示出图像"裸拱"，也证明了汉代已有石拱形式桥梁的出现。

　　秦始皇大修天下驰道，规模宏伟。筑路当然必须同时修桥，才能使路四通八达。《述征记》云："始皇东巡，弗行旧道，过荷水，率百官以下人提石以填之，俄而梁成"。这是说由于"弗行旧道"，所以临时提石成梁。传说又有始皇在海中立柱建桥的故事。海上架桥，在当时的条件下不是不可能的，在近海和江河入海口，利用潮汐和巨石及海生物的有利条件建造桥梁。实际上，我国先人在战国时期已开始大量地"遇水搭桥"，除前述李冰建七星桥外，《史记·滑稽列传》记战国魏人西门豹为邺城令（今河北临漳县）时："发民凿十二渠……十二渠经绝驰道。"汉赵充国治军屯田，建桥72座，都说明当时修建桥梁已十分普遍。

　　《汉书·薛广德传》述广德谏阻文帝御楼船，称"乘船危，就桥安"，则在当时人们的生活经验中，已确认从桥上通过，不仅便利，而且安全。由此，也可说明当时的造桥技术，已给人以安全可靠的信念。

在这一时期里，在汹涌宽阔的黄河上，架起了第一座蒲律波浮桥，在四川产竹之乡出现了竹索吊桥，这标志着在公元纪元初期，我国基本形成了浮、吊、梁、拱四大桥梁体系。

2.3 全盛阶段：唐宋时期

全盛阶段以唐宋两代为主，包括两晋、南北朝、五代，为古代桥梁发展的全盛时期。隋唐国力，较之秦汉更为强大。原因是自东汉以来，逐步对江南开发经营，在经济和国力上有了极大的发展。

隋代结束了南北分割、兵祸频仍的混乱局面，唐宋两代取得了较长时间的安定统一，民营工商业发达，运河驿路畅通，航海技术进步。自东晋至南宋，大量汉族人南迁，经济发达远远超过了黄河流域。中国古代"四大发明"中，指南针、活字印刷术和火药武器都发明于宋代，对世界科技进步产生了巨大的影响。同样，当时我国建筑包括建桥、造船航运、天文气象、水利防洪等方面，也都取得了重大成就。

图 2.3.1   北宋画师张择端的传世名画《清明上河图》中的木拱桥——汴水虹桥

在著名的古桥建筑中，隋代工匠李春首创的河北敞肩拱赵州石桥，北宋蔡襄主持建成的筏形基础、植蛎胶固、潮汐搬运的福建泉州万安桥，广东潮州石梁桥结合浮桥开闭式的广济桥，南宋福建晋江建造"天下无桥长此桥"的安平桥，在世界桥梁建造史上均享有相当的地位。

图 2.3.2   赵州桥

图 2.3.3   万安桥

图 2.3.4　广济桥

图 2.3.5　安平桥

　　在这段时期里，石桥墩砌筑工艺不断改进，日臻完善，为兴建巨型桥梁铺平道路。从此石桥建设飞跃发展，数量上、质量上都达到历史发展的高峰。北宋木工喻皓写成《木经》三卷；李诫编写的《营造法式》，内容包括土木工程技术、建筑设计样式和估工算价的规定，总结了古代劳动人民长期积累的丰富经验。这两部著作规定了包括桥梁工程在内的土木工程技术上的一般法则，仍不失为我国最早的珍贵建筑技术文献。

　　《营造法式》是北宋崇宁二年（1103 年）出版的图书，作者是李诫，是李诫在两浙工匠喻皓《木经》的基础上编成的。是北宋官方颁布的一部建筑设计、施工的规范书。

　　《营造法式》是我国古代最完整的建筑技术书籍，标志着中国古代建筑已经发展到了较高阶段。

简　介

　　全书 36 卷，357 篇，3555 条，其中图样 6 卷，几乎包括了当时建筑工程以及与建筑工程相关的各个方面。也是当时和前代建筑设计与施工经验的集合与总结，并对后世产生深远影响。原书《元祐法式》于北宋元祐六年（1091 年）编成，但因为没有规定模数制，也就是"材"的用法，而不能对构件比例、用料做出严格的规定，建筑设计、施工仍具有很大的随意性。李诫奉命重新编著，终成此书。全书共计 36 卷分为 5 个部分：释名、诸作制度、功限、料例和图样，前面还有"看样"和目录各 1 卷。看样主要是说明各种以前的固定数据和做法规定及做法来由，如屋顶曲线的做法。

　　第 1、2 卷是《总释》和《总例》，对文中所出现的各种建筑物及构件的名称、条例、术语做一个规范的诠释。指出所用词汇在各个不同时期的确切叫法，以及在本书中所用名称，统一书写。

第 3 卷是壕寨制度、石作制度，第 4、5 卷是大木作制度，第 6～11 卷是小木作制度，第 12 卷是雕作制度、旋作制度、锯作制度、竹作制度，第 13 卷是瓦作制度、泥作制度，第 14 卷是彩画作制度，第 15 卷是砖作制度、窑作制度，共 13 个工种的制度，并说明如何按照建筑物的等级来选用材料，确定各种构件之间的比例、位置、相互关系。大木作和小木作共占 8 卷，其中大木作首先规定了 "材" 的用法。大木作的比例和尺寸，均以 "材" 作为基本模数。

第 16～25 卷：规定各工种在各种制度下的构件劳动定额和计算方法。

第 26～28 卷：规定各工种的用料定额和所应达到的质量。

第 30～36 卷：规定各工种、做法的平面图、断面图、构件详图及各种雕饰与彩画图案。

图 2.3.6　李诫编写的《营造法式》

2.4　传承阶段：元明清时期

传承阶段泛指元、明、清三代。由于官方驿路和运输事业的发展，这三代对古桥的建造及修缮都有过重大贡献。首先是金明昌三年（1192 年）建造的永定河上的卢沟桥，根据《马可·波罗游记》记载，在元代更加修整一新。这个游记中还说到中国各地的桥梁既多且美，以浙江杭州、福建泉州等地为例，足见元代的桥梁是受了宋代桥梁很大的影响。

图 2.4.1　《马可·波罗游记》

明代桥梁虽不及宋、元繁盛，然亦有江西南城万年桥、贵州盘江桥等著名的工程。清代桥梁很多有别于前代，一是对一些古桥进行了修缮和改造，因而延长了寿命；二是在川滇一带兴建了不少索桥，如泸定桥等，发展了索桥技术；三是大量凸显了桥梁艺术，特别是公私园林中的小桥，其艺术性之高为前代所未有；四是为之后所造的一些大小桥梁留下了宝贵的施工工艺说明，有的比较完整，如灞桥、文昌桥、万年桥等，从中也可看出受宋·喻皓《木经》及李诫《营造法式》的影响，建设者开始对所建桥梁进行理论探索和营造技艺总结。

在清代末期，我国桥梁历史上发生了一次技术飞跃。1881 年，我国自己修建，第一条营业铁路从唐山到胥各庄开始通车，从此引进了结构形式多样的铁桥、钢桥、钢筋混凝土桥等各种以新材料、新工艺和新技术所建成的各式近代桥梁。同时，为了造桥开发和引进了各种施工设备和机具，提高了施工效率，减轻了作业人员的劳动强度，这在我国是从"铁路桥梁"开始的。由于经济发展带动了城市建设的发展，城市跨河跨江发展成为必然，因此在大城市中也出现了许多大跨度的新型结构桥梁，例如，桥梁的下部结构为钢筋混凝土结构，上部结构为金属钢架体系。

图 2.4.2 江西南城万年桥

图 2.4.3 由詹天佑先生修建的中国第一座铁路桥梁——滦河铁桥

2.5 近代时期：近代桥梁的出现

中国古代桥梁建造史的辉煌成就举世瞩目，曾在东西方桥梁发展史中占有不可替代的地位，为世人所公认。但是，自从鸦片战争开始到新中国成立的近代时期，我国处在内外交困的社会环境中，这一阶段我国桥梁的自主发展几乎停滞，绝大多数桥梁都是由外国利益集团所设计和建造，我国自主的造桥技术远远落后于欧美发达国家。新中国成立以后，特别是改革开放以来，随着我国交通事业和城市建设的迅速发展，桥梁建设也得到进一步飞跃发展，它的建设已不再局限于河道之上，大峡谷、大海湾、城市路面以上高架以及岛陆连接都开始修建大型桥梁，对桥梁结构、外形、工艺、装备和建设环境、建设成本提出了更高的要求。现在，我国已经成为世界"基建狂魔"，由桥梁大国正向桥梁强国进军。

中国近代桥梁主要是由外国人设计、建造。黄河上的津浦铁路济南铁路桥、京汉铁路郑州铁路桥和兰州市黄河桥以及上海、天津、广州等大城市中的一些桥梁也无一不是由洋商承建的。只有少数是国人自行建造的，如茅以升先生主持兴建的杭州钱塘江大桥。当时我国建桥水平最高的桥梁工程队伍当推由赵祖康先生领导的上海市工务局，他们在新中国成立前已设计建造了几座横跨苏州河的钢筋混凝土梁桥，它们至今仍发挥着作用。

图 2.5.1　津浦铁路济南铁路桥

图 2.5.2　京汉铁路郑州铁路桥

图 2.5.3　兰州市黄河桥

图 2.5.4　杭州钱塘江大桥

　　茅以升（1896 年 1 月 9 日—1989 年 11 月 12 日），字唐臣，江苏镇江人。土木工程学家、桥梁专家、工程教育家，中国科学院院士，美国工程院院士，中央研究院院士。

　　茅以升主持中国铁道科学研究院工作 30 余年，为铁道科学技术进步作出了卓越贡献。茅以升曾主持修建了中国人自己设计并建造的第一座现代化大型桥梁——杭州钱塘江大桥，成为中国铁路桥梁史上的一座里程碑。新中国成立后，他又参与设计了武汉长江大桥。晚年，他编写了《中国桥梁史》《中国的古桥和新桥》等专著。1989 年 11 月 12 日病逝于北京，享年 93 岁。

图 2.5.5　青年时期的茅以升

　　自从 1949 年新中国成立以后，特别是改革开放以来，随着我国国力迅速增强，交通事业的快速发展，我国的桥梁事业得到了空前的大发展，取得了举世瞩目的成就。目前我国在桥梁建设方面，已经跻身世界先进水平。中国桥梁的类型已经不再局限于传统的木质结构、圬工结构的小跨径桥梁。各种类型的大跨径桥梁，如混凝土梁桥、悬索桥、斜拉桥等不断涌现。据不完全统计，至 2022 年，全国公路、铁路桥已突破百万座。从梁桥、拱桥到斜拉、悬索，从跨河跨湖到跨江跨海，中国桥梁正以令人惊叹的速度和优越的品质迈向世界前列。例如，连接云贵两省的北盘江大桥、浙江舟山跨海大桥、贵州平塘特大桥、丹昆特大桥、赤水河红军大桥、港珠澳大桥、杭州湾跨海大桥等等，在世界桥梁发展史上都写下了光辉的篇章。

第3章

中国古桥的基本类型

中国古桥，按照其基本类型可分为浮桥、索桥、梁桥、拱桥，按照作用可分为公路桥、铁路桥、栈道桥、纤道桥、阁道桥、园林桥等，其所使用的材料则有竹、藤、土、木、砖、石、铁等。中国古桥，涵盖着千百年来优秀的营造技艺：浙江河姆渡遗址考古发现我国7000年前就有卯榫结构木器，春秋战国时期有折边梁技术，汉代有小桩密植软基处理技术，晋代有半圆拱技术，隋代有圆弧敞肩拱桥技术，宋代有链锁纵联并列拱桥建造技术和贯木拱桥建造技术，明代有超时代的悬链线拱桥建造技术、海口大型闸桥建造技术。这些桥梁技术水平在当时都处于世界领先地位。

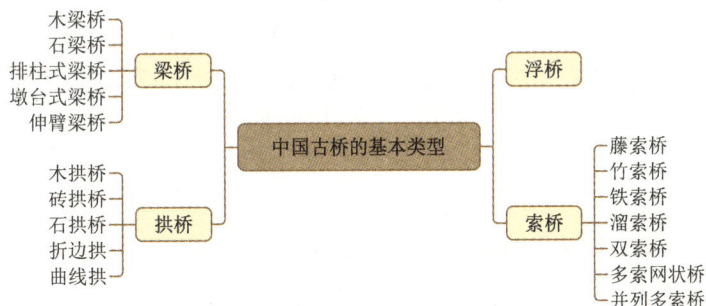

图3.0.1　中国古桥的基本类型

3.1　浮桥

3.1.1　浮桥的基本介绍

图3.1.1　浙江古浮桥旧照

浮桥是用船或浮箱代替桥墩并且浮在水面上的桥梁。在古时候又被称为舟桥，是我国最早出现的桥梁之一。在公元前1134年左右，西周在渭水上架浮桥，当时用竹、木、皮革等物体搭成水上浮桥，后发展以舟船上铺板成浮桥。

在我国古代，浮桥多分布于长江、黄河、珠江、松花江、钱塘江、淮河等大河上。当古人遇到大江大河时，因为技术条件不足，难以修筑桥墩，常常修建浮桥。就是这种原因，在我国长江和黄河上，几千年来，经历若干朝代，都没有建筑永久性桥梁。在一般中小河流上，则或因水深流急，一时对桥址的水文情况不够了解，或者对于修筑墩柱没有把握，也常先建浮桥作为过渡。待对情况有所掌握之后，再建固定的木桥或石桥。

浮桥多见为临时性桥梁，特别是北方的浮桥，因冬天江河冰冻，故浮桥冬拆春置。据清道光（1820年—1850年）《兰州府志》载："黄河经皋兰城北，距城西八十步架浮桥以渡黄河。河北有关，在白塔山下，以二十四只大船贯连，浮于河面上。"

浮桥具有造价低，建设速度快、灵活等特点，因此在古代战争中经常架设浮桥，供军事上的需要。安徽采石矶长江浮桥，是宋朝灭南唐时所建浮桥；济南市黄河浮桥，为明洪武五年（1372年）宋国公冯胜西征时，命守御指挥佥事赵祥在兰州城西所搭的浮桥；据清乾隆（1735年—1796年）《浦州府志》述："东魏时，齐献高欢造三座黄河浮桥以攻西魏。"因其常用于军事上，故浮桥也被称为"战桥"。

3.1.2　黄河浮桥

山东在1987年就有了第一座黄河浮桥，发展到今天将近70座，在山东大约四五百公里的黄河沿岸，平均每10公里就有一座浮桥。河南最早在与山东接壤的濮阳市建设浮桥，此后山东人沿着黄河向上游进军，现在河南已建有11座浮桥。同时，在山西、陕西、内蒙古等地也建有浮桥。

图3.1.2　黄河上现存的现代黄河浮桥

图3.1.3　复原后的古黄河浮桥

与传统的浮桥不同，现在黄河浮桥上铺的是厚钢板，桥面平坦；承载桥面的也不是木船或竹筏，而是一些船形的钢铁浮箱，浮箱叫承压舟；并排的浮箱之间，由拳头大小的螺栓相连接，方便行人和车辆通过。浮桥的承压舟是由专门的造船厂生产的，几十吨重的车辆过桥没有问题。另外，每年黄河调水调沙期间，或预报花园口流量超过3000立方米/秒时，浮桥在2.5小时之内就能拆除，所以安全是有保障的。

当年的黄河浮桥，用24只大船，横排于黄河之上，船与船之间相距5米，以长木连接，铺以板，围以栏；南北两岸竖铁柱4根，大木柱45根，由2根各长50米的粗铁绳，将船固定在河面上。冬季黄河结冰则拆除，春季则又重搭浮桥。"伫看三月桃花冰，冰泮河桥柳色青"的诗句，就是当时浮桥的写照。兰州古八景之一的"降龙锁蛟"也是指这种景色。

图 3.1.4　兰州古八景之一"降龙锁蛟"

3.1.3　赣州古浮桥

江西赣州古浮桥，名叫惠民桥，又称东津桥、东河浮桥、建春门浮桥。浮桥长约 400 米，连接贡江的两端，由 100 多只小舟板并束之以缆绳相连而成，始建于南宋乾道年间（1165 年—1173 年），至今已有 800 多年历史。

整座浮桥分为 33 组，用缆绳把它们连接起来，然后用钢缆、铁锚固定在江面之上。赣江水运繁忙的时候，每天早上 9:00 和下午 4:00 都要开启一次，让船只通航。

图 3.1.5　赣州古浮桥

江西赣州城区三面环水，因为河面较宽，河两岸往来主要靠渡船。在宋代赣州经济有了较大发展，为了方便与外界沟通，于是就在章、贡两河上先后建造铺就了东河、西河、南河三座浮桥以沟通城乡。新中国成立后，西河、南河浮桥因修建了公路大桥而被拆除，在 20 世纪 80 年代被现代公路桥梁所代替，只有这座建春门浮桥，作为全国历史文化名城的历史文化景观特意保存了下来，并至今还在为赣州市民服务。东河浮桥就成了现今赣州市的"国宝"级文物。过去在很多临江的城市都有浮桥，在其他城市已不多见了。这一古老的交通设施，在赣州已沿用了 800 多年，构成了赣州这座历史文化名城特有的人文景观。桥的那一头是城郊农村，还有一些工厂，夏天的傍晚，有不少赣州市民到这浮桥下游泳。晚上有不少人到浮桥上纳凉，一些青年男女还喜欢到这里谈情说爱。

3.2 索桥

3.2.1 索桥的基本介绍

索桥也称悬桥，绳桥；竹索桥称笮桥；铁索桥亦名铁锁桥。我国西南地区索桥发展较早，一般都架设在峡谷处，两岸山崖较陡，水深流急，不易立柱作墩，于是发明了悬索桥。

图 3.2.1　云南怒江溜索桥

中国古式索桥的种类甚多，以材料分，则有藤、竹和铁；以结构分，则有单索、双索、三索、多索，单孔、多孔等；以行走部位分，则有吊在索上溜过的，直接走在索上的，走在诸索围中的，走在悬吊于索上的桥面等。

中国古代索桥是现代吊桥的雏形，直到今天，仍在影响着世界吊桥形式的发展。

索桥的建造材料，也从天然的藤麻竹材料到人类加工制造的多样化材料。桥梁结构也由简单到复杂，从单一的悬索发展到现在的悬索桥、斜拉桥和多种结构形式组合的桥梁。

3.2.2 藤索桥

1. 藤索桥的基本介绍

原始的悬索桥，一般认为是受自然界的藤萝启发演变而来。由于其材质具有足够韧性，因而应用到桥梁建设中发挥其耐受拉力的特性。

广西壮族自治区桂平市黔江上的大藤峡，过去便以天生的藤为桥。《读史方舆纪要》记："志云，大藤映口旧有藤，大逾斗，长数丈，连峡而生"，瑶族"借以渡峡间，如徒杠然。"天生连峡的藤萝，可以利用它作桥使用。

云南《开化府志》载："藤桥在城西三百余里，冬春水减乘筏，夏秋水泛，土人取藤系两岸巨树，编面为桥，高出水面数丈。桥上复系长条，手引以波，长丈余"。桥跨仅数米，文字所记，似仅为一走索和一扶手的双索桥。

　　我国索桥的分布地区，主要在云南、四川、贵州等省。西藏高原地区不产巨竹，故索桥材料基本为藤、铁两种。我国台湾地区亦有古代的藤桥，清《竺元记》有："诸罗有内游八社，其第五社曰藤桥。高山对峙，中央大溪数千仞。"台湾少数民族"剖大藤为经系于两麓大木上，以小藤纬，横织如梁。翼以扶栏，行则摇曳如欲坠然过者股目眩不敢俯"。过桥者则"以头顶物，往来如飞。"藤萝作为材料最早被应用于索桥，因为是天然的材料，取材容易、加工量最少。在江南产竹地区，以竹为索，便有竹索桥。而后，随着金属冶炼技术的出现，便产生了铁索桥。

图 3.2.2　藤网桥

图 3.2.3　山间双索桥

图 3.2.4　咆哮江面上的索桥

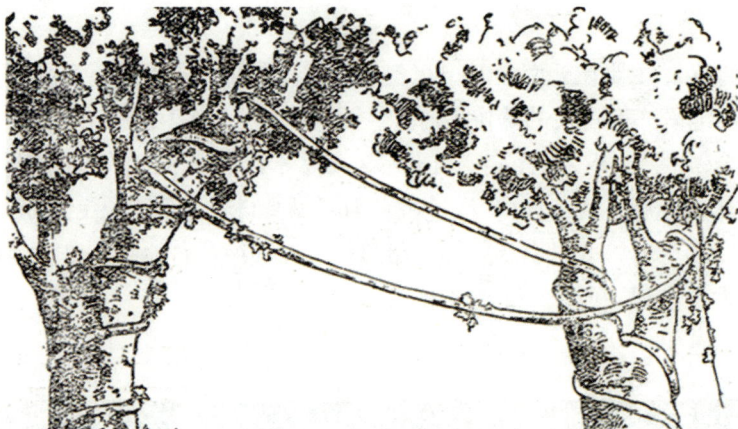

图 3.2.5 藤索桥的前身——藤萝

2.藤索桥的桥梁实例：西藏藤桥

《通鉴·唐纪三十一》唐天宝六年（747 年）：吐蕃以女妻小勃律王，及其旁二十余国，皆附吐蕃。制以（高）仙芝为行营节度使，将石骑讨之。三日，至坦驹岭，下峻四十余里，前有阿弩越城。仙芝恐士卒惮险，不肯下，先令人胡服诈为阿弩越守者迎降，云：阿弩越赤心归唐，娑夷水藤桥已断矣。娑夷水即弱水也，其水不能胜草芥。藤桥者，通吐蕃之路也明日，仙芝入阿弩越城……藤桥去城犹六十里，仙芝急遣元庆往。斫之，甫毕，吐蕃兵大至，已无及矣。藤桥阔尽一矢（约 150 米）力修之，期年乃成。事亦见《旧唐书·高仙芝传》。又《新唐书·地理志》载，西藏"牦牛河（即金沙江上游）渡藤桥"。至今西藏地区仍保留着少数藤桥，供山区人民通行峡谷所需。

图 3.2.6 西南地区藤桥

图 3.2.7 西藏网状藤索桥

3.2.3 竹索桥

1.竹索桥的基本介绍

竹索古写作"筰"，亦通作"笮"。《正韵》解释为："竹索也"，《释名》则称："笮，编竹相连"，即是篾缆。

竹索或用于牵挽舟船，或用于架设浮桥或索桥。程大昌《演繁露》说："蜀人云，水峻岸石又多廉棱，若用索纤（也指一般的棕或麻绳），遇石辄断，故劈竹为大辨，以麻索连贯以为牵舟具，是名百丈"。杜甫诗中"百丈谁家上水船"就是指的拉纤篾缆。西南地区用竹最多，因此一些少数民族，在汉朝以前，便称竹索为邛笮。

图 3.2.8 跨河竹索桥立面图

《史记·西南夷》："自越湖以东北，君长以什数徒，笮都最大"。《元和志》称昆明"本汉定镇。凡言者，夷人于大江水上置藤（或竹）桥，谓之。其定、大，皆是近水置桥处"。虽然自汉武帝时（公元前130年）社会行政始通西南，可在经济文化上早已相通的。当时四川省也早有了竹索桥，使道路交通更为便利。

秦取西蜀，四川盐源县志记："周赧王三十年（公元前285年）秦置蜀守，因取笮，笮始见于书。"至李冰为守，造七桥（公元前256年—公元前251年），其中之一便是笮桥，即竹索桥。《寰宇记》："笮桥去州（成都）西四，名夷星桥，以竹索为之，因名笮桥。"可见至少在公元前3世纪，我国已有文字记录（始见于书）了竹索桥。

2. 竹索桥的桥梁实例：成都古桥遗韵——安澜索桥

安澜索桥又名珠浦桥，位于四川省都江堰市区西北约2公里的岷江上。

图 3.2.9 安澜索桥

安澜索桥于清嘉庆八年（1803年）重建。邑人何先德倡建索桥时，以木板为桥面，旁设扶栏，两岸行人可安渡狂澜，故更名安澜桥。建桥时其妻杨氏出力不少，民间又称其为"夫妻桥"。桥原长320米，现长280米，以木排为板，石墩为柱，承托桥身，又以慈竹扭成的缆绳横架江面。1962年，对索桥进行了维修，改 10 根竹索绳为 6 根钢缆绳，改扶栏竹绳为铁丝缆绳，铁丝缆绳外以竹缆包缠。1964 年岷江洪水暴发，全桥被毁。重建时，只改木桥桩为钢筋混凝土桥桩，其余照旧。后因兴建外江水闸，将索桥下移 100 米，重建时改平房式桥头堡为大屋顶双层桥头堡，改单层金刚亭为可供行人休息的六角亭，增建沙黑河亭，桥长 261 米。安澜索桥是世界索桥建筑的典范，属于全国重点文物保护单位。

安澜索桥始建于宋代以前，明末毁于战火。索桥以木排石墩承托，用粗如碗口的竹缆横飞江面，上铺木板为桥面，两旁以竹索为栏，全长约 500 米。目前，安澜索桥已比原址下移 100 多米，将竹改为钢，承托缆索的木桩桥墩改为混凝土桩。坐落于都江堰鱼嘴上，被誉为中国古代五大桥梁，是都江堰最具特征的景观。

图 3.2.10　1953 年拍摄的安澜桥

图 3.2.11　1963 年被洪水冲垮后重建的安澜桥

3.2.4　铁索桥

1. 铁索桥的基本介绍

根据考古发掘，中国使用铁的时代较早，《考古》1977 年第二期《考古学和科技史》一文中指出："至迟在春秋晚期（公元前 6 世纪末），我国劳动人民创造了在较低温度下还原铁矿石的办法，得到比较纯净但质地疏松的铁块。可以锻造铁器"。在湖南长沙发掘出春秋时期（公元前 770 年—公元前 476 年）的墓葬，出土钢制佩剑，说明公元前 6 到 5 世纪我国已有了以铁为原料的铁制品。

图 3.2.12　我国著名的铁索桥——泸定桥

2. 铁索桥的桥梁

战国时期，我国已在桥梁上使用铁链。秦汉以后，据《汉书》记载，在王莽地皇二年"民犯铸钱，伍人相坐，没入官为奴婢，其男子车，儿女子步，以铁锁琅当共颈，传诣钟官，以十数万"。虽然这是极端残酷的压迫，但可知当时民间已开始制作铁链用于桥梁建设。在汉代已有极可观数量的铁索桥架设于天南地北。

古时有"铁锁横江"之说，极有可能是铁索桥的另一种用途。虽然相关记载中并未说明这一"横江铁锁"上是否供人通行，但作为铁索桥的起源，这就是一种证明。陕西省原褒城县（今留坝县）马道街中，跨越寒溪（又称韩溪）、樊河，旧有铁链桥，明嘉靖八年（1529年）碑记中称，系西汉刘邦手下大将樊哈于汉高祖元年（公元前206年）所建，故名樊河桥。建于清康熙四十五年（1706年）的泸定桥，横跨于四川泸定县大渡河之上，是一座闻名于世的铁索桥。现代伟人毛泽东曾率中国工农红军于1935年5月29日勇夺泸定桥，强渡大

图 3.2.13　现代对"铁锁横江"的还原

渡河，使中国工农红军摆脱险境，谱写了中国革命史的光辉篇章。毛泽东同志留下了《七律·长征》诗篇："红军不怕远征难，万水千山只等闲。五岭逶迤腾细浪，乌蒙磅礴走泥丸。金沙水拍云崖暖，大渡桥横铁索寒。更喜岷山千里雪，三军过后尽开颜。"

3.2.5　溜索桥

1. 溜索桥的基本介绍

溜索桥属于索桥的一种，以溜索过桥为过桥方式。具体操作为：过河时，将人的身体拦腰绑在一个劈成两半的竹筒（木筒）或吊篮上，包住溜索绑好，此时用手拉住溜索，人的身体就挂在溜索上了。利用溜索一头高一头低，加上重力作用和人的使劲，吊篮或竹筒就会滑动，一直到达对岸。如果溜索较陡，人更不需要什么力气就可以溜滑而过。

在索桥中，与溜索桥相对应的是行走桥，顾名思义，以行走过桥为过桥方式，溜索桥按绳索的根数可以分为独索溜索桥以及双索溜索桥，而多索数溜索桥则不太常见。

2. 独索溜索桥

索桥以结构形式分，最简单的是独索组成的溜索桥，亦称溜筒桥、溜壳桥。

溜索桥分平溜、陡溜两种，独索溜索桥多为平溜，即索的两端系在同一水平高度；若独索的两端一高一低，形成陡溜，一个方向溜时方便，另一个方向溜时则困难，即所谓"偏高去疾，而来必力也。"

溜索桥系索的方法各不相同，或系在两岸固定的位置，如有大树，即盘在树干上；如无树则开山植柱，如无崖石则可垒石植柱。《松潘县志》记："筏桥，即溜索渡也，县南靖夷堡下至茂汶，凡山水阻隔处皆有之，两岸垒石为台，台上竖木桩……"比较周到的溜索，可以调整垂度，则用"滚木绞之"。

独索的溜索桥，往来都在一根索上，两岸系得一样高低。清·余庆远的云南《维西见闻记》记："或止系一缆，两岸高悬，中埦而低，往来者皆渡于此。至低处则以手挽缆，递引而上。"有时因为缆索过软，中间下垂过多，又无力自行攀挽的时候，需要别人从前面溜到索中，缚绳在筒上，由岸上人牵引而上。功能比较完善的溜索桥，一般设有牵引索。牵引索一方面可牵引人过江，另一方面又可回收溜索的空筒。溜索桥上除渡人以外，器物牲畜，也可同法过桥。

图 3.2.14　溜索（四川川北县）

图 3.2.15　独索平溜

3. 双索溜索桥

索桥中主要靠重力溜渡的，则需两根吊索，一来一往，是为陡溜。现在川滇山区，仍然有这样的溜索，但已用钢丝绳作为桥索。

1979 年 4 月，中国桥梁史考察组在川西阿坝藏族羌族自治州威州，调查了当地双索溜筒。桥在岷江峡谷，公路沿东岸高崖处，对岸则卵石浅滩，较为宽广，浅滩后即高山。在浅滩靠江一侧立木架，2 根钢丝绳，其中之一，一端锚在公路崖边，一端锚在对岸浅滩上，形成东高西低。另一根钢丝绳与前索并列，相距约 2 米，东端亦锚在崖边，与前索同一锚着高度，但在锚着点前 2 米处，用垂直钢丝绳拉之使下，使绳端低于前索约 2 米；另一端则绕过木架顶部，锚在浅滩上，形成东低西高之势。

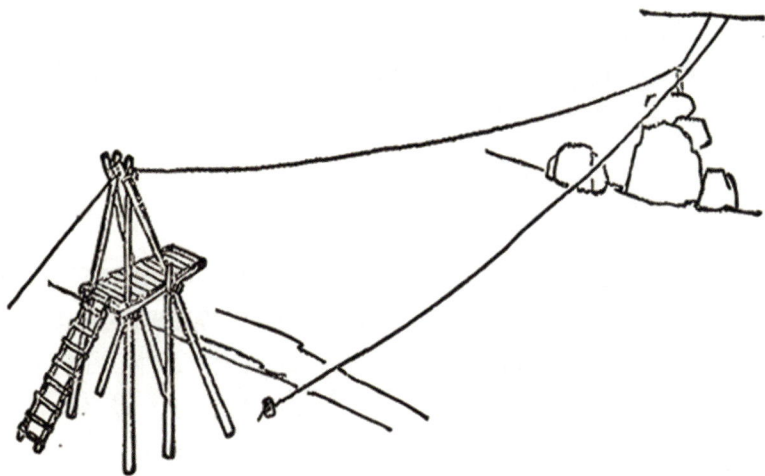

图 3.2.16　双索溜筒桥

双索溜索桥尚未能完全不用人力。人溜于上，最低点仍较低处锚定点为低，所以还有小段距离需靠自己攀援而上，但亦可起到抵岸时降低速度和缓冲的作用。

3.2.6 藤网桥

1.藤网桥的基本介绍

从三绳吊桥，引申到多绳的藤网桥，在安全上有更多的保障。西藏洛渝地区旁固村的藤网桥，横跨雅鲁藏布江上，接近中印边境。桥长达130余米，高出水面40米，用47根粗细不同的藤索，从东岸牵引到西岸。藤系在木柱上，20多个用粗藤组成的圆环，均匀地分布在47根藤索中间，把藤索撑成圆筒形，人便在藤网中行走。

中国科学院青藏高原综合科学考察队摄得墨脱县跨雅鲁藏布江的藤网桥，从桥断面处看，端部为独立构造，而中间为螺旋形的藤圈，这种结构形式对桥的抗扭有一定的作用。

图 3.2.17　藤网桥

藤网桥头出入口处是一个方形木框，后面用藤拉住，前面用木柱斜撑着，结构上布置坚固合理。但桥横向抗风性较差，在大风时横向摇摆可到数米。我国云南、四川诸省也存在着类似的藤网桥。

2.藤网桥的桥梁

在我国西南的西藏、云南、四川、贵州及台湾山区，由于气候温和，土地潮湿，盛产藤条，当地人利用这种资源造藤网桥。清代时吴中蕃在北盘江上曾见过这种桥，大为惊奇。他文中说："术因蜘网得，想自鹊巢虑。"由此可见，藤网桥由于受到"蜘蛛结网"的启发而创建。

西藏地区东南部的墨脱、独龙江、珞瑜、拉孜、察隅等地，集居藏族、墨脱门巴族、独龙族、珞巴族等少数民族，他们建造了一座座藤网桥，像蜘蛛网似的悬挂在江河的上面，为藏民通过天堑深壑提供了方便。

（1）墨脱藤网桥

墨脱藤网桥位于西藏自治区林芝市墨脱县德兴乡，该桥横跨于雅鲁藏布江上空，是贯通墨脱县南北的重要纽带。墨脱县藤网桥始建于清代。藤网桥是一种呈管状的悬空网桥，一般高出河面数十米，多架设在水深流急、河面较宽河上，有些长达数百米，整个桥用白藤条建造，桥底部4至6根粗藤，两旁各有三四根粗藤，构成桥体的经线。作经线的粗藤固定在

图 3.2.18　墨脱藤网桥

桥头的大树或木柱上，然后分别用粗藤和细藤作纬线，即每隔 1 米缠一圈粗藤，各粗藤条之间编织细藤条，当遇大风时，桥身藤索飘荡，甚为惊险。

墨脱藤网桥全长约 200 米，桥体悬空下垂呈月牙状，系用藤条网织而成，桥横截面呈"U"形，高 1.5～1.8 米，上端宽 0.7～1 米，用以支撑桥面，桥体两侧分别用 17 根藤条为经线，底部经线为 30～50 根，每隔 10～20 厘米设一纬线，纬线网织较之两侧面更为密集，这种添加藤条的做法，意在进一步加固桥身，行人过桥时，可充当扶手。过这种桥时，虽摇摆飘晃不定，但十分安全。墨脱县常年阴雨连绵，空气湿润，此桥每年要维修加固，3～5 年整座桥需维修一遍，以便行走。该桥取材于当地特有坚韧藤条，具有独特的形制特色和地方风格。

清代典籍《归流记》中描述墨脱藤网桥"花木遍地，藤萝为桥"，可见藤网桥的创建年代可上溯到更早的年代。藤网桥是由悬索、溜索发展而来，约 15 世纪，又发展演变为铁索桥。可见原始古朴、独具一格的藤网桥历史悠久，充分反映了墨脱门巴族、珞巴族人民的聪明智慧，是我国桥梁史上创造的奇迹。墨脱县藤网桥 1996 年被西藏自治区人民政府公布为第三批自治区级文物保护单位。

（2）独龙江藤网桥

独龙江藤网桥是指在西藏独龙江地区，由当地少数民族——独龙族建造而成的所有跨江藤网桥的总称。独龙江藤网桥不止有 1 座，其中大部分已被改建为铁索桥，现存的藤网桥也成为当地重要的历史文化遗产和旅游资源。

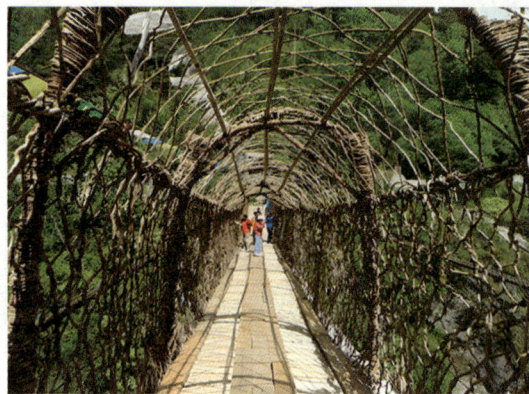

图 3.2.19　独龙江藤网桥

独龙江发源于西藏伯舒拉岑雪山，上游叫种罗洛河，在与麻比洛河汇合以后，称为独龙江。独龙江在我国境内总长 250 多公里，独龙江流域山大谷深，有海拔 5000 多米的高黎贡山和海拔 4000 多米的担当力卡山，峡峙于湍急的独龙江两岸，形成独特的独龙江大峡谷。

独龙江地处西南边陲，人烟稀少，交通不畅和信息闭塞。新中国成立前，独龙族只靠溜索和藤网桥来往过江。新中国成立以后，在党和政府的关怀下，克服重重困难，先后架起了 6 座钢索吊桥，但是整个独龙江地区至今还有很多座藤网桥横跨在江上，藤网桥仍然是独龙族群众来来往往的重要交通工具。

独龙江藤网桥十分具有当地独龙族的民族特色。首先是其形状，一般的藤网桥纵截面形状是呈圆形，而独龙江藤网桥是一个类矩形、上部半圆形的形状，其构成藤网桥骨架的粗藤在两侧直立、顶部弯曲。最大的特点是藤网桥的下部，采用的是木板铺装，使得整个藤网桥在整体受力上呈现出：两侧粗藤索构成桥梁的主要承重构件，主要受拉力，并且起着一定的骨架作用，保证桥梁的完整性；下部木板起到梁板的作用，主要受拉力与弯矩作用；细藤起到传递荷载以及保证桥梁完整性的作用。独龙江藤网桥在构造形式上与现代的吊桥类似，体现了独龙江地区的民族智慧与独龙族在古代较为先进的造桥理念。

3.2.7　并列多索桥

1. 并列多索竹索桥

并列多索桥，指的是并列几根缆索，上铺木板，组成桥面。有的不设栏杆，有的在左右各悬上几根缆索作为栏杆，这是中国古代索桥中最普遍的一种。

四川《汶川县志》记铃绳桥："铃绳桥又名镇关索桥，旧称太平桥，在治北关内通瓦寺桥以绳为之，而悬铃其上。其绳以细竹为心，外裹篾索，长四十八丈。索用三股合一股，围一尺五寸，桥宽八尺，左右各四绳。傍用木栏翼之。栏杆之底部有横木连接。底用一十四绳，上铺密板，可行走人和牛马。东西岸约五十步，平立两柱，柱长六丈，谓之将军柱。有架梁，绳绕梁过，使不下坠，东西各建层楼。楼之下各有立柱、转柱。立柱以系绳，转柱以绞绳。岁时修补。"这是竹索桥的一般做法。

现铃绳桥只有两岸桥台，无将军柱，并改竹索为钢丝绳，步量桥长约 120 米，以中国古代柱索桥而言，已是很可观的规模了。

图 3.2.20　四川汶川铃绳桥

2. 并列多索铁索桥

不论藤或竹索，均暴露于烈日风雨飞雪之中，使用寿命不能经久，必须经常维修方保安全使用。

四川《绥定府志》有记载："桥之成以竹以石，未以铁者。铁索之桥自松州始。然访其制多简略。索少而布以荆，一举足则履险辄止，可骇可愕。又必岁数易乃克有济，当事者疲而非长久之计。"文接着又记："左峡高可十许丈，广三十寻（约 77 米）遂议于上置铁索，大者六，小者

图 3.2.21　重建后的泸定桥为六索并列铁索桥

四，六为底而四为栏。伐木为板，相以车辐，长九尺、广六尺者二十有四，各为化牡之制，系以铁钮。又旁为连枋，长二、三丈许，每三幅而联属之，石崖之上，为屋二楹，覆以重石如陶瓦，而以铁索系于有机之横木轮转既定，镇以石柱。设桥屋于上而丹漆之，车马之过，如乘丰隆，跨长虹而入天衢也。"

王锡咏盘江铁桥诗道："……横空贯索插云蹊，补天绝地真奇绝。曾闻罗浮道士作浮桥，风雨薄蚀度飘折，又闻飞阁用石盐，百年那得坚如铁。"铁索当然要比竹藤耐久得多了，此桥铁索的锚固，采用和竹索同一方法。铁索桥脱胎于藤、竹索桥，而后取得了改进。

铁索桥虽然起源于汉代，但目前所能见到的绝大部分是明清时代所建的桥梁，更早之前的铁索桥已很难见到了。

图 3.2.22　胡寨铁索桥

3.3　梁桥

3.3.1　梁桥的基本介绍

梁桥，是用梁作为上部承重构件，以跨越河谷等天然或人工障碍的一种桥。从力学观点来看，梁的特点是受弯；梁桥的支承反力，在铅直荷重作用下是铅直方向的。一般情况下，梁安置平直，故相对于拱而言又称为平桥。

将石梁或木梁架设在沟谷两岸，便成梁桥，因而可将梁桥简单分为石梁桥与木梁桥两类。梁桥的构造最简单，其产生的时间自然也最早，古人萌生建造梁桥的念头，疑受了天然石梁桥的启发。

有一种堤梁式石梁桥，起源于人们常说的"踩着石头过河"。现今的"碇步桥"为一个个小石墩布于水中供人徒步越水通行。保留着这种原始形式还有一种简单的石梁桥，俗称薄板桥，现今尚可见到，如香港锦田水头村的便母桥。薄板桥即在水中置石为桥墩，墩上铺扁薄石板作桥面，较之碇步，薄板桥已真正具有了"梁"的意义。

图 3.3.1　碇步桥

图 3.3.2　各种碰步

图 3.3.3　香港便母桥（又称敬母桥）

3.3.2　竹梁桥

在江南和中西部产竹地区，由于取材容易、施工方便、成本低廉，所以，古人常用较粗壮的多年生竹竿直插水中作为桥柱，然后，在其上绑扎竹横杆作为横梁，再在横梁之上铺上用竹并排组成的竹排作为桥面板。为了保证竹桥的稳固，古代工匠就在竹竿底部河床周围抛石围护；或者利用竹笼内置石块作为桥墩，上铺竹排作为桥面板供人行走。由于竹子经不起长期风吹雨打日晒雪覆等自然损害，以及人为因素的破坏，其使用年限和承载能力也有限，所以，古代保留下来的竹梁桥实体已荡然无存。

目前，在江南水乡河道上能经常见到用于疏浚等施工而临时搭建的竹梁桥。

图 3.3.4　竹梁桥

3.3.3　木梁桥

木梁桥是以梁作为桥梁上部承重构件，而作为梁的主要结构材料是木材。木梁桥有木柱木梁桥、石柱木梁桥、石墩木梁桥、木伸臂木梁桥等种类。木梁桥主要分布在南方，以浙江、福建居多。木质廊桥是一种比较典型的木梁桥。

图 3.3.5　乡村简易单跨木梁桥

图 3.3.6　多跨木梁桥

图 3.3.7　杭州西湖博览会架设的木桥（1929 年）

排柱式木梁桥最早的历史记载应是长安（今陕西西安）渭水上 3 座木桥。据《唐六典》记载："天下木柱之梁三，皆渭水便桥、中渭桥、东渭桥。"合称为"渭水三桥"。

东渭桥在西安高陵县耿镇白家咀村，桥处于灞水入渭水处。西汉景帝刘启为便利长安与栎阳（今陕西临潼东北 40 公里）之间的交通，西汉前元五年（公元前 152 年）始建木梁桥，桥型为多孔排柱式，桥孔跨度较小。东晋时桥尚存，后毁于战乱。中渭桥，曾名横桥。秦始皇筑离宫于渭水南北，北为咸阳宫，南为兴乐宫。为方便二宫往来，就在渭水之上修建了中渭桥。据《三辅黄图》载："为沟通二宫，渭水贯都，以像天汉，横桥南渡，以法牵牛，故造此桥。横桥为六十八孔木柱木梁桥，南北长二百八十步，广六丈，桥面置屋六十八间，立柱七百五十根，架梁二百二十二根。因桥为京师禁苑之地，仅供官员进出。"据内蒙古和林格尔的东汉壁画《渭水桥图》表明，该桥柱为四柱一排，排柱上有跳斗栱承托木梁，木梁上铺板为桥面，两侧有木栏杆，桥头有华表、神妖等建筑。西渭桥称便桥，又名咸阳桥。西汉建元三年（公元前 138 年）始建排柱式多孔木梁桥，明嘉靖年间（1522 年—1566 年）水毁后改为浮桥。

3.3.4 石梁桥

石料是一种脆性材料，受压性能好而受拉性能差，不适合作受弯构件。可是自从人们学会开采石料以来，由于资源丰富，石料比木料经久耐用，因此，石料都被广泛应用于梁桥的建设。

石梁桥几乎在全国各地都有，跨径从不到 1 米直到 20 多米。据原浙江省交通厅 1962 年的调查，全省当时有石梁桥不少于 24000 座，约占全省民间桥梁的四分之一。

古石梁桥宽度一般在 80 厘米至 2 米，以 1 米左右最为普遍，且往往无栏杆。村前宅后，过往行人、牲畜较多，特别考虑到老人小孩过桥，桥面宽度就较大，都在 1.5 米以上；乡镇附近的石梁桥宽度也有在 2～3 米的；作为城区内主干道或区域交通大道上，桥宽能达到 4～6 米。桥面较宽的古石梁桥一般都设有石栏杆。

洛阳桥，又名万安桥，始建于北宋皇祐五年（1053 年），完成于北宋嘉祐四年（1059 年）。它位于福建省泉州市东北与惠安县分界的洛阳江上，东临海湾，浪潮交汇。洛阳桥刚建成时，据桥碑《万安渡石桥记》载，桥长三百六十丈（1.2 千米），宽丈有五尺（1.67 米），分 47 个桥孔，历时 6 年 8 个月，工程之浩大难以言喻。洛阳桥桥面立有 500 根栏杆石柱，并有 28 只雕琢精致的石狮子作为装饰。据传说，这些数字代表了 500 个桥工和 28 个技师。洛阳桥的修建对桥梁建筑有划时代的贡献，与著名的河北赵州桥齐名，有"北有赵州桥，南有洛阳桥"之称。

根据桥梁下部结构形式的不同，可以将梁桥划分为墩台式梁桥、排柱式梁桥以及伸臂式梁桥，其中以墩台式梁桥和排柱式梁桥最为常见，根据唐寰澄先生著的《中国科学技术史·桥梁卷》中论述，中国古梁桥的形式基本上是由柱向墩发展。这也符合人们常理上的认知，桥梁技术由低级向高级演变，由不稳定向稳定演变。

3.3.5 排柱式梁桥

1. 排柱式梁桥的基本介绍

桥梁下部结构由一排或多排石柱或木柱组成的梁桥，称为排柱式梁桥。

按建筑材料分，排柱式梁桥一般有木梁木柱桥、木梁石柱桥以及石梁石柱桥三种。木梁石柱桥指的是以木料做梁、石料做柱的梁桥，其余两种以此类推。

柱式梁桥的结构简单、施工方便，因此在我国很早就有关于它的记录。《水经注》记有："汾水西迳祁宫（今山西绛县南）北，横水有故梁截汾水中，凡三十柱，柱径五尺，裁与水平。盖晋·平公（公元前 557 年—公元前 531 年）之故梁也。物在水，故能持久而不败也。"30 根木柱，在 2500 年以前，是一座规模相当大的木梁木柱桥。

石梁石柱桥在江南分布较多，典型三孔桥，如江苏苏州山塘放生河口的引善桥；五孔桥，如浙江吴兴将军坝桥。九孔的有浙江德清阜安桥，又称德清长桥，全长 85 米，中孔跨径 7.6 米，其他孔为 6～7 米，桥宽 6 米，共主梁 4 根，梁间嵌铺横石板，梁底离水面 8.3 米。还有杭州临平长福桥、杭州祥符桥、浙江宁海戊己桥、浙江温州乐清智广桥、浙江嘉兴淳安桥、上海金山广福桥、上海青浦迎祥桥、江苏吴江东庙桥等。

图 3.3.8　江苏苏州引善桥

图 3.3.9　浙江德清阜安桥

图 3.3.10　杭州长福桥

图 3.3.11　杭州祥符桥

图 3.3.12　江西莲花木梁木柱桥

　　江西莲花木梁柱桥属于一种特殊的木梁木柱桥——简便木梁木柱桥（以下简称"简便木梁桥"）。简便木梁桥大多是民间或军用的临时性木桥，建造的目的只有一个，即只要可以过人、马和简易车辆就行了，于是往往采用左右双柱作为一排桥柱，垂直夯入河底土石中，简单且方便。大多数的简便木梁桥采用的是将桥柱分别向上下游倾斜成八字，以增加桥柱横向稳定及抵御水流及漂流物的冲击。这类"板凳"

形的桥柱，虽然极为单薄，却相当结实。江西莲花木梁木柱桥采用并立双排木柱分别搭梁，非常稳妥。浙江宁波奉化区广济桥，采用奇特的"爪式"石排柱，由4组长达6米的巨大石条斜插奉化江底，每组6条，上下有盘石，通过榫卯结构连接。冒梁上架上13根大圆木为梁，在其上铺上厚木板，上建桥屋22间，屋面上盖青瓦。屋内设有条凳供行人小憩，并设有神龛供人祭拜。桥全长52米，宽6.6米，高3.5米。桥两端建有碑亭，内竖桥碑。这种"爪式"石排柱既有利于水流通畅，又提高了桥梁的稳定性，充分体现了我国建桥工匠的聪明才智。

图 3.3.13 "爪式"石排柱

2. 排柱式梁桥的实例：灞桥

（1）灞桥历史

《唐六典》指出："天下石柱之梁四，洛三灞一。洛则天津、永济、中桥。灞则灞桥也。"灞桥在陕西省西安市东北约20里（10公里），跨灞水，临近灞水与浐水相会处。

《水经注》："灞水古名滋水，秦穆公更名以显霸功。水上有桥，谓之灞桥。"由此，可理解为灞桥为春秋霸主秦穆公为彰显自己的伟业在公元前659年—公元前621年间所建。

《汉书·王莽传》记载："地皇三年（公元22年）灞桥

图 3.3.14 1953 年古灞桥旧照

木灾（意为火灾），自东起。卒数千人以水汛沃救不灭，晨焚夕尽。"则灞桥应是木梁桥，更细分来说应是排柱式木梁桥。修复之后，王莽改桥为长存桥。还有一种说法是在灞桥修复期间，百姓认为灞桥"木灾"是由于王莽执政遭到了天谴，于是老百姓将修复后的灞桥更名为长存桥以图吉利。

宋时桥坍塌。元、明、清代屡有建毁。1955年改建过的古灞桥，是清道光十三年（1833年）重建的木梁石柱桥。

1932年，有关部门测量陇海铁路西段时，曾对灞桥作详细勘测，得桥长354米，桥跨67孔，各孔净跨6米左右不等，桥宽约7米。1957年改古灞桥为近代公路桥。

（2）灞桥结构

根据清《灞桥图说》记载：灞桥"桥长一百三十四丈（约415.4米），横开六十七龙门，直竖四百零八柱，分六柱为一门，每门底顺安石碾盘六具，深密钉桩，上累轳辘石四层，平砌石梁，横加托木，叠架木梁各一层，满铺木枋一层，边加栏上枋各两层，平筑灰土，上铺压檐石一层，垒砌栏杆各二层，量宽二丈八尺，高一丈六尺，两岸筑灰土堤。"

灞桥的上部结构是由直径约30厘米的主梁、托木及厚20厘米的横枋组成承重结构。每跨密排安放主梁13根，各架在托木之上，长度等于跨长，相邻两跨主梁正好在墩中心相接，用铁制蚂蟥钉将两者钩住。托木梁长2.3米、宽0.3米、厚0.3米，它嵌在石盖梁顶面预凿的宽30厘米、深3厘米的槽口里，槽口两侧托木各悬伸12厘米。横枋板满铺在主梁上，枋板与枋板的纵横接头处均嵌以木锭，使其成整体以利共同承受荷载。桥面中间垫50厘米厚的白灰三合土，上铺22厘米厚的条石作桥面，左右两侧砌以挡墙（原为栏木枋，是后来换成的），挡墙上设置厚宽各40厘米的石栏墙（也是后来换上的），彼此以鸠尾板相嵌。桥面石板两侧砌筑栏墙石，其上构筑栏杆，且雕刻了花果鸟兽石雕之类图形。

灞桥的上部结构，似有繁复和笨重之感。其实古代桥工对此用心良苦。用托木以减小主梁的受力和变形；横枋板上覆盖厚层灰土且铺以石板，可以保护主梁、托木及横枋组成的承重结构免受腐蚀与磨损；填铺之物还增加了桥面重量，从载荷角度讲虽对梁略为不利，而压重的增大，可增加垒砌石柱抵抗流水冲击的能力和提高其抗弯强度。

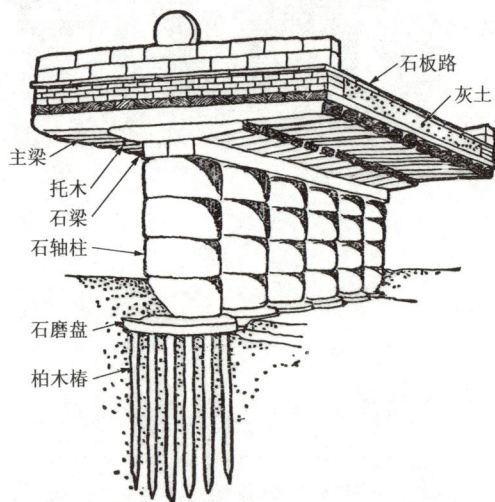

图 3.3.15 《灞桥图说》

石板路
灰土
主梁
托木
石梁
石轴柱
石磨盘
柏木桩

图 3.3.16 灞桥的主梁与托木

　　桥墩由 6 根石柱组成。每根石柱用 4 层石轴相叠砌，底部承以石盘。石轴每个高 70 厘米，直径 95 厘米；石盘厚 25 厘米，直径 1.4 米。石盘起承台作用，并扩大了承压面积。石轴之间和石轴与石盘之间各凿成阴阳榫卯接口，套接一起，连成整体。以石轴与石盘为例，石盘上留阳卯，石轴底面上留阴榫（顶面留阳卯，以便与它上面的石轴相套接），卯中心均留有铁柱洞。套接时，先用糯米汁、牛血拌石灰锤融，每盘约用石灰 50 斤（25 千克），填充在石盘的卯眼内及面上，将长 30 厘米、直径 10 厘米的铁轴插入洞内，然后把石轴套上。

图 3.3.17 灞桥的下部结构——石排柱

图 3.3.18 灞桥桩基

　　石盘支承在 11 根直径为 15～22 厘米，长为 4 米多的柏木桩柱上。柏木取于冬季，只选用色白质密者；削除枝杈，趁湿带皮使用，以提高木桩的承载力和使用年限。桩群布置成梅花式。先打中心桩，在圆形木样板上预凿梅花式桩孔 11 个。将圆板的中心孔套住中心桩，转动圆板使之就位，其余各桩一一按孔插入，靠水流上游的一根柱比其他的桩长；它穿透石盘，以承受水平力防止滑动。石盘底面紧贴桩群顶，不平处垫以铁片，它的周围有 8 根护桩卫，以求桥桩基稳定。

此外，在 6 根石柱之上又冠以石盖梁，用腰铁嵌接，梁底都设有暗卯，插以铁柱，伸入桩顶与之相应的暗卯，使 6 根石柱在桥横向连成一个石柱墩。

在改建时曾深挖桥基，发现在各孔石盘间以及在石盘上下游各 4 米宽的河床内，还筑有厚约 1 米的白灰三合土护底，遍及桥基，可用来防止护基被水流冲刷与防止地震时砂土液化。为了护岸防坍，在两岸还加筑灰土堤近千米。

3.3.6 墩台式梁桥

1. 墩台式梁桥的基本介绍

古语云："垒石成墩"。古桥中的墩是指由石块堆砌而成的桥梁的下部承重构件。所以与柱式梁桥不同，墩式梁桥只有石墩梁桥，没有木墩梁桥，因此我们常讲的墩式梁桥指的就是石墩梁桥。相较于石柱或木柱而言，石墩更加厚实、抗流水侵蚀能力以及抗船撞能力更强一些，因此墩台式梁桥的耐久性较排柱式梁桥更好，其寿命也更长。

与排柱式梁桥类似，按桥梁的建筑材料来分可将墩台式梁桥分为石梁墩桥以及木梁石墩桥，其命名方法与排柱式梁桥一致。最常见的墩台式梁桥为石梁石墩桥。

2. 墩台式梁桥的实例：泉州洛阳桥

福建泉州洛阳桥是全国著名的石梁石墩桥，又名万安桥。洛阳桥位于福建泉州，在晋江、惠安两县交界处的洛阳江的入海尾闾上，为当年福州到厦门之间的重要通道。《读史方舆纪要》中描述道："洛阳江，在府东北二十里，纳境内诸山溪之水，流经府东，入于海。群山逶迤数百里至江而尽。"洛阳桥原来是个渡口，叫万安渡，《泉州府志拾遗》记："万安桥未建，旧设渡渡人，每岁遇飓风大作，沉舟而死者无数。"洛阳桥是我国闻名中外的巨大石桥之一，旧称"北有赵州桥，南有洛阳桥"。1988 年 1 月，国务院公布洛阳桥为全国重点文物保护单位。它与北京卢沟桥、河北赵州桥、广东广济桥同称为"中国古代四大名桥"。

图 3.3.19 泉州洛阳桥

《福建通志》载："宋庆历初（1041 年）郡人李宠甃石作浮桥，皇祐五年（1053 年）僧宗以及郡人王实、卢锡倡为石桥，未就。会蔡襄守郡，踵而成之，以蛎房散置石基，益胶固焉。"现存桥南的蔡襄祠内有修桥碑文，传说是蔡襄的亲笔。文曰："泉州万安渡石桥，始造于皇祐五年（1053 年）四月庚寅，以嘉祐四年（1059 年）十二月辛未讫工。垒址于渊，酾水为四十七道，梁空以行，其长三千六百尺，广丈有五尺，翼以扶栏，如其长之数而两之。靡金钱一千四百万，求诸施者。波实支海，去舟而徒，易危而安，民莫不利。职其事者卢、王实、许忠、浮图义波、宗善等十五人，既成，太府莆阳蔡襄为合乐燕饮而落之。明年秋，蒙召还京，道由是出，因纪所作，勒于岸左。"历来对蔡襄的碑记，认为叙事简，不自居功，但桥梁的好处，百世蒙之。工程艰巨，又往往产生不少神话。

《广舆记》记洛阳桥："先是海渡，岁溺死者无算。襄欲垒石为梁，虑潮漫不可以人力胜，乃遣檄海神，遣一吏往。吏酣饮睡于海涯，半日，潮落而醒，则文书已易封矣。归呈，襄启之，惟一醋字。襄悟日，神令我十一日酉时兴工乎？至期，潮果退舍，凡八日夕而工成，费金钱一千四百万。"《闽书》和《明史·列卿传》将此事归之于明代修洛阳桥的给事中知泉州蔡锡。蔡襄碑记，桥始建至讫工，共计 6 年 8 个月，非潮退 8 日可成。

图 3.3.20　福建泉州洛阳桥桥头雕刻

明《王慎中记》记万安桥："自皇祐以来五百年间，东西行者，履砥视矢，凌风波于趾踵之下，桥之巨，与万安埒与亚之者，在泉州所，以三四数。民皆由焉而不言，而独好言万安。其言往往多异。以谓撰时揆日，画基所向，锁址所立，皆预檄江水之神而得其吉告。至于凿石伐木，激浪以涨舟，悬机以弦绰，每有危险，神则来相。址石所垒，蛎辄封之，而公自为记，无是也。"神助成桥，当然是传说中的故事，所以王慎中又说："岂其驾长江之洪流，冯虚以构实，其役有骇人者？昧者惊焉，而言之异。亦以贤者之所为，兴事起利，人乐其成而赖其功，故托于神以美之耶？"神话，是人对自然的力量和人工的力

图 3.3.21　分水尖筏形墩台

量的歌颂。洛阳桥工程十分艰巨，在古代能完成那样的杰作，确实值得人们称颂。王慎中称："尤访其为桥之详，益知其成之不易。"但是具体的施工方法，年代过久，现已不能深究。我国近代桥梁大师罗英先生曾访问过当地父老及蔡襄后裔，认为建桥方法是抛石为基，退潮时砌筑墩身，用木排浮运石梁，再利用潮水的涨落以架梁。

史册上记录了洛阳桥基础建造的巧妙。《宋史·蔡襄传》："襄知泉州，距州二十里万安波，绝海而济，往来畏其险。襄立石为

梁，其长三百六十丈，种蛎于础以为固，至今赖焉。又植松七百里，以庇道路。闽人刻碑纪德。"查《本草纲目》介类牡蛎云："牡蛎，背附石而生，得海潮而活，凡海滨无石处皆不生。"当时，石灰浆在水中不能凝结，如何将单块石料合成整体，免受海潮冲散是工程上的一大难题。洛阳桥利用生生不息的牡蛎，使"址石所垒"种下去的"蛎辄封之"，是桥梁建造史上的伟大创举。

图 3.3.22　福建泉州洛阳桥桥面铺装

洛阳桥自修建至今历时 900 余年，历经日月水火地震风雨战火，先后大修与重建 16 次。其大修时间相隔最长的一次约 171 年，平均每 50 年修一次。大修四次：一是被飓风损坏，于南宋绍兴八年（1138年）修复；二是被水冲毁，在明宣德景泰年间重修；三是被地震大水倾毁，在明万历三十五年（1607年）修复；四是被连年地震、大水和飓风所毁，在清乾隆二十六年（1761年）重修。现存的桥梁，为清乾隆二十六年（1761年）重修者。1932年，在老桥上添建现代钢筋混凝土公路桥面，目前桥梁实况：从北岸惠安县境起，有石垒桥堤一段，桥由堤接出，经过一个小岛，名中洲，继续南展，达于南岸晋江县境。桥长 834 米，宽 4.5 米，砌出水面的船形桥墩共 46 座，墩上桥梁，全桥 47 孔。桥面及栏杆均为钢筋混凝土结构，桥高 7.3 米，桥栏高约 1 米，全桥有桥栏杆 645 柱，每座桥墩上和桥两端栏杆柱外侧都雕有一只石狮坐像，共有石狮 104 只，栩栩如生。桥上文物及建筑为，中洲上有中亭，中亭内有修桥碑石 12 座；"西川甘雨"亭，亭内有"海内第一桥"横额；桥上扶栏之外，筑有石塔 7 座；桥头有披甲仗剑石刻武士像 4 尊。桥南街尾为蔡祠，内有所题《万安桥》碑一座，明、清碑 8 座；明时建蔡襄石像一尊。桥北原建有昭惠庙和真身庵，庵为纪念造桥僧人义波和尚而建，现已不存。散布在各处的修桥碑记有26 篇，极具文物价值。洛阳桥气势雄壮，清·凌登名诗云："洛阳之桥天下奇，飞虹千丈横江乖。西有滚流万壑流波之倾注，东有领澎潮汐之奔驰，石梁其

图 3.3.23　洛阳桥结构

上，震啮永不移，千秋万岁功利博，直与天填无休期。巍然巨石中流峙，雄镇东南数千里。遥望扶桑海日升，山头松柏常青青……天空云沧海阔，东风吹云海水裂，宇宙神物能有几，如此大观称奇绝。"洛阳桥工程浩大、气势非凡，堪称我国古代桥梁之翘楚，也是我国古代劳动人民的不朽之作。

3.3.7 伸臂式梁桥

1. 伸臂式梁桥

木石梁桥因受到材料长度和强度的制约，一般跨度较小。简支木梁桥，一般单跨都在10米内，石梁桥单跨一般也在20米内。为了增加桥梁单孔跨度，古代桥工发明了伸臂式梁桥。伸臂式梁桥分为木伸臂梁和石伸臂梁两种形式。

木伸臂梁桥利用木料，横直相间，层层挑出成为伸臂。两伸臂之间，搁以简支木梁。《中卫县志》记中卫山河桥："因崖岸垒石作基阶，节节相次。排木纵横接比，更为镇压。对岸俱相赴，中去三四丈（约10~12米）。并大材，以板横次之，外施钩栏，悬空而行。"这座桥"高三丈（约10米），宽八尺（约2.6米），长二十丈（约66.6米）"，其长度包括了两岸锚着部分的梁长，净跨至少可延伸到30~40米。

木伸臂式梁桥，可分为单向伸臂式木梁桥、双向伸臂式木梁桥和斜撑伸臂式木梁桥。

单向伸臂木梁桥又称刁桥或折桥，适用于建造单孔伸臂木梁桥，最大跨度可达30米。单向伸臂木梁桥的构造十分简单，靠岸一段的木梁压重另一端单向向河心伸臂，再在左右伸臂端架上简支木梁，增加跨径。

双向伸臂木梁桥是在河道中的墩顶上叠架木梁，由左右平衡地伸出于墩外，伸臂端搁孔而成。双向伸臂木梁桥始于简支木梁桥的柱顶托木。木柱简支木梁桥，在柱顶处加上与木柱镶接的短木托梁，增加了木梁的承托点，可以使梁中弯曲稍有减少，同时还可以使木柱在纵向有一定的稳定性。与单向伸臂木梁桥相比，双向伸臂木梁桥已能做到基本不受河道宽度的限制。

斜撑伸臂式木梁桥结构的特别之处在于木伸臂斜伸向上，在抵抗木梁受弯作用的同时起到了承担木梁竖向荷载的撑架作用。

伸臂式木梁桥遍布于西藏、青海、四川、甘肃、宁夏、云南、贵州、广西、湖南、浙江等省（区）木材比较丰富的地方。伸臂木梁桥的结构形式，曾对国外桥梁发生过影响，英国工程技术界人士便自称，他们修建的近代大跨度的钢伸臂梁桥——福斯河桥，是从西藏的木伸臂梁中得到的启发。但重叠挑梁的办法，由于用木过多，在木材愈趋紧张的今日，这一类形式的木伸臂梁桥将会逐步淘汰。

2. 石伸臂式梁桥

石伸臂桥梁是指石伸臂自桥台或桥墩上伸出的梁桥，其在一定的梁长之内，可增大桥的净空跨度。

图3.3.24 云南云县河湾桥

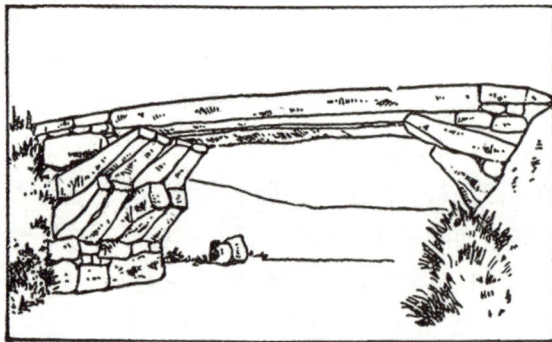

图3.3.25 浙江海宁旺岸桥

云南云县的河湾桥，石梁长 3.5 米，宽 1.5 米，厚 18 厘米，每侧挑出桥台 80 厘米的 2 层各厚 10 厘米的石伸臂梁桥。云南大理观音堂桥，三孔石伸臂梁，净跨中孔 4.5 米，边孔 3.5 米，为 3 层石伸臂各约 25 厘米。云南建水县城西 10 公里的村上，有一座 3.5 米净跨、60 厘米宽的石伸臂梁桥，一侧挑出 5 层，一侧挑出 7 层。云南诸桥，各层伸臂直接相压递出，都是多层并列砌筑。

大多数石伸臂梁桥，是按丁、顺的砌筑方式砌筑的。虽同是伸臂，但与木伸臂不同，它与墩身浑然连成一片，这在中国建筑中系脱胎于砖砌结构，名为"叠涩"。福建泉州安平桥、福清龙江桥、漳州东江桥等，以及福建莆田熙宁桥、安徽桐东关大桥、舒城南桥、浙江临海两头门桥，都是典型的"叠涩"出檐结构。

图 3.3.26　云南云县河湾桥

浙江省文成县中樟乡中堡村的接龙桥，因地处山谷之中，且谷深，难设桥墩，由于该桥孔跨度大，桥台就采用了斜撑石伸臂结构。通过三层条石斜撑压叠，向桥中心延伸，层层传递竖向负载，既减少桥台承载力，又缩短了桥面石梁的长度。接龙桥系单孔斜撑伸臂式石梁桥，桥长 10 米，宽 1.75 米，高 9.30 米。桥面系不规则块石排列，桥栏系条石与瓷柱连接。

3.4　拱桥

拱桥是以拱作为主要承重结构的桥梁。拱以承受轴向压力为主，对石拱桥来说，就是把轴向压力传递到原本松散的石块聚集成连续的石拱圈上。石块自身重力在拱内转化为轴向压力，通过石块间相互挤压将压力传递至拱脚，产生水平和竖向两个分力，并最终传递到桥台基础上。

我国著名桥梁大师唐寰澄先生认为，"拱桥起源于自然界天生的桥梁中"。常年的流水侵蚀岩石，形成了天然的拱式桥型。如湖南沅陵县高华界山下白流冲的天生桥、四川省安岳县龙桥乡的龙桥、江西贵溪仙人桥、贵州省三都水族自治县雪花洞仙人桥、浙江省天台山的石梁桥等，从而启发了人类建造拱桥的思想和实践。也有人认为古人从天然溶洞或古代墓道中的拱能顶住上部压力而受到启发，设计出了拱桥。如我国广西壮族自治区"仙人桥"的跨度达到 121 米，为世界跨度最大的天然天生拱形桥。

图 3.4.1　单孔石拱桥

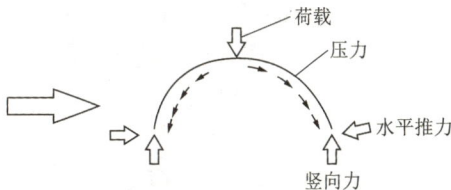

图 3.4.2　拱桥受力图

河南新野北安乐寨村 1964 年出土的汉代"裸拱"画像砖，被桥梁史家认定为一座无拱上结构仅有拱圈的拱桥。东汉画像砖上裸拱的出现，是拱桥诞生的有力证据。长期以来，首座石拱桥的记录为始建于晋太康三年（282 年）的旅人桥，但经唐寰澄先生对汉晋两朝洛阳城桥群的研究，得出建于东汉阳嘉四年（135 年）的洛阳建春门桥是目前石拱桥的最早记录。新中国成立后，随着一大群中国古墓出土，发掘发现自战国后期的板梁式砖木拱，经三、五、七折边的发展，至东汉末期形成了半圆形拱。这些由简至繁的结构实物体现了历史的发展和技术的进步。拱桥形式众多、地域广泛、材料坚固，尤其石拱桥，虽然历经千百年的时代变迁和经受天灾人祸，但是，由于得到当地群众保护、多方资助，常屡毁屡建，遂使历史上很多古桥仍能保存至今。

我国拱桥形式繁多，按建筑材料可以大致分为竹拱桥、木拱桥、砖拱桥以及石拱桥，其中以石拱桥最为常见。

图 3.4.3　广西壮族自治区——"仙人桥"

图 3.4.4　天生石拱桥

3.4.1　竹拱桥

现在很少见到竹拱桥实体，建有百年以上历史的竹拱桥几乎绝迹，但建在民国时期一些小河道上作为临时交通设施供人行走、桥下能通过小船的竹拱桥尚有所见。现在，在河道整治或小型桥梁施工时，就地取材，搭设竹拱桥（一般微拱）作为临时作业便道供人通行或为作业平台，还是常有所见。

图 3.4.5　竹拱桥

3.4.2 木拱桥

1. 木拱桥结构

木拱桥即上部结构以木料为拱的桥梁，由单跨木拱桥发展为多跨木拱桥。北宋明道元年（1032年），青州的州官夏竦请教了曾当过狱卒的工匠，建成了我国首座木拱桥，青州南阳桥（今称万年桥）。清康熙二十五年（1686年）南阳桥被洪水冲毁，后重建为多跨石拱桥，现今关于南阳桥的记载只存有文字，原桥已毁。我国现存木拱桥大多分布于浙南、闽北、皖南、湘西、重庆、云南、贵州、川西等地，几乎都是木拱廊桥、风雨桥。我国台湾省台南市巴克礼纪念公园木拱桥和上海市青浦区金泽木拱桥（虹桥）等，都是近年来为发展当地旅游经济而兴建。

木材本身是一种易腐蚀、耐久性差的材料，但用桥屋及风雨板保护的木拱桥，经常维护，可存在达500年之久。如浙江泰顺的北涧桥、泗溪东桥，庆元的莆田桥、龙桥，景宁的广济桥、大赤坑桥等木拱桥都有几百年的建成史。由于木材轻巧，匠师技术巧妙，木拱桥的拱跨长达三四十米，超过了石拱最大跨的赵州桥。现存木拱桥基本上都是廊桥、风雨桥，具有百年以上建成史的木拱桥在我国已存量不多。

图 3.4.6 福建屏南木拱桥

图 3.4.7 浙江省桐庐县芦茨镇木拱桥（老照片）

图 3.4.8 木拱廊桥（石墩柱）

2. 木拱古桥案例介绍:《清明上河图》中的汴水虹桥

《清明上河图》是北宋著名画师张择端的一幅千古名画,现藏于北京故宫博物院。画为高 24.8 厘米,长 528 厘米的长卷,描绘了北宋汴京(今河南开封)东南城内及城郊清明时节的景象。画面由宁静的郊外,引入繁华热闹的汴河上的市桥,再转入整齐宁静的街道。汴京的桥梁为数众多,图上虹桥便是具有代表性的一座,画家为我们留下了这座木拱桥的珍贵形象,表现出作者高度的创作概括能力和高超的写实表现手法。

然而,作为如此传世佳作的作者张择端,在当时应该享有一定知名度的,但是北宋的《宋史》《宣和画谱》等史记著作中对张择端却没有一点记录。对于张择端最早的、有迹可循的记录是在《清明上河图》画后,金代张著的跋文中称:"翰林张择端,字正道,东武(今山东诸城)人也。幼读书,游于京师。后习绘事,本工其界画,尤嗜舟车、市桥、郭径,别成家数也。"

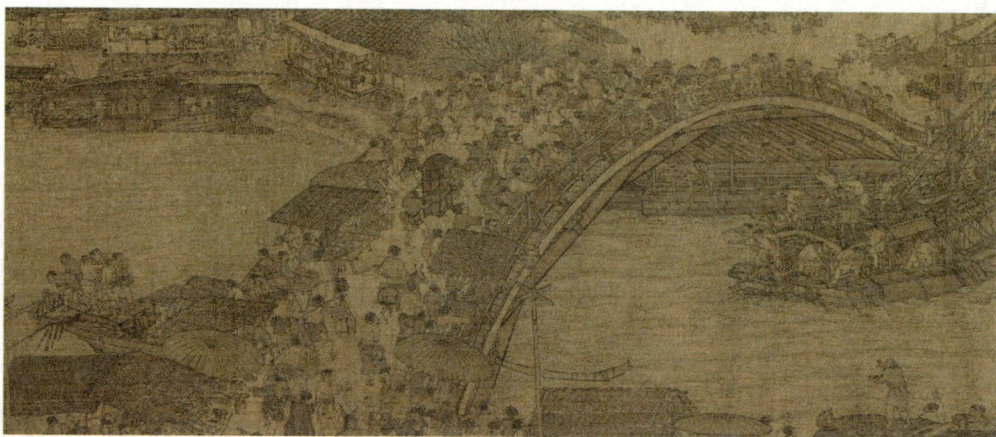

图 3.4.9 《清明上河图》中的汴水虹桥

汴水虹桥的桥拱主要部分是用 2 组拱骨系统组成:一组是 3 根长拱骨,称为系统 I;另一组为 2 根长、2 根短的拱骨,称为系统 II。如此错开排比搭架,每 2 根骨端,搁于另一系统拱骨中部横木之上。单独一片拱架是不稳定结构,如此排比而成的拱架,用索捆绑起来,用横木作联系,横木同时起横向分配力的作用。2 个系统组合成的结构,从力学角度来分析,是属于稳定且为高次超静定的结构。拱木互相穿插,"贯木拱"的大木相"贯"的含义十分清楚。整座桥利用单跨越过汴河,中间无墩柱,结构稳固,可见当时工匠智慧超群、匠心独具。

从《清明上河图》上看此桥,正如宋代汤鼎《汴京云骧桥诗》所云:"桥头车马闹喧,桥下帆见画船。"过桥的船正紧张地控制方向,桥上还有人抛绳引船过桥。从图正面可以清楚地观察到桥的结构,有五长两短的 7 根拱骨,最中间一根的中心,便是中心蜀柱(蜀柱原指宋代古建筑中用于支顶上层檐的短柱,在《中国科学技术史·桥梁卷》一书中唐寰澄先生将蜀柱引用为一种桥梁构件)。桥面板头部,钉有防风板,桥横木的端部,也都钉上了挡雨板,并以"虎头"装饰,起到保护和装饰作用。

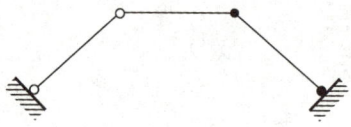

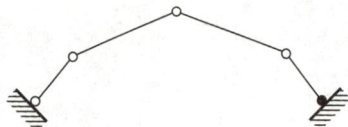

图 3.4.10 系统 I   图 3.4.11 系统 II   图 3.4.12 组合系统

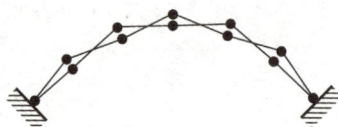

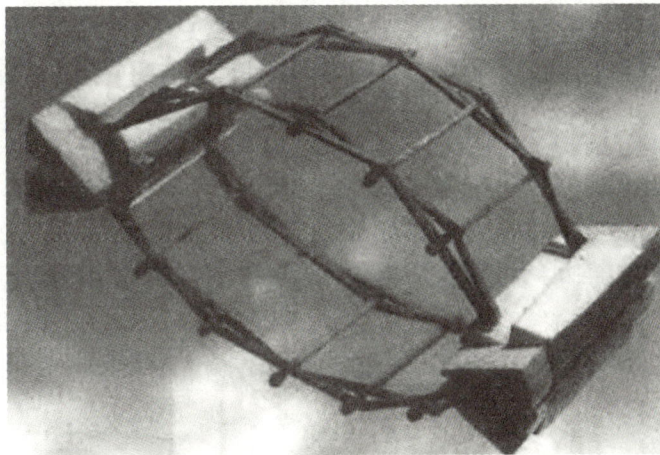

图 3.4.13　用火柴制作的汴水虹桥模型

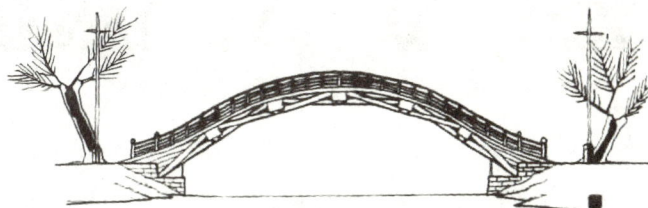

图 3.4.14　汴水虹桥立面示意图

拱骨的布置最外是系统Ⅱ（二长二短），然后是系统Ⅰ（三长），如此排比过去，共计系统Ⅰ10片，系统Ⅱ11片，共21片。拱骨大圆，径约40厘米，其上下两面，加工成平面。贯木拱上覆盖桥面板，桥面二侧架设栏杆。拱置于坚固整齐的桥台上。桥台伸出拱脚一段距离，作为纤夫步道，端部设有梯阶，便于人员上下。

3.4.3　砖拱桥

1.砖拱桥结构

砖拱桥的上部结构以及下部结构都是由砖块砌筑而成，其表面铺装与石桥相似，因此常被误认为是石拱桥。秦砖汉瓦，历史悠久。自有秦砖之后，就产生了砖拱桥。砖拱桥至今已有1400多年历史，在古代桥梁中占有一席之地。

图 3.4.15　清代砖拱桥

图 3.4.16　砖拱桥

51

由于砖拱桥的承载能力低于石桥，砌筑难度大，拱券易开裂，金刚墙容易出现裂缝，桥洞亦不能形成很大的跨度。这些不利因素，很难使砖拱桥得到很大的发展，因此单孔砖拱桥，建造量远远少于石拱桥。砖拱桥一般规模较小，桥跨在 10～30 米之间，最长达 80 米左右，较大的砖拱桥不多见。

2. 砖拱桥案例介绍

江西婺源县李坑中书桥是一座经典的砖拱桥，桥长仅 4 米，系单孔，桥宽 2.5 米，桥高 3 米。拱桥为灰砖相砌而成的半圆拱，金刚墙为不规范的块石和山泥夯实而成。桥面为青石板，上立木柱 5 对 10 根，建有穿斗式廊亭。同样，在婺源县中云乡横槎河上建有横槎桥，桥为三墩四孔砖拱桥，桥长 84 米，宽 7 米，4 个桥洞均为半圆形，已有 500 余年建成史，在国内十分罕见。

图 3.4.17　浙江省嘉善县西塘镇醉园砖拱桥

国内砖拱桥分布不均，北方多于南方。由于北方干旱少雨、南方多雨潮湿，同样一座砖拱桥，北方砖拱桥寿命肯定比南方砖拱桥更长些。同时，北方的黄土黏质好，经过砖窑加工，砖材质地坚硬。当今尚存砖拱桥的有北京、山西、陕西、山东、河南、河北、吉林、江苏、安徽、浙江、江西、湖北、重庆等省市。千年沧桑、日月轮回，我国有一部分砖拱桥毁于地震、风雪、暴雨等自然灾害中，也有因工程建设需要被人工拆除，所以，现存古砖拱桥已越来越少。

浙江省湖州市长兴县于 1967 年 5 月在太湖图影旅游度假区横山桥村高大坽自然村建造了一座单孔砖拱桥，当地村民呼其为"新桥"，至今已有近 60 年历史，保存完好、完整。新桥长 19.3 米、宽 2 米、高约 3.3 米，净跨 12.5 米。整座桥除桥台由石块砌筑外，其余构造材料均为青砖。青砖规格为长 0.23 米、宽 0.12 米、高 0.05 米。桥拱弧形线条流畅，制作精良。尤其桥台两侧面上还有 12 颗由青砖砌成的五角星，记录下了建造时代的特征。

我国现存最大的一座砖石拱桥是北京的朝宗桥，该桥始建于明正统十三年（1448 年），初建是一座七孔石拱桥，明万历三年（1575 年），拱被水毁，次年（1576 年）用城砖修复拱券（拱券的底部仍留有 2～3 层拱券石），塌毁的主拱圈用城砖砌筑，碹脸采用石料修复。该桥的下部结构全部是用花岗石石板砌筑，桥台是带燕翅形，桥墩的上游端是尖形，下游端是方形。从此，该桥成为砖石拱桥的典范之作。

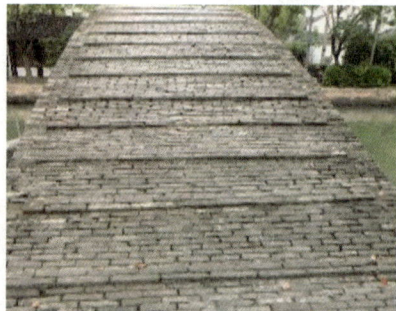

图 3.4.18　上海青浦金泽镇迎祥桥

图 3.4.19　现存最大的砖石拱桥——北京朝宗桥

3.4.4 石拱桥

石拱桥在我国分布广泛，因各地地理环境不同，导致桥型品类繁多、各具特色，在江苏、浙江、湖南、广东等省的石拱桥为了通航，拱券跨度和高度的净空都比较高大，具有薄墩薄拱薄券的特色。皖南山区的石拱桥粗犷奔放，坚固如磐。在河北、山西等省常见的有敞肩拱桥，还有驼峰高耸的波浪形石拱桥。在山西省一些地区常筑有窑洞式桥孔，券由砖石砌成，拱券上方覆数米高的泥土为道路，桥上桥下都能行人，又称为旱桥。

图 3.4.20 石拱桥

1. 石拱桥的各部位名称

中国传统石拱桥的构造方法，见于古籍记载较少。宋代李诫所编《营造法式》及清代官书《工部工程做法则例》等资料均无记载，却散见于匠师秘藏书册之中。但这些记录定义不清楚，术语不统一，叙述无次序，不易理解。1935 年，中国营造学社王璧文，曾参照实有工程予以整理，写成《清官式石桥做法》一文。但偏于北方桥梁，与南方诸拱桥名称又不一致。1959 年，古建筑学者罗英先生又参照江西文昌桥志等书目予以补充。

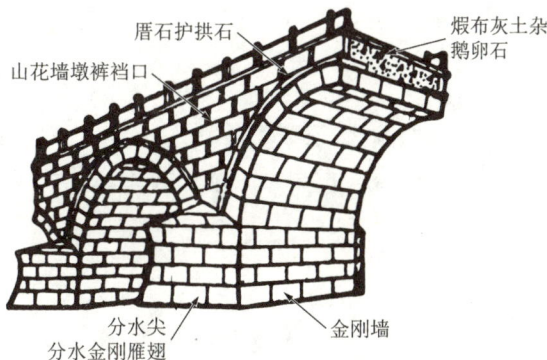

图 3.4.21 石拱桥主要部位名称

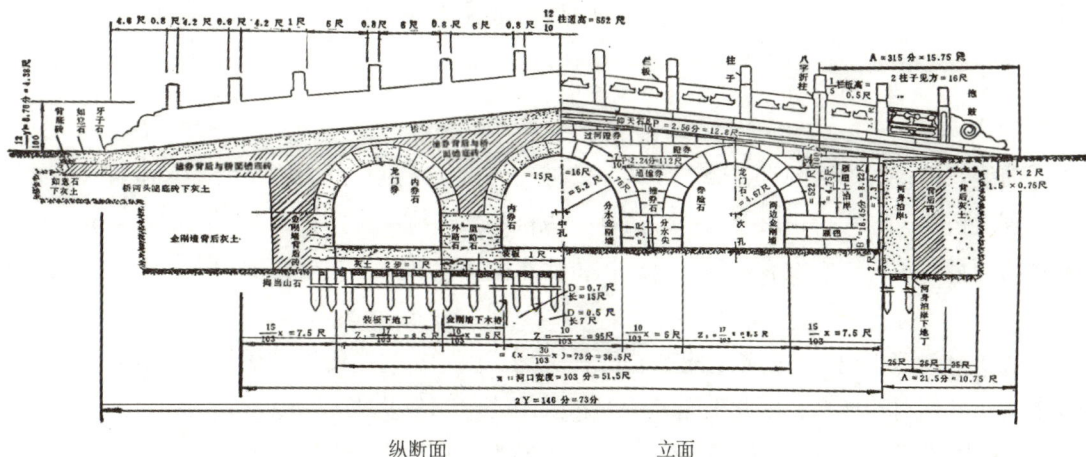

纵断面　　　　　立面

图 3.4.22 清官式石拱桥各部名称图（纵断面）

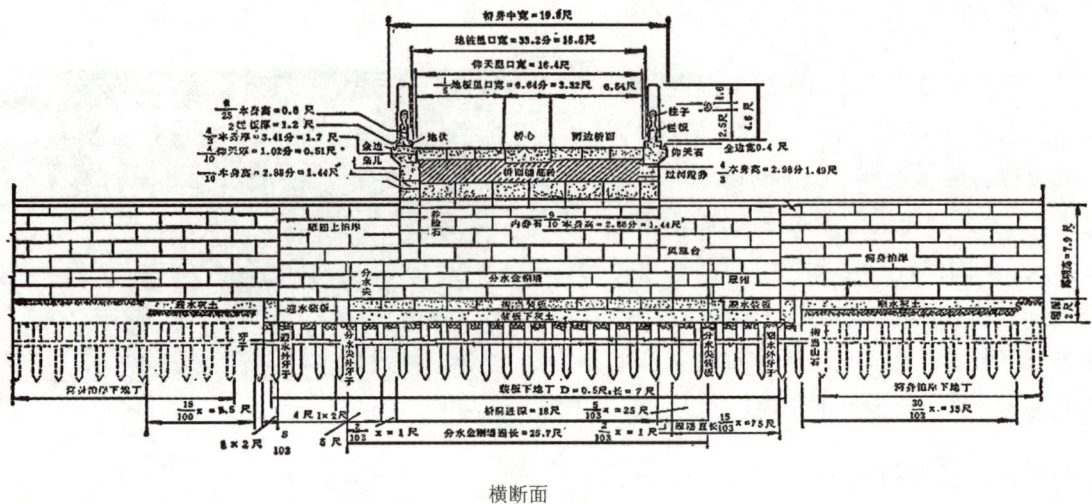

图 3.4.23　清官式石拱桥各部名称图（横断面）

2. 石拱桥的分类

石拱桥的分类方式有很多，最常见的是按照拱圈的形式进行分类。拱圈形式种类繁多，有半圆、马蹄、折边、圆弧、尖形、椭圆、全圆及悬链线、抛物线型等拱圈。除却折边拱之外，其余的拱圈形式均可算作曲线拱。

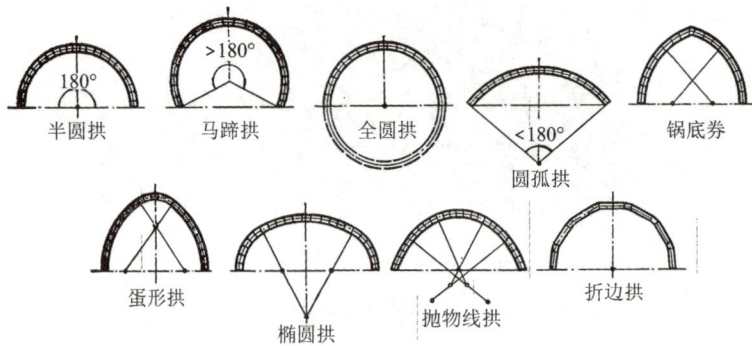

图 3.4.24　拱圈形式种类

（1）折边拱

由于圆曲线拱的拱石加工困难，要求放样非常准确。古代及近代的石匠发明了采用若干直线形的石料作为桥拱砌筑桥梁，名为折边形石拱桥，简称折边桥。折边桥历史悠久，汉朝时由古墓葬演变而来，原分布于黄河流域，后向江南发展。现存折边拱桥分布范围在浙江、福建两地为多，上海、四川也有少量分布。

常见折边拱分为三折边、五折边、七折边三种类型。由于折边拱的拱轴线与压力线并不重合，且在某种程度上为一几何可变体系，因此工匠们一般在拱的跨中部分及两侧采取压重和护拱的方式，保证桥体平衡稳固。折边越多越近似半圆拱或圆弧拱，它的折边点往往落于半圆点或 10 度圆弧点上，还有椭圆横向的半圆点上，通常用榫卯结合。它的优点是省材、省工、易建。

| 绍兴兰溪桥（三折边） | 绍兴拜王桥（五折边） | 绍兴广宁桥（七折边） |

图 3.4.25　常见的折边桥

（2）曲线拱

图 3.4.26　印月桥

　　半圆拱是最普遍采用的拱圈，如绍兴太平桥、泗龙桥、接渡桥、印月桥、光相桥，嘉兴海宁紫薇桥、桐乡司马高桥等。国内大跨径的半圆拱桥桥跨约为 20 米，因为跨径增加，矢高随之增加，除非地形合适，否则江南平原一带，上下桥必须砌筑多级台阶，方便通行。

　　马蹄拱桥拱圈明显大于半圆拱，拱心夹角一般约在 200°，绍兴的三孔马蹄拱桥在国内少见，如口径大桥、接渡桥。

　　圆弧拱取圆弧上小于半圆的弧段，即拱心夹小于 180°，这是折边桥之后的一个发展。近代以矢跨比来说明拱的高扁程度，矢跨比越小，拱形越扁，拱的推力越大，对基础的要求越高。赵州桥建于隋代（581 年—618 年），是我国著名的圆弧拱桥梁。由此可见我国圆弧拱的建造年代可追溯到隋代。

图 3.4.27　绍兴径口大桥

图 3.4.28　绍兴接渡桥

尖形拱又可称为锅底券，实际为二点圆拱，即左右拱心偏离一小段距离。我国很多石拱桥，粗看是半圆，其实有些是微尖的尖形拱，半圆拱顶平切线，会产生下坠的视觉影响，而尖形拱则蕴含有视觉上安全，由于拱顶较高，一般多出现于园林中供行人游走欣赏之用。在尖拱的尖部加一小段圆弧，就形成了椭形拱，最著名的为北京颐和园的玉带桥，俗称驼背桥。

图 3.4.29　建水县双龙桥（尖形拱）

图 3.4.30　北京玉带桥（蛋形拱）

图 3.4.31　绍兴迎仙桥（悬链线型）

图 3.4.32　绍兴玉带桥

图 3.4.33　乱石拱桥

3. 石拱桥实例：河北赵州桥

赵州桥又名安济桥，当地人俗称大石桥，建于隋代，是世界上现存最古老、跨度最大的敞肩圆弧拱桥。桥位于河北省赵县城南 5 里（2.5 公里）洨河之上，跨南北两岸。桥主孔净跨为 37.02 米，净矢高为 7.23 米，矢跨比为 1：5.12。拱腹线的半径为 27.31 米，拱中心夹角 85 度 20 分 33 秒，是一座圆弧拱桥。桥总长 50.83 米，总宽 9 米，主拱券并列 28 道，拱厚 1.03 米，拱肋宽各道不等，自 25 厘米至 40 厘米。拱石长约 1 米，最大拱石每块重约 1 吨。在主拱券之上有伏石，其自拱脚处厚度为 24 厘米、拱顶处厚度为 16 厘米的变厚度护拱石，护拱石在空腹段为满铺，实腹段仅于桥宽的两侧。大拱之上，两侧各设置有两个小拱。靠近拱脚处的小拱，净跨为 3.8 米，另一小净跨为 2.85 米，券石厚 65 厘米。每个小拱券的东西两外侧，各铺设一层厚约 16 厘米的护拱石，小拱亦为并列砌筑。除南端一小拱为 27 道并列之外，其余均为与大拱一致的 28 道，因为南端小拱券乃后世修缮时所改，赵州桥之所以采用这一桥式，是与桥址的水文地质有关。

赵州桥下的洨河，是华北平原上一条较大的河流，发源于山西太行山区，流经栾城、赵县、宁晋入阳河。张孝时《洨河考》云："洨河发源于封龙山北之南寨村，两壁峰峦峻峭，瀑布悬崖，水皆从石罅中流出。"《水经

图 3.4.34 赵州桥旧照

注》云："洨水不出山，而假力于近山诸泉"。今考洨河，实受西山诸水，每大雨时行，伏水迅发，建瓴而下，势不可遏。《赵州志》记："按水自梁家庄导流至平同村，有金水合普莲河来之。至栾城梅家村西有沙河入之，至郭家庄西，有金水来入之。至宋村西，有猪龙河来入之。至大石桥，有治河自城西入之。当时普称巨川，今仅有涓细流。唯夏秋霖潦，挟众山泉来注，其势不可遏，然不久复为细流矣"。因此，这是一条山区的径流性河道，水位落差可达 7～8 米，根据文献记载，在 1400 多年里，安济桥经历了 11 次较大洪水的考验。1956 年大水，洪峰与拱顶相距仅 1.77 米。桥在冀中平原河中下游，河床顺直，且较稳定，上流所挟泥沙到此逐渐淤积。1953 年—1955 年，在桥址下河底宽 15 米、深 3 米的范围内，挖出大块积石 1200 余块，内主拱石 200 余块，隋代栏板十几块，以及望柱、碑石等。河床淤积多于冲刷，使得桥基稳固，这也是赵州桥保全至今的原因之一。

1979 年由茅以升先生担任主编的《中国古桥技术史》编写组，组织力量进行钻探。在桥址处，河床是冲积性的粉质黏土层，其浅层夹有不够稳定的、属近代冲填土的中粗砂夹层。在基底下约 9 米处，有厚约 1.5 米的褐黄色粉细砂薄夹层，桥台基础坐落在基本承载力为每平方厘米 3.4 千克的褐黄色硬型的粉质黏土层上。

赵县处于地震区，据《赵州志》和《正定府志》记载，自唐大历十一年（776 年）至清雍正八年（1730 年），经历 12 次大地震，震声如雷，民房倒塌，但赵州桥却能安然屹立。1965 年邢台大地震，对桥址区也有波及，由于地基和结构抗震性好，桥梁仍然完好。

历代有不少为赵州桥所作的题记和诗文，以唐·中书令张嘉贞的《赵州桥铭》最为世所重，桥铭有文："赵州洨河石桥，隋匠李春之也，制造奇特，人不知其所以为试观乎用石之妙，方版促郁。缄城穹崇，豁然无楹，吁可怪也。又详乎义插骈，磨垄致密，千百象一。仍糊灰，腰铁拴嶐.两涯嵌四穴，盖以杀怒水之荡突，虽怀山而固护焉。夫非深谋远虑，莫能创是，其栏槛柱，锤龙兽之状，若飞若动，又足畏乎。夫通济利涉，三才一致。故象昭回，天河临乎析木；鬼神幽助，海若倒乎扶桑。亦有停杯波河，羽毛填：引击水，鳞甲攒会者，徒闻于耳，不睹于目。目所睹者，工所难者，比于是者，莫之与京"。

张嘉贞在唐玄宗时（712 年—756 年）拜官中书令距隋代建桥只百年左右。铭中称隋匠李春，而不详年号。1955 年桥下挖出唐石刻八棱石柱，唐贞元九年（793 年）四月十九日刘超然修桥碑记，在张嘉贞之后又约百年，文云："郡人建石梁几二百把祀……"则桥建于 593 年或以后几年。《元和郡县志记》东平县："清水石桥，在县西三里。隋仁寿元年（601 年）造。石作华巧，与赵州桥相埒，长四千五百尺（约 100 米）。"则赵州桥似建于公元 600 年以前。明·孙大学《重修大石桥记》记录："隋大业（605 年—618 年）石工李春所造也。"赵州桥北洞下曾有"赵卞非"题名石，残刻有"……乙丑记"字样，如为隋代年号，则是大业元年。北京大学藏书《金石汇目分编》卷三补遗中还发现一项记载，在赵州桥下，曾有隋唐山石工李通题名石一块，上有"开皇年（581 年—600 年）"字样。综合以上诸记录，建桥年月虽不易统一，但相差不远，唐·张威赵南石桥铭中有句："块轧匠造，琳琅簇簶，敞作洞门，呀为石窦，穷深莫算，盈纪方就……"桥前后造了 10 年，595 年即隋开皇十五年起造，到 605 年即隋大业元年建成。综上所述我们可以得出，赵州桥大约是建造在公元 600 年。

中国古桥营造技艺

第 4 章

技术，是人类利用自然规律，克服自然障碍，以改变人类生存环境条件和提高生活质量，使之为人类服务的手段，是在人类历史进程中，对自然适应和变革积累起来的经验。由于认识的进步，掌握客观规律越多、认识越深入、手段越高明、技术也就越来越精细和高超。桥梁施工技术的发展，是人们在进行桥梁基本建设过程中经验积累、理论研究、科学计算、实践验证和不断创新的基础上取得的。

我国古代桥梁施工技术，是指在工业革命传入中国以前，我国长期处于以华夏农耕文化为中心的极长一段历史时期里，除了智慧头脑和勤劳双手以外，先民使用极简单的劳动工具，利用原始材料，所进行的古代桥梁建设活动。以今天的眼光来看，可以认为是比较落后的，可是在当年，有些造桥技术在世界上还是领先的。而且有些技术法则，仍适合于今天的桥梁建设。

对于我国古代桥梁的施工技术缺乏系统的研究和总结，这是和历来封建统治者轻视技术、工匠缺乏文化的原因有关。也和当时民间匠师之间，对某些技艺都只采取口口相传的方法分不开的。关于古代桥梁施工技术，除地方志和考古书籍中有所记载之外，专著记叙不多。然而，在不懂得近代科学的分析、计算和实验方法的条件下，历代桥梁匠师和劳工通过实践，通过不断总结实践中成功和失败的经验或教训，桥梁施工技术仍然得到长足进步。

4.1 材料

我国古代桥梁所用的材料，不外乎是自然界的藤、竹、木、砖、石，以及金属冶炼技术出现后的材料——锻铁、铸铁和初级钢。藤、竹等自然材料现已较少使用，木料亦退居于次要地位。石料在今天的我国桥梁建设中仍然有所应用，并且从古到今石拱桥建设的施工技术也在不断地发展。

4.1.1 藤

藤，作为古代桥梁材料，基本就应用在藤桥建造上。在古代，由于交通十分不畅，生产技术也十分落后，因此，人们要通过山溪峡谷十分困难。古人通过对山中猿猴利用漫山遍野的藤蔓攀爬飞荡的观察得到启发，利用山中各种坚韧的藤蔓制成绳索，悬挂固定在溪沟或峡谷两端，形成水上缆索，再铺以木板或网绳缆索形成可供行人通过的悬索桥。以藤为索成桥虽有一定风险，特别是在遇到风暴雨雪天气时，藤桥摇晃不稳，雨雪天气时水容易打滑，存在安全隐患。然而，由于其取材容易，成本低廉，架设方便，在我国中西部山区至今仍有村民工匠利用藤蔓架设成藤桥以便村民通行。而且受到藤索桥建造的启发，近现代科技的进步，新型建材的出现，人们利用索桥原理在大江大河中建起了大跨度的悬索桥、斜拉桥。

图 4.1.1　大理云龙古藤桥

4.1.2 竹

我国南方多竹，尤以江南为甚。由于竹子自重小，生长期快，搬动运输较为方便，而且可以破竹编索，所以古人在建造桥梁时大量采用竹子为材料，用粗壮竹子作为桥桩、桥梁；用竹子编成竹筐，内置石块投入水中作为桥墩；也可将竹子剖开，编成踏脚作为桥面板；编成竹索成为竹索桥的吊杆、竹网、扶手；也可将粗大竹竿通过绑扎组合成浮桥。但是竹子也存在容易腐烂、干裂、强度低、寿命短等弱点，所以一般在水流缓慢、河流狭窄、桥面荷重不大的地方使用。随着钢材、钢筋混凝土、高强轻质材料不断出现，架桥技术不断成熟，施工装备不断提升，以竹为材的桥逐渐被淘汰，现在仅在我国江南及中西部山区丘地溪流之上能保存下来少量竹梁桥，浙江、江西等地有所发现，但大多不能通行。目前，在小型桥梁施工和河道治理工程中，仍有作为施工临时措施搭设使用。

图 4.1.2　竹梁桥

图 4.1.3　都江堰安澜索桥

4.1.3 木

关于木材，宋代杨亿《南津桥记》说："斩木必取楩楠之良，购匠聿求班输之巧"。《四川通志》记彭山区忠孝桥："辇磐山之石，市楩楠之木"。《玉篇》载："楩木似豫章"，豫樟、楩楠都是比较高级的木材。

《苏州府志》记吴江垂虹桥，在桥墩四周钉以"桫枋"。桫也是一种较好的木材，称为桫椤木，《广韵》称此木出于昆仑山。《益都方物记》称峨眉山也产此木。另说出于琉球，即今日本的冲绳。

樟木	楠木	楩木	石盐木

图 4.1.4　木料图之一

宋代苏轼《西新桥诗》有句："独有石盐木，白蚁不敢蹄"。可知木桥也有用不畏白蚁的石盐木来建造的。

至于松、柏、杉等木材的使用更为普遍。《灞桥图说》对桩基用柏木还有选择："用粗直柏木，色白而绵，冬取者为佳。乘湿带皮用之则不燥裂。心红而起层者为刺柏，不可用"。《清官式石桥做法》打桩条记："率为柏木质，但亦有用红松或杉木做者"。

由于木料来源广泛，易于搬运，而且具有一定的强度和抗弯性能，我国古代用木造桥十分普遍，木梁桥（包括伸臂的）和拱桥在古桥中占有相当大的比例，尤其是木拱廊桥（风雨桥、亭桥）的建造一定离不开木材。

松	柏	杉

图 4.1.5　木料图之二

当然，随着自然森林资源日趋贫乏和封山育林，木材供应困难，难以利用优质木料来造桥，就是用豫樟、楩、楠、桫、枋之类木材来造桥的也少见了，便是松、柏、杉木亦基本不再用于打桩。当年木桥用木，大量使用直径 30 厘米左右的木材，有时竟用到直径 50～60 厘米的木材。这样的大材，现在也比较少了，由于材料来源有困难，木结构桥梁抗灾、防火能力差，所以，现在除在山区修建一些木质廊桥和维修既有木桥（包括置换石梁桥的梁下托木）以外，已很少再用木材来建桥了。

4.1.4 砖

由于作为建筑材料的水泥、钢铁是近代才出现，所以古人在建造桥梁时往往就地取材，以竹、木、石和土为造桥材料，而土各处都有，但土体松散，受力性能差，因此古代工匠利用石灰和卵石掺入黏土中制成砖砌体，或者直接利用"三合土"在模板内夯实，层层堆积形成一定高度，成为牢固土堤，而后在堤下挖出桥洞，就形成了一座土桥。此类土桥在山西阳曲县农村还能见到遗存。浙江新昌县木里坑村还有一座重建于 1983 年的土桥。浙江奉化溪口镇石门村和杨墅村之间有座"泥桥"，就是用乱石砌筑椭圆拱，用泥土加碎石铺设桥面，至今完好。制砖技术出现后，人们首先把它作为建筑材料来建房造桥，而造桥往往应用在桥面铺设上，例如上海青浦金泽镇上建于元代的迎祥桥，其桥面由青土砖排列铺装而成。用砖作为拱券建成砖拱桥的比较少，目前尚存的砖拱桥有河南项城市黄庙桥，桥系五孔砖石结构桥梁，始建于清嘉庆八年（1803 年），下部结构为石材制作，上部结构铺设砖块。利用青砖作为古桥的一部分，这类情况还是比较多的，例如上海金山区枫泾镇的宝源桥就用小青砖砌筑桥栏；张堰镇秦望村的小石桥就用青砖砌筑桥墩。

图 4.1.6　砖桥

图 4.1.7　用砖砌筑栏杆

4.1.5 石

石料能用于建桥的种类极多。用石建桥的有碇步、石墩桥、石梁桥、石拱桥，而石拱桥又有品种繁多的桥型。

火成岩中，最硬的是花岗岩。密度为 2.3～2.8 千克/立方米，吸水率为 0.1%～0.7%，极限强度可达 100～200 兆帕。福建沿海的山崖和岛屿，多产斑岩和花岗岩等石料，福建的石梁石墩桥多用花岗岩建造。

沉积岩中常用的是石灰岩和砂岩。石灰岩密度 2.3～2.7 千克/立方米，吸水率 0.1%～4.5%，抗压强度可达 100～300 兆帕，个别结构体更可达到 300 兆帕以上。结晶石灰岩的极限强度也可达 170～180 兆帕。用石灰岩修建的桥梁，如贵州葛镜桥、江苏苏州市吴江垂虹桥等都是。河北赵州桥用产于河北元氏、赞皇、获鹿的青色石灰岩，密度达 2.85 千克/立方米，冻融试验 10 次砂岩密度 1.7～2.7 千克/立方米，吸水率 0.4%～14%，极限强度为 50～200 兆帕。砂岩吸水率较高，强度较低，但是加工容易，所以凡是取材方便的地方，大量采用红砂石砌桥墩和拱券。虽说红砂石易于风化，但现存百年以上的红砂石拱桥依然为数不少。如西南地区成都市内诸桥、雅安的雅安桥等。

变质岩中可以用于造桥的，如大理石，密度 2.7 千克/立方米，吸水率 0.1%～0.8%，极限强度 70～110 兆帕。汉白玉也是大理石的一种，京津地区宫殿建筑中，桥梁的栏杆栏板多用汉白玉。

图 4.1.8　花岗石

图 4.1.9　大理石

石灰岩

砂岩

青色灰岩

红砂石

图 4.1.10　沉积岩

石英岩强度可高达 200 兆帕。花岗片麻岩，俗称麻石，密度 2.3～2.6 千克/立方米，吸水率 0.1%～0.7%，极限强度为 118～196 兆帕，麻石也大量用于造桥。当花岗片麻岩块中云母含量多时抗压强度就会降低。

古代石料的开采多用人工，开采桥梁石料，根据山形走势、石料质地、交通运输等条件来决定桥梁用材的石料场。江南石桥大多采用武康石、金山石、太湖石、新昌石、青石。

开山所得的石料为粗石料，称为料石。桥工用时再需精细加工。一般的石板梁桥，只要求桥面平整，桥板下则仍维持开山所得的毛面。而作为装饰料或饰面图案加工则往往精雕细刻而为之。

石桥施工，要求有经验丰富的匠师和熟练的工匠，整座石桥可谓是由匠人手工建成的一件艺术品。例如，闻名于世的金水桥、赵州桥、卢沟桥、洛阳桥、宝带桥、五亭桥、拱宸桥、广济桥、葛镜桥、断桥等，现存古桥绝大部分由石材加工砌筑而成。

图 4.1.11　石英岩

图 4.1.12　花岗片麻岩

4.1.6　铁（钢铁）

中国桥梁用铁，始记于春秋时秦之渭桥。铁在桥梁结构中的应用，在桥墩则有铁墩，石墩联结中的铁件，分水尖铁柱；在石桥中则有联结横券石的腰铁和铁拉杆；铁索桥用铁链，铁眼杆，锚定用铁桩、铁锭等；浮桥除铁链外，还有铁锚或重达数吨、数十吨的铁人、铁牛、铁柱等锚定的设施。

在近代冶金技术传入中国以前，中国产铁分为生铁、熟铁和钢，明代宋应星于崇祯七年至十年（1634年—1637年）著《天工开物》，分铁矿为土铁、锭铁、碎铁、砂铁诸类。用铁矿石炼铁，"凡铁分生熟，出炉未炒则生，既炒则熟，生熟相和，炼成则钢。""凡造生铁为冶铸用者，就此流成长条圆块，范内取用。若造熟铁，则生铁流出时，相连数尺内，低下数寸，筑一方塘，短墙抵之。其铁流入塘内，数人执持柳木棍排立墙上。先以污潮泥晒干，舂筛细罗如面，一人疾手撒艳，众人柳棍疾搅，即时炒成熟铁。""凡钢铁炼法，用熟铁打成薄片，如指头阔，长寸半许，以铁片束包夹紧，生铁安置其上，又用破草覆盖其上（黏带泥土者，故不速化），泥涂其底，下洪炉鼓鞴，火力到时，生铁先化，渗淋熟铁之中，两相投合。取出加锤，再炼再锤，不一而足，俗名团钢，亦曰灌钢者是也。"

生铁是作铸铁的原料，铁柱、铁人、铁牛等多半是用铸铁。连接石块的铁锭，也有用现浇铸的，以求与石孔相密合，或用铁锻造而成。

铸千万斤的铁件，多半在现场，铸铁和铸铜的方法相同。《天工开物·冶铸》记："凡火铜至万钧，非手足所能驱使。四面筑炉，四面泥作槽道。其道上口承接炉中，下口斜低以就钟、鼎（其他铸件）入铜（铁）孔。槽傍一齐红炭炽围，洪炉熔化时，决开槽梗，一齐如水横流，从槽道中视注而下，钟鼎成矣。凡万钧铁……其法皆同。""千斤以内，则不须如此劳费。但多捏十数锅炉，炉形如箕，铁条作骨，附泥做就。其下先以铁片圈筒，直透作两孔，以受杠穿。其炉垫于土墩之上，各炉一齐鼓风熔化。后以两杠穿炉下，轻者两人，重者数人，抬起倾注模底孔中。甲炉既倾，乙炉疾继之，丙炉又疾继之。其中自然黏合。若相承迁远，则先入之质欲冻，后者不粘，衅所由生也。"

就地铸铁锭、铁柱，设一至两个炉子便可以。浮桥用铁人、铁牛等则诸炉齐发，一次成型。

熟铁和圆钢用于锤锻件。锤锻工具极简单，一钳，一砧，一锤而已。"出炉熟铁名曰毛铁，受锻之时，十耗其三为铁华"。"凡铁性逐节黏合，涂上黄泥于接口之上，入火，挥槌，泥滓成枵而去，取其神气为媒合。胶结之后，非灼红斧斩，永不可断也。"

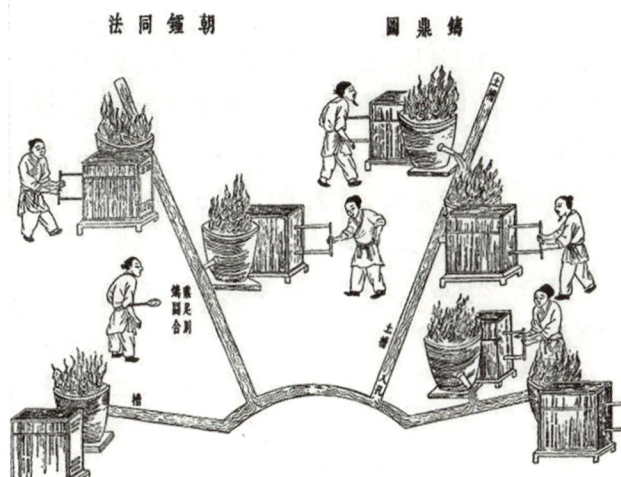

图 4.1.13　铸万斤铁件图

图 4.1.14　铸千斤以内铁件图

熟铁和钢还有淬火的办法，锻铁接合，"大焊则竭力挥锤而强合之，历岁之久终不可坚"，因此铁链虽强，破断总是在接合的地方。

虽然古代冶炼的办法简单原始，但在一炉一锤的情况下，居然也建起了百米以上的铁索（链）桥，可见当时铁工匠的智慧和勤奋。用铁建桥，主要为铁索（链）桥。例如，四川甘孜大渡河上泸定桥、都江堰上安澜桥（1965 年改建时将原竹索换成钢丝绳索）。

4.2　施工技术的影响因素

一个时期的桥梁施工技术水平，关联着桥址的定点、桥式的选择和施工组织的安排。

4.2.1　桥址选择

当需要建造一座桥梁的时候，首先需要进行的工作，正如明代曹莫《甘肃永宁桥记》所称："心思，审地形，视水势，究材工……"主要是根据地形、水势等因素，周密思考，如何以已有的施工技术水平，量力而行，成功建桥。

干旱峡谷的桥址，施工是比较容易的。桥梁施工，尤其是基础施工，关键在水下。桥下的水，尤其是夏秋之水，往往是："中流急湍，澎湃汹涌"，"急若弩矢，声若迅雷。"宋代王十朋《题福建泉州筍江诗》道："刺桐为城石为笋，万鬟西来流不尽，黄龙窟宅占江头，呼吸风涛势湍紧。怒潮拍岸鸣霹雳，淫潦滔天没哇畛……"这说的是水势浩瀚汹涌、无边无际的入海流之水。山区则有清代许绩曾《滇行纪程》所形容的"水深无底，左右石崖，廉利戴立"的河流溪谷。

在这种有季节洪水或日夜潮汐的河流中，因为施工技术受到一定的限制，假如所选择的梁跨要求河中立墩时，桥址选择与水流有很大的关系。若桥址选择不当，桥易被冲垮，这样失败的经验亦不少。清代张邦伸记四川彭县善人桥，桥屡建屡圮，他说："……桥之所以不能坚久者，谓其洞狭而桥卑也。洞狭则不能容水，桥卑则洪流所经，必冒桥而过。以不能容水之桥，当冒桥而过之水，则桥不敌水，水退而桥不堪

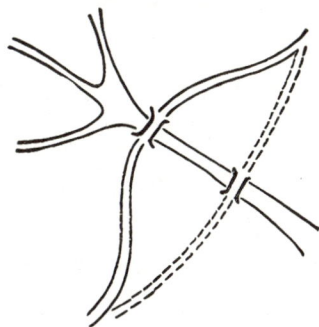

图 4.2.1　桥移下游

问矣。"

桥梁的设计和通过的水流量有关。古时没有一套计算河水流量的方法，往往是初选桥址不当，再改选以改善。《泉州府志》记便安桥，桥初名五马桥，明代嘉靖间（1522年—1566年）建。"桥据溪上游，受溪涧诸水之委注。一遇雨潦，则猛湍冲决击啮，故恒善坏。其路自南而北，折而东行，道迂焉。乙未冬适桥坏，邑侯后林叶公，顾而叹曰，善坏弗安，行迂弗便，弗安弗便，其曷善政？乃相地势，移道自南径属之于东，去其环折，移桥于下游以避汛湍。为梁三接，厥途孔迩，厥桥孔硕……"

所谓审地形、视水势，是要避免急弯、冲击，通过可能发生的极端流量，顺着水势，躲开急流，使之平稳、缓慢。对于水，因势利导，这是设计、施工中古今都需要注意的重大问题。另外，在山谷建桥一定避开大风当口和旋风路径，以免侧向大风对桥梁的破坏作用。所以，在选择桥址时，必须充分了解当地环境，包括水文、地质、气象、人文和风俗。

4.2.2　桥型选择

桥型选择时，应该考虑施工取材容易、运输方便、机具设备简单、工匠技术熟练。古桥梁所能选择的桥型毕竟有限。根据材料和施工技术水平，对桥跨设计，木梁跨径一般到10米左右，石梁大约20米，木伸臂梁、木拱、石拱可至30米左右，单孔吊桥最大跨约为125米，曲浮桥跨长在200米以下。一般地说，直浮桥桥长主要考虑通行安全和维护方便问题。

设立桥墩的桥梁施工要关注施工时河水的深浅。福建泉州金鸡桥，南宋嘉定年间（1208年—1224年）为木梁石墩桥。《朱鉴记》："成化乙未（1475年）欲修缮之。有工师李王生者告云，水深数尺，无容措手足，未可为也。越数日，李王生走报：沙涨数丈，功可举也。……乃鸠工市材……五月朔日落成，沙忽退去，水深如故。"虽然夸耀神助，但亦可见施工水深仅1米左右人力已感困难。当时施工水深超过2米，其工匠大多选择水中不设桥墩的桥式。或在干旱季节，或采取围堰去水措施，进行桥墩施工。

西南山区，路高水低，石多流急，发展了两端高中间低的吊桥，《金川琐记》说："凡索桥所在，必水势险恶，既不可运方舟，又皆石壁危仄，高出千寻上，水复湍急，不能施桥礅，《后汉书》所谓溪谷不通，以绳索相引而度也。"

西北地区，据《甘肃通志》中清代陕甘总督崧《平番修路工记》指出："盖西北沙石厚，湍急土松，施工不易，故桥梁易就倾圮。"甘肃是不用水中墩的木伸臂梁"河厉"的发源地。

南方冲积平原、潮汐地区，水道成网，船只过往频繁，"民屋攘然沙渚之上"，路与水平，于是采取了"似开铜驼峰，如凿铁马蹄"的中间高、两头低的石拱桥，并且发展了在软土地基上修建拱桥墩台的施工技术。

古代经济技术落后，长江、黄河上根本无法立墩建桥，因此仅能造浮桥。水面狭处可修曲浮桥，水面宽处就建直浮桥。

往往有很多桥址，先后采用过不同的桥型。如陕西蓝田蓝桥，战国时是梁柱型桥，明清时代是铁索桥。泉州很多桥梁，宋初是浮桥，后来改建为石梁石墩桥。洛阳洛水天津桥，隋是浮桥，唐代乃木梁石墩，宋时改为石拱桥。期间也与施工技术逐步提高有关。

地形、水势、气候对于桥型的选择有很大的影响，但是地形、水势、气候基本没有改变，而施工技术有了进步，便可以建造当年所不能建造的桥型。如今在长江、黄河上可以修建桥墩，不论梁桥、拱桥、吊桥（包括悬索、斜拉、系杆）都能实现。因此，一定的地形和水势、气候对桥型选择有相当的影响，但主要还是由当时的施工技术水平和工装设备程度来决定的。

4.2.3　施工组织

施工组织中主要的一项内容是施工进度安排，除了河中不需修建桥墩者外（包括两岸桥台不被水淹者），施工时间确定，取决于进行施工时的水深。古代建筑桥梁的水中基础施工技术水平较低，凡水深在2米以内，施工以枯水季节为合适。

春秋时左丘明《国语》记："单子曰，夫辰角见而雨毕，天根见而涸……雨毕而除道，水涸而成梁。故《夏令》曰，九月除道，十月成梁。"《孟子·离娄下》也说："岁十一月徒杠成，十二月舆梁成，民未病涉也。"所以说，乘冬天枯水时期，可以进行桥梁施工。

原则上说，吊桥、木伸臂梁桥和浮桥，一般可以不必等候枯水期施工。但在生产力低下的古代，桥梁施工主要劳动力还是农民，一般要求在农闲时节开展桥梁施工。唐代乔潭《中渭桥记》便说："候天根之见，当农务之隙。"秋末冬初，既是水枯，又是农闲的时候，可以使用大量民工进行桥梁施工。

古代桥梁施工，大多选择在秋末冬初开工，施工准备工作早行。甘肃《重建武阶南浮桥碑记》列有："捐重资，购良材，请工师，募夫役。"筹备已妥，即可先做岸上工作。《苏州府志》记昆山通文桥："于是而输匠者到（开山取石），输垩者施（烧制石灰），索绹而鞭石者，自秋徂冬，邪许声相属。"《万年桥志》说："春夏之交，山洪暴发，筑堰排水，劳而无功，故以夏季为准备时期，一切采料、斫石、锯板等皆于此时为之。"主要施工还是放在冬季。而冬季施工，亦极为辛苦。《甘肃通志》记西宁小峡口角化桥："时已沍寒，亲见凿石者手足皲瘃，皮与石黏，而运木者挥汗如雨，牛喘蛇行，甫袖手则战栗焉。"

至于各种不同形式的桥梁，有其特定的施工步骤，结合工况，因地制宜，实施不同的施工组织。

4.3　基础墩台施工

古籍中称基础为"址"或"趾"。

4.3.1　基础类型

1. 抛石基础

在海涂等软土地基中可以先抛石挤淤，产生先期的沉陷，获得一块比较坚实和可以操作的地基，在抛石后的石面上砌筑桥墩。这样的施工方法，近代小桥梁仍在继续使用。

这些大石块比较松散，在水流冲击下，易于散失，为了使石堤上石块胶结成整体，便在石堤附近的海域中散养牡蛎，利用牡蛎的石灰质贝壳附在石块间或别的牡蛎壳上繁殖生长的特性，使石块相互联结并胶聚成一个坚固的整体。泉州洛阳桥的桥墩便是抛石基础、石块之内利用无数牡蛎相互咬合粘连而成坚固整体，即所谓"种蛎于基以为固"是也。

图 4.3.1　抛石基础

2. 睡木基础

在潮落水枯时，将墩基泥沙抄平，然后用2层以上纵横交叉编成的木筏固定在筑墩处，再在木筏上垒筑墩石，随着墩石的逐层增高，分量逐渐加重，木筏也就渐渐沉陷进泥沙之中，直到江底承重层。此谓"睡木基础"。

图 4.3.2　洛阳桥

图 4.3.3　睡木基础

　　1958 年前后，福建省水利部门拆除金鸡桥桥址改作水闸，开挖旧基时发现"睡木"。该桥旧墩之拆卸，从上而下，层层御石，及石尽底见时，发现巨大松木 2 层，纵横层叠，作为卧桩，而每一松木皆系赤松。并且松树都经整枝去枝叶截头尾，留主干及树皮，松木巨大，单枝全长 15～16 米之间，尾径 40～50 厘米许，出土时未变质，当松木被抬起之后，其下即江底沙积层，可见初建时物，松木纵横叠妥后，桥墩即叠砌其上。这种历时 700 余年的睡木沉桩基础，坚固如初，说明在沙土地区采用这种桥梁基础，不仅建桥速度快，而且比采用其他桥基经济合理。泉州地区安平桥的基础就是通过睡木沉积的方法建成的。

图 4.3.4　安平桥

3. 木桩基础

　　中国桥梁运用桩基的历史已久。春秋、战国时期，桥梁基础已采用木桩。到了汉代，浙江绍兴就已创造了在水网软土地基上建成稳固桥基的技术。我们称之为木桩密植改良软土桥基技术（简称木桩密植基础技术）。在绍兴柯桥区湖塘古堤上挖掘到的汉代古湖塘桥桥桩基础采用的松木桩密植基础技术已与现代在软土地基上应用的先进的木桩密植技术基本相近，这说明汉代绍兴的桥梁基础技术已达到很高水平。所用木桩大多为松木，一是松木常见，取材容易；二是松木在水下具有"千年不烂水底松"的特性。

图 4.3.5　木桩（大多为松木、杉木、柏木）

图 4.3.6　石拱桥木桩基础

中国古代石桥的木桩基础大致分为四种：梅花桩、整体木桩石板承台、独立木桩石板承台、整体木桩木承台。所谓整体基础，即全桥是一个整基础，这类桥型比较少见。独立木桩石板承台基础，是指每个桥台或桥墩采用一个独立木桩基础。我国南方地区的薄拱薄墩石拱桥大多为独立木桩石板承台基础。

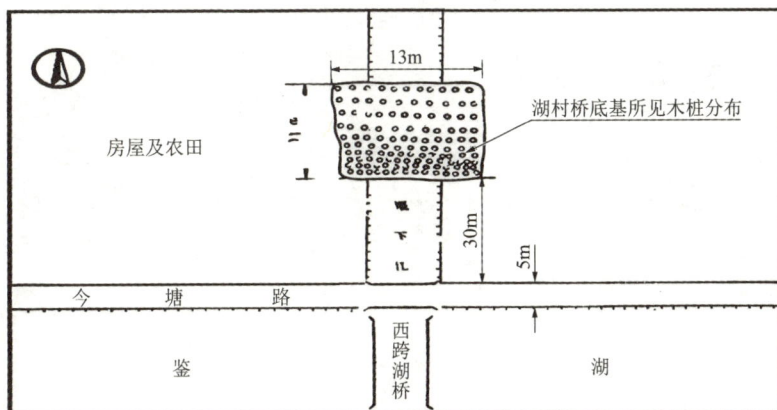

图 4.3.7　汉代湖塘桥桥址布置图

4.3.2 基础施工

桥梁基础若修筑在坚固的岩盘上，那就最为可靠，如再加上适当的桥墩形式和一定的负载，则冲击、震害和冲刷等问题都容易解决，如福建漳州虎渡桥。但一般情况下，桥梁基础的修筑并不能都像虎渡桥这样幸运。在岩土状况较好的情况下，可直接放置在持力较大的土层上，并有一定的防水流冲刷措施。如赵州桥的桥台就是直接置放在河床下粗砂层上。但在软土地基施工时，桥墩基础就要采用特殊的施工方法。北方的土层一般不需要采用特殊的施工方法，而江南地区的软土较为常见，土的力学性能差，需要特殊的施工方法，强化基础的稳固。

1. 墩台施工

在水中的桥梁，历代均有绝水施工和水中施工两种方法。前者称为干修法，后者称为水修法。即使在干修法中，拦水、作堰这些施工步骤中，部分也要在水中作业。

（1）干修法

桥墩基础施工最好采用"绝水施工"的干修法。南方水网地区，河流虽交织如网，但河面不宽，可以在一条河上完全截断桥址上下游的水流，水和船可以从临时开挖的水道或相邻河道出入。在苏浙地区，疏通河道和很多桥梁施工都采用这一方法。

当河道有可能截弯取直的地方，造桥可以先不绝水而是先造桥后开河。即桥梁先建造在拟新开河道的新桥址上，在完全干涸的状态下施工。桥建成后，再挖开预留的新河两端堤岸，放水通航。

在季节性河流上建桥，可以采取部分绝水的方法。陕西西安灞桥建设时便用此法。即枯水时先将河道用围堤拦到一边，在堰内修桥基。半座桥完成，破堰放水，引河道水到已完成这一边流通，再继续修筑另半座桥基。这样的施工方法，在现今水利工程修建大坝时仍然采用。

浅水中简单的堰水方法是采用短桩苇箔所修筑的土堤拦水。当堰不足以阻挡水势时，可以用透水性土壤筑成围堰，引水导流，形成一个静水区，以防止冲刷，然后再在堰内做清基、装柜（所谓柜，乃是长方形双层木板桩填土围堰）、抽水等工作，这样可以缩小放水范围。水抽干后，柜内工作便是干修。清理基底可较彻底，砌筑石墩基础和墩身工作亦较方便。绝水打桩，亦较容易，且桩的标高较低，桥墩基础也更为稳固。

图 4.3.8　造桥后截弯取直　　　　图 4.3.9　堰水图

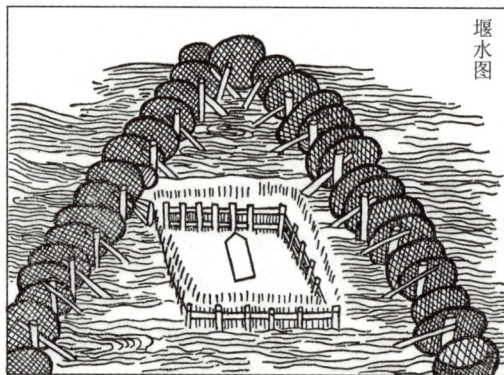

（2）水修法

水修法适用于无法对河水作围堰排水进行干修作业，或节约围堰排水工程施工工期较长时应用。即使是水修，也不违背"水涸而成梁"的原则，尽量在枯水或浅水时进行桥梁施工。

水中施工，第一步是定位。因为是枯水时期的浅水，定位工作并不困难。墩位已定，立起木架，在木架范围之内的墩位上奋沙。当在旧桥基础上进行施工时，还需考虑在水中打捞或拆除旧桥基础材料的工序。

捞石爬沙工序完成后，在水中砌桥墩基础。桥基置于河底石面固然是好，只是当年的施工技术尚不能在水下平整岩面，也不能在水下实际观察岩面情况，更不能钻岩以探知岩石深度，只能粗略用竹竿来探测水深、石面情况，将预先配好大小厚薄相适应的石块，用绞盘绞下，人立水中，泅水砌筑。岩石不平之处，将石块堵实，使之"不高不低，不偏不倚，平平正正，始层叠而上"。

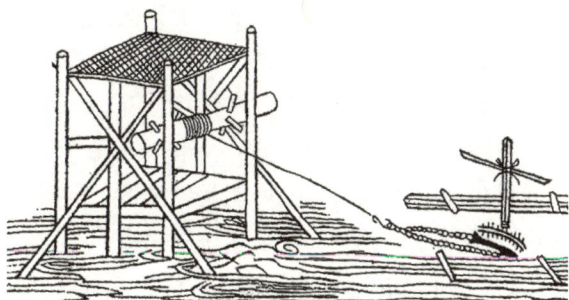

图 4.3.10　爬沙图

水下砌石，无法做到铁鼓络缝，亦无法实施灰浆砌筑，结构的坚实性有待考虑。即便如此，也应尽量将基石直接做到岩面，确保桥墩基础的坚固。

水下打桩工程，或用木架或用打桩船。《河工器具图说》中，将打桩称为签桩："水深浪急，颠簸不定，签桩甚难，其法用船二只，首层联以铁链，每船设高凳一具，上搭蹉板，中留空挡，安置戗桩。选桩手携碶登板，逐渐打下。"

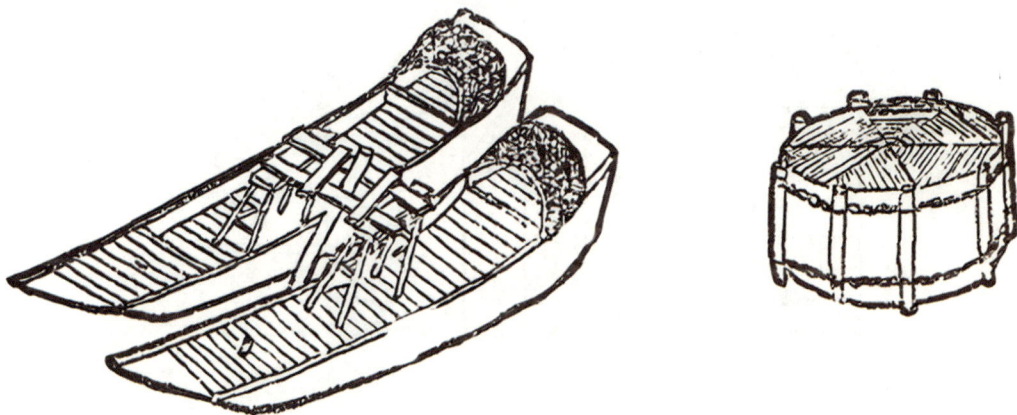

图 4.3.11　戗桩船与云碶

打桩用碶（石锤），称为云碶。"云碶凿石如础，厚数寸，比地碶轻一二十筋。打碶兵夫用十二名。碶肘鸡腿，俱用杂木。全恃盘碶之人盘得结实。碶夫在梯上用以签桩。桩高则碶自空而下，有似云落，故曰云碶。"

水中打桩，桩头若低于水面，则水中切割桩头成齐平较为困难，所以此类桥桩桩头与低水位齐平，用抛石护桩。如桩入土仅 4 米，在片石中 6 米，则属高桩承台基础。

由于水修法难以探测水底情况，桩位易受水流影响，桩难以补齐。且水中打桩，桩入土较浅，桥台成为高桩承台。这一点对桥墩浅桩基础是极为不利的，所以采用干修法进行桥梁基础施工较之水修法更为可靠。

（3）砌筑墩柱桥台

桥墩：在两孔和两孔以上的桥梁中除两端与路堤衔接的桥台外，其余的中间支撑结构。

桥台：位于桥梁两端，支撑桥梁上部结构并和路堤相衔接的构筑物。

1）桥墩

修筑桥墩前先砌筑一个下宽上窄的四棱台作为墩脚，并向其中填充稍作加工的石条或石块，其中不能掺有砂砾。桥墩的砌法如《文昌桥志》所言：一纵一横，俱用石笋，犬牙相错。凡两石合缝处，凿如镜式，熔铁锭嵌入，又用万字铁挂，互相勾连，锭重四公斤，挂重二公斤。

石桥墩身在水中的部分应全部用石砌，不用石框内填土。虽然石框内填土或沙石，在干旱的峡谷桥梁或其他桥梁的水上部分可能是经济的，但其在水下桩基周围土体往往会受到流水冲刷而淘空，致使对建后的桥基造成损坏，甚至使桥梁坍塌。

《义邑东江桥志》云："（东江桥）石墩以前仅为石框中实沙土。嘉庆重修，墩中始塞以石。本届将旧墩拆下之后，概实墩腹，而空处皆以三合土灌满。"实际其所灌者为灰，即"石灰和水贮池中，黄泥即山泥另贮一池，以石灰水流入黄泥内，用人工调和，为水面桥脚填砌缝隙处合缝之用。"三合土则是："以石灰七成，黄泥三成，再以河中沙石调和成饼，平铺桥面之用。"采用此类方法砌筑桥墩既坚固又经济。

在《河工器具图说》中，石工用铁件类型尚多，如锭，又称为笋或鉼。各部分联结用铁，形状各不相同："河工成规，凡闸坝面石，例在对缝处用铁锭，转角处用铁销，横联处用铁锔。均凿眼安稳，以资联络。又有过山鸟，备砌工转角之用。备旧锔片铁片塞裹石缝口之用。"

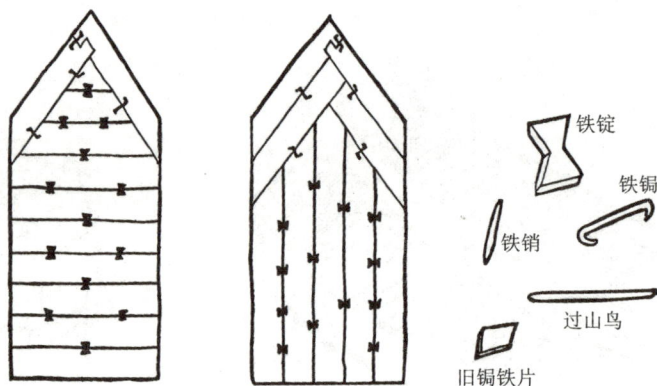

图 4.3.12　铁锭及石工铁件示意图

石缝灌浆也利用一定的工具。"铁勺用以挹浆……铁钩铁签用以探试石缝，砖柜使浆无黏滞，竹把用以抿腻缝隙，使浆皆充满。"石墩用石虽然六面做细，或称见光，然而一经排砌出现缝隙，必须用灰浆或铁件进行紧密联结。用石灰黄泥和成灰浆，或采用石灰拌糯米汁作为合缝胶粘材料，此举在古代桥梁砌筑中较为常见。

桥墩分为厚墩和薄墩两类。薄墩常见于我国南方，尤其是江南地区；厚墩则多见于我国北方地区。

所谓薄墩，一般系指采用木桩基础结构，而相对于主拱券来说刚度比较小的桥墩，近代称为柔性墩。南方薄墩石拱桥其左右孔横向水平推力互相平衡，减少了孔的桥墩水平推力。拱脚几近相贴，都落在水盘石上，可减少水下工程的工作量，使桥墩的重量得到减少。我国东南地区，河道纵横，主要是潮汐河流，没有洪水湍急，浮冰下泄，故薄墩一般不设分水尖。软土地基，承载力低，要求结构轻巧，桥下通航无阻，故多为驼峰形隆起的石拱桥。

当桥墩要承受较大水流、冰凌和漂流物冲击时，桥墩要采用厚墩，且端部大多砌有分水尖。厚墩内部不得填土，只能内外一致，或内碎外整，全部用石。厚墩可以承受单侧一个拱的恒载横推力，所以建造时可以逐孔进行。一孔造成破坏时不至于影响全桥。但未能充分发挥邻孔相平衡的静载推力和活载作用下各孔共同作用达到相互平衡的优势，因此结构显得粗笨。

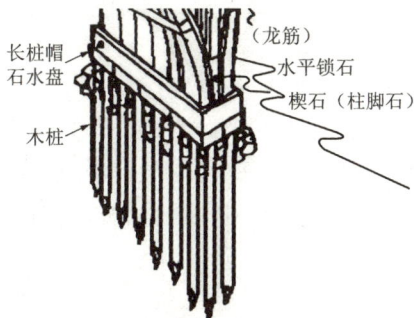

图 4.3.13　薄墩

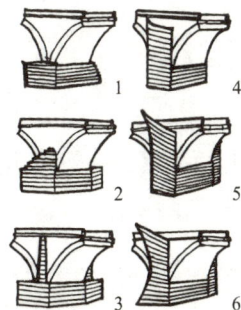

图 4.3.14　厚墩

2）桥台

桥台的砌筑和桥墩相同，但台后填筑，花费时间。一般台后施工包括砖体填筑，砖后用三合土夯实填充。

桥台大致分为6种类型：平齐型、突出型、补角型、雁翅型、埠头型和纤道型。

①平齐型

桥台面与驳岸平齐，对于单孔石拱桥，河宽等于净跨。桥孔对流水没有阻碍，只是限于桥的跨越能力有限，河宽只能在20米左右。再宽的河道，需建多墩多孔石拱桥。

②突出型

桥台突出于驳岸，相应约束了河床宽度，成为瓶颈。突出的桥台拱墙，等于是左右两道挡桥，使水流通过桥孔时流速加大，甚至形成漩涡，会引起台下桥基被冲刷。而在水流比较平静和潮水涨落不大的南方众多河道上，这样的桥式十分普遍。突出型桥台约束了河道，也容易引起船舶碰撞桥台问题，不少桥的拱脚拱石被撞造成位移或跌落，严重影响桥梁安全，一般很少采用。

③补角型

解决水流的和顺问题，可于突出的桥台与驳岸之间加一段补角斜堤，以缓解水流对桥台的直面冲击，保护桥台安全。

④雁翅型

一种更平缓的过渡，便用直线或曲线的导流雁翅。这样的构造多见于北方诸径流河道的石拱桥中。

⑤埠头型

在南方的石拱桥桥头，差不多都设有桥头河埠头（河滩头）。尤其城镇内的河道，石桥处便是水陆交通的交会点，人们日常生活用水或人货上下船舶都靠依桥而建、形式多样的埠头踏步，这既丰富了石

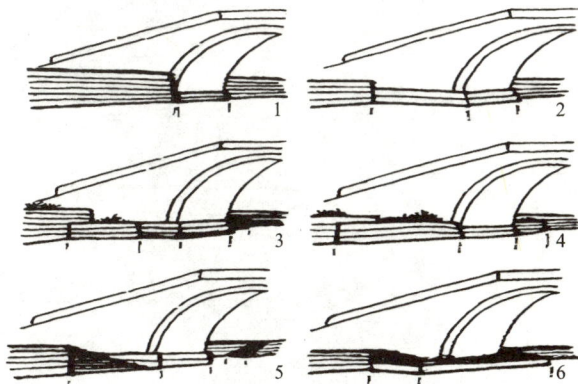

1—平齐；2—突出；3—补角；4—雁翅；5—埠头；6—纤道

图 4.3.15　桥台类型

拱桥的整体形象，又避免了水流对桥台侧面的冲击。

⑥纤道型

古时南方船只靠荡桨、撑篙、摇橹等人力措施在水中行进，遇到风大、流急、船重时，还得依靠人力拉纤，为了使纤夫顺利通过桥下，桥台边往往设有纤道。桥下纤道既能使纤夫顺利拉船过桥，又能避免潮水对桥基的冲击。

4.4　浮桥营造技艺

浮桥是指浮在水面上的桥梁，一般采用舟船、木排、竹筏、浮筒、动物皮囊等漂浮物组装而成。浮桥的组成部分还有缆、桩、锚和埠头。因为结构和其他桥梁不同，因此其施工技术亦各异。

4.4.1　浮桥施工时间安排

和"水涸成梁"不同，浮桥需要有水时组成。有两种在不同季节架设的浮桥，即冬拆春架的浮桥和冬架夏拆的浮桥。

北方河流冬季冰封，需要冬天拆除春天架设。《甘肃新通志》记兰州镇远桥"冬拆春建，为通河西要路"；又"冬冰既坚，状如积雪，可通车马，俗名冰桥"。

南方河流不结冰和冬季流水不涸，或临海潮汐河流，则冬架夏拆。江苏淮阴中河浮桥，水涨则分船为渡，水涸则连船为桥。《湖北通志》记湖北襄阳汉江浮桥："设舟七十有二，水涸则联之，而施板于上。"冬架，取其水浅流缓。当洪水来时，水深流急，往往又夹带大量漂浮物，古代浮桥不足以抵御灾情，只能拆卸浮桥，以通流水，以避开灾害。《贵州通志》中清代阎兴邦的《重安江新建浮桥碑记》载："桥梁之功有时而穷者，通之以舟楫，则险者可平……古有造舟为梁者，盍师其意。凡江之广、阔二十余丈，用船一十六只……其船定于九月搭造，三月拆卸。"说的是秋水尽后搭桥，桃花潮汛来时拆桥。

南方许多浮桥经常采用多次性架设和拆除，以回避洪峰的冲击。《邵武府志》记福建邵武城东浮桥，"溪流涨急，当中流而解其锁，分系两岸"。《湖北通志》记蕲水南河渡浮桥，"水平则放以渡，涨则敛以候"。例如，浙江丽水的平政桥也是"遇骤涨则解散此船，另以二船更渡"。

图 4.4.1　平政桥

在北方，河流遇洪水也要改桥为渡。《宋会要》记："太祖建隆元年（960年）诏沧、德、淄、齐、郓等州界有古黄河及原河文河，因水潦置渡……及水涸为桥。"若因桥搭架牢固，水涨时又能注意防护，有条件的也可不拆。《宋会要》记："政和四年（1114年），滑州浮桥，今岁已经涨水，不曾解卸……折计减省兵士八万一千余工，钱二十二万八千余贯……支赐有差。"

长江上架浮桥都是在枯水时期，10—11月始架，并且是军用浮桥，使用时间短。历史上还没有涨水时在长江上架过浮桥的记载。

4.4.2 浮桥施工工艺

浮桥施工由测量、造船、备缆、埋柱及架设五个部分组成，各自需做施工准备，准备完毕，可以在较短时间内，甚至一夕之间立即建成浮桥。

1. 测量

浮桥的第一个准备工作是测量江面，以定舟数和索长。《续资治通鉴》记宋初采石矶浮桥，樊若水"以小舫载彩绳其中，维南岸而疾棹抵北岸，以度江之广狭，凡数十往返而得其丈尺之数"。即樊若水带着彩绳划着小船，先把绳索系到南岸，然后急调船头划向北岸，往返着测量江面的宽窄。樊若水是在做准备工作，所以在夜间丈量河道。再则长江白天船只很多，乘夜工作，也可以避免干扰。

根据丈量所测数据，准备船只。《甘肃新通志》中清代侯于唐《重建南浮桥碑记》称"资费不千计不可，木不亿计不可，铁不万计不可，工不数月计不可。"桥跨甘肃白龙江，其工程"造木舟九，广丈者二（约3.8米），高尺者八（约0.6米）。铁索二，长十雉（一雉3丈，共30丈，约百米）。围一胡（2寸周长，约直径20毫米），重千金。铁柱四，高一寻（8尺、约2.5米），围一晋（周长约2尺，约直径20厘米），重三十钧（30斤为一钧，共900斤，合450公斤）。横亘里余，阔中二轨。"规模不算太大。因此，黄河、长江上的浮桥，"其制横緪百制，连舰千艘"（唐张说《蒲津桥赞》）；"造黄黑龙船数千艘，以大舰载巨竹緪，自荆诸而下"（《宋史》采石浮桥）。用舟数千，索长数里，其木、铁用量极为可观。

2. 造船

所有的施工准备工作中，造船是第一要务。打造船只，首先根据测量的水面宽度，确定需要建造船只数量和测算其几何尺寸，同时选取优质木材，挑选优秀造船工匠。浮桥中对船只的要求是坚固防渗。《宋会要》记温州浮桥："先是于温、台二州打造"船只，后来因"秦、陇、同州出产松材"便改在陕西造船。江西上饶信江浮桥用樟木造船。船只要求很好地嵌缝，防止船只渗漏。南方海潮倒灌地区，还需防止木材霉烂虫蛀。宁波老江桥原浮桥为防止船只虫蛀的具体做法是在船底与船舷下部涂刷以石灰、黄沙和桐油拌合而成的胶状体，外面再钉一层杉木板，俗称"虫板"，使蛀虫最多只能蚀坏这层外包的"虫板"，而保护了船的主体。

"舟不使仄"，即不使船倾侧的意思，故船只往往事先利用索或杆联成"方舟"，往往三五一联。江西贵溪南门浮桥用到27只一联。船与船间的距离，看所用船只大小，所搁梁木粗细而定。船间距过密，必然增加造价，同时也会增加挡水面，造成水流不畅、浮桥不稳。

图 4.4.2　南门浮桥

3. 备缆

缆即索。系船靠索，索的作用很大。动荡的船靠索来制动，而竹索或铁索的力量需要传系到牢固的木柱或铁柱之上。很多浮桥采用桑树和松木作为系缆的桩柱。

古代浮桥系索常用竹材。浮桥用竹索力量不足，且不耐久。冶铁技术成熟后，大量竹索浮桥都改成铁索浮桥了。

铁链锁舟，使浮桥更为平稳牢固。

4. 埋柱

在准备船只、缆索的同时，要在两岸砌筑码头与埋置系缆桩柱。对桩柱的要求视浮桥结构形式而异。

船只靠主缆系于两岸的缆桩柱，缆桩柱既要坚硬厚重又要深埋。河边的铁柱似铁索桥中锚碇的梳齿，也称地龙桩。也有利用巨大的铸造铁牛作为缆索的锚碇。"柱必重"，不重则容易被拔出。《宋史·方技传》记载，河中府浮梁（黄河蒲津浮桥）："用铁牛八维之，一牛且数万斤（万斤约 5 吨）"。"埋必深"，"非深曷力"。《图书集成》记载蒲州河桥："唐开元十二年（724 年）铸八牛，东西岸各四牛，以铁人策之。其牛并铁柱入地丈余（约 3 米）。前后铁柱三十六，铁牛四，夹两岸以维舟梁。"

用铁缆索作配重来镇压舟船并防止其摇摆的直浮桥，虽然主缆拉力较小，柱重也可以较轻，但埋入仍不宜过浅。《古今图书集成·考工典》记明正德二年（1507 年）广西桂林永济浮桥："造舟五十，铸铁柱四，各丈八尺，埋峙岸浒，半入地中（约 3 米）。铸铁缆二，各长百丈余，横亘舟上。索舟于缆，索缆于柱。镇铁铺于水以固舟。"《上高县志》也记录了江西浮虹桥采用的石柱："柱高十二尺，入土者三之二（约 3 米）。"这样才能锚固坚牢，不致将桩柱拔出。为了防止缆索从石柱上脱落，有些浮桥在石柱上凿孔，将缆索穿入柱孔中。

5. 架设

浮桥架设是建造浮桥最后阶段的工作。冬季在流速较低的河流中架设浮桥比较容易，但在大江大河之中，即使枯水时期，架浮桥也很费力。施工方法是：每当春天冰融化时开始搭建浮桥，需人数百，或在岸，或在舟，或乘皮筏。巨绳系舟，从上流缓放。舟系大筐四五，盛以石。候舟至恰好处，则掷筐于水。舟稍定，即绳缆交加固定，一一牵缀而成桥。压以巨铁缆，舟可随水高下活动。

图 4.4.3　上津浮桥石柱

图 4.4.4　南门浮桥架设

4.4.3 潮汐浮桥施工

建造浮桥还会遇到几个特殊的问题，其中之一是河水涨落问题。黄河、长江等水位涨落每年有季节性，是属于季节性河流，夏涨冬落。夏天有洪水，冬天则水落滩露，所以浮桥要随每年水势涨落引起的水面宽窄进行适时调整。使桥面随波上下，则在桥面之间设有伸缩关节措施。即苏东坡描写惠州东新浮桥诗所云："机牙任信缩，涨落随高低"。水位变化较大时，尚需调整索长。那就需"辘轳卷巨绠，青蛟挂长堤"。如随水位的涨落而滩地淹露，还需补充或解体船只。露出滩地时，需在滩地上架临时木桥，方便行人从岸到浮桥之间的通行。

由于季节性水位涨落，平均日水位高差不大，有充裕的时间进行工作。兰州市镇远浮桥便是采用拆装船节的方法调整。可是在沿海潮汐河流地区，每天水位涨落都有几米的潮差，若采用拆装舟船的方法，则不胜其烦，并且严重地影响交通。浙江临海怡丰溪与永安溪交汇处的中津浮桥，由于很长时间克服不了"潮汐升降"的影响，因而增加了浮桥的维修保养难度。

宋代唐仲友《中津桥记》记宋淳熙七年庚子（1180年），他到临海为官，为了在这潮汐河流修浮桥的事，于辛丑年（1181年）"度高下，量广深，立程度以寸拟丈（1%比例模型）创木样置池中。节水以筒，效潮进退，观者开喻，然后赋役。"在模型上研究透彻，大家都理解了，然后施工。桥的规模是："筑两堤于皇华亭之东，鼛以巨石，贯以竖木（埋了系缆桩），载护以灾（堤外再植短木桩保护）。楗中为级道（中间设石踏步），两旁为半圆形石板三层叠加作岸，以降水势。南堤上流为夹木岸以避水冲。堤间百十有五寻（92丈，约300米），为桥二十有五节。旁翼以栏，载以五十舟，舟置一碇。"这种布置和兰州浮桥相似，五十舟，二舟为一组，称为一节。"桥不及岸十五寻（约40米）为六筏，维以柱二十，固以楗。筏随潮与岸低昂，续以版四。锻铁为四锁以固桥。纽竹为缆，凡四十有二，其四以为舟，其八以挟桥。其四以为水备，其二十有六以系筏。系锁以石囷（石柱）四，系缆以石狮子十有一，石浮奢二。缆当道者，值木为架。"这里随潮起伏的关键是柱和筏。从文字中推测其布置：六筏由圆木组成，上钉桥面板，板下有部分筏竹缆，板上栏杆亦为系筏竹缆及夹桥竹缆。每筏两端，都嵌在木柱之间，柱作为随水升降的导向。靠岸的筏端，固定的"铰"接于石堤。靠船处筏的那一端，以船边竖木为导向。当潮高时，船都浮在水面，因为有柱的导向和竹缆系住，不会被潮流所冲动。在最低潮时，所有其他筏端都落下搁在预设的有坡度的楗上。在高低潮之间，若干筏端搁在楗上，若干筏端浮在水面。筏和船桥相接之处，桥面高低有差，同时筏链由于高低潮时倾斜度不同，其水平距离有伸缩，可以用4块跳板连接，即所谓"续以版四"。用接活动引桥的方法，在800多年前解决了复杂的潮汐河流浮桥问题，可见先人的智慧结晶光彩照人。

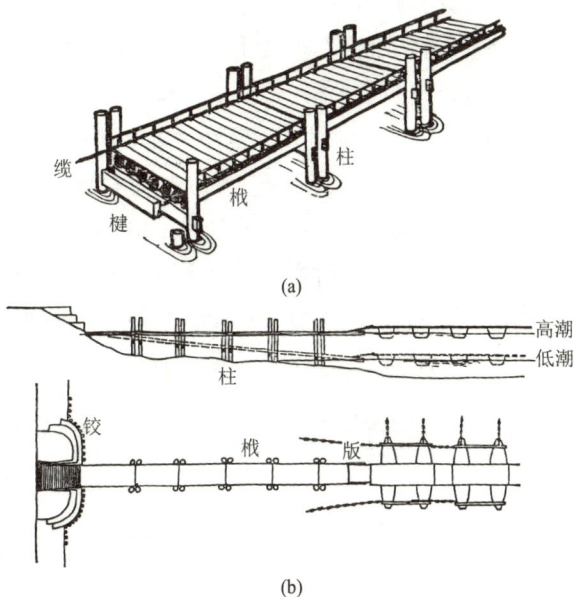

图 4.4.5 宋代中津浮桥潮汐升降布置推测图

4.4.4 浮桥的保养

木船浮于水上，受波澜和风雨的侵蚀，时间久了就会腐朽。浮桥的舟船、桥板等一些主体结构全用木料构成，虽然便于取材，造价低廉，但不能耐用，需要经常检查、保养和维修，并且过不了三五年就需要大修、更换。如果十年不予修整改造，就不能保证浮桥的正常安全使用。

宋代唐仲友修建的临海中津浮桥在浙江是很著名的，当时动员了五个县的人力物力去修建，并且安排了守护保养人员，规定了维护修葺经费，考虑颇为周到。南宋绍熙元年（1190年）、南宋庆元元年（1195年）曾对浮桥进行过两次大规模的修葺和改造。南宋嘉定四年（1211年）又进行过修整，可是到了嘉定六年（1213年）破损严重不得不重建为新桥。又过9年到嘉定十五年（1222年），《临海县志稿》：又"大加修葺，舟补旧者四十，创新者十有四，布版道二十有七，钩阑一百六十有二"。中津桥在前后40年间就要进行重大的改造，修葺四五次，其中还重建新桥一次，修补很频繁，所需费用也很可观。许多地方为了保证浮桥能得到及时修葺，常在建桥后规定一定的维护期限，甚至勒石桥旁，以告后人遵守。《通州志》载京东通县白河浮桥，规定"三年大修，十年排造，每年油一舱次"。浙江丽水通济桥，按明朝制度是"三年一修，五年一造"。湖南南浮桥定为"三年小修，五年大造"。浙江东津浮桥也约定三年大修一次。规定的时间基本相同，实际是总结了浮桥的维修养护经验而制定的。对有些桥梁也采用一些其他方法，如《六合县志》记江苏龙津桥联船12只，采用每年造新船2只，逐步替换旧船的办法来维持舟船的完好。《绍兴府志》记浙江萧山尖山浮桥联舟16只，规定在周围120里（60公里）内的八图（地方治理单位）中，每年轮流每图各修船一只，也能起到同样的作用。但是这些规定的执行，仍需要府、县官员重视，及时筹款修缮，才能保证浮桥完好使用，顺利地完成交通任务。

《广信府志》载明代王对江西玉虹桥的记述："联舻系窄，取便一时，补罅葺敝，讫无虚岁"，说得很贴切。浮桥与石桥比较，石桥建桥时投资多，而桥成之后维修保养费用小，浮桥建桥时虽然造价低廉，而桥成之后，不仅年年需要维护油舱，又要三年一大修，五年一大造，维修保养的费用很大。从桥梁造价上比较，石桥每百丈约需银三四万两，而浮桥每百丈只需银三四千两，为石桥造价的十分之一。但是浮桥改建重修的费用常和建桥时费用相差不多，而平时每年的维护费也常需造价的10%以上。镇远桥重建需银2900两，而岁修需银400两，约为造价的七分之一。中津桥新建时用钱980万，南宋庆元年间（1195年—1200年）维修时用钱120万，约造价的八分之一。所以浮桥在桥成之后，平日的维护费用是相当高的。

浮桥经常的维修养护费用，除了舟船、桥架、桥板的维护需要以外，还有缆索的维护，需要准备草、竹、棕、麻等材料。草缆每年需更换二三次，竹缆也需抽旧换新。例如镇远桥每年就需用麻缆1000斤，草缆15000斤，数量很大，另外为维修两岸码头又需土1200车，石料300车，全需要管桥税官发价雇买。不但需要一定的费用开支，工作也很繁琐。

桥的另一项常年主要支出是雇工费。历代一般浮桥都雇用若干桥工。他们的工作内容有以下几方面：①负责浮桥的架设和拆撤；②随潮汐（或水位）涨落而收放缆索（包括主缆和锚索）；③河流中舟船过往时进行浮桥的启闭；④负责舟船、桥板、缆索的日常维修和养护等工作。

4.5 索桥营造技艺

悬索为桥，是避免在水中立柱作墩。这特殊要求下的桥梁结构，有其独特的施工工艺要求。

4.5.1 索桥施工时间安排

索桥的结构，要求直接跨河越江，即和水流不发生直接接触，所以建造索桥时，一般不必遵守水涸成梁的原则，反而每当水涨的时候进行架设为有利。四川《灌县志》记珠浦桥"东涸则连筏可济，逮夏而航，多覆溺之患"；后来则"东仍其旧，夏则为石笼，木栅、竹绳，而属绳与栅，值与笼，跨江而桥焉"。云南唯西索桥架在澜沧江上，过去也是"春冬设渡船，夏秋以篾索悬夹两岸，用溜筒系人以渡"。既能造溜筒或多索桥，而冬天仍用船渡者，有两个原因，一是索桥毕竟尚有一定的危险性，冬天水浅过河方便；二是竹索需每年检修或换索，正好利用秋冬水退流缓的时间进行维修工作。我国西南地区离公路较远的民间交通，现仍有采用秋冬浅水设临时桥或船渡，涨水时修建索桥的办法过河。

图 4.5.1　西藏墨脱藤网桥

图 4.5.2　溜索

索桥是脱离水面的建筑，有水无水都不影响施工。涨水时能施工，枯水时更能施工，施工时间不受限制，所考虑的是材料的准备和劳力的条件。

4.5.2　索桥施工工艺

索桥的施工顺序是砌台或植柱、制索、架索、锚碇、调索、铺装共六个步骤。砌台工作属于基础施工，与其他桥型基本一致。索桥的营造技艺，都是参照实际例子仿建或改进。

1. 制索

索桥的施工，关键在索。藤索制造简单，竹索则需要一定的技巧。竹索先前用于系船缆绳，又称"百丈"，后用于浮桥系缆和索桥主索。

竹索有几种做法。较细的索、拉纤用的"百丈"，是将竹劈成薄片，分为竹皮的篾青与内层的篾黄，用篾黄编成的竹索股作缆的内芯，或用麻芯，再将篾青编在外层。细的纤绳，仅辫篾青。竹索桥用索一般较粗。《古今图书集成·考工典》记述："其法，中用细竹为芯，外裹以篾弦，长四十八丈（约 150 米）。索用三股合为一股，一尺五寸为圆（约直径 15 厘米）。"索桥竹索不用麻芯而用细竹为芯，因其作用和拉纤"百丈"不相同，在受力下，不希望有较大的伸长，这正和近代钢丝绳的有钢芯和麻芯的区别一样。较大的竹索用缆甚粗，则用大竹剖开或将竹竿压裂，不分内外层，用强力"绞"成绳股，再用三股绳股，绞成一索。《小方壶斋舆地丛钞》说的"索亦裂竹绞焉"就是这个意思，或如四川

图 4.5.3　竹索

《修文县志》所称"取大绵竹捻之为索"。这样粗的竹索，每根用竹量十分可观。四川《北川县志》记北川登云桥："每年以竹篾作缆索十二根，每根大如亭柱。其缆每根用竹二千余竿。"

竹子的强度很大，整竹抗拉强度约150兆帕，而篾青的强度可达180兆帕。直径150毫米的三股竹索，破断强度在百吨左右，可见其抗拉性能十分优良。

铁索多采用锻铁。我国土法冶炼的锻铁，其强度并不低。中华人民共和国成立之后，曾对泸定桥旧铁链做过破坏性强度试验。清代铁链，链环每股直径25毫米，破断力在21～26吨，约合210～260兆帕，这已是普通钢的强度。3根试件都在接口处断裂，可见锻铁本身材料强度相当高。而锻接接头是其薄弱点，旧链试验中，有1根断口存在着70%锈斑，故对锻造铁链，尤其是接合处极为重视，每节扣上都有铁工代号，如有断损，铁匠人受责。一座百米左右的铁索桥，环扣数以万计，全靠手工锤打，工作量极大而且制索工匠极其辛苦。

图4.5.4　泸定桥铁索

2. 架索

相对而言，竹索架设比较容易，而铁索的架设比较困难，百余米的长索，跨架于两岸，需要一定的技艺。

川、滇、黔、藏诸省（自治区），架索的方法大致有四种：

（1）在河流较狭之处，采用"矰缴"。即架索时将主索堆在一岸，索端系以细绳，用弓箭将细绳的另一端射过河去，从彼岸牵引，先细绳后主索。

（2）水流较急的河流，两岸各立一人，各备一引缆细索，一端系上金属锤或石块，利用离心力，同时向上游河心甩掷；当两索相遇，又被河水急流冲击绞缠，然后向一岸牵引，将主索引向彼岸。

（3）江面较宽时，箭射和手抛不及，就用船只载索，驶向对岸，缓缓拖拉至对岸。对于竹索，因为较轻，容易成功；由于铁索铁链较重，船只又不大，遇水流过急或有风浪来时，则有船只倾覆的危险。

（4）清·姚莹《康𫐉纪行》记泸定桥铁链的安装方法是："地属雅州，天全州任之役。道光二十三年

（1843年）十月，铁索九条忽断，溺毙多人。今年春（1844年）申甫新修焉。土人云：'康熙中初建东岸，先系铁索已，以小舟载，铁索过重，未及岸辄覆，久之不成'一番僧教以巨绳先系两岸，每绳上用十数短竹筒贯之，再以铁入筒缚之，以绳数十丈，于对岸拽其筒，筒达，铁索亦至，桥工以成。"

　　铁索桥的安装方法，古人是由锁江铁链开始便已懂得。四川、云南一带工匠对修建铁索桥的方法，可达完整而熟练程度。汉代澜沧桥的施工方法，已由云南人朱家民、四川人李芳先在1628年传入贵州，到1703年清代修建泸定桥时，则沿袭之前已取得成功的施工方法。直到今天，一些边境地区的公路部门和民间人士，仍一脉相承地利用先人修建铁索桥的"链绑竹筒过江"施工方法建设铁索桥。

　　泸定桥架索基本方法便是以"溜筒绑链"架设铁索桥。在已建成的两岸桥台上设立木架，或以桥头建筑的横梁作为支点，架设一根篾缆作为安装吊索，纵贯全桥，上套篾圈，便是架桥或修桥时所用的施工篾缆，支在桥两端桥屋的横梁上，锚于桥屋出口的外面、铁索落井的后面。新中国成立后的泸定桥桥屋，门口斜立的三根木桩便是施工篾缆的锚定柱。现在的泸定桥桥台，除了铁索锚定用的落井之外，还有施工索的锚定落井。施工用的篾缆，除了在安装过程中需要之外，三五年大修时也需要。大修时将全部铁链拆卸，收到一岸，逐节检查整修，所以篾索仍是长年需要的。即如泸定桥，便在天全州设专用竹林40亩，以供应竹子。因泸定桥当时号称"皇桥"，竹林便也称"皇林"。百米左右跨度的铁索桥，每根索重约1.3～1.8吨，因此施工篾缆较粗。现在安装篾缆，都改用钢丝绳制成的铁索了。铁索运到河岸边，其一端先锚固在已制成梳齿之内，余铁索链顺堆在桥台上，先挂于安装索，逐段拉向对岸。

图 4.5.5　泸定桥施工缆索

图 4.5.6　泸定桥桥头木桩

　　铁索如何挂在篾缆上？《康輶纪行》称"以铁索入筒缚之"，则可能和溜筒桥的办法一样，是用2个半竹筒合成，待铁索拉过去后，除去竹筒的缚绳，让铁索就位。

　　现在一般铁索桥的安装，是用圆环套在安装索上，环间距约2米，每环上扣一双绳，双绳下部穿过铁链环节后，插入带有细绳的木棒构成活扣。将铁链用绳拉到对岸，当时是处在较松弛的状态，需用土绞车将铁索链"催紧"。土绞车的构造，是在三角木撑架上安装粗横木，直径约60～80厘米。横木端对穿凿洞3对，插入木棒作扳手，上绕粗麻绳称为麻笼。在搓制麻笼时前端结成双扣。麻笼搭上铁链，扣中穿以木棒，便可拉紧铁索。抽去悬挂铁链的细绳上木棒活扣，让铁链就位。

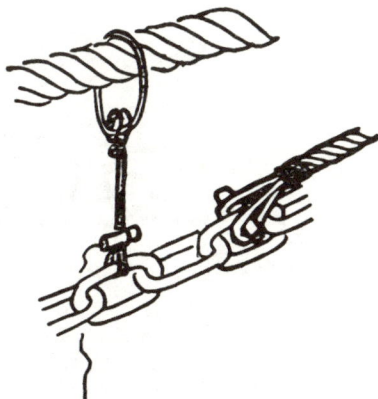

图 4.5.7　悬吊铁索活扣示意图

3. 锚碇

独索溜索，一般不需要经常调索，所以锚也比较简单。可以缚在树上，如近边无树，则垒石植柱缚在柱上，或系于石鼻，只要能固定便行。

多索并列竹索桥都用转柱立柱，架索过江后锚在转柱上，转柱可以调索，立柱是锁定转柱之用。

多索并列铁索桥比较早期的是以铁代竹，所以锚碇的方法和竹索桥一样，用转柱和立柱。后来便用更简单的梳齿的方式。铁索用土绞车催紧到适合的中垂度，再将铁链前端环扣锚碇入梳齿，铁索初步安装完毕。

4. 调索

竹索在受力之后的塑性变形较大，且于干湿之际有显著的伸缩，所以不时需要调紧。索不耐久，每年要更换，或3年一换，调索的工作很频繁，所以采用转柱立柱是很方便的。铁索的调索与竹索不同。铁索在一端已锚定好的情况下，另一端用土绞车绞紧，再将松弛的末端锚定。铁链也可以分段接合。泸定桥的分段情况是：一段很长，自西桥台落井底锚定起，到台面转弯，直到对岸东桥台的落井口；另一段较短，从东桥台的落井底锚定起，垂直升到东桥台台面，再转弯在台面上延长几个环节，拧紧铁链后，二段铁链在东桥台台面上销接。

从锚定的布置可以看到，两岸从锚定梳齿到梳齿间的距离是固定的，而各根铁链在锚定环扣和环扣之间的长度不可能完全相同，因此架成后铁链垂度并不一致，索面高低不平，需要予以"催平"。催平的方法不必再用土绞车。因为链长略有变化，可以引起铁链垂度较大的改变，百米左右跨度的铁链桥，链长缩短4～5厘米，垂度可差1米。所以传统的方法，是在铁链两扣之间打入铁锲，以缩短链长调平诸索。现已采用在链节之间插入花篮螺丝以收缩链长了。

5. 铺装

索桥的诸索之间没有什么联系，全靠桥面连成一个整体。索与索之间是用葛藤横联的。西藏多牦牛，故葛藤之外，往往用牛皮来绑联藤或铁索，有时甚至用牛皮绳为主索。

四川岷江都江堰的鱼嘴上有座竹索桥，名叫安澜桥。宋代前叫"珠浦桥"，宋代改名"评事桥"，1965年改建成铁索桥。宋代范成大曾记："绳排连之，上布竹笆。"用竹笆或竹席铺桥在西南地区是常见的。竹笆铺桥，横向不够坚劲有力，且不利于人马行走。目前所见绝大多数为铺木板。安澜桥原共有竹索24根，底索10根，每隔2米许在索底有一根横木，索扎在横木上，索上横铺木板，另用2根竹索压在桥面板两边，是为压板索。在每根横梁两端各用一对木条（夹耳）夹住，并在高度上分隔每边作为栏杆的6根栏杆索，成为一个U形框架，这是索桥中比较完整的桥面布置。绞索设备安置在桥两头的石室木笼内。

尚有在板上垫土的，但板上垫土，增加索桥的负担，且簸荡之下，土仍会被掀翻跌落于江中，毫无作用。

图 4.5.8 铁锲调索示意图

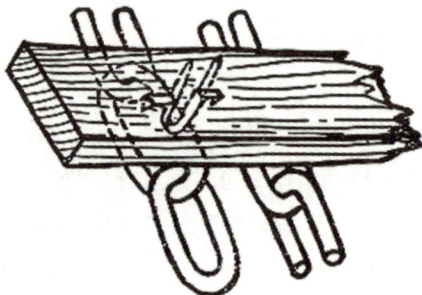

图 4.5.9 "老鸦嘴"铁钉

铁链整平后，铺设铁索桥的桥面板。桥面板一般为木板。有些铁索桥在底索诸链之间，每隔约 2 米间距横穿扁铁，扁铁宽不过 20 毫米，厚 5～6 毫米，起到联结诸链的作用。栏杆铁链与底索边上的铁链，在横扁铁端用吊铁或细链联结。铁索架设完毕，铺装木桥面。横桥面板与铁链在端铁链处，用"老鸦嘴"铁钉，钉脚向上，合上铁链，敲钉入横木板，使桥面板与铁链牢固结合。最后铺上纵向走带，桥即建成。

6. 索桥的保养

索桥的保养主要在索。竹索容易枯朽，铁索容易锈蚀，何况中国古式索桥，索都是自然状态，未做任何处理，所以需要定期维修和必要的更换。四川《北川县志》记登云桥："每年换缒一次"，换索的时间是"每岁仲春更易，以为常例"，这是一般竹索桥的普遍换索时间。制作比较精到的安澜桥，3 年一次大修，每年一次小修。所谓小修，乃是更换桥面下主索，换下的旧索，尚可替换作栏杆索。大修则彻底地将各部分予以检查修复。可见竹制缆索基本上是一年一换。

竹索的初期造价低且安装方便，但每年维修花费不少。相对地说，铁索桥初期造价较高，而后期使用时间较长，不必经常维修。《云南通志》记布固江铁索桥："桥上木板年必一易，铁索数年必修。"四川泸定桥，自 1951 年至 1977 年 26 年之间，作过五次大修，一次小修。当铁索桥在使用过程中发生超载，或过强的冲击载荷，或虽载荷不大但发生共振时，铁索断裂。也有当"催紧"或"催平"铁索时，催爆火口，即在铁链环扣锻合的地方断裂，此时予以就地修复。维修时用铁镦、熔炉、风箱、铁锤等简单的铁匠工具，就设在桥上断链处操作。先将断链的锚碇放松，断处在松弛状态下置于炉中烧红，随之置于铁镦上锻打合龙。铁匠在铁索动荡的状态下着力，很难操作。根据经验，一般在桥面振动抛起时进行锻打，桥在落下时不打。检查锻口接合质量的方法是锤击听声，如声音能从锻口传过，则锻合优良，否则锻口不好。破损铁环修复后，再收紧锚固，然后在铁索链上平铺板材。

除了不可抗拒的自然损害之外，保养的关键还在于合理地使用。不允许载重过大或做激烈的振荡。为防止发生共振对桥梁造成破坏，不仅是索桥，任何桥梁都是不宜于大量人群作集体跳跃或齐步行进的。

4.6 木桥营造技艺

木桥是以木为原材料的桥梁统称，其中包括简支木梁桥、木伸臂梁桥和木拱桥。在木桥上架设若干间廊式房屋（或亭），形成木廊桥，也称为风雨桥、亭桥。

4.6.1 简支木梁桥营造

"叠石为址而梁其上"，梁桥施工架梁为主。简支木梁桥的架设施工比较容易，但也有比较困难的，那就是栈道。栈道都是"增溪栈壑，砰险梁危"，施工十分困难和危险，施工前必须对水情、地况、气象进行详情了解，以决定施工工艺。

欧阳詹《栈道铭》说："粤有智虑，以全元造。立巨衡而举追氏，缒悬鲈以下梓人。猿垂绝冥，鸟傍危岭，凿积翠以全力，梁半空于未用。斜根玉垒，旁缀青泥。截断岸以虹桥，绕翠屏而龙蜿。坚劲胶固，云积砥平，总庸蜀之道途，绕岐雍之康庄。"大意是说：陕西和四川之间，高山深谷，自古不通道路，有这么一些聪明人，弥补天地的不足。在山顶立巨大横木，将工匠用麻缆从上悬吊下来。好像猴子一样挂在深谷之中，亦像飞鸟一样飞傍在危崖边上。用全力开凿长满树木苔藓的石壁，在青泥岭、玉垒山旁立斜柱架木梁成虹桥，像游龙一样盘旋蜿蜒在绿色的群山之间，十分坚固，一似云间平坦的道路，成为四川和陕西之间的通道。

栈道有几种形式。横梁一端嵌于崖壁，一端立于柱上，柱可以是直柱或斜柱，甚至有梁而无柱。无论哪种形式，都要凿洞。梁凿横洞，柱凿直洞或斜洞。根据现有栈道的遗迹，洞的尺寸为20～40厘米的长方形孔，深15～30厘米，间距在1.5～3米。

《蛮书》卷一记入云南的道路："从戎州南，十日程至石门，上有隋初判记处，云开皇五年（585年）十月二十五日，兼法曹黄荣领始、益二州石匠，凿石四孔，各深一丈，造偏桥梁阁，通越析州、津。盖史万岁南征，出于此也。"根据这一记载，石孔深可达3米，直径也一定比较大。古时开山凿石，全手锤和錾、凿等极简单的工具，要开凿较大而深的石洞，所费功夫较大。据考古发现，现今栈道石洞的遗迹中发现有烧石的痕迹，或是采用火攻法凿洞。

《续议书》记："虞诩为武都太守，下辨东三十余里有峡，峡中白水生大石，障塞水流，春夏辄溃败坏城廓。诩使烧石以醯（醋）灌之。石皆碎裂，因镌去焉。"石用火攻，以醋激裂，恐怕也是针对一定种类的石头，才能起这种物理和化学的作用而破碎。

凿石后植木。清代王昶《雅州道中小记》记偏桥是：偏桥之制，先凿穴石壁上，下二三丈复凿穴以楂（柱）巨木。木斜出，杪与上壁穴平。举木横上穴中，复制其首缀于木杪。势平，固以緪，或铁，或竹索。两木间施骈木（并放木）焉。实土，布以板，如是始通人行。木柱和木梁都是插在石孔中，两木之梢，用铁链或竹索缚住。在川西北所见栈桥多半是用竹索。也许当年在较重要的栈道上始用铁链。一般栈道，铺上"骈木"便算完工了。若再"实土，布一板"，栈道上便可行走"木牛流马"（独轮车）了。

图 4.6.1　捆绑栈桥示意图

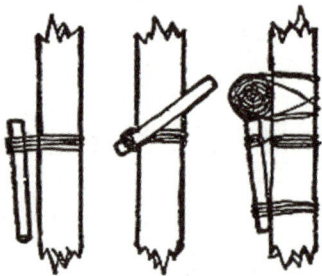

图 4.6.2　绑扎支撑示意图

栈道的联结采用绑扎，其所用工具和施工方法比较简单。用竹篾绑扎，也是一种特殊的技巧。绑扎的竹篾需浸湿然后使用。待竹篾干燥，自然紧密。一根断裂的木料，可以用2个或更多预编的篾圈乘湿箍紧，干后更紧，足以恢复原有的抗弯强度。这是利用材料在干湿条件下长度的变化而使之产生预应力。北方用麻绳做绑扎材料，但一般应用于脚手架或其他临时结构的联结。横梁和柱联结的地方，用一根短木，上端先平缚在立柱上，旋转木棒，扭转麻绳，使之绞紧，再将下端缚住。木结构除了绑扎连接外，采用榫卯连接是中国古建筑结构的特色，可是对于简支梁桥，一般用榫卯连接也没有十分必要。如陕西西安灞桥，桥墩顶上是嵌在平砌石梁中的托木，托木每边伸臂约1.1米，上搁主梁。每根主梁直径约40厘米，共15根，二孔主梁对接钉钉蚂蟥钉相联结。

梁桥和栈道的梁上铺设桥面板工序不同，前者是先铺枋板，两边砌边墙，内填灰土以平整桥面和防水，梁木上所铺木板在纵横两个方向上都嵌木锭相连。栈道桥面板往往稍作平整后可以直接铺设面板。

4.6.2　木伸臂梁桥营造

木伸臂梁是大跨度的木结构桥梁。通过与简支梁桥内力图的比较可以看出，在相同跨径与荷载作用下，简支梁桥的跨中弯矩大于伸臂梁桥。简支梁桥由于受材料实用尺寸的限制，不可能建造大跨径桥梁，跨径大了，梁易于受弯折断。因此，伸臂梁桥较之简支梁在受力上有了大大的提高。各孔之间不再是单独受力，而成为一个整体，整座桥一同受力。

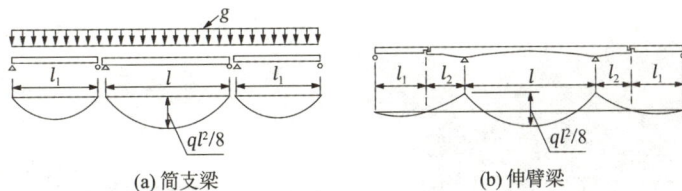

(a) 简支梁   (b) 伸臂梁

图 4.6.3　简支梁与伸臂梁受力比较

伸臂梁的基本构造方法是："其制不用中柱，自两岸压木于上，填以砂石，木上加木，层层递出数尺。将上斗头丈余，则以竹为排架于其上，高约数丈，宽仅数尺。"或有伸臂而撑木的，如《安顺府志》记盘江桥："得巨木二百二十八株，排连之，使卧于两岸临水，复镇之以巨石，柱之以劲干，各层累而加率如之，凡叠序出焉，咸镊其本，加固。及两木之末不接者仅三十有四尺（约11 米）。选材可六丈者矩之以交其上而弥缝之。植者为槛，恃（覆盖）者为屋，兀者为门，无不宜焉。"制作简单粗陋的木伸臂桥，又用大木纵横，层层挑出而已。比较正规的木伸臂桥，用榫卯和铁件紧相连接。每层挑木的端部开槽口，用横向长方形的木料相连，使之成一整体（"咸镊其本"）。上面再钉一横木，伸出挑木外侧，两端与竖枋榫卯相连。竖木下有垂花，诸竖木之间遮以防雨板，以保护伸臂梁。

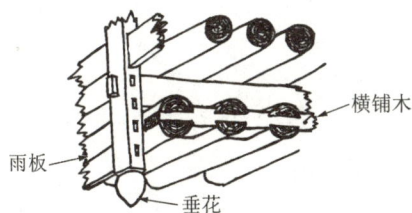

图 4.6.4　伸臂木梁桥细部

伸臂梁施工，根据结构的特点可以不用脚手架。可是在施工过程中，如何运木，尤其是多孔伸臂梁水中墩上架栅的方法需要考虑。《东江桥志记》："石墩叠成，上架木栅，先做成松木大架两座，如座椅，高数丈，分置上下流两旁，铺板立人，栅木从此而上。后因移动甚难，屏而不用。仅于墩上架大木两株，铺板叠栅，更为便捷。"

木伸臂梁桥用木数量极大。《醴陵县志》记："其取材则重数山，其范铁则盈数船。其攻木、攻金石之众，日以千计。其斧斤椎凿竹林之声，近与水汐相混，远与山谷相应。"廊桥一般建成后，两侧隔出房间数十间，两壁置防雨遮板、通风采光窗口，房屋供佛像、神位摆放及经商店铺所用。如兰州握桥、广西三江程阳桥、浙江泰顺北涧桥等，桥屋长廊，桥亭楼阁，且特具当地民族风格。由于许多廊桥建在乡村交通要道或村民居住集中之地，因此，村民也经常利用廊桥举办各类民俗议事活动。

图 4.6.5　伸臂结构

图 4.6.6　握桥

图 4.6.7　三江程阳桥

图 4.6.8　浙江泰顺北涧桥（廊桥）

4.6.3　木拱桥营造

1. 木拱廊桥

木拱廊桥指结构不用钉铆，只需要相同规格的杆件，叠压穿插，搭接而成。整座桥梁结构全由大小均匀的巨大圆木纵横相置，交叉搭置，互相承托，逐节伸展，形成完整的木撑架式主拱骨架。按结构类型分为三节拱（八字撑架）廊桥和贯木拱廊桥。

（1）三节拱（八字撑架）廊桥

桥下由几组斜撑和平梁构成。八字撑拱受力较为合理，增加斜撑后使桥的横梁的负荷得到减轻，增强了桥跨的受力和稳定，也在一定程度上增大了桥的跨度。因其本身可以承受较大的直荷载，但对侧向推力抵抗较弱，所以桥体一般都建有廊屋。

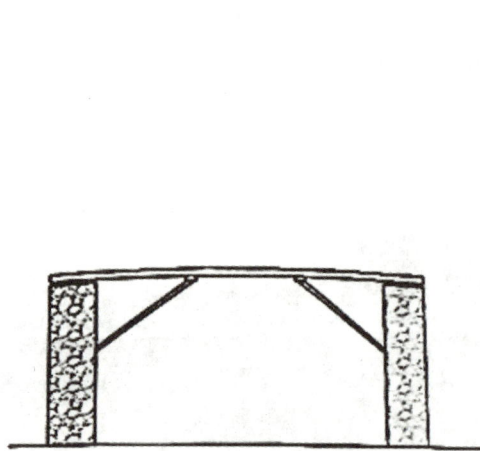

图 4.6.9　三节拱廊桥构造

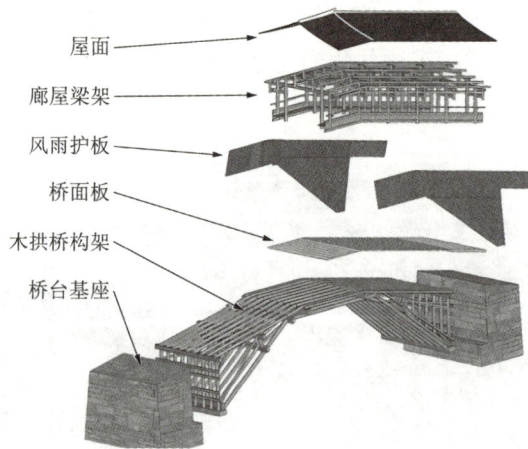

屋面
廊屋梁架
风雨护板
桥面板
木拱桥构架
桥台基座

图 4.6.10　贯木拱廊桥构成模型分解图

（2）贯木拱廊桥

以梁木穿插别压形成拱桥，形似彩虹，是中国传统木构桥梁中技术含量最高的一个类型，主要分布在浙南、闽北山区。其支撑廊屋的拱架结构别具一格。其拱架由上下两层系统组成，由直木穿插交错，编织成拱，咬合紧密，形成一个整体共同承受荷载，充分发挥了木材轴向抗压的力学特性，是中国运用木结构的突出成就。其采用的"蜈蚣结构"有很好的受压性能，只要两个端部固定，桥就能很好地承受向下的荷载。但是，由于结构的特殊，如果桥受到向上的反弹力，就很容易失稳遭破坏，因此，木拱桥上建廊屋非但不是负担，反而增加了稳定。从而使桥体的整体受力性加强，不仅较为科学地解决了廊桥的受力问题，还能够最大限度地解决桥体的跨度。同时，廊桥这一形式也使桥更加优美，它还可以成为人们休息、交流、交易、祭拜的场所，从形式到内涵，都极具感人的艺术魅力与实用价值。可以说，贯木拱廊桥将历代的木桥营造技艺发挥到了极致。

序号	类型	示意图①	实例
1	三节拱木廊桥		城水桥
2	三节拱与人字拱相贯		新昌巧英普济桥（风雨桥）
3	两个三节拱系统相贯		顺昌岚下桥
4	三节拱与四节拱相贯		德化长寿桥
5	三节拱与五节拱相贯		丽水顺德桥

图 4.6.11　木拱廊桥类型

2. 木拱廊桥的榫卯结构

　　木拱廊桥为榫卯结构，增加剪刀苗抗倾斜，加盖桥屋既美观实用又提高桥的稳定性。符合力学原理的木拱廊桥历经数百年而存在，有较高的科学价值。木拱廊桥多选择建在溪流河床较狭窄的地方，主要由拱架和廊屋两部分组成。底部的拱架部分由上下两个拱骨系统组成，大多先采用多根长圆木与横串梁木榫卯贯穿成八字形拱架，再用稍短的长圆木和横串梁木重叠交叉别压，架在八字拱架上，形成整个桥拱。在拱架的转折处皆置一横木，俗称"牛头"，下层为"大牛头"，上层为"小牛头"。拱木的端部与"牛头"相扣，使拱架相互联系成为一个整体。上下两层斜撑拱木与竖式排架之间加置一交叉撑木，俗称"剪刀苗"，以稳固整体构架，消除横向推力，避免产生侧移。桥面木纵梁以上为廊屋部分，复杂的廊屋在中间建有亭、阁、牌楼，两端桥台设桥亭、钟楼等，桥台外砌筑块石，内多堆砌卵石，依地势分设台阶通往村落和道路。桥屋结构与细部做法基本与当地民居相同。桥中心间多用如意斗拱叠梁成八角藻井，上覆双坡顶，桥中设神龛。廊屋内两边有木凳，桥身侧面通体鳞叠铺钉木板（俗称"风雨板"），以阻风雨对桥拱、桥面的侵蚀。各间在风雨板上开形状各异的小窗，如宝瓶形、扇面形、梅花形、圆形等，除了使廊屋内空气流通之外，还可供行人欣赏窗外山水风景。

图 4.6.12　榫卯结构图

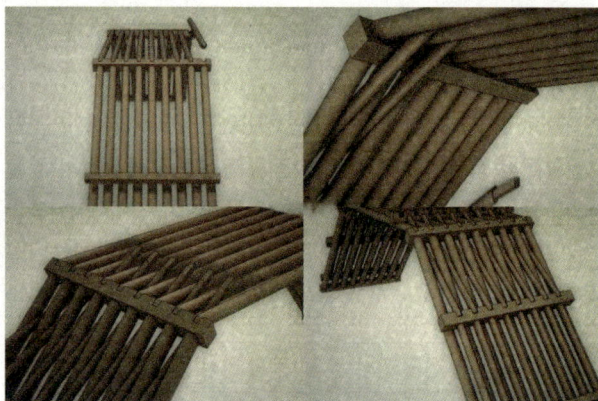

图 4.6.13　榫卯实例

图 4.6.14　廊桥结构

3. 木拱廊桥的"编木"结构

中国木拱廊桥技艺精湛，充分传承我国古代木结构建筑营造技法，淘汰构件间利用绳索绑扎改为木构件之间应用榫卯连接方法连接木构件。我国现代桥梁专家唐寰澄先生在《中国科学技术史·桥梁卷》中，详细描写了木廊桥营建工法："斜拱骨以在大牛头一侧钻孔套入，平拱骨则在大牛头的另一侧以燕尾榫连接。显然这和架设步骤有关。架设时，先架第一系统两侧的斜拱骨（九组加一根大牛头），然后将中间横拱骨一根一根落入燕尾榫中。待第一系统诸拱骨架妥，用木撑使之稳定，凭依第一系统架设第二系统。第二系统的节点无燕尾榫卯的横木称小牛头，接合比较简单。然后架设剪刀撑。第二系统包括小排架、端竖排架、小排架支撑、桥面木纵梁、挡石横木和挡风横木。挡石横木后侧砌填桥台块石，挤紧整个系统"。整个施工过程简便，构件类型少，构件趋于标准化，便于加工、预制、安装和运输，以短构件相互拼接达到长跨度功效，而且具有相当的结构强度。

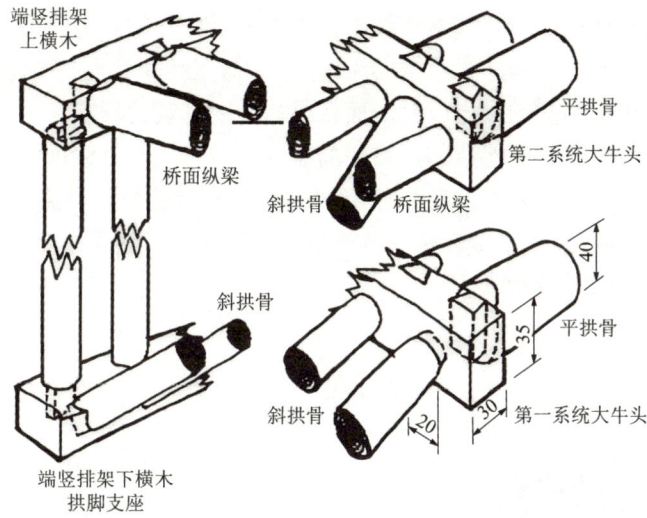

图 4.6.15　编木技术

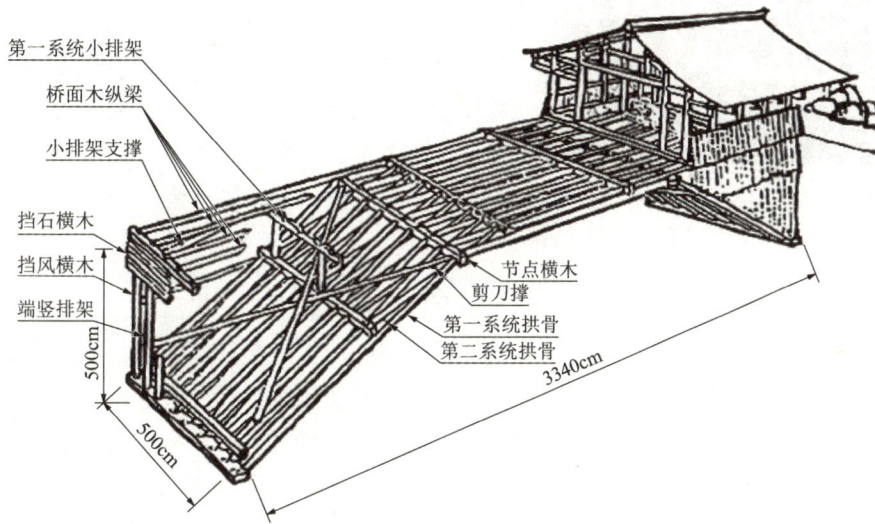

图 4.6.16　木拱廊桥结构体系

图 4.6.17　木拱廊桥模型

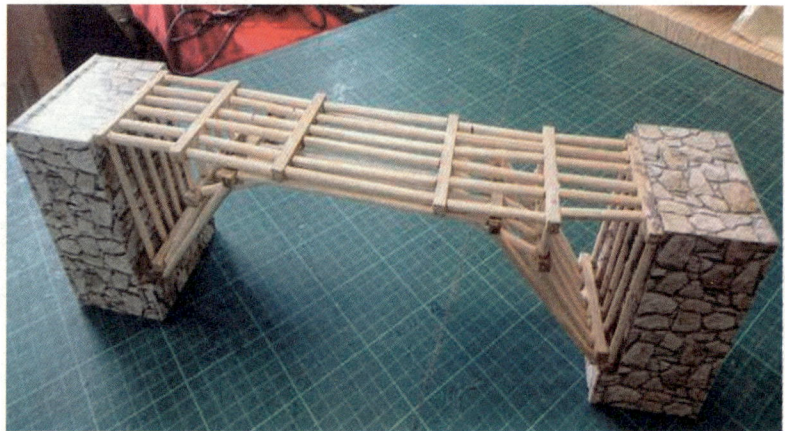

图 4.6.18　编木结构

木拱廊桥的这种梁木穿桥插压的"编木"技术，使得主要构件的内力除中梁尚受弯矩外，其余主要承受轴向应力，从而呈拱桥为主、局部为梁桥的结构力学的造型特征。木拱廊桥充分发挥了木材轴向抗压的力学特性，是中国运用木结构的突出成就。而在桥的两端砌筑的桥墩，可以加固拱角，使木拱结构更加稳定。另外，跨度大的木拱廊桥建造需要高超的技术含量，这也是验证木拱廊桥结构形式是否先进的重要标志之一。以福建省寿宁县廊桥为例，廊桥跨度超过30米的就达9座，其中鸾峰桥、杨溪头桥跨度都达37.6米，列为全国之最，超过了被学术界普遍认为是中国古桥梁中单跨净跨最大的石拱赵州桥（跨度为37.02米），堪称中国木拱廊桥之最。

4.6.4 廊桥营造

1. 选址

图 4.6.19 选址

桥址的选择主要考虑造桥成本、难易程度、地质状况、环境影响及方便通行等因素，还需要考虑桥址两岸需有坚固的岩石可以砌筑桥台。另外，尽量选择两岸之间距离相对较窄的位置，最好两边都有凸出的岩石，从而可以减少拱架的跨度，达到减少建造拱桥的工程量和费用的目的。许多山区村庄前面的溪流出口处被当地村民俗称作"水尾"，为了补充溪流形成的风口，保护乡村的环境，所以桥址一般选择乡村的水尾，所以有的地区的村民将贯木拱廊桥称为"水尾桥"或"风水桥"。

2. 筑桥台

木桥由于桥身轻，遭水淹后桥身会漂浮而去，所以桥台必须筑高，拱脚应在最高洪水位之上。桥台的砌筑方式一般有三种：一是利用自然悬崖岩壁加以修整造成，二是在溪边岩石上用条石或块石砌筑，三是在岸边砌筑桥台或在岸边平地做船形墩为桥台。由于贯木拱廊桥产生极大的侧推力作用于桥台，所以桥台的稳固是整座桥体稳固的首要条件。桥台要求桥基坚固稳定，有的采用就近山沟溪水中的卵石来砌筑，有的采用块石、条石来砌筑，一般来说，采用条石最有利，但加工成本较高。由于两岸桥台地势有高低，不在一个水平面上，这时候筑桥台的石工要与造桥的木工负责人（又称主墨师傅）紧密配合，统一协调。桥台的中心位置、拱架的起拱高度及桥面板的高度，均由主墨师傅确定。

图 4.6.20 砌筑船型墩桥台

图 4.6.21 用条石或块石砌筑桥台

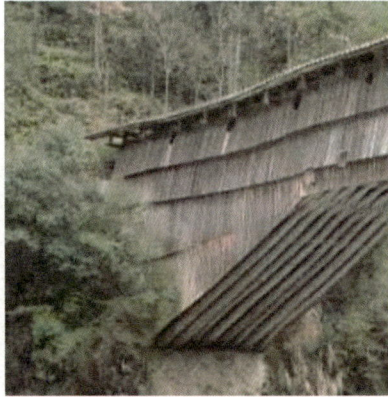

图 4.6.22 利用自然悬崖岩壁的桥台

3. 测水平

古代木匠没有水平仪等先进仪器测水平，甚至透明塑料软管都没有。他们用什么方法来定水平高度呢？多数用"竹片水平法"。

具体做法是把大直径毛竹劈成两片，打通竹节，多片连成一条直线"水平尺"，连接处用泥巴粘住，用 3 根木条捆成的三角支架把毛竹"水平尺"撑住并连成一直线，端部用黄泥堵住。尔后，竹片内装水，调节两端竹片高低使竹槽内水位取得水平高度。也有造桥工匠是采用"麻绳加水平尺法"。具体做法是选长 4 米左右、宽 0.1 米左右直方木料一根，刨光后，在木料正中间开一个长 0.5 米左右、宽 0.05 米左右的凹槽，注入水成为"水平尺"。测量时两个工匠两岸牵麻绳，一个工匠端正木水平尺，平行于麻绳，主绳匠师指挥两岸工匠调节麻绳高低取得水平。这种方法的优点在于便于调整高低，便于随时测试，局部测试单人操作也可，简便易行；缺点在于，大跨度测试需要多人协助，精确程度偏低。

4. 立水架柱

水架柱形似秋千，也称秋千架，桥两边各一架，每架由两根立柱和两根横梁组成"井"字形架，立柱长于横梁，高度由桥高决定，宽度由桥宽决定。水架柱主要有两个用途，一是支撑三节苗、五节苗等上架构件，二是供木工上下来往。另外，和天门车配合吊装木料构件。比如福建屏南的造桥工匠的造法是将四根木柱用麻绳将沸水煮过的竹篾丝拧成绳索固定成"井"字形架，用相应数量的"难绸"，一根竹竿或木杆头部凿一个穿透孔，再穿过一根麻绳打成结，就制成一根"难绸"缠绕住，通过人力将水架柱撑起成斜支撑后，将柱固定就建成了水架柱。如今水架柱的固定多用蚂蟥钉辅助加固。

图 4.6.23　现场测水平

图 4.6.24　现场立水架柱

5. 上三节苗和五节苗

上三节苗也就是上"三节梁"，称为建造第一系统，也就是三节拱系统。三节苗不是指三根梁木，而是指三排梁木通过两个节点的连接，与两岸桥台垫苗木（石）相接。五节苗是指五排梁木通过四个节点从此岸到达彼岸。这些节点都是通过方形木横梁榫卯结构相互连接。这些横梁称为"牛头"，连接三节苗的两根横梁称为"大牛头"，连接五节苗的四根横梁称为"小牛头"。在浙南、闽北地区，造桥工匠都把桥上纵向梁木称为"苗"，包括斜苗、剪刀苗、平苗、桥板苗等。

三节苗每排一般用料为 9 根，也有用 7 根或 11 根的，它是根据桥的宽度和木料大小决定的。三节苗是桥体主要受力系统，也是重要结构。具体做法是：先做三节苗底座，可用方木或条石做成，用方木做的称"垫苗木"，用条石做的称"垫苗石"。三节苗下端做成鸭嘴形凹口与底座连接，上端做半榫与大牛头连接，两个大牛头间用平梁连接，连接处用燕尾榫咬合，跨度小的木廊桥用企口榫连接。

在完成第一系统之后，接着建造第二系统，即上四节苗或五节苗。它们只是结构形态稍有差异，营造技巧本质上并无多大差别。下面以五节苗为例，阐述上五节苗即上第二系统的具体做法。这过程分为两步，一是上五节苗斜苗及下小牛头；二是上五节苗上斜苗及上小牛头。三节苗系统完成后，可以其为支撑，上第二系统即五节苗系统。在立柱和三节苗斜苗形成的夹角放置五节苗垫苗木，五节苗的下斜苗与三节苗的斜苗交错排列。下小牛头紧贴在三节苗斜苗上。将五节苗下斜苗下端顶住垫苗木，上端扦入下小牛头。然后将五节苗上斜苗下端连接下小牛头。紧贴三节苗大牛头底部穿过，终止于三节苗平苗上部，并在上斜苗的上端安装五节苗上小牛头。这部分是三节苗系统和五节苗系统实现相互咬合，形成整体，共同承受荷载的关键所在。和三节苗平苗做法一样，从上往下将五节苗平苗打入上小牛头中，从而完成桥拱架主要受力结构的第二系统施工。

五节苗系统用的木料相对较小，并可长短不一。由于两套系统的紧密编搭，就使各自的不稳定结构成为整体的稳定结构，提高了桥体的承载能力。

图 4.6.25 现场上三节苗

图 4.6.26 企口榫

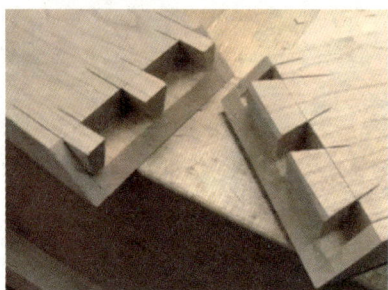
图 4.6.27 燕尾榫

图 4.6.28 现场上五节苗

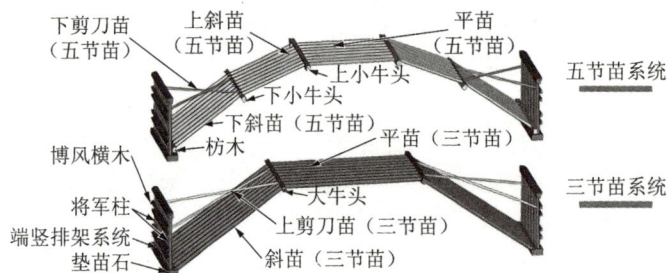

下剪刀苗（五节苗）　上斜苗（五节苗）　平苗（五节苗）　上小牛头　五节苗系统
下小牛头　下斜苗（五节苗）　枋木　平苗（三节苗）
博风横木　将军柱　端竖排架系统　垫苗石　大牛头　上剪刀苗（三节苗）　斜苗（三节苗）　三节苗系统

图 4.6.29 第一系统和第二系统

6. 打苗间栓

苗间栓是在三节苗和五节苗的交叉处，从上而下打入的呈倒三角形栓，是简单构件蕴含大智慧的体现。其主要作用是使每组斜苗都向外侧撑开，增加了榫口摩擦力，加固榫卯连接，其功能是减少木拱廊桥左右摆动。其打入顺序一般按照先中间后两边的原则，从里向外依次打入。苗间栓也有用单组或双组的，主要根据实际需要而定，一般情况下跨度大的"编木"要使用两组苗间栓。

7. 立将军柱

在贯木拱廊桥的三节苗底座两边各竖立柱一根，一岸两根，共四根。这根柱子被木工称为将军柱。将军柱可分透柱与半柱，将军柱直透桥屋梁架的称透柱，将军柱仅到桥台平面的称半柱。在两根柱之间加横梁，为以后做桥板苗用。将军柱紧贴桥台，下端采用榫卯固定三节苗底座，上端与桥板苗及梁架榫卯连接。将军柱之间加若干立柱，上架一根横梁，形成一个承重大排架，并和三节苗斜苗形成一夹角，为下一步铺设桥板苗系统做准备。与此同时，与桥台的间隙用短木塞紧。

图 4.6.30　立将军柱现场施工图

8. 上剪刀苗

闽浙木拱桥比汴水虹桥有改进的其中一点是木拱桥有剪刀苗，也称为剪刀撑。剪刀苗可根据桥的跨度大小决定采用一组或两组剪刀苗。用一组的是下端用透榫穿将军柱，上端用燕尾榫接大牛头；用两组做法与第一组相似，只是上一组接上小牛头，下一组接大牛头。为固定剪刀苗，剪刀苗中间的交叉处，有的桥用铁箍套住，有的桥在交叉点中心钻孔扦铁条。剪刀苗的作用是解决横向受力问题，进一步加强对桥的纵向固定，增加桥体的稳定性，避免桥梁产生侧向移动现象。

图 4.6.31　剪刀苗模型

图 4.6.32　剪刀苗实例

9. 安装桥板苗与马腿

桥板苗也称纵横梁，为使桥板苗平稳承担桥拱架，在五节苗下牛头上安装一个"亓"形的木撑，其称为"马腿"。具体做法是：一根横梁下面左右各一根短木插在小牛头上，然后横梁木左右各一根杉木插入将军柱。再将桥板苗放在此横梁上，一头接上小牛头，另一头接将军柱桥板横梁，为铺桥面做好准备。"亓"形的木撑有与地面垂直形及与斜苗垂直形两种。

图 4.6.33 "亓"形木撑

图 4.6.34 安桥板苗与立马腿

10. 铺桥面

在桥板面上铺设的桥面根据材质不同有三种做法：一是木板铺桥面，二是砖铺桥面，三是石铺桥面。第一种就是在桥板面上铺上厚木板，做到平整紧密，供人员通行。第二种和第三种就是面上用料不同，工序相同。具体操作顺序如下：首先在桥面板上密铺一层箬叶，在其上再铺设一层木炭透气防潮，其次，再铺设一层砂石料，最后，砌筑桥面砖或桥面石。

11. 建廊屋

廊屋主要是为人们提供避风雨、休息以及社交等的公共场所，同时其结构上能起到"稳桥"作用。首先，廊屋所提供的荷载对木拱桥的三节苗与五节苗两套拱骨结构系统咬合形成整体起了重要的作用；其次，部分廊屋的支柱与木拱部分形成搭接增加了分荷载与桥屋一体化联系作用。浙江南部廊屋一般采取"九檩四柱"结构。房屋的高低与宽窄根据桥的大小与当地民间的习俗来确定。屋顶有做成歇山顶、圆山顶的。条件好的还在顶上建藻井和桥亭，雕刻精美、装饰豪华。

桥体外侧安装风雨板主要是防止风雨对木结构的侵蚀。风雨板上开启造型多样的窗口能起采光、通风和观景的作用。

图 4.6.35 建廊屋

图 4.6.36 廊屋内部

图 4.6.37 廊屋

4.6.5　泰顺同乐廊桥建造实录

浙江温州市泰顺县是一个"廊桥王国"，目前已有 19 座廊桥被列为国家、省级文物保护单位。

1. 伐木·择吉

时间：2004 年 9 月 16 日。

9 月中旬的岭北乡清晨，放眼望去，云遮雾绕，若隐若现。

大清早，村里的几个壮汉背着工具上山了。领队赖保柱说，为了能挑选到建桥用的好木材，到人迹罕至的深山老林里去。最远的地方要走上半天才能到达，从那片山林再往前走，就是泰顺县毗邻的福建省寿宁县境内了。

图 4.6.38　同乐廊桥模型

图 4.6.39　深山伐木

今天要从山上带回一批木料，作为编梁木拱桥的三节苗和五节苗。采料的林子就在村子对面，看看在眼前，走起来却要花上半个小时。"遥闻前山相对语，跨绕溪谷数里程"，这是唐代诗人罗隐到泰顺后留下的诗句，对泰顺山势地貌的描述真是生动形象极了。

午饭时间，主首事潘成松向其他一位首事问及上梁择吉的事情，对方回答说已经交代村里的某某办妥，择吉单就放在他家里。择吉就是选定吉日、吉时和方位，以避开凶神恶煞，是民间一种以时空方位来确定有利时间的风俗。

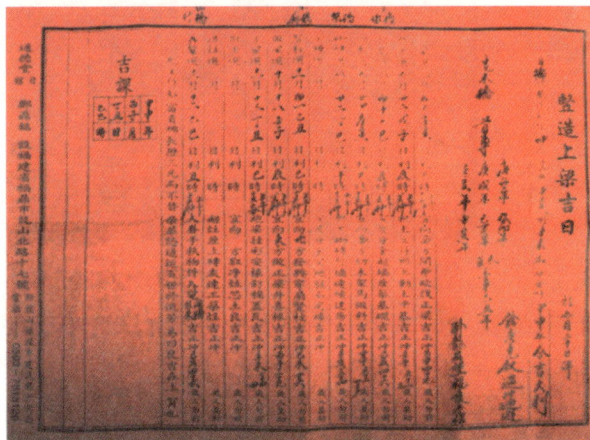

图 4.6.40　择吉单

同乐桥的建造，像动土、上梁等几个重要的环节都要挑选特定的好日子，而这些"吉日"也是首事潘长松托人到桐山找择吉师挑选的。择吉单上面用墨字密密麻麻地写着许多很难看懂的内容，竖排体，有一行字很醒目："农历十一月十三日，上梁。"

2. 寻"牛头"梁木

时间：2004 年 11 月 19 日。

"牛头"是指拱架上横置的梁木，因体形大，受力足，能够顶住拱架两边众多梁木"拱"过来的巨大压力，而形象地称为"牛头"。

村尾村水口两岸已经建起桥墩。岸上堆满了从山林里抬下来的木料，大多已削去树皮，再过一段时间，晾干后，工匠们将按照尺寸制作各种各样的桥梁构件。"牛头"并没有抬到建桥现场，而是摆放在董师傅家门口的场地上。给它翻个身得需要五六个壮汉一齐使力。"牛头"上凿了许多卯孔，到时将有许多梁木的榫头进入槽口安装。

村长潘成松是建桥的第一首事（负责人），建桥的大小事情，都要他去协调和处理。本廊桥主绳墨师傅董直机，则主要负责技术方面的事情。两人都是建桥的重要角色，缺一不可。

在所有的桥梁构件中，除了栋梁，数"牛头"最重要。栋梁的重要，是因为其身份比较尊贵，地位比较高，但对制作栋梁的木料，要求不高。"牛头"就不同了，因其在编梁拱架中的位置特殊，功能明显，"牛头"梁选择不当，严重时就会造成梁塌桥毁。

为了找到合适的牛头梁，潘成松发动不少人，村前村后满山找。最终虽有不少发现，但那些被看中的大型树木，或因品种稀有，或因树龄比较长，都已经列入"古树名木"的保护对象，不可随意砍伐。

正当他们一筹莫展的时候，事情有了转机。当年的 16 号台风侵袭这个山村时，刮断了后山的一棵大松树，而这棵大树正符合"牛头"梁的选择标准。

图 4.6.41 挑选"牛头梁"

图 4.6.42 "牛头"梁

3. 栋梁

时间：2004 年 11 月 29 日。

根据时间安排，农历十月十八（公历 11 月 29 日）是砍栋梁的日子。我们经常说"良辰吉日"，砍栋梁的"吉日"是农历十月十八，"良辰"则是当天早上 7 点至 9 点的"辰时"。砍栋梁是建造廊桥过程中的一个重要环节。

建桥开始的时候，几位首事就商定凡是涉及风俗讲究的，都按传统方式操作。问题是，虽然祖祖辈辈一直都生活在这块土地上，风俗习惯得以一脉相承，村里的老老少少或多或少都有所接触。在现代文明的冲击下，人们的思想和传统乡俗都发生了巨大改变，如果一切按照旧俗实施，年轻建桥师傅就会感到非常不适应。主绳墨师傅董直机说起上梁习俗的祭祀程序和要准备的七宝袋、七星锤时，负责这项事务的首事赖保柱，一一作了记录。

董直机师傅提到的"七宝袋"，是一个用红布制成的小袋子，里边装有"金、银、铜、铁、米"等七样"宝贝"。袋子外面写有八字，造桥盖屋各不同。如果是造房子，则书"丁财两旺，富贵双全"；造桥梁等公共建筑的，则写"风调雨顺，国泰民安"。按照旧俗，"七宝袋"的制作，必须是由父母健在、待字闺中的年轻姑娘手工缝制而成。

赖保柱说，找一个没有出嫁的姑娘倒是不费工夫，但如今，既符合基本条件又会裁缝活的，哪里找去？旁人说，可以变通嘛，先找一个符合条件的姑娘，然后再由她去找裁缝师傅学做"七宝袋"，或者干脆直接找一个裁缝师傅做好"七宝袋"，只要口头说袋子出自姑娘之手就可以了。

伐木工跟赖保柱一起到村子对面山上去祭拜栋梁。路上，他说从砍栋梁吉日前七天开始，每天都要去祭拜一次。问他为什么是祭拜七天，而不是八天、九天，赖保柱回答不上来。后来直接问董师傅，他说七上八下嘛，"七"是向上的吉数，所以要祭七天。明天就要砍栋梁了，当天晚上自然就是祭祀同乐桥栋梁的最后一个晚上。只见赖保柱点起香火，在小瓷杯中加满酒，烧上一叠"纸钱"，恭恭敬敬地合掌拜了几下。简单的祭祀就算是结束了。

次日清晨7点半，山村还笼罩在雾气中，工友们随赖保柱一起上山砍栋梁。

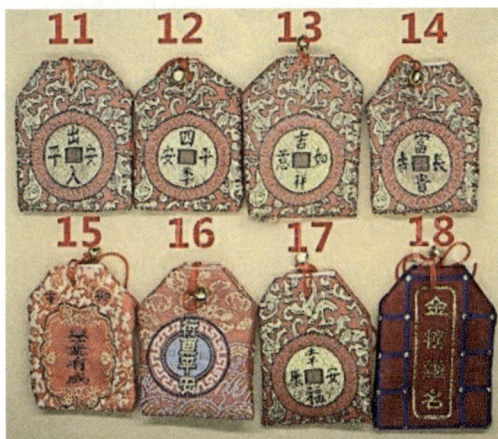

图 4.6.43　七宝袋

图 4.6.44　抬栋梁

栋梁是廊屋所有木材中等级最高、最具分量的木料，选取栋梁有着相当多的讲究。首先对于生长环境有严格要求，"栋梁"必须长在"洁净"之地，附近无茅厕和其他脏物；其次对树木本身也有要求，树形要好，除主干外，在根部要有长势良好的嫩枝，代表此木"后代"兴旺。还有，这棵树的拥有者必须父母健在，子孙兴旺，阖家欢乐。

董直机师傅说起栋梁最早称"东梁"，在栋梁之下还有一根联系左右两根柱子的则称"西梁"。福建省寿宁县地区有敬"西梁"为栋梁的习俗，因为"东梁"实际也具有檩条的作用，根据习俗不容许在"东梁"上钉钉子的。经过多日寻找，确定了村中山上一棵大树作为栋梁木。那是一棵杉树，有着20多年的树龄，周围地面干净，树木主干很直，枝繁叶茂。在主干根部长着新枝嫩叶的新干，树的胸径有30厘米大小。赖保柱弯身拔掉树根旁的杂草后，招呼大家坐下休息，等待良辰吉时的到来。赖保柱今天砍栋梁的时辰为"辰时"，也就是早上7点至9点。接近8点钟的时候，赖保柱站了起来，挥起斧头往树根砍下第一刀，这时钟表上时针指向正好8点整，这是砍伐廊桥栋梁的最佳时间节点。

树根砍了三分之一后，赖保柱非常利索地爬上了栋梁木，将绳索捆在了树木的半腰处。捆住树木，是为了栋梁木将要倒下时，要拉住绳索让栋梁木向里侧倒下，不能向外翻倒，这也是规矩。

栋梁木砍倒后，赖保柱用锯子锯成主干、末端和顶端共三段。主干用作栋梁。末端取50厘米，日后制成"头梳付"，垫在栋梁下，顶端取3尺（鲁班尺，即84厘米）做"雀替"，安装在栋梁木两端的下方。除此之外，还要取几根顶端的枝条，绑在栋梁上。山头上的栋梁木，虽然被砍下安装在了屋架之上，但却以一种方式，保全了其全身。

一切完毕后，在鞭炮声中，工友们将栋梁抬下山去。栋梁下山后，从此不能着地，以保持它特殊的身份。到了工地，用"柴马"把栋梁架起来，绳墨董直机当即与另外一位工匠赖永兵用砍刀削去树皮，倒入溪中随溪流漂走。要是其他树木的树皮或剩料，可以捡回家去当柴火烧。栋梁木有着不一般的尊贵身份，树皮是烧不得的。因为栋梁，使这一天成为同乐桥建造中的大日子。工匠完成栋梁的取材后，首事赖保柱给绳墨董直机包了一个红包，以示庆贺。

4. 搭拱架、立将军柱

时间：2004年12月12日。

农历十一月初一，同乐桥搭置拱架的日子。建桥工地上，一片繁忙。他们在忙着将一根根硕大的梁木抬到大溪边上。大溪的两岸，站满了远近乡村赶来看热闹场面的村民。

"凌虚千尺驾飞桥，势控长虹挂碧霄"。对于编梁木拱桥富于巧思的构造，世人叹为观止。但这种桥梁究竟是怎样造成的，却少有人看到过。同乐桥的编编拱架由两个系统组成。今天搭建的其中一个拱架，由27根三节苗编织而成。这一根根粗大的梁木，没6个壮汉可抬不动它。梁木的榫头安置到牛头的卯位处，要求丝毫不差，稳妥得当。如果安装不到位，使拱架发生偏位、变形，那么，后续工作就很难进行下去。在主绳墨董直机的指挥下，现场大伙忙而不乱，有条不紊地作业，一根根梁木顺利完成了榫卯连接。除了完成拱架的搭建，还要在"桥头"位置竖起两根大柱子，俗称"将军柱"。编梁木拱桥无一例外地都要立4根将军柱，光从这个响亮的名字上看，就知道"将军柱"地位之重要，身份之显赫了。同乐桥立将军柱的时辰是巳时，上午9点至11点，而10点整则是立将军柱的最佳时间。在几串鞭炮噼里啪啦的一片炸响声中，6个壮汉分别将两根将军柱抬上了拱架，放置于基础的地梁上，再用一根横梁将两根将军柱进行榫卯连接后，用白棕绳捆住两根将军柱，绳索的另一端由离桥头十几米开外的十几个汉子缓缓拉紧……原先躺在地上的柱子，徐徐地站了起来。柱与梁形成了一个"H"形梁柱构架，屹立桥头，岿然不动。站在柱架下面抬头仰望，觉得那柱子真的貌似有了几分将军的威风。

图 4.6.45　搭拱架

图 4.6.46　立将军柱

根据民间传说和谱牒的记载，搭拱架其实叫"合龙"或者"接龙"。传说中的"合龙"，是先将梁木用绳索捆绑起来，两岸拉绳索的民工在绳墨师傅一声令下后，一齐放开手中的绳索，两岸拱架便合聚到一块。董直机师傅曾经参与过运用传统方式建造编梁木拱桥。传统的编梁木拱桥确实采用合龙的方法，通过绳索"起吊"苗木安装拱架。但是这种做法很危险，出于安全考虑，同乐桥的建造，在拱架这部分，用榫卯搭置的方法代替了"合龙"。

5. 上三节苗和五节苗

时间：2004 年 12 月 15 日。

还有几根五节苗需要安装到牛头上，拱架的搭置基本就算完成了。编梁木拱桥的拱架由两组拱骨相贯而成，第一系统用三节拱骨对接，各节并排九根拱骨，榫接在两根节点"牛头"上，使第一系统架成"八"字形。第二组用五节拱骨，各节并列用八根拱骨，榫接在四根"牛头"上。第一系统与第二系统拱骨相贯而成，交错搭置，相互承托，逐节伸展，使拱架结构具备了基本的稳定性。拱骨就是工匠们所说的苗木，分为三节苗和五节苗两种。

路边，工匠们正忙着用各种工具给苗木修整榫头。其中有一位叫梅振财的，看上去有五六十岁的样子，他是同乐桥建造的副墨，也称"二手"，相当于主墨的助理，是廊桥设计者董直机在技术方面最主要协助者。

董直机师傅说，建成后的同乐桥共有三层屋檐，算是区别于境内其他廊桥的特征之一。泰顺廊桥中，有三层屋檐的，只有新山漂下桥一座，可惜在 1990 年时毁于洪水。从当年文物工作者拍下来的照片看，这座桥体量不小，飞檐翘角，很有气势。

图 4.6.47　三节苗、五节苗搭建完成后

今天完成最后几根梁木的搭置，同乐桥"别压穿插"的精彩构作便初现雏形了。再过一段时间，泰顺的青山秀水间，就会多一座宏伟而又风姿绰约的廊桥。

图 4.6.48　安装三节苗

图 4.6.49　安装五节苗

6. 交剪梢

时间：2004 年 12 月 20 日。

为了搭置拱架，溪流中架了一个很大的撑架，无数根木料密密麻麻，纵横交错。撑架拆除后，拱架就得"自立"了，凌虚飞渡，势如贯虹，它的风姿和气势才真正得以显现出来。

图 4.6.50 拱架和剪刀梢

在拱架的两端，安装了两组交剪梢（俗称"剪刀撑"）。两根巨木交叉搭置，像一个硕大的"X"形状，因形似交剪（方言，即"剪刀"）而得名，是为了加强拱架的横向稳定性而设置的构件。技术上，浙南闽北的编梁木拱桥已比宋代的汴水虹桥成熟许多，交剪梢的设置，就是区别之一。

拱架之上，用木板铺出了一个台面，赖保柱说，那是为祭栋梁而准备的。在岸边不远处的树林旁边，那根架在"柴马"上的栋梁，它从山上抬下来以后，因为不能落地的习俗，一直架在"柴马"上，上头依旧留着砍栋梁那天绑上的树梢枝和红纸。

7. 写缘

首事潘长松经常拿出一本小册子，一页一页地翻看。那本小册子叫功德簿，也叫写缘本。在民间，如果因为建造公共建筑而缺少经费，首事就会打点行装，走村串户，寻求捐助。遇上乐善好施的人家，就在功德簿上记上姓名和捐助数额，日后刻碑铭谢，这就是写缘。

为了钱的事，潘长松没少费心力。一开始他也是采取写缘的方式，从村尾村到毗邻的村镇筹集善款。虽然最终筹到了 10 多万元钱，但离建桥所需的 40 万元仍有很大的差距。潘长松说，为了同乐桥的建造资金得到保障，从一开始到桥建成，办法想了不少，印发《倡议书》，到单位争取经费，到企业拉赞助，寻求媒体帮助……有的人冷言相对，但更多的还是热心肠的人，他们总是尽力帮忙。

建桥，筹钱，是一个艰难的过程。建造同乐桥最早的时候有七个首事，只有潘长松和赖保柱坚守到了最后，其他几位，用知情者的话说，是"知钱而退"。

8. 上梁

时间：2004 年 12 月 24 日。

从 22 日开始，天就一直下雨。

到了 24 日，下了几天大雨，变成细雨了。近 9 点，人越来越多了。除了从附近村庄三五成群赶来看热闹的乡民，还有杭州、宁波等地来的摄影师。

桥头边，有村民在给一根长木杆包上红绸布。董师傅叫那木杆为"丈杆"，是大木师傅经常用的一把大尺子。把尺寸标在这根长条木上，再用它去衡量构件。这是个很重要的工具，工匠们尊称其为"大师傅"。在上梁这天，要把丈杆请到桥头，穿上喜庆的"红衣服"竖立起来。丈杆的前面放着雨伞、鞋、镜子、剪刀和布尺等物件。丈杆是鲁班的夫人发明的，因此在祭杆时，也要放一些鲁班夫人发明的物件，伞和鞋就是其中几样。

在拱架的台面上，开始了对梁神和鲁班的祭祀仪式。鞭炮和铜锣的声音，响彻山村，久久回荡在群山之间。大溪两岸，人越聚越多，天上虽然飘着细雨，但谁都不愿错过这难得一见的热闹场面。

梁神即东神紫微帝君。栋梁是屋宇的命脉，一旦梁毁，全屋即塌，祭紫微大帝是不可或缺的环节。鲁班是我国春秋战国时期的著名工匠，他的名字，一直到今天还很响亮，《酉阳杂俎·续集》里有句话说得好："今人每睹栋宇巧丽，必强调鲁班奇工也。"鲁班原本是一位历史人物，后来人们把有关他的传说不断丰富与发展，并逐渐神化，乃至被奉为世间瓦木工匠的祖师爷和保护神。柱架上贴着鲜亮醒目的红纸对联。栋梁上则贴着"玉皇銮驾"四个大字的红纸。

在绳墨董直机的主持下，栋梁缓缓抬上柱架，几位工匠将栋梁的榫头放到柱子的卯位上，绳墨董直机高喊"国泰民安，五谷丰登"，其他工匠用包着橡皮的大木锤将榫头敲入柱头卯位，安梁大事大功告成。

随即进行的是抛梁。工匠站在梁木上，边唱吉祥语，边把挂在栋梁上的七宝袋抛到地板的布单上。据说抛梁习俗与姜太公有关联。《封神榜》里说，各路神仙是姜太公封的，他位高权重，因此在建造屋宇桥梁时，要在位置最高的栋梁上贴上"姜太公在此"几个大字，并用七宝袋敬奉姜太公，祈求得到佑护。

完成抛梁后，整个上梁仪式就结束了。首事把七宝袋拿回家放七天后，将袋内的油麻、花生、枣和米等分发给村里各人家。很寻常的五谷杂粮，经过充满敬意的祈祷，已经多了几分神秘的吉祥寓意，蕴含着人们对生活的美好期盼。

9. 小木·缠龙柱

时间：2005年3月6日。

木工有"大木"和"小木"的区别。建造房子、桥梁等大宗建筑的木匠称大木师傅；做家具、木雕等专业的木匠则称小木师傅。同乐桥主墨董直机就是名噪当地的大木师傅。

据当地老年人回忆，在浙江泰顺县古时农村建筑木工师傅有本地人，也有来自东阳、金华和温州等地的外地人。潘成叶师傅是泰顺境内寻找到的几位雕刻师傅中最年轻的一位，他从学艺至今已有十几个年头，由于很难找到活干，心里又割舍不断对这门手艺的情怀，曾经一度待在家里。同乐桥首事潘成松找到了他，请他为同乐桥廊屋的几根柱子雕刻缠龙。因为同乐桥的建造属于公益事业，潘师傅也就不计较薪金，而尽力尽所能为同乐桥建设贡献力量。

给廊屋装缠龙柱，在泰顺还是第一例，3月6日，记录者再次登门拜访潘成叶。他家就在离同乐桥几百米处的山林里，不算大的房子厅头摆放着三根包裹着缠龙白底画纸的樟木。虽未成形，从已刻画的龙首龙身来看，已经有呼之欲出的生动气势。

潘成叶说，龙的形状有很多，如升龙、腾龙、降龙、缠龙等。木雕师傅们把"三弯九曲"视作雕龙的要旨，除了把握整体要领外，还要在一些细节上倍加把握，如龙眼、龙须、龙头、龙爪，神在眼、气在须、威在头、力在爪，这样一条活灵活现的蛟龙就呼之欲出了。

10. 扶柱

时间：2005年4月28日。

扶柱是泰顺工匠的叫法，建筑词典上叫竖柱。

在编梁拱架上，工匠们先把几根柱子和横梁、枋木拼装在一起，形成一个柱架。然后将十几个人分成两组，一组用木叉撑着柱架，另外一组则站在另一个方向用绳子拉紧柱架，一撑一拉，柱架便缓缓"站起身来"了，梁木的榫头渐渐迎向当心间柱架的卯位，一排柱架算是顺利安装完毕。

5月的山里雨下个不停，6月又陆续下了几场雨，同乐桥的建造也因为天气的原因而时断时续。同乐桥廊屋上的梁架已经全部竖立完毕，三层屋檐的"骨架"以及脊檩等也已上架。同乐桥的主体结构到此基本完成了。

11. 悬鱼和脊饰

时间：2005年9月24日。

乡土建筑的屋檐上往往少不了要挂上几块叫"悬鱼"的小木板，上头一般都雕刻"鱼"的形象，也有的刻"壬、癸"两字，有的则干脆在悬鱼上雕一个"水"字。

在同乐桥的三层檐之上，自然也少不了雕刻精细、构思巧妙的悬鱼。但除了好看，悬鱼的实用功能其实是为防悬挑的檩条端头受潮，当然还有民间祝福方面的想法。在廊桥等木构乡土建筑中，这块小小的木牌居然担当着镇火的重任。木构建筑极易遭火灾，而鱼为水中之物，"壬、癸"两字在五行方位中亦代表水，古人认为雕刻与水有关的图案文字，可以起到镇火的作用。这应该算是廊桥构件中比较有意思的一个文化意象了。

完成了像悬鱼这样体量不大的构件安装后，工匠们开始给同乐桥的屋脊安装"双龙戏珠"等脊饰。这是一种将泥塑和彩绘相结合的民间艺术，这些手艺人来自县内的雅阳镇，工匠们用手中的画笔给龙身描上彩色。随着一笔笔的勾勒，本来素面朝天的两条龙，因为色彩，陡增了神韵与气势。

图 4.6.51　上梁仪式

图 4.6.52　扶柱

图 4.6.53　悬鱼

图 4.6.54　描画龙身

12. 中外专家考察

时间：2005 年 11 月 26 日。

就在同乐桥完成了最后的铺地板、盖瓦片和装风雨板的 11 月中旬，泰顺县筹划已久的第一届中国廊桥国际学术研讨会定在 11 月下旬召开，同乐桥列入了专家学者的考察日程中。

11 月 24 日，第一届中国廊桥国际学术研讨会在杭州西子湖畔拉开序幕。此次研讨会由上海交通大学、浙江省建设厅、浙江省文物局三家单位共同主办，泰顺县委、县政府承办，为期四天，分杭州、泰顺两个会场。来自中外 100 多名文物界、建筑学界的专家、学者及有关领导汇聚一堂，开展中国廊桥学术交流，并赴泰顺实地考察。

26 日，同乐桥作为考察行程的第一站，迎来了中外专家、学者。小山村再次变得热闹异常。董直机也成为考察现场中外专家、学者和新闻媒体最关注的焦点人物，专家们围着他，问建桥的技术；媒体围着他，要他讲建桥的故事。

曾参加廊桥国际学术研讨会并到同乐桥考察的台湾华梵大学建筑学系萧百兴教授，曾在他的文章里写道：那天，刚下游览车便看到董直机师傅已等候在桥头欢迎众人的来访，而许多人也趋前去向他道贺。人群奕奕，祝语不断，这位造桥师傅，顶着一头白发，话虽不多，但内心显然充满了无限的激情，脸上洋溢着十分自信自傲的笑容。

13. 圆桥

时间：2005 年 12 月 17 日。

建桥前有奠基破土仪式，桥建成后也有"踏桥""踩桥"和"圆桥"等仪式。在广东省、陕西省和四川省等地流行"踩桥"典礼，而在泰顺的廊桥营造中，则通行"圆桥"仪式，"踏桥"是其中的一个环节。

图 4.6.55　即将完工的同乐桥

图 4.6.56　竣工后的同乐桥

12 月 17 日，村尾村为庆贺同乐廊桥正式落成，举行了盛大的圆桥仪式。根据泰顺县岭北乡一带习俗，遇上较大的喜庆节日，如春节、中秋、乡村的大型庆典等，都要举行一些当地人们喜闻乐见的娱乐项目以增加喜庆气氛。自 20 世纪 80 年代中期以来，泰顺县各地农村劳动力不断外流，在家的年轻人越来越少，那些过去岭北人常见的提线木偶戏、越剧、舞龙灯、舞八仙灯传统娱乐和习俗也渐渐淡出人们的视线。这次同乐桥的圆桥庆典活动，又一次把传统习俗重新带回了人们的生活之中。这几日为了亲眼看到和亲身参与圆桥仪式，那些外出务工的青年人也大部分回了乡，他们和留守家中的老人、小孩一起，把圆桥庆典推向了高潮。

圆桥仪式真正开场的时间是 17 日凌晨 3 点，但前一夜村民们已经开始根据旧俗在廊桥的所在地村尾村舞起了长龙舞，一路锣鼓喧天灯火辉煌，同乐桥在村民的五彩灯打扮下于黑夜中显得格外美丽。

为了圆桥庆典，村民要邀请四方客人。因此，17 日的仪式过后还要举行泰顺民间习俗——百家宴，宴请乡亲和来宾。而庆典的前夜，既是喜庆的前奏，又是大部分村民忙碌无眠、灯火通明的一夜，他们要杀鸡宰羊，捣年糕，准备香喷喷的糯米酒，迎接客人的到来。17 日凌晨 3 点，传统的圆桥仪式正式开始，村民们先后祭天祭地祭桥等，目的是让各方神明和父老乡亲都能很好地接纳同乐廊桥这位"新人"。祭拜时间很长，由专门的人员一直进行到当天下午。在当天上午，还有极具地方特色的民间节目，如舞龙灯、木偶戏和舞八仙灯等。

图 4.6.57　踩桥

上午 10 点 30 分，同乐廊桥的设计者和建造者董直机老人领人把桥上最后一块空缺的桥板钉上，乡民们先后从桥上走过，名为"踏桥"。如此一来，圆桥就算圆满结束，村民们便可以举行百家宴，宴请各位来宾了。

在当地乡民看来，举行圆桥仪式，为的是讨个好彩头，希望桥梁永恒长久。对于营造桥梁的工匠们来说，只有经过圆桥仪式之后，廊桥才算是真正竣工。民俗学家周星在他的著作《境界与象征：桥和民俗》中提及，圆桥仪式与婚俗中的圆房，具有类似的象征意义。在圆桥仪式中，桥梁被视为生灵之物，它的生命可以因仪式而延续永久。

4.7　石桥营造技艺

由于我国各地的自然环境和社会条件不同，尤其在封建时代更为明显，使得我国古代桥梁具有很强的地区和民族特征。

对于结构简单、单跨度不大的石梁桥来说，南北方的差异较小，石梁柱桥主要出现在江南地区，而石梁墩桥广泛分布于我国各地。

石梁柱桥

石梁墩桥

图 4.7.1　托木石梁桥

对于结构复杂、单跨度大的石拱桥来说，南北方的差异就大了许多。在北方，河流流水具有季节性涨落的特点。春季时洪水流速大，冲刷严重；冬季时虽水流浅，但有冰川现象，故桥墩要求厚重，并设有分水尖和破冰棱，能够保护在水中的桥墩。北方交通历来以陆行为主，依靠车马驼载货物，荷载较大，因此，道桥连接比较平坦。在我国北方除采用敞肩形拱桥外，大多采用多孔厚墩联拱石桥，拱墩和拱券石较厚。多孔厚墩石拱桥是单孔石拱桥的组合形式，每个桥墩都能承受单孔拱的纵向推力，一孔破坏，不连锁邻孔倒塌。厚墩厚拱石桥施工时亦可逐孔进行。而南方水网地区，尤其江南地区历来交通运输依靠舟船，陆上只有肩挑而少有车运，所以桥上载重较北方为轻，而桥下净空由于考虑船只通航所以要求较高。一般高耸桥洞有利于船只通航，桥面往往以坡道或台阶上下。南方水网地区河床土质松软，对石拱桥要求节约用料、减轻自重，同时又能适应一定程度的不均匀沉陷。所以南方石拱桥都夯打大量木桩以加固基础土层，采用薄墩薄拱以减轻重量。此外，在江南山区也经常因地制宜、就地取材地建造一种比较特殊的折边石拱桥和用乱石、卵石叠砌的石拱桥。

(a) 敞肩圆弧石拱桥

(b) 厚墩厚拱石拱桥

(c) 薄墩薄拱石拱桥

(d) 折边桥

图 4.7.2　各类石拱桥桥梁

4.7.1　石梁桥营造

1. 石料的运送

石梁桥小者为石板，大者为石梁。一座小型石梁桥，桥面为二三块石梁板并列而成。二三米跨度的石板桥，板厚在 20 厘米左右，宽约为五六十厘米，每块重 800 余公斤。因此，采用简单起重、运输工具，甚至依靠人扛肩抬即可进行施工。古代石梁搬运、就位主要使用人力，抬石用杠。多人合作抬杠，可以搬运较重石梁板。多人抬石时，中间这根主要的长杆，俗称为"牛中"；用麻绳打结，名为"麻笼头"，系在石的四角，兜悬抬石。竹杠或木杠两头用麻绳打结名"麻小扣"，横穿短杠名"大木牛"，两头再用麻小扣穿小杠名"小木牛"。抬石用四、六或八人。若八人抬杠，可举石约 400 公斤。所以肩抬石料，只用于砌墩台或加设石板桥面。

较重的石梁、石板依靠垫木滑滚，拖拉运送，从采石场运到桥址。再由岸上垫坡道，桥孔之间立木排架、木梁，用人力拖拉就桥位。100 多吨重的石梁也能架上了桥，但费工费时，效率极低，也极不安全。

也有用船进行水中运石。如《名胜志》记泉州獭窟屿桥："道询率其徒，操舟运石，成桥七百七十间。"运石上船固然可用木跳板，但古时亦有简单的吊具，名为"吊杆"。吊杆的起重能力，也就二三吨左右。

福建沿海的这些巨大石梁石墩桥，如要靠自岸边逐孔搭排架拖拉，所费不赀，又将受潮水影响，排架容易被冲走或用吊杆装船，对于梁可能起重力不够。修筑桥梁的工匠们又从潮涨潮落中受到启发，就采用"浮运架梁法"进行石梁就位施工。

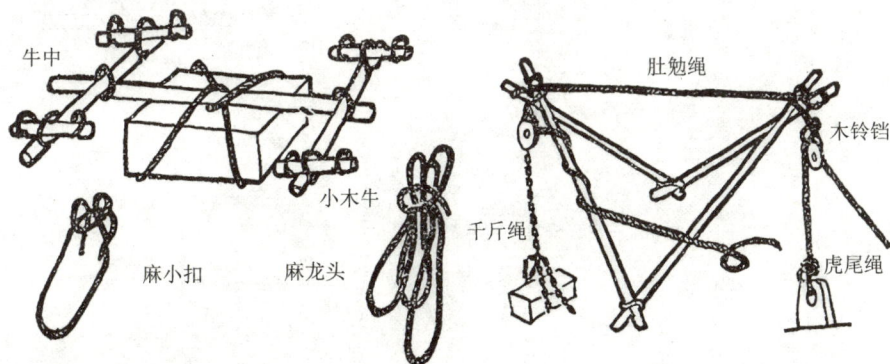

图 4.7.3　抬石用杠和钓杆示意图

2. 石梁桥桥台砌筑

（1）石柱墩台砌筑

石柱墩台是由两根或多根石柱与上下盖梁（磐）采用榫卯结合组成。石柱一般为直立式，或上窄下宽呈八字形，下端立在水中水磐石（下盖梁）里。石柱墩属于薄型墩，石柱桥台是由石柱排架和块石、条石组合而成。两者相互紧贴，一侧与道路或石桥桥面台阶相辅相成。

（2）石板柱墩台砌筑

墩台的石板柱为扁平的板式长石条，一般石板柱的宽度为厚度的 1.5 倍或更大一些。因为石板为墩，宽度更大，所以石板柱排架式墩台要比石柱墩台显得更牢固。

（3）石柱壁墩台砌筑

把多根相同截面的石柱紧密相拼成一整体作为墩台。石柱下部嵌入水磐槽内，上部卡在天磐的阴槽内，整体设置在墩台的基础上组成了石柱壁墩台。

（4）石板壁墩台砌筑

用多块截面相同的石板相拼，直立在上下天磐之间成为墩台。其整体性能较好，在江南水乡地区得到广泛采用。

3. 梁板架设

福建泉州的洛阳桥就是采用"浮运架梁法"，利用海潮涨落时不同的水位高低，将石梁安置在桥墩上，洛阳桥石梁最大的长 11 米、宽约 1 米、厚 0.8 米，重约 20 吨，工匠们巧妙地在涨潮时用船或木排将石梁浮运到桥墩石梁就位处，待落潮时利用水位下降将石梁安置在桥墩上，再用简易吊具作局部位置调整，确保石梁就位成功。洛阳桥首创"浮运架梁法"，是我国劳动人民智慧的结晶，在我国乃至世界桥梁建筑史上占有重要地位，这种科技手段在现今工程施工中仍得到广泛使用。

图 4.7.4　虎渡桥

4.7.2　石拱桥营造

1. 折边拱桥施工

折边拱桥是曲线拱桥的雏形。由三折边、五折边到七折边，折边越多，越接近圆拱。

折边拱桥一般为三折边拱桥、五折边拱桥和七折边拱桥，即拱圈呈三折边形、五折边形或七折边形。横向条形石板称为链石，榫卯结构横向并联组成折边平面拱板。上下拱板间设有倒梯形截面的横系石，即锁石。锁石上设榫孔，链石上设榫头，互相套合组成折边拱圈，各折边相交的夹角相等。链石与锁石间结合，使之成"铰"。所以折边拱桥属多铰拱结构。现存的折边拱石桥都是链石与锁石结合的多铰拱结构。它是半圆链锁拱桥、圆弧链锁拱桥的先导。浙江省发现有折边是圆弧或悬链线形的折边拱桥，但折边之间仍有交角，没有形成整体圆弧，这是前两者的一种过渡类型。

图 4.7.5　折边拱桥

2. 曲线拱桥施工
（1）制作独立式拱架

拱券砌筑，先立拱架。在拱券尚未"尖拱"（将拱石挤紧抬起）和装入龙门石（拱顶石）以前，拱石是砌放在拱架之上。

石拱桥的拱胎架为从下到上满布的满堂木架。《清官式石桥做法》称为"材盘架子"，或称"券子""券仔"。券子系由柱子、缯（即层）梁、桁条、顶梁、拉扯戗木、蝼蝈榧、撑头木组成。这是一种用顶桩支承在河床海墁石的脚手架。无河底海墁石的拱桥，有的即支承于河中桩头上。

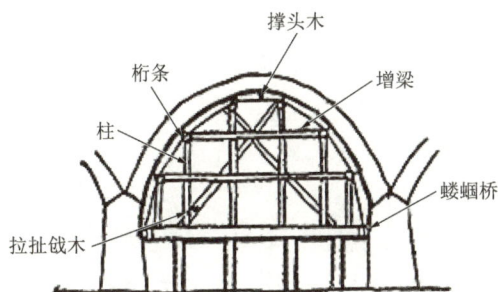

图 4.7.6　拱券胎架

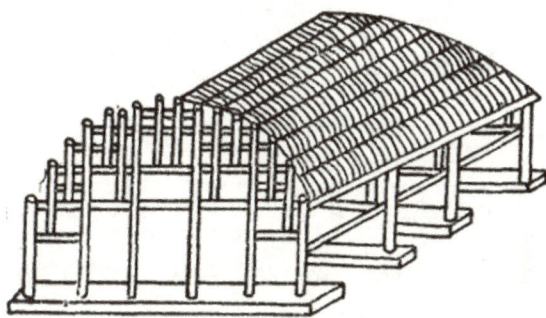

图 4.7.7　骈瓮

《文昌桥志》所记的拱架是："骈瓮架木如瓮式，有过江梁（即缯梁的最下一根），梁有短柱，有顺水枋（即枋条），枋有弯桷（即撑头木）。既合龙，皆脱之。"江西省南城万年桥的拱架就是这样的。

有些石拱桥规模较大，在一个枯水期内不可能完成全部桥梁施工，到了丰水期，尤其雨水季节，就很难开展桥梁拱券和上部结构施工了，因此，聪明的桥工就在这座桥桥墩和拱券结合部位留下洞穴备用，待拱券施工时，可将作业平台水平杆支撑在桥墩金刚墙预留的卯眼之中，这样，上游流水可从作业平台下流出，不影响拱券砌筑。很多石拱桥，在拱脚以下桥基以上部位留有孔洞或凸出的石块，便是为搭设拱架施工时的临时措施。浙江衢州市下金大桥拱脚下部至今仍保留着当年施工用的临时洞穴。

图 4.7.8　浙江衢州市下金大桥（1）

图 4.7.9　浙江衢州市下金大桥（2）

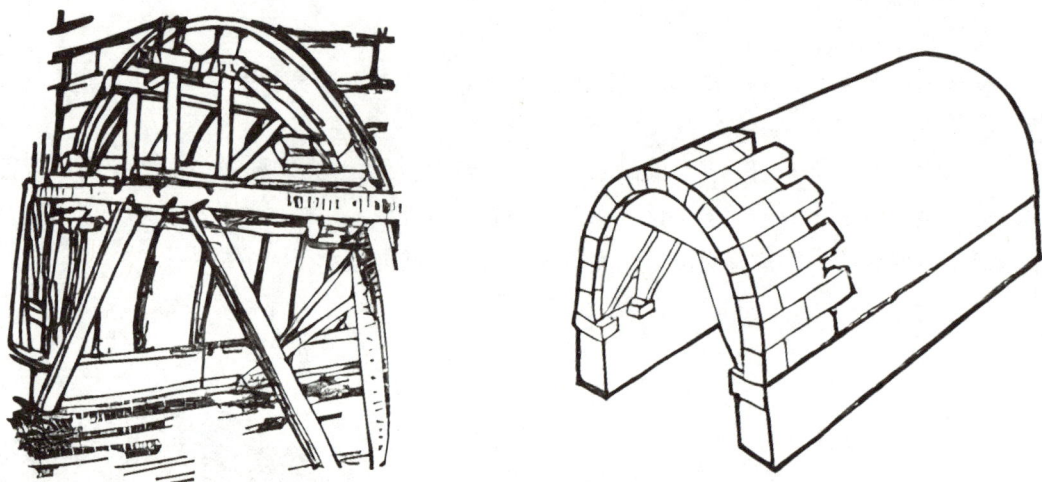

图 4.7.10　五龙桥拱架

多孔石拱桥，为了求诸孔拱脚线齐平，《文昌桥志记》："初以风静波平之日，牵过江线以正梁眼。若分寸争差，则左右升降之，此即他日平面所由基也。每瓮为梁四，木必盈抱，长四丈六尺：为枋十六，长二丈二尺，径七寸。为桷长短参差，共四百九十有四，外圆内方，镶枋之两傍，附瓮，弯折如木瓮然，迺砌石。"

中国式的拱架梁是梁柱起架结构，不利用斜撑桁架，因此梁木"必盈抱"，这是缺点。

图 4.7.11　石拱拱架示意图

某些地区砌筑石拱，利用冬天河道干涸，即将河床内砂卵石堆筑成拱模，称为"土牛"，在土牛上砌拱。这或是传说中鲁班"堆亭"的遗址。著名的陕北延安市延河桥便是用这一方法施工的。

（2）制作连续式拱架

厚墩连续拱每个桥墩可以单独承受拱的推力，哪一孔先砌后砌都没有问题。也可以只备一套拱架，从一岸向彼岸逐孔伸展，但是工期较长。为了缩短工期，可以砌筑连续式拱架，实际上就是按设计要求，将几套独立式拱架按合理的次序并列砌筑，以求在经济合理的基础上缩短施工工期。也可以一套多用，但是，增加了拆装拱架的时间。绍兴文昌桥共计12孔，砌筑的次序是："其工先七、六、五瓮，次四、八、九瓮，次十、十一、十二瓮，次一、二、三瓮，以半年告具。"准备了三套拱架，由桥中河道部分向两岸浅滩推进，倒用四次，每次拆、装、砌花费一个半月，速度不为不快。

3. 砌筑拱券

石拱桥的桥孔民间常称之为桥洞，把砌拱称为发券或骈瓮。《清官式石桥做法》中对拱券石各部分的构件名称作出了定义："券石，或曰瓮石，有券脸石及内券石二种。露于券洞迎面者称券脸石，或称券头石。其正中一块称龙门石，或称龙门券，又称兽面石，在其上常刻有吸水兽等图案。其在券洞内部者曰内券石。内券石正中一路，因与龙门石相对，故亦曰龙门券。"

券石的加工方法，《清官式石桥做法》中为："券脸石五面做细，占斧，下面打瓦陇，迎面扁光。内券石五面做细，下面打瓦陇，外面做锯齿阳榫"。

图 4.7.12　砌拱施工图

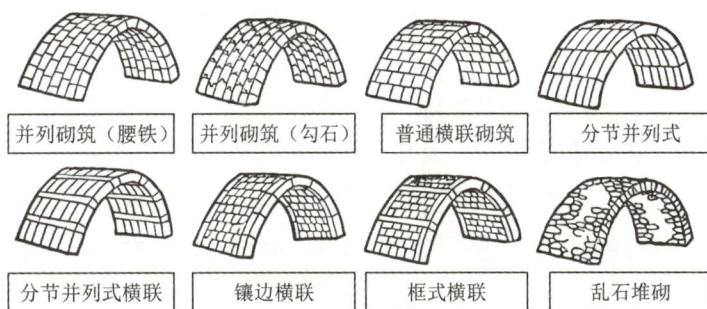

并列砌筑（腰铁）　并列砌筑（勾石）　普通横联砌筑　分节并列式

分节并列式横联　镶边横联　框式横联　乱石堆砌

图 4.7.13　砌拱方法

拱券的砌筑方法，主要是并列砌法、横联砌法、分节并列砌法以及派生出来的其他砌法。

（1）并列砌筑

以赵州桥为代表多见于北方的敞肩圆弧拱桥的拱券大多为并列砌筑。并列拱圈由多列独立拱圈并列而成，本身之间没有联系，一条拱肋中拱石和拱石之间的连接多采用拱上勾石（凹凸卯榫）或腰铁等措施来牢固各独立拱圈。它的优点是石块制造要求低，安装简单，但是横向联系比较薄弱，拱圈易松动外倾，施工难度也较大。

（2）横联砌筑

古代工匠在考虑提高拱体整体性能的要求下，摸索出另一种砌筑形式——横联砌筑，它是将券石在横向交错砌筑，石端不用卯榫，能在横向间产生压实联合的作用，使全桥拱石基本上成一整体。这种方法在古代最为流行，之后派生出镶边、框式及镶框组合的横联砌筑形式。

图 4.7.14　赵州桥桥底

图 4.7.15　横联砌筑——广济桥

（3）薄墩薄拱石拱桥

　　以杭州拱宸桥为代表常见于南方的薄拱薄墩石拱桥多采用分节并列砌法。薄拱的厚孔比均在 0.04 以下。在每节中，并列的拱石长度较长，七八十厘米至 1.5 米，宽六七十厘米，厚三四十厘米，形如朝笏。上下端都琢有阳榫，二层拱石之间，横插一块横条石，称为龙筋。横石两侧凿有卯槽。这是对并列拱券的改进。这一砌法，既有赵州桥并列拱券的优点，也克服了各券间互不相连的缺陷。

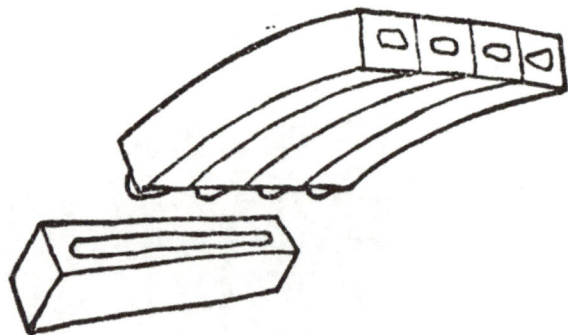

图 4.7.16　分节并列拱券榫卯

图 4.7.17　分节并列拱券

　　横联分节并列的砌法，因其构造精密，故不必用尖拱的方法。并列的曲面拱板长度，从拱脚至拱顶逐段减短，并非按等长分布。究其原因，由于龙筋起横向分布活负载的作用。由于活负载集中负荷在桥横向分布宽，亦由拱顶至拱脚而增宽，故龙筋上密而下稀。

拱顶不用中间一块合拢的龙门石，而是用短拱板合拢。并列的诸拱顶拱板，靠千斤石起到压重和横向分配活载的作用。小型石拱桥千斤石一般与桥面同宽，较宽的石拱桥，千斤石宽约60～100厘米。长为桥面平台长度，成为桥券门洞（拱净跨）的三分之一到四分之一，厚约40厘米。

拱券两侧各大于拱墙厚度，设有护拱石，亦称伏券，既起保护拱券石在砌筑时不受山花墙石（也称撞券）撞击券石，也起到券脸石不受路面水淋。伏券又称眉石，伏券厚度一般为10～20厘米。

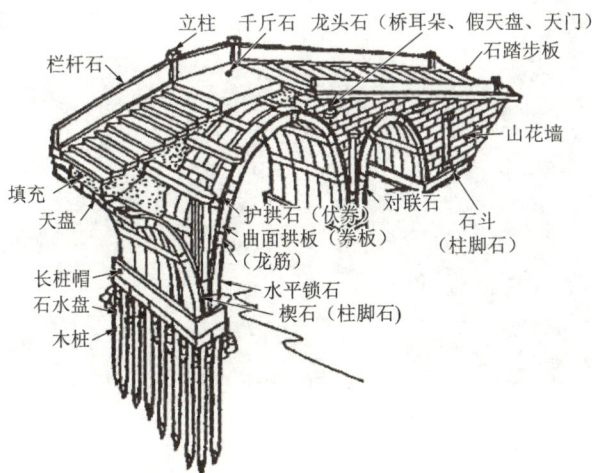

图 4.7.18 薄墩薄拱石拱桥结构

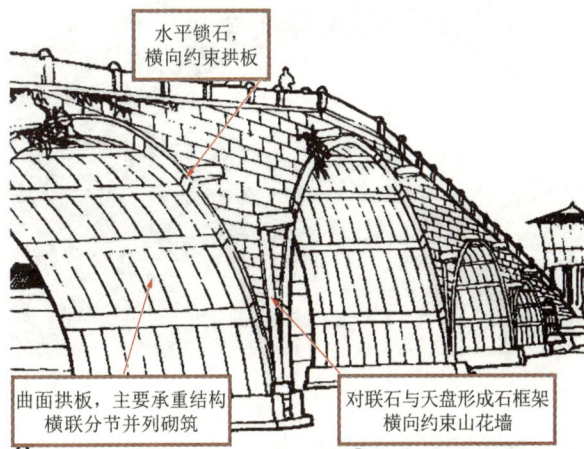

图 4.7.19 薄墩薄拱石拱桥各结构作用

拱券外侧护拱石以上砌筑山花墙。为了减薄起挡土墙作用的山花墙的厚度，用天盘、对联石、楔石或石斗榫卯组合的石框架，在对联石两侧开有整长凹槽，山花墙靠对联石处有凸榫，以拉扯住桥曲侧的山花墙。桥正面对联石上刻有对联，点景标题，增加桥的诗情画意。

（4）厚墩厚拱石拱桥

以卢沟桥为代表的北方石拱桥多为厚墩厚拱石拱桥，厚拱的厚孔比一般在 0.04 以上。厚拱的拱券基本采用"分段、分环、分带"砌筑，拱券较厚（卢沟桥拱券厚度为 0.95 米），取材较为困难；而且单件体量较重，施工难度也大。施工期间，券石重量全部由拱架承受，具有一定的安全风险。为之应当采取措施，使先砌筑部分承担一部分后砌筑构件的重量，于是产生分带和分环的砌筑方法。

分段、分环和分带是分别在拱券的弧长内、厚度内和宽度内分割后砌筑。

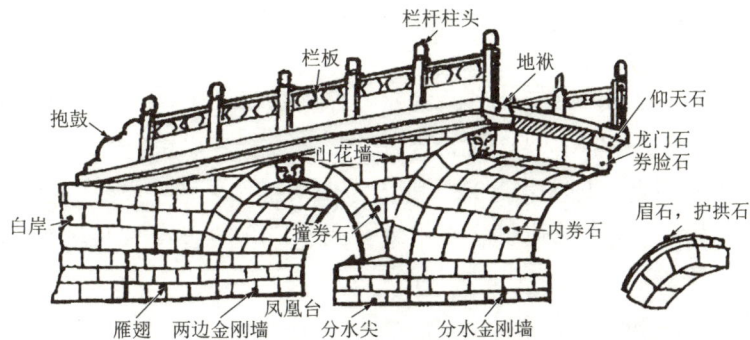

图 4.7.20 厚墩厚拱石拱桥结构

（5）乱石堆砌

在架设好拱架之后用不规则的乱石或卵石相叠相挤形成的拱桥，是中国石拱桥中大胆杰出的作品。如浙江临海清水坑桥和浙江温岭卷洞桥、舟山定海寺岭桥、新昌迎仙桥等。

图 4.7.21　乱石拱桥

图 4.7.22　乱石拱桥和碇步

图 4.7.23　乱石拱桥和桥亭

（6）尖拱

所谓尖拱，是后期发展起来的合龙技术。合龙的方法是将硬木楔用木锤锤入合龙口，使各拱石逐渐逼紧，两边隆起，脱离拱架。《文昌桥志》称："空其中一石以待合龙，一石紧，则全瓮之石皆紧矣。"如楔下而两边并不隆起，即尖不起来，则认为砌拱工作失败。失败的瓮，须拆卸重砌。在打下木楔的时候，就能将拱券石的砌筑质量暴露出来，如变形、破裂和不密合等，这些都是隆不起来的原因。

我国石拱桥多半是半圆形拱，或略超过半圆的拱。尖拱的时候，须在相邻的拱脚叉口处（俗称裤裆口）将撞券石砌高到净跨缩短十分之一处，否则不能达到尖拱的目的。

图 4.7.24　尖拱示意图

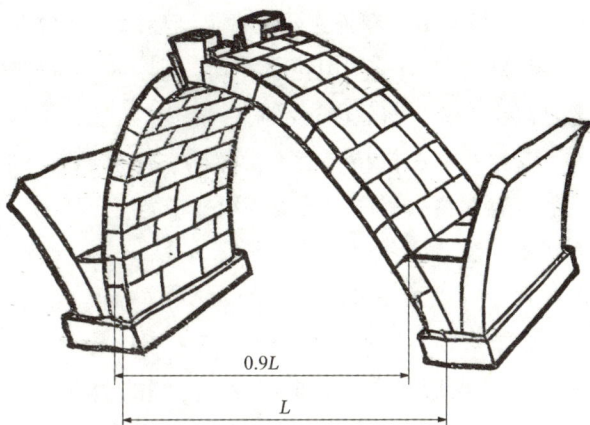

图 4.7.25　砌撞券尖拱示意图

拱石和拱石之间的联结有干砌和胶结两种方法。从尖拱的角度来看，干砌对尖拱影响不大，可是对石块加工要求精确。胶结则用糯米、石灰，或再加牛血搅拌混合的三合土，作为石块之间的胶结材料使用，在尖拱中起一定作用。砌石时已用了胶结材料，可直接进行尖拱作业。这胶结材料需有一定的塑性，否则楔紧石块尖拱，会使已结硬的灰浆压碎，影响以后拱的整体强度。塑性的胶结材料，在尖拱过程中能微调厚薄，填满石缝。石灰、糯米、牛血的三合土结硬之后，强度竟可达花岗石的硬度，并能承受一定的拉力，使拱券更为坚固。

图 4.7.26　尖拱施工图

拱桥的尖拱技术只适宜于横联砌筑的石拱。分节并列的拱券，因为拱石已经有榫卯相连，无法采用尖拱的方法。其砌筑方法是拱石在拱架上，先用木楔，从拱脚石以上各拱石的端部逐步增垫，以使拱石在龙门口的尺寸可以容纳龙门石放入并列石端口之间。以后即撤去楔木，拱石下落，各榫卯都能套上。或者仅在拱顶左右的并列石端用楔块垫高，以张开龙口。此法也可先用木楔楔紧诸石，再取出木楔龙口合龙。

拱合龙后，在拱背石缝间用油灰嵌填，以防止雨水浸入石缝，长年累月溶解拱石中的石灰质，并使石质风化。在拱背上防水施工，是石拱桥防水的一个重要工序，另外，要配合拱背填筑防水材料，同时做好路面防水，方能使拱桥寿命更为久远。

从结构优劣和施工技术分析，并列砌筑拱肋只是石拱发展中的一个阶段，后来逐渐被分节并列和横联砌筑所淘汰。

（7）压拱

在分节并列砌筑的石拱桥中，由于拱石有榫及槽，不能尖拱，在拆去垫木后，靠拱石自重下落合龙，其侧压力，即拱石中所产生的压力不均衡，不能使拱板石密切合龙，能具有一定的起拱作用，于是进一步采取"压拱"的方法使拱券起到最大的承载作用。压拱是在分段的适当位置进行拱背压重，使拱石密贴，然后再砌筑山花墙和填满拱背上的空间。

4. 砌拱上结构

满腹式拱桥拱上结构是指二道石砌的侧墙，内填砖或灰土。因为该墙和拱券相接，《清官式石桥做法》

117

中名为"撞券石，即桥身两边自金刚墙上皮至仰天石下皮间平砌石的统称。每块石五面做细，迎面占斧，背面做糙"。南方称"山花墙"或"肩墙"。左右二拱间的山花墙称为"马鞍"或"裤裆口"。这二垛山花墙的砌筑方法，南北亦有不同。

因为北方石拱桥一般内部填砖，撞券石并不承受多少向外的水平推力，所以撞券力是简单的错砌石墙。南方石拱桥内一般填三合土（沙土、石灰、卵石）。《文昌桥志》记："砌十二瓮券毕，瓮之两旁缺口处，俗名裤裆口。筑山花墙二座，各宽六尺，高一丈，累石如山字。中路八尺阔，两边横排红石，煅灰布土，杂鹅子石筑之。加麻石平其面，而桥工毕矣。山花墙距水有八九尺，则不患其湿，而患其燥。土可养石，灰可胶土，鹅子石又可作灰土之骨，故加此一层筑法，其费更倍于石，而桥之能事亦尽于此。"所谓煅灰布土，是把没有受潮的生石灰敲碎并研成末，然后和砂土、杂卵石料合成三合土，用以填筑夯实。嗣后三合土吸水分化，就是所谓"不患共湿而患其燥"，使体积略膨胀，久后又化合成石灰石，起到"胶土"的作用，使拱背填土成一整体，并有一定的强度和不透水性。填筑灰土的拱上结构，山花墙承受较多的水平推力，砌筑采用"钉靴墙"方法。钉靴墙，就是用同样尺寸的条石，例如30厘米×40厘米×150厘米，一丁一顺砌筑。外墙平整，内墙成钉靴形，边砌边填灰土，近于现代的挡土墙。

另一种不同于山花墙砌筑，多半用于桥台的翅墙或边墙的是"蜂窝式"砌法。该法采用40厘米宽、10厘米厚、约长1米的石板，石板宽面竖立，每隔一块或两块竖立石板，嵌砌一块横向竖立石板，石端与墙面平齐。次层石板平放。如此轮流砌置，犹如"一斗一眠"式的空斗墙，但墙内侧无斗壁，形如蜂窝。在砌墙时，内部同时填土，并予夯实。

图 4.7.27　钉靴式山花墙示意图　　　　图 4.7.28　蜂窝式翅墙示意图

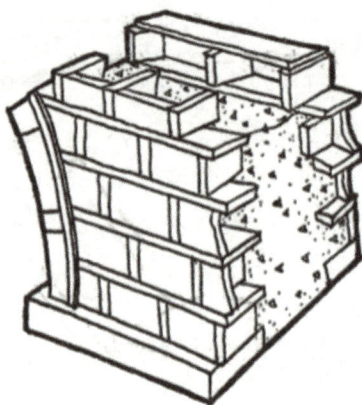

尚有特例的做法，如安徽宿州市九孔石拱桥，拱上无填土，满布条石。条石上筑泥结碎石桥面。此类做法，用石料较多，所以桥例甚少。

江南地区常见的薄墩薄拱分节并列石桥砌法，用肩墙、间壁和长石系梁来代替。肩墙砌筑方法采用钉楔式。墙顶下1米左右，用长条系梁石一对，架于拱中心线两边对称的地位。还有一对在墩顶处，都平置连系两边的肩墙。梁的两端伸出墙外，与肩墙砌结牢固。伸出端面有时便雕刻一些动植物图案处理。在墩或台顶上，垒砌一条长石为间壁基石。在基石上竖立一排长石板，下端插入基石，上端嵌入石系梁底面的卯槽，与肩墙构成四面围圈的石室，中填灰土，与拱石共同作用，承受桥面负载。

拱上建筑完毕，铺砌桥面，装置地袱、栏杆、栏板、望柱等附属设施及装饰，这样石拱桥建造基本完成。

4.7.3 石桥建筑技术

1. 石桥选址

众多石桥中，有的屡建屡毁，有的千年永固，其中一个重要原因是桥址选择的科学性。石桥桥址的选择要因地制宜、科学合理。关键是桥址要选在水流对桥基的冲击力度较小，桥基底层坚固的地方，以保证桥基稳固、通行安全。优先选择天然坚固岩石为桥台基础，例如浙江绍兴的迎仙桥、玉成桥、宣桥、皇渡桥、万年桥等，山区石桥之所以能经受千百年山洪的冲击，关键在于这些石桥的桥基就是天然岩石，桥台就建在天然岩石之上，山洪直冲桥台下的山岩无损于石桥的主体。在平原地区能找到岩石作桥基实为难得，绍兴三江闸桥正是平原地区石桥以天然岩石做基础的典范；浙江嵊州龙亭桥更是选择河流两岸两块巨大的岩石作桥基，此桥的桥拱远离水面，山洪不可能到达桥台、桥拱，所以此桥无山洪冲毁之忧。龙亭桥因两岸岩石有高低，造成桥拱不对称，桥拱圆弧为112度，桥拱两端与墩台相接点不在同一水平面上，两台差距为80厘米，为求稳固，宁可桥型服从桥基需要。该桥砌筑采用拱圈为框式横向并列砌筑法。另外，宜在水流缓冲处选择桥址。嵊州市三折边拱的和尚桥是这类石桥选址的典范，其选址的优点在于避开了河道水流的直冲方向。这条河流在冲过一个回头湾后，形成一个缓冲的大水潭，和尚桥就架在水流平稳的大水潭口子处，正是这种特殊的地形条件，才使和尚桥得以从宋代保存至今。

2. 石桥设计

石桥建设工匠在建造石桥时肯定有设计构想，但至今没有发现完整的设计图纸，我们可以从现存的石桥推导出建桥时的设计蓝图，这里以江南水乡浙江绍兴市的一些石桥的设计为例。

（1）八字桥连通三河三街平面设计示图

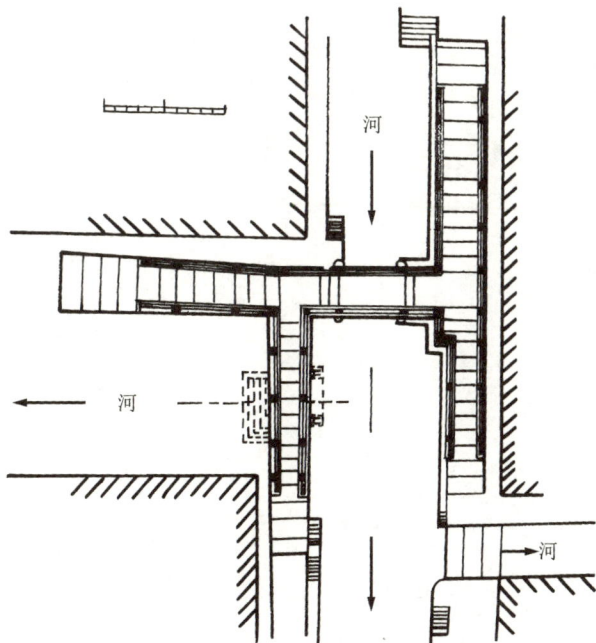

图 4.7.29　八字桥平面结构图

（2）广宁桥立面设计示图

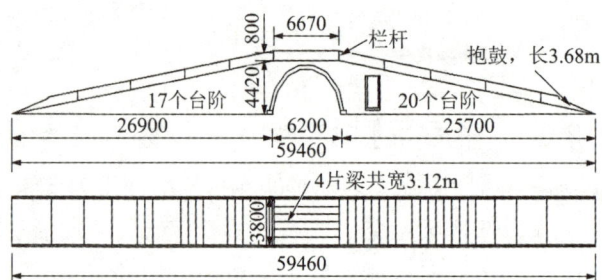

图 4.7.30　广宁桥立面设计图

（3）酒桥立面设计示图

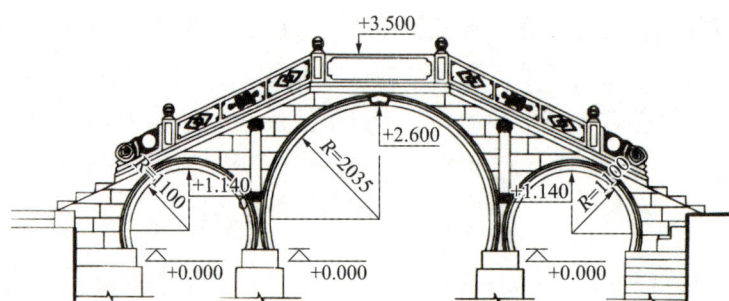

图 4.7.31　酒桥立面设计图

（4）链锁石拱榫卯结构示图

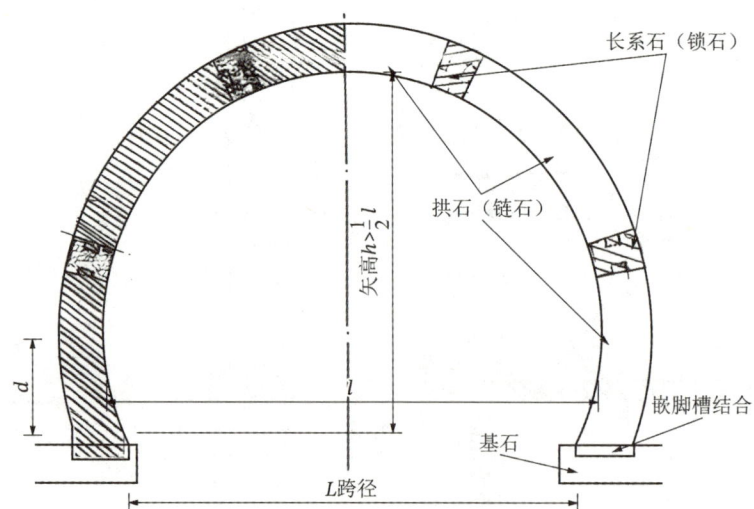

图 4.7.32　链锁石拱榫卯结构图

（5）泗龙桥设计示图

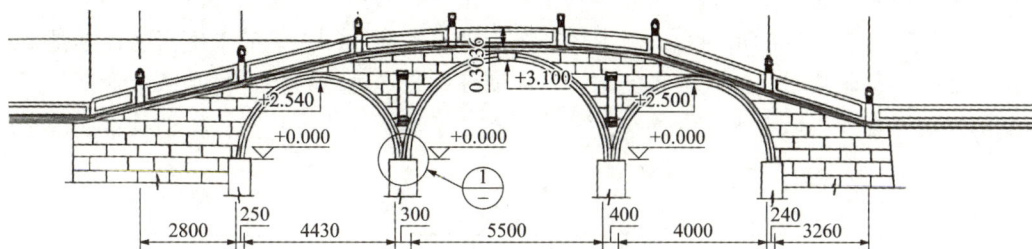

图 4.7.33　泗龙桥结构图

（6）石柱排架式三折边桥结构图和三折边石桥截面结构示图

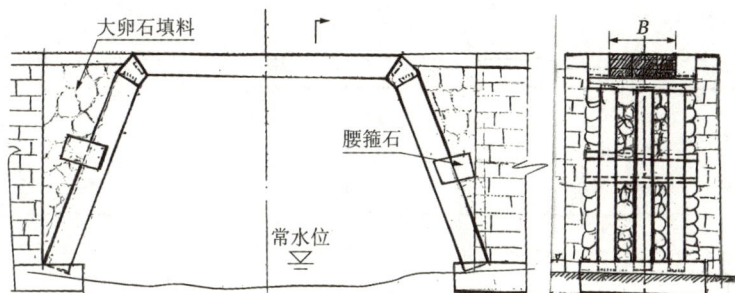

图 4.7.34　石柱排架式三折边桥平面结构图和截面结构图

（7）闸桥结构示图

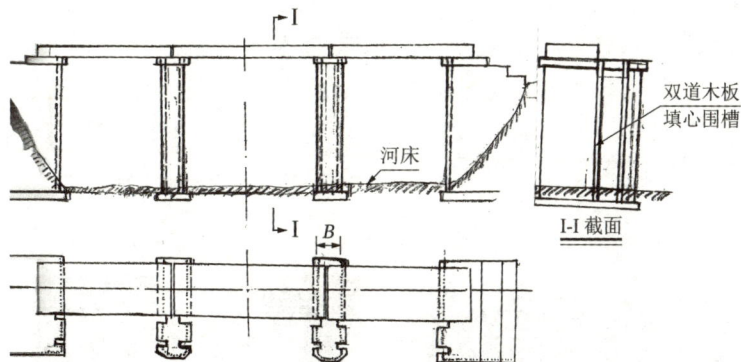

图 4.7.35　闸桥结构图

3. 石桥基础施工技术

（1）木桩密植改良软土桥基技术

木桩密植改良软土桥基技术（以下简称木桩密植基础技术）：在软土地区要稳固地建成桥梁是一件比

较困难的事，主要是地基基础承载力低下。远在汉代，我国造桥工匠在实践中想方设法解决了水网软土地基上建成稳固桥基的问题，展现了我国劳动人民的聪明才智。

在浙江省绍兴市湖塘古堤上发掘到汉代古湖塘桥桥桩基础的木桩，此处的桥桩基础采用了松木桩密植基础技术，这种松木桩密植的布局方式与现代在软土地基上应用的先进的木桩密植技术基本相近，这说明汉代绍兴的桥梁基础技术已达到很高的水平。在浙江绍兴地区的石桥，桥基基本上都采用这种小松木桩密植基础技术，根据松木在水下密绝空气情况下能"千年不烂"的特点，桥桩基本上都采用松木。

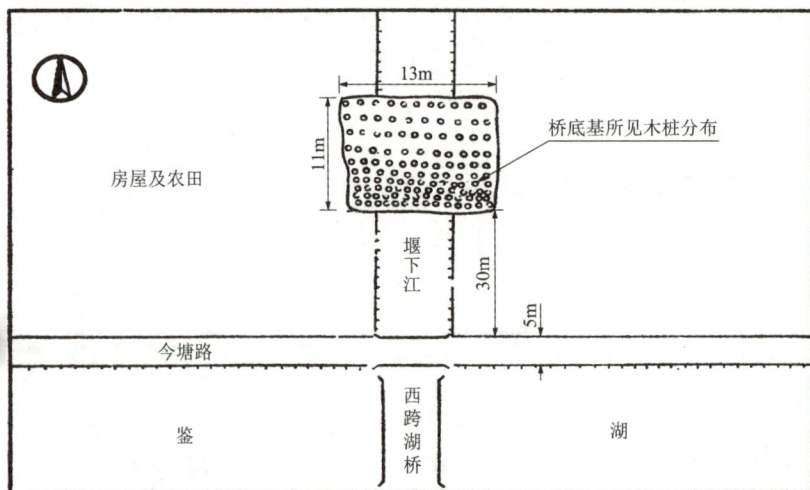

图 4.7.36　汉代湖塘桥桥桩布置图

（2）带水打桩作业技术

打桥桩是在选定的桥基区域内按梅花桩的格式密集地打下松木柱。桥工根据桥位所处的地形、地质判断，从水面直接实施带水打桩作业。他们不钻探，凭目测、手感的实践经验来确定木桩的长度。木桩的多少、径围和长度，视桥的荷载而定，桩位的布置根据墩台的规模来定，木桩的布置密度由桥台临水端往后依次递减。打桩一般采用四人或两人抬夯。每根单桩的打入程序为：制桩、定位、用夯具压桩入土（一般可压入50厘米左右），然后夹桩轻打，再重击桩顶。重击过程中，人力夹桩，调整未入土的桩身偏斜，重击后期，连续重击十下不见桩有贯入，单桩打入程序完成。梅花桩是由外向内打入。桥桩挤实后，打桩难度会逐步增加，常见的木桩长有6～10米。桥墩用木质梅花状布置桩基既可密实土壤，又可传递压力到下面较密实的持力层，桩头用片石嵌紧保护，桩头的顶端搁置桩帽石（水盘），使桩基形成一个稳固的整体。

图 4.7.37　打桩用石夯

（3）抛石、多层石板基础技术

浙江绍兴古石桥桥基在采用木桩密植并在桩周围抛石填充在桩之间。桥桩基础完成后，在木桩上砌筑石板石条桥基，石板的层数视地基和桥的承载要求而定。绍兴水乡石桥很重视桥基的稳固，在软土地基松木桩密植基础上再铺筑多层石板，桥基的安全系数很高，少则两层，最多的有七层。如绍兴城区的广宁桥的桥基石板就有七层，这是国内石桥石板基础层数之最；五层的有广溪桥；四层的有小江桥；三层的有八字桥；两层的很普遍。广宁桥的桥孔下也有松木桩基础和石板基础，与桥墩的石板桥基连成一体，到目前为止，在绍兴地区仅发现这一例。

图 4.7.38　小江桥

4. 施工放样技术

建造石拱桥前要先放样，放样也称放大样，就是在桥台上按照 1：1 的比例，放出拱圈的样子来。先制作样台，样台是拱架、拱圈放大样的场所。先在桥位附近确定一块平整的场地，其长度大于跨径，有大于矢高的空间高度，用木制或铺设地坪。木制时，可用 5 厘米左右的厚木板平口拼制，嵌实于地面上，并搭棚保护。铺设地坪时，其地面以小石块夯实，再平敷 3 厘米厚的水泥砂浆，或在夯实的地坪上铺筑 150 毫米厚的混凝土，上用厚 20 毫米的 1：3 水泥砂抹平制成硬地坪，古代大多用三合土地坪的样台。在样台上钉出跨径起点、终点、中点与拱顶 4 个桩。在中心线上找出心桩，使心桩至拱顶、起点、终点间的距离相等，确定后再钉心桩。以心桩为中心，心桩至跨径、起点、终点或拱顶桩的距离为半径，画一圆弧线，使圆弧线通过以上三根桩。当心桩不甚准确时，工匠就把弧线画圆顺，这样，所造拱桥内弧圆弧线就已确定。画圆在跨度较大时用绳子，较小时用丈杆。所谓八分拱跨，即将拱跨分为八等分，钉出每个分点桩，用角尺作垂直起拱线的直线使它与所画圆弧线相交。制作七条标杆（一般用直的小竹），这七条标杆就是各分点的起拱高度。在成拱的现场，钉好 4 个角桩，用对角线法成方形后挂线，使两根跨度线与流水面的距离等高，绷紧线绳，使之水平。一般四角桩在溪岸附近，较水流平面处高，所挂的两条跨度线即为起拱线。分起拱线为八等分，每个分点处线绳上结上小布条，在小布条下垫一块平整的石头，使表面紧贴线，按小布条位置竖相应的标杆，共 14 根，用竹木条把两排 7 根标杆组成框架，使之位置准确，填筑时不变位。两排标杆的垂直间距，即桥拱砌体的宽度，每排标杆端的连线所呈的圆弧状即为土牛拱胎面的圆弧。放样包括拱架放样、拱石放样和预加高度的分配等。由于拱圈为对称形式，拱圈放样时，可只放出半孔，画出拱圈弧线，也可制作出模型。

5. 拱架砌筑——堆筑土牛拱胎

（1）堆筑土牛拱胎的施工

石拱桥施工中的一个重要的环节是拱架制作，因为一块块的石块拱必须在拱架上实施砌筑。为了使拱架受力均匀，不变形，不仅要搭设牢固，砌筑时还应从两端拱脚开始对等、匀称地向拱顶砌筑。土牛拱胎是一种传统的块石拱桥的砌筑用拱架，它是就地用河床中材料堆筑而成，胎背符合拱腹曲线，两侧做成适当边坡，其状如牛。在冬季河床干涸或水量不大可以导流时，或河床为沙砾石时，最为适宜。土牛拱胎取材方便，施工简单，造价也低。

绍兴地区的楔形块石拱桥、片石拱桥多为小跨径，起拱线都在溪底面上，矢高（矢跨比）大多数超过二分之一。明清时代建桥，因经济、简单、易成，大多用土牛拱胎建造。

堆筑土牛拱胎必须让水流通过，常有两种做法：一是用大砾石堆砌下层，让水流从砾石间隙流过（冬季水量较少的溪适用）。二是在较宽溪流上，桥跨径较大时（如 10 米上下）可设三角形竹木涵让水流通过。填筑土牛要放边坡，通常为 10：7 左右。在填筑的全过程里，工匠经常用目测、吊锤和标杆作为测量手段，指挥填筑，不让标杆歪斜，更不能倒伏。采用砂砾石的土牛拱胎，对零乱的块石进行人工整理。将个大者放于边坡，用土填筑的土牛拱胎，它的外墙是用农家筑土墙的工具和方法实施，两侧收坡墙的（台阶式）内芯用土分层加夯填筑。不论是砂砾土筑的，还是土筑的土牛拱胎，它顶面下的厚度都改用三合土填筑，表面用泥搭，打至光滑、圆顺，每根标杆是似露非露端头的。

施工完成的土牛拱胎，在表面要盖上草垫，以防暴晒和暴雨冲刷，让其自动沉压几天，当发现标杆出面时说明沉实了，工匠就会补填。补填前将松一下表层，再补上，防止起皮（加层越薄越要注意）。

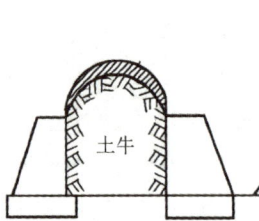

图 4.7.39　土牛示意图一　　　图 4.7.40　土牛示意图二

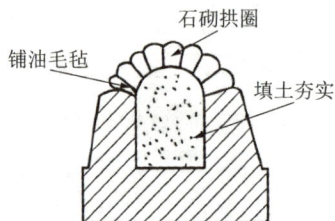

土牛拱胎的顶宽一般要大于桥拱砌体宽度，每侧加放 0.8～1 米，以供砌筑时人员行走与运料的需要。

（2）木拱架搭设

木拱架是建造石拱桥所需的依托承台的另一种上部构件，此构件按需筑石桥的拱形架设，架设在此承台的下部构件的木排架上；木排架是建造石拱桥所需的依托承台的下部基础构件，此构件与木拱架组合为拱桥建造的整体承台。

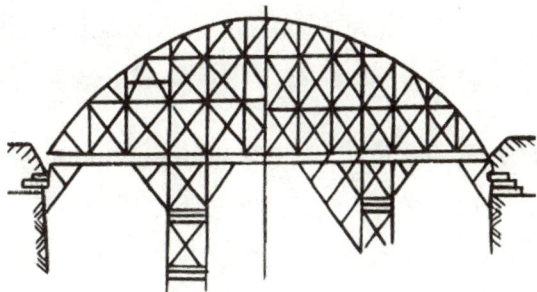

图 4.7.41　木拱架

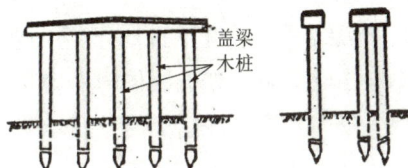

图 4.7.42　木排架

6. 备料

（1）拱石规格

拱石材料指拱石选用时，石质要符合抗压极限强度、抗冻、吸水率的要求，可采用花岗岩、砂岩、石灰岩等石材，备料要遵循拱石规格，一定跨度的拱桥先要定拱石的数量，再定拱石规格。拱石规格包括：

1）厚度：规定允许误差，一般允许误差为 5 毫米。

2）细度（钻纹）：石面平整，无大块突出部分即可。

3）翘扭：规定允许范围，一般不大于 20 毫米。

4）缺角：规定靠板面的缺角允许范围，一般不大于 100 毫米。

5）凹窝：规定允许范围，一般不大于 20 毫米。

6）长度（顺拱宽方向的尺寸）：拱石和灰缝长度的总和，如总长超出拱宽，可在个别拱石上加以调整。

7）高度（顺拱厚方向的尺寸）：不能超过拱圈设计厚度的 2%。

8）平整度：拱圈顶的拱石顶面，两侧砌挡墙的宽度内需纹面平整。

9）上下面的倾斜度：不大于 10 毫米。

备料要进行拱石开清。拱石的开料和清料简称拱石开清。拱石质量要求高，石料开采时要取质量高的石材作拱石，不可用先开采的表层作片石或料石。备料还要进行拱石开料。由于拱圈受轴心压力，因此开料时必须立纹破料，与普通料石的平纹出料相反。有干纹和水纹的石料，禁止使用。不同颜色的花纹，不一定是水纹，可顺纹敲击，如水纹上裂开就不是水纹干缝。同层同排同段的拱石最好在一处开采。

开料分为三个步骤：开槽、抬帮、宰（劈）石。开槽是把整个岩石在盖山层挖去后，按照所需的石料大小，成条成排开采料石，包括平整岩层和挖凿槽口，在与整块岩石连接处打成槽口后，用抬帮方法，按照石料所需厚度，在自由面上画出抬帮线，先錾成纤眼，插以纤子，打击纤子，使之劈裂，在抬帮线以上的大块岩石，即与整个岩层脱离，用宰（劈）石的方法按规定的大小宰成小块石料。

备料中的清料工作包括放线截边和平凿取面。将开料得到的石料取平截直，打去不需要部分，使各平面大致平整，錾平石面，再按规定的线条凿线。拱脚石的抗压力应与拱石一致。备料工作最后要进行石料验收和运输。其中拱石验收要按规格验收、编号、登记、按序排放。

古代桥工建造石拱桥时往往有一套祖传或师傅教授的施工方法。

（2）石料来源

石桥的石料，大多就地取材。在古代，运输业不发达，从外地运进石料建造石桥，成本会很高。因此，石桥用料基本利用附近山体岩石。如乱石拱桥大多是选用当地溪沟里的卵石料。全国各地都有石料开采加工场，各地石桥都会在就近的石料场加工石桥部件。花岗石在各地分布广泛，是最常用的优质石料。浙江绍兴的银灰岩，美观，容易开采和加工，所以绍兴的石桥大多是银灰岩。但它的坚固程度不及花岗石。江南一带石桥石料大多为浙江德清的武康石、江苏苏州的金山石、环太湖地区的太湖石、绍兴地区的新昌石等，当然还有大量的花岗石、青石、石灰石、鹅卵石等。

（3）拱石划分

画出拱圈弧线后，进行拱石划分。根据确定的拱石大小和厚度，按拱圈长度划分拱石数量。拱石厚度一般不小于200毫米，划分时同时考虑灰缝宽度。拱石必须等腰，高度也要求相等。

拱石编号是指拱石划分后，再进行编号。每层拱石先自拱脚至拱顶按层次顺序编号，然后在每层中按上、中、下顺序编号。拱石以有无卯榫结构分为有绞和无绞两种。样板按图纸制作，有铁和木质两种。

7. 桥墩、桥台砌筑

（1）石梁桥桥台营造技术

1）石柱墩台砌筑

石柱墩台是由两根或多根石柱与上下盖梁以榫卯结合组成的石台。上盖梁称为天磐，下盖梁通常在水下，称为水磐。石柱截面一般为近似于正方形或矩形的长条柱状石构件。石柱厚度一般在25～50厘米之间，其竖直平面形状通常为直形或上窄下宽的八字形。石柱桥台由石柱排架与条石或块石砌筑而成，两者紧贴，由排架承受石桥梁负荷。条石砌筑是起稳定作用和延续道路的作用。例如：双柱直形石柱排架桥台有浙江上虞小越乘政桥；双柱八字形石柱墩有浙江新昌镜岭岩泉村平桥和上虞上浦封官桥、浙江宁波市内江北地区的郭塘桥。

图 4.7.43　八字形石柱墩台

2）石板柱墩台砌筑

墩台的石板柱是扁平的石质构件。其横截面宽度大于或等于厚度的1.5倍。以石板为礅，因宽度大，制成排架比石柱排架更为牢固。

3）填腹石柱排架墩台砌筑

填腹石柱排架是石柱排架的石柱侧面凿出直槽，在两柱间隙构筑入横向垒合的填腹石，填腹石设置的榫头入两柱相对的槽内，至顶后安装天磐，天磐石设置的阴槽套入柱顶，这是石柱排架墩台向石壁墩台演进的中间形态。填腹石柱排架墩台优于石柱排架墩。由于整个墩台呈平顺的石壁，对天磐、水磐传递负载有好处，只承压不承弯。例如：绍兴小越徐陈村润泽桥、五福桥、齐贤五眼闸桥。

图 4.7.44　五眼闸桥

4）石柱壁墩台砌筑

把截面厚度相同的多根石柱并排并实作墩台。柱根入水磐的嵌脚槽，柱端套入天磐的阴槽，设置在墩台的基石上，便成了石柱墩台。因桥墩正面顺直成壁，故称石柱壁墩台，这是从石柱排架墩台改进而成的。例如：绍兴市区八字桥、马山姚家埭村的庙桥、斗门镇洞桥、钱清新甸益寿庄桥、华舍老街大木桥、丰惠镇长春桥、新昌回山蟠溪桥。

图 4.7.45　绍兴华舍老街古大木桥

5）石板壁墩台砌筑

用二至四块石板拼实直立成墩台，这是石柱式墩台的改进和创造。用石板组合成石壁，增加桥墩抵抗水流和船只对桥墩冲击的能力，整体性比石柱墩好，因此石板壁墩台在江南水网地区广为采用。两板式石壁墩桥有绍兴柯桥镇红木桥、东湖霞川桥、东浦大木桥、安昌向前村华桥、丰惠金家村回澜桥、东关湖村黄家桥、小越梁村登云桥等。三板式石板壁墩桥有马山光济桥、斗门方徐村的万新桥、华舍蜀埠村永安桥、庙桥、安昌宁安桥、信公桥、柯岩丁巷大桥、上虞长塘何家桥、松厦联塘村镇海桥、小越冯山村永福桥、东关傅村万缘桥等。

图 4.7.46　霞川桥

图 4.7.47　东浦大木桥

6）石梁桥墩台技术演进路线

古代桥匠将石梁桥的边孔石梁一端直接搁在条石砌筑的桥台上，稳定的条石桥台将石板壁桥墩的非静定结构变成了静定结构，从而克服了它不稳定性的弱点。

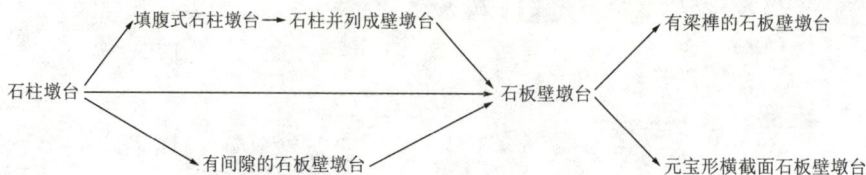

图 4.7.48　石桥墩演进路线图

（2）石拱桥桥墩砌筑

浙江绍兴地区石拱桥桥墩多用实体平首墩或实体尖首墩，能增加桥梁的稳固性。如嵊州万年桥、新昌大庆桥、诸暨石砩桥、嵊州金兰桥。在平原水网建桥，为减轻桥的自重，往往采用薄墩结构。三孔薄墩联拱是常见的桥型，如泗龙桥、太平桥、东浦新桥、接渡桥等。泾口大桥薄墩联拱相接的最薄部位只有 15 厘米。在广阔的水面上，这类薄墩联拱桥显得高大、宏伟、优美。这类薄墩桥拱脚处总厚度在 50～100 厘米之间，薄墩的拱脚相贴，使桥墩的重量减到极小。多孔薄墩可分为桥孔等高式和高低式对称的驼峰式。泗龙桥、新桥为驼峰式，接渡桥为三孔等高式。

绍兴石拱桥的桥台有多种结构形式：

一是平齐式，即桥拱与桥台驳岸平齐砌筑，如谢公桥。

二是突出式，即桥台突出于驳岸，这类桥梁在绍兴较多见，如沈家桥、光济桥等。

三是补角式，即在二式的基础上，在桥台与驳岸的转角处砌筑补角驳岸，如都泗门桥。

四是埠头式，这种在桥边有埠头的类型在绍兴较多，如绍兴城区的大庆桥、宝珠桥、凰仪桥、拜王桥等。

五是纤道式，桥下设纤道实为立交桥，如广宁桥、太平桥就是这种类型。

图 4.7.49　谢公桥桥台

图 4.7.50　沈家桥桥台

图 4.7.51　都泗门桥

图 4.7.52　宝珠桥桥台

图 4.7.53 广宁桥桥台

8. 石梁桥的石梁安装

（1）石梁桥的石梁有多种形式

如简支梁、具有梁榫的石梁、梁板式组合梁、微拱的石梁、伸臂石梁等。

1）简支梁：有石板形的，其横截面横宽大于梁高；还有横截面的横宽等于或小于梁高两种。后者多见于山区，如上虞胡村安吉桥。

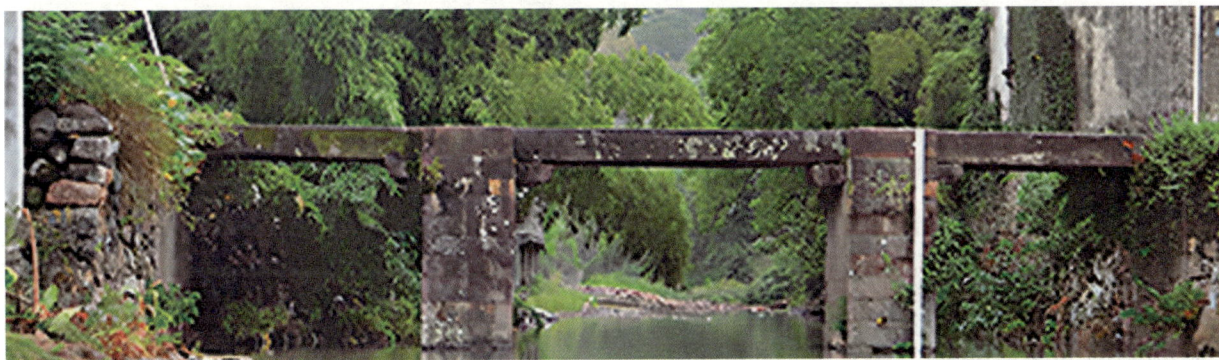
图 4.7.54 安吉桥

2）具有梁榫的石梁：石梁搁置端梁厚小于净跨段（中段）梁厚 5 厘米左右，这是工匠有意凿制的，架上后石梁榫头把墩台帽石扣实，使整座桥变得紧密。

3）梁板式组合梁：一座桥的两条石板梁分居两侧成边梁，中间空隙由多块横向的石板搁置在边梁上组成部分梁板式组合梁，有嵌入式和搁置式两种。上虞樟塘乡南横村的隆新桥为嵌入式，小越赵巷村的圣仙桥为搁置式。

4）微拱的石梁：如绍兴市区的八字桥、兰亭景区的兰亭桥和上虞上浦永丰桥，其作用在于提高桥孔净空高度和桥形的美观。

5）伸臂石梁：伸臂石梁是在桥墩和桥台上架设多层递伸石梁以增加桥孔跨度和缩短石桥面梁板的长度。伸臂石梁桥的伸臂部分和其上部的整体石梁形成桥面，保障通行。从桥台、桥墩的角度，也可将伸臂石梁理解为伸臂式桥台、伸臂式桥墩的组成部分。伸臂石梁桥有绍兴的奎元桥、万缘桥、品济桥、胡村桥等。

图 4.7.55　兰亭桥

图 4.7.56　奎元桥

（2）多跨石梁桥梁跨间的不同配置技术

1）石梁平桥。多孔石梁桥的梁端首尾相叠，形成一档石阶的石梁平桥，如上虞曹娥光明村的助工桥。

2）各孔有高低的多孔石梁桥。两跨以二三档石级相连，如绍兴齐贤西山凤林桥、东关张江村后龙桥；三孔石梁桥的中孔一端在墩上设一级石级，另一端在墩上设二级石级，与边孔相续，如安昌星光村通济桥、绍兴斗门宝积桥。拱梁组合的阮社太平桥的石梁部分，采用多级石台阶依次下降式石梁与通水孔平梁相接的模式。

3）斜梁孔石梁上直接凿制石台阶，中孔平梁配置，如东关芦山村葫芦山桥，此种类型在国内比较少见。

4）两端边梁配置纵坡的三孔石梁桥，三孔梁桥的桥面呈折边线形，如绍兴福桥和斗门方徐村的万新桥。桥台处的地势较低，三孔石梁桥的两个边孔石梁略低，梁上设石级接通航中孔，使桥跨紧凑实用，例如浙江绍兴柯桥的红木桥。

图 4.7.57　凤林桥

图 4.7.58　太平桥

图 4.7.59　红木桥

9. 拱桥拱圈砌筑和构筑

桥拱的营造分为砌筑方式和构筑方式两大类。用传统灰浆和干砌建造建筑物的方式称为砌筑，砌筑方式一般是无铰式。构筑方式是有铰式建造桥拱的方式。古桥拱圈营造都采用由下而上的分段砌筑法和构筑法。

拱圈砌筑和构筑程序：

拱圈的砌筑通常是指无铰拱的营造，拱圈的构筑通常是指有铰拱的营造。

（1）折边拱砌筑

折边拱桥的拱圈有三折边拱桥、五折边拱桥和七折边拱桥。即拱圈成三折边形、五折边形和七折边形。横向条形石板称为链石，榫卯结构横向拼实组成折边平面拱板。上下拱板间设有倒梯形截面的横系石，即锁石。锁石上设榫孔，链石上设榫头，互相套合组成折边拱圈，各折边相交的夹角相等。链石与锁石间结合，使之成"铰"。所以折边拱桥属多铰拱结构。现存的折边拱石桥都是链石与锁石结合的多铰拱结构。它是半圆链锁拱桥、圆弧链锁拱桥的先导。浙江绍兴市、台州市等地境内有圆弧或悬链线形的折边拱桥，但折边之间仍有交角，没有形成整体圆弧。

131

图 4.7.60　三折边石拱桥

图 4.7.61　五折边石拱桥

图 4.7.62　五折边石拱桥

图 4.7.63　七折边石拱桥

（2）圆弧拱砌筑

用砌筑方式营造的圆弧拱通常有半圆拱、小于半圆的圆弧拱、大于半圆的马蹄形拱、椭圆形拱、多心圆弧拱、悬链线拱等。链锁结构的圆弧拱与折边拱组合的原理一样，无非是拱板由平直的变成了圆弧的。由于桥拱的圆弧不同，分别构成半圆拱、小于半圆的圆弧拱、马蹄形拱、椭圆形拱、多心圆弧拱。唯独古悬链线拱桥未见有链锁结构的。从现存石桥分析，有绞的链锁结构圆弧拱砌筑方式最早不会超过唐代，建于唐代以前的石桥都是无铰拱结构。这些无铰拱圆弧拱结构有这样几种类型：长方形块石横向并列纵向错缝砌筑，长条石横向并列纵向错缝砌筑，整条石横置并列砌筑，长条拱石横向并列纵向分节砌筑（每节之间拱石缝有相错和对齐之分）。有铰拱和无铰拱圆弧拱的拱石以每部位的弧度要求成型。

到明清时代，链锁结构的圆弧拱桥已出现构件预制化现象，即大量部件是事先加工好后，到现场进行组装修整而成。

（3）链锁拱桥建造拱圈的程序

1）主墨匠师（也称柯尺或绳墨）根据桥东（主办者）确定的规模（桥长、桥宽、桥高、跨径、桥栏等方面的要求）在平整好的场地上进行 1∶1 的大样放样，放出拱圈的厚度，券脸石、拱眉的厚度，分出拱板段落，确定链石块数，锁石条数，券脸石、拱眉块数，确定每块拱板、锁石、券脸石、拱眉的三度（厚度、宽度、长度）尺寸。

2）木工按链石、锁石、券脸石、拱眉的位置、图样、尺寸制作样板，主墨匠师按各自位置进行编码。如果是座七链六锁的拱桥，脚段拱板的链石为"甲"字，然后依次上编。横向链石再加数字为序。"甲 1"至"甲 7"为券脸石。锁石以地支为序。

3）主墨匠师将木样板送到桥部件加工的石场，交给凿制石工师傅。石场按要求采好毛石料，石工师傅将毛石料按木板样加工成正式的石桥部件。凿制前的发墨是由主墨匠师亲自实施，主墨匠师将榫孔位置用墨线弹出，向凿制师傅交代制作要求，凿制师傅完工后，桥部件由主墨匠师编号运送到架桥工地有序堆放。

4）主墨匠师进行部件试拼，有误差则进行修正，使之顺当为止。在进行薄拱圈制作时，主墨匠师要组织墩台条石、块石砌筑，当墩台砌出水面时要在顶面发墨，凿制构筑拱板的嵌脚槽，构筑长柱石的嵌脚槽，当长柱石与龙头石凿制完成，才进入拱圈的构筑工序。

5）搭设临时支撑架，如为三跨桥则要同时按孔位搭三个临时支撑架，并在岸边安装好人力吊装石件的绞磨。

6）拆除修筑的堤坝或围堰，使河道恢复通水、通航。

7）河道通航后，可以将拱圈部件按序装船运到桥孔安装。安装作业是构筑拱圈的关键工序，使用支架、人力绞磨、滑轮、绳索等工具，在主墨匠师的统一指挥下，有序进行操作。各段拱板与锁石是先靠在支架上的，支架与链石、锁石间刹有退拔榫，这为合龙成拱预做可微调的准备，往往是起吊升高部件用绞磨、滑轮、索具平移就位，人力相助落榫。支架的牢固是构筑拱圈的关键。整座桥的作业通常是单孔用1～2天，多孔桥各孔脚段甲字号拱券进行安装，按先安装边拱、后安装中间拱券的顺序，由下往上一层层安装，一般5～6天可完成三孔桥拱的安装。榫卯结构有绞连接的链锁拱由于部件比较大，不用砌筑方法，而是用构筑方法。榫卯结构可以经过预拼，在构筑中偶有不顺只要稍事修凿即可。

8）桥孔跨度超过10米的拱桥必须分段砌筑。理由是拱圈砌筑时，因拱石增加，拱架会变形。如由两拱脚直接对称砌至拱顶，则拱架将向上拱起，拱圈上突，在大跨度时，拱轴线会超出预定范围，拱内应力增加，会降低拱圈强度，因此石拱桥桥孔跨度大于10米时必须分段砌筑，刹尖封顶，确保安全。

刹尖封顶亦称尖拱、压拱。刹尖封顶是石拱桥干砌拱券施工中，砌筑成拱前的最后一道施工工序。拱券合龙前，尖拱时在拱顶预留合龙的空当，先插入尖板石两块（里边斜坡较陡），用楔形木尖用力尖下。待尖到一定程度时，用一套较陡的尖板石，靠近原尖点，用坡度更陡的木尖力尖下，等第一套木尖松动时，再换一套更陡的尖板石和木尖，照此方法继续进行。当用力尖下时，全拱振动，等到两边拱石隆起即行停止，检查拱石有无挤碎和滑动，结果良好，则砌拱成功，尖拱和压拱工序完成。尖不起拱的拱券无法成拱，需要进行重新砌筑。

使用木拱架进行拱圈砌筑时，拱架排架要精细制作，以使拱圈曲线光滑，没有局部的突出或下降。拱石紧贴模板的一面应清洁平整。

9）拱石砌筑到拱顶，留下龙门口一条，用尖拱技术进行合龙。并列砌置、分节并列砌置的拱石如有榫和卯，合龙后在拱背压重，使拱石密切相合。拱券砌后再砌山花墙，山花墙砌后再用土石填实。砌筑山花墙可采用"钉靴式"方式进行，至桥台可用"蜂窝式"砌法。

10）江南石拱桥拱圈施工介绍（以浙江省绍兴地区为例）

①绍兴石桥拱券石的连接方式：一是无铰拱石连接，此种方式应用较普遍。二是有铰拱石连接，俗称链锁连接。其主要特征是有卯和榫，其有卯部件称链石，有榫部件称锁石。原理与房屋建筑中的卯榫相同，如市区拜王桥的拱券就采用有铰石连接法。明清时代的绍兴半圆拱桥大多采用此法。绍兴石桥有以下几种石桥的卯榫结构：开口槽、嵌脚槽、墩台天磐石阴槽、整长止口槽、空箱式桥台中嵌脚槽、竖直槽、阴槽的组合式、舌榫结合式、实体式墩台转角平面榫结合式、丁石的"狗项颈"式榫结合、石梁的铁键结合、拱石的榫结合、桥栏柱石与桥栏板的卯榫结合等多种卯榫结构。三是双腰铁连接：双腰铁连接是用两头大中间小的腰铁连接无铰拱的形式。赵州桥就是用这种方法连接并加固的。

②拱券外侧立拱券的砌筑：拱券外侧用高档石料作精加工，以镶嵌一圈精美、准确的拱券。其作用有三：一是增加拱券强度，二是增加美感，三是准确表达拱券线形。桥梁砌筑中，常见如此的独立拱券，

即使是乱石拱上也往往加上此独立拱券，能使乱石拱乱中有序，内乱而外齐。如玉成桥即为此例。

③长系石和间壁的砌筑：绍兴石桥中常配有长系石与间壁，它在山花墙中，作用均为增强拱券的稳定和牢固。在山花墙中嵌以长系石，一般都左右对称安放，不仅使拱券内在更为牢固，也增加了外在的美感。间壁往往是竖式放置，能使桥梁坚实，增添美感。

④顶盘石的砌筑：顶盘石是放置在桥顶稳定桥形的基石。当拱桥使用尖拱技术后，拱桥脱离拱架，靠拱券挤紧形成了精确的弧度后，就要在桥顶上放置这顶盘石，其重要性不亚于龙门石。绍兴石拱桥上顶盘石有方形顶盘石、圆形顶盘石两种。

（4）椭圆形拱、古悬链线拱桥施工技术

古悬链线拱桥在绍兴首先发现的是新昌的迎仙桥，第二座是嵊州的玉成桥。对迎仙桥、玉成桥的桥拱曲线实测数据与标准悬链线拱数据基本相合，证明我国古代桥梁建筑技术已相当高超。悬链线拱比圆弧拱更为合理，它在静载条件下，各截面变距均为零。

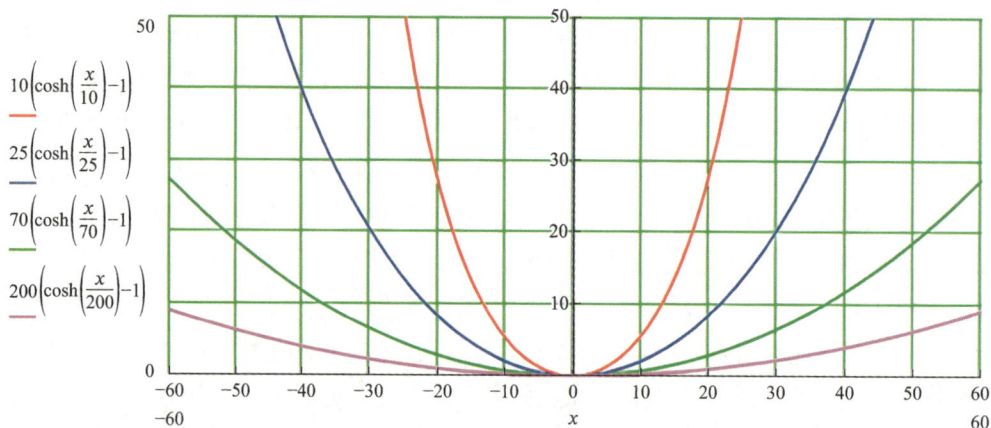

图 4.7.64　悬链线

图 4.7.65　迎仙桥

图 4.7.66　玉成桥

迎仙桥、玉成桥的半立面图和测量计算数据如表 4.7.1、表 4.7.2 所示。

迎仙桥测量计算数据 *M*≈6.563   表 4.7.1

截面测量点	拱轴坐标y_1/f	截面测量点	拱轴坐标y_1/f
（拱脚）0	1.0000	7	0.1133
1	0.7758	8	0.0701
2	0.5955	9	0.0384
3	0.4507	10	0.0136
4	0.3349	11	0.0041
5	0.2428	（拱脚）12	0.0000
6	0.1700		

玉成桥测量计算数据 *M*≈9.889   表 4.7.2

截面测量点	拱轴坐标y_1/f	截面测量点	拱轴坐标y_1/f
（拱脚）0	1.0000	7	0.0986
1	0.7567	8	0.0603
2	0.5673	9	0.0327
3	0.4200	10	0.0142
4	0.3059	11	0.0035
5	0.2177	（拱脚）12	0.0000
6	0.1500		

在绍兴地区发现的 2 座悬链线拱桥：新昌镜岭岩泉村悬链线拱岩泉桥和王坛镇上王村复初桥。

图 4.7.67　复初桥

复初桥实测数据计算结果如表 4.7.3 所示。

复初桥测量计算数据 $M \approx 7.570$

表 4.7.3

截面测量点	拱轴坐标y_1/f	截面测量点	拱轴坐标y_1/f
（拱脚）0	1.0000	4	0.1569
1	0.5249	5	0.0980
2	0.3890	6	0.0196
3	0.2549	7	0.0000

4.7.4 江南石桥营造特点

石桥主要构件的砌筑大多采用石料干砌，无论拱圈、桥墩、桥台及台后接路面的挡土墙等重要部件的构筑基本上不用胶结材料。当然，也有一些石桥采用石灰三合土等作为建桥胶结材料。古代石桥能经数百年而不倒，其中一个重要原因是工匠在构筑中，对一些关键部位的构件间的结合面采用了榫卯结构，使桥跨在自重与外荷载作用下，构件间紧密配合不能移位，达到整体受力的效果。古代工匠在建桥中，结合处榫卯结构的榫槽构件制作尺寸精确、技术精良（如表面平整度、顺直度等），极大地增加了桥跨的整体强度和耐风化的能力。桥工在料石构件间采用榫槽结合是从木结构构件间的榫槽结合联想过来的。古桥石构件间，互相结合的榫槽，其结构构造在古籍中所载较少，就是近代研究石桥的著述中，所载也比较少。

石桥榫槽结合的基本形式有以下几种。

1. 开口槽

开口槽是对条石或石板的边缘开一个或两个矩形的口子。它和相邻石构件间的结合是明结合，如梁式桥的顶档踏步通常是梁头，第二档踏步就设开口槽，槽深不小于 10 厘米，把三条相并齐的石梁夹卡在槽内，使石梁不能移位，以保持桥梁的宽度不变。有些石桥台阶第二档踏步中，槽口紧紧卡死石梁厚度的下半部，也有顶档踏步与石梁面齐平，顶档踏步的槽口卡住了石梁厚度的上半部，还有将竖置的桥名石底缘设了两个槽口，分别卡死顶拱板两侧的横系石，使横系石间距不变，并通过桥名板传递内力成拱。

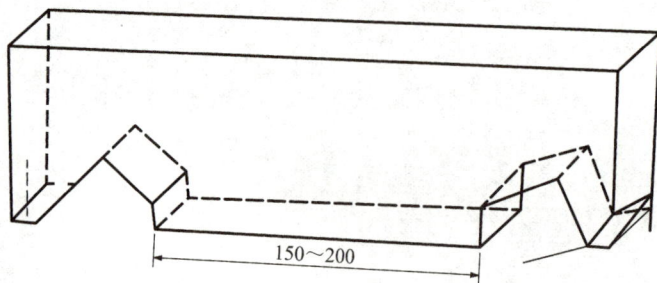

图 4.7.68　左右端设开口槽

图 4.7.69　万安桥

2. 嵌脚槽

嵌脚槽是设在墩台水盘、基石、天盘（即台帽）、随带石（桥台石级两旁，顺桥向的长条石）上的坑槽，坑槽内安装栏柱、栏板、抱鼓石或石壁、石柱。把安装入内的构件最低的小段围定在坑槽内，使之不变位，称嵌脚槽。凡石壁式和石柱式墩台的水盘（即下盖梁），均设有嵌脚槽，以制止石壁、石柱的位移。桥台随带石上要安装栏柱、栏板和抱鼓石，其上设有嵌脚槽，为安装栏柱、栏板、抱鼓石，并制止它们发生位移。用大石板构筑的空箱式桥台底板上设四周环形的嵌脚槽，以安装侧板和横板。

图 4.7.70　嵌脚槽实例

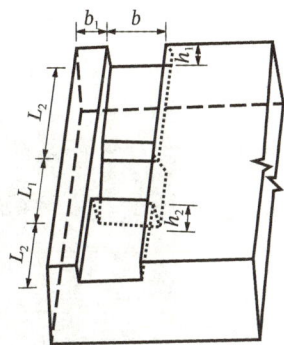

图 4.7.71　嵌脚槽

3. 墩台天盘石阴槽

石柱、石壁墩台的下盖梁置在基石上，因为都在水下，所以又称为水盘石。安装在石壁或石柱顶端的天盘石表面能见到太阳称阳面，反之其底面见不到太阳称阴面，凿制在阴面上的槽，称阴槽。石柱式或石壁式墩台的天盘均设有阴槽，使桥柱顶端入槽，既固定石柱的间距，又能制止石壁或石柱顶端发生位移。

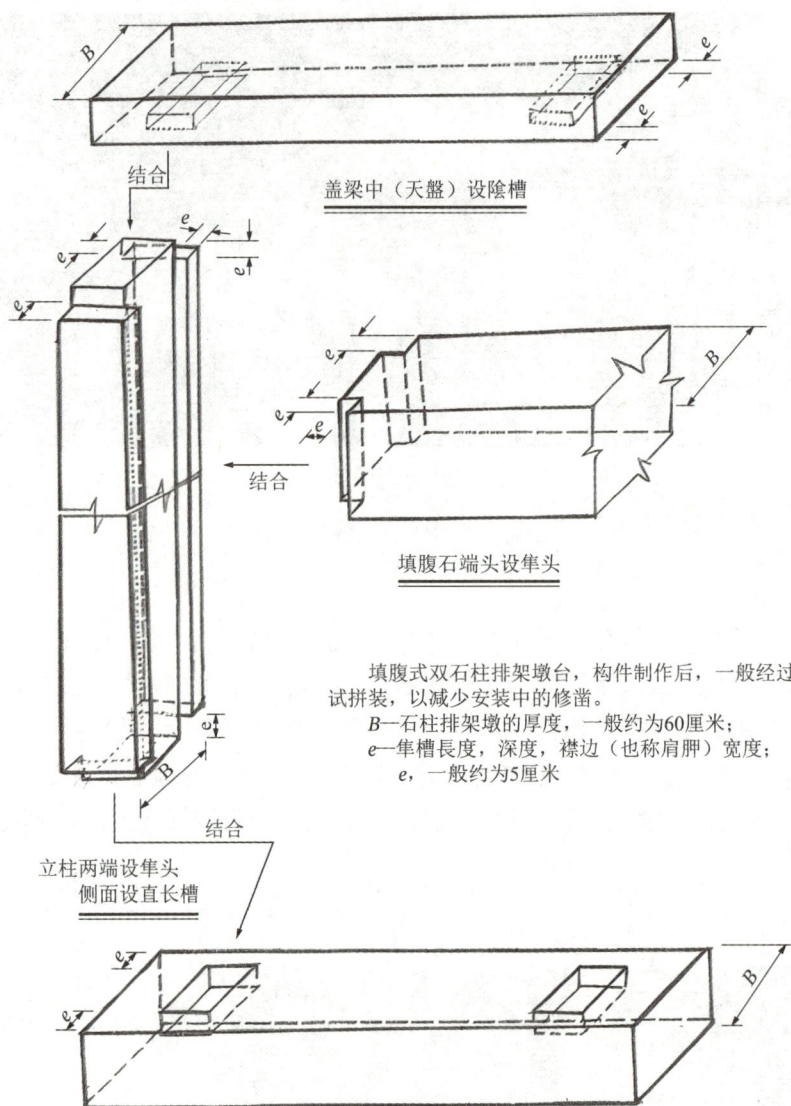

盖梁中（天盘）设阴槽

结合

结合

填腹石端头设隼头

填腹式双石柱排架墩台，构件制作后，一般经过
试拼装，以减少安装中的修凿。
B—石柱排架墩的厚度，一般约为60厘米；
e—隼槽长度，深度，襟边（也称肩胛）宽度；
  e，一般约为5厘米

结合

立柱两端设隼头
侧面设直长槽

图 4.7.72　填腹式双石柱墩台榫槽结合

图 4.7.73　阴槽实例

4.整长止口槽

条石棱线处凿去一个小矩形，桥工称其为"止口"，把凿去的小矩形延续到条石长的全部，即称为整长止口槽。

一般将桥名板的两端安装在桥台的嵌脚槽内，在桥名板与边石梁结合处设有整长止口槽，使桥名板的部分自重传递给边石梁，整长止口槽凿在石梁上成了板的搁置点。

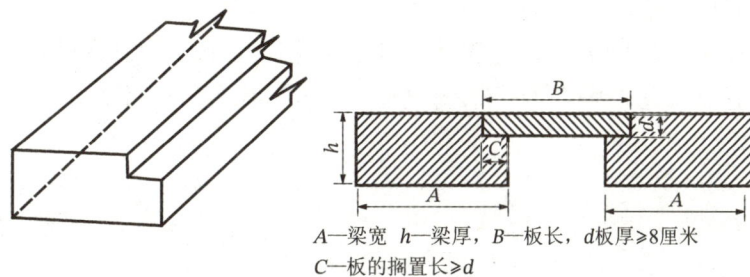

A—梁宽 h—梁厚，B—板长，d板厚≥8厘米
C—板的搁置长≥d

图4.7.74 长止口槽

图4.7.75 栏板（桥名板）与石梁结合的整长止口槽

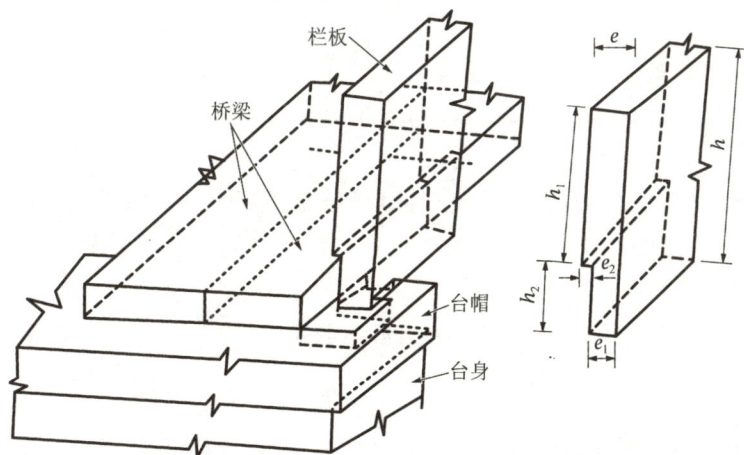

图4.7.76 整长止口槽实例

5. 空箱式桥台中嵌脚槽

空箱式桥台用大石板构筑。一般把长度约 2 米、宽 1～1.2 米、厚度 8～12 厘米的板式大石料称大板，空箱式桥台的石梁桥均为单跨，台后至岸均有一段接线，这段都是用大板构筑成的延续空箱。有桥一端桥台与路面接线是以六块大板组成的六面体空箱为单元的。空箱单元的横截，旁（侧）板的两端插入横（丁）板上所凿制的竖直槽内。空箱旁（侧）板和横（丁）板组成的箱框，其下端入底板的嵌脚槽，上端入盖板的阴槽内，组成严实的空箱单元。此桥中一端桥台与台后路面接线就采用空箱单元，上下叠接，前后延长组成，通常一座桥有三四层空箱，叠接时底层空箱的盖板是上层空箱的底板，所以可省去一层底（盖）板，延长时又可省去一块横（丁）板。

桥工在配料时改变单元的顺桥长度，使横（丁）板上下层错开。这类桥就靠多种槽结合达到坚固耐用又省料。在绍兴，这类构造的桥仅存在于上虞地区。空箱式桥台是从石廊结构应用到石桥营造结构件上的。

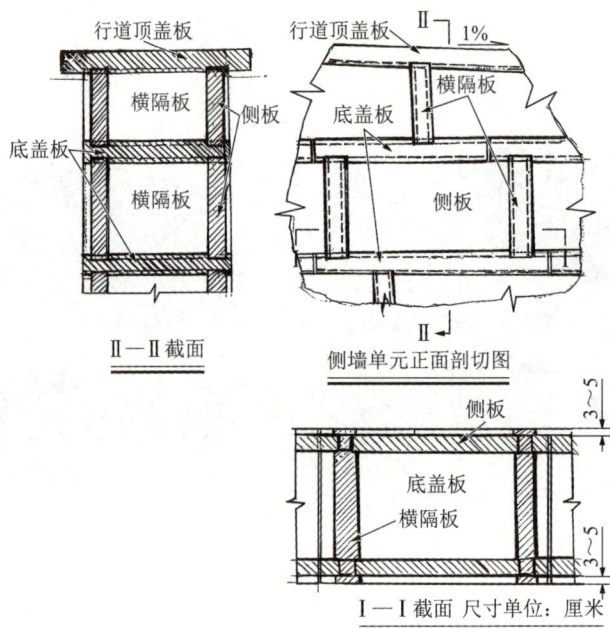

II—II 截面

侧墙单元正面剖切图

I—I 截面 尺寸单位：厘米

图 4.7.77 空箱式桥台构件榫卯结构

6. 竖直槽

大板构筑的空箱式桥台，在桥孔桥台处左右各有一条竖直棱线，棱线处如采用空箱横（丁）板的槽结合很易被通过桥孔的船撞坏，现存空箱式桥台石桥，均采用竖直棱线处横（丁）板和旁侧板结合的构造。

对角双斜面的结合避免了船只过桥孔时擦撞造成空箱式桥台正面横（丁）板的损坏。

7. 舌榫结合

舌榫因其榫孔有点像嘴，榫头像舌而得名。舌榫结合常用于随带石的接长，常设在两条石的端头。由于随带石位于桥台踏步档的两侧，有坡度，所以榫与孔是呈倒梯形，安装时必须自上而下落下，并用木锤击之，桥工称落榫，一旦完成结合，很难分离。即使把两条石抬起，也很难把做得密切的舌榫结合无破损拆开。

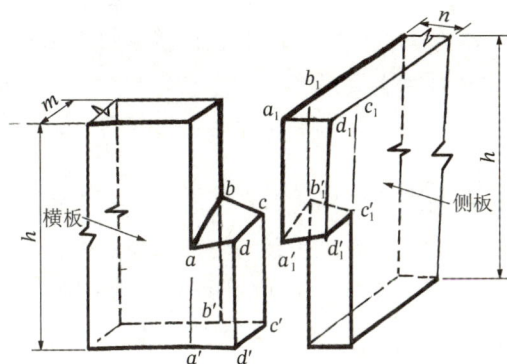

图 4.7.78 空箱式桥台榫结合结构图

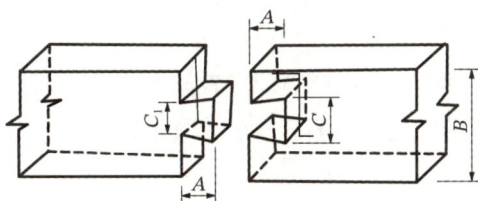

图 4.7.79 舌榫结构图

8. 抽屉榫与榫孔的结合

抽屉榫因其榫头与榫孔分别设置在两个石构件的端头，可以轻易地拉进推入，如写字台的抽屉而得名，通常此结合用在栏柱与栏板，栏柱与抱鼓石的结合。一般栏板或抱鼓石端设榫头，栏柱设榫孔，榫孔深度为构件厚度的 1/4～1/5，榫头的尺寸与榫孔相配略小，榫头突出的长度为榫深为鲁班尺一分（约 4～5 厘米），这样配置才便于安装。老木工或老石工称这种榫结合为半榫结合。这种俗称抽屉式的榫卯结合，在江南古石桥中非常普遍，就是现在城镇修建石桥梁采用石栏石柱时，栏板与栏柱一般仍旧沿用古法的榫卯结合构造。

9. "T"形截面栏柱与栏板的结合

在江南古桥中，还存在一种"T"形截面的栏柱，它的栏柱截面（横）呈"T"形，尺寸较大，"T"形截面是矩形截面两侧设了安装栏板的直槽形成的，栏柱插入墩台帽嵌脚槽的小段仍为矩形，深度不小于 10 厘米，栏柱的"T"截面上的两翼把栏板紧紧卡住，使栏板稳固直立。这比抽屉榫结合更耐用。浙江绍兴永丰桥的扶栏就采用这种结构形式。

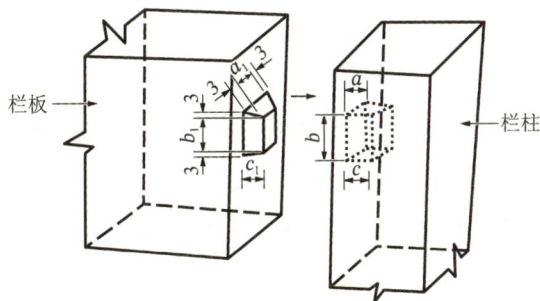

图 4.7.80 抽屉榫

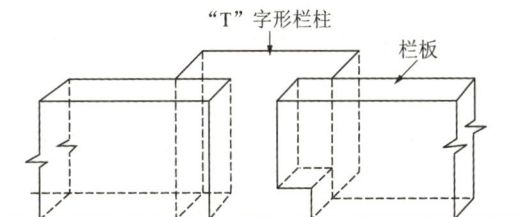

图 4.7.81 "T"字形截面栏柱与栏板的大直槽

10. 梁榫和墩台的结合

浙江绍兴樟塘湖村黄家桥为石壁墩台，系三跨石梁桥。它的石梁（每跨桥面为两条石相拼）搁置端厚度小于石梁厚度 2～3 厘米，低于帽石顶平面的 2～3 厘米紧卡墩台帽成了梁榫。石壁墩墩身体积小，较实体砌筑墩单薄，其顺桥向的稳定性差，经过梁榫的卡紧，桥跨的纵向稳定性大大增加，耐久性增强。其次就石梁横截面跨中梁高大于搁置点的梁高（如房屋建筑中的鱼腹式梁），这种接近自重引起的梁内弯矩曲线图形，具有科学性，比一般无梁榫的石壁墩石梁桥技术上又进了一大步。

11. 实体式墩台转角平面榫结合

平面榫结合是因为顺桥向侧墙（又称金刚墙）条石与桥台正面墙条石在棱线处互相叠合，接触的一小段很像榫头，它的构造和设置的目的，是防止船只行驶中误撞石拱桥转角时，减少对拱脚石的冲击，确保拱桥的安全。当船只过桥孔时很难避免撞擦墩台，条石砌筑层层压实的墩台棱线处条石的结合面在没有平面榫设置时，常在大小不同的冲量多次作用下被撞产生位移，位移扩大直至条石的一端离开母体，整条条石跌落河中，危及墩台和行船的安全。为了防止此险情的产生，造桥工匠创造了在棱线结合面处设平面榫结合。现存的条石砌筑的实体墩台棱线处设有平面榫结的桥跨实例有：绍兴长山担山村的万安桥等，而道墟新民村的大岗桥棱线处条石结合面的平面榫结合又有新的改进，更能减轻行船的撞击和刮擦造成的危害。大刚桥建于1821年，200多年后的今天，桥台整体如初，棱线处条石结合面的平面榫结合起到了极大的作用。

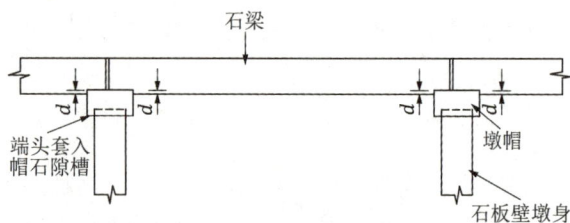

图 4.7.82　梁柱榫卯结构图

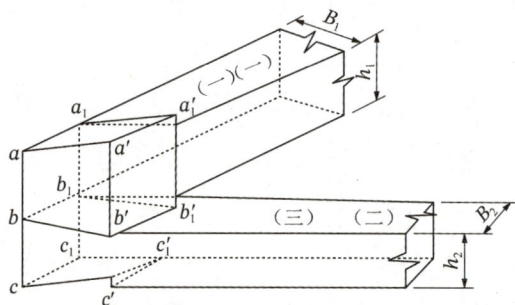

图 4.7.83　实体式墩台竖直棱线平面榫结合

12. 丁石的"狗项颈"式榫结合

石桥的桥台侧墙和台后路面接线的挡土墙，通常是条石丁顺砌筑的连续墙，每层条石的竖缝错位，工匠为使左右墙间距（即横桥宽度）不变，在一端安置长丁石，长丁石的端头露出墙面3～5厘米，并凿制"狗项颈"，使其缩颈。砌筑中的某个位置砌了两端设有"狗项颈"缩颈的长丁石，起到保证两面墙间距不变的作用，这种长丁石越多，效果就越好。绍兴安家渡永安桥台后侧墙上的长丁石，突出墙面3～5厘米，把上下左右四条条石紧锁，使其不发生移位。这种结构形式，由于费工费料，所以在石桥营建中不常采用，较为少见。

13. 链锁拱石桥中锁石（横系石）和链石（拱板）间榫卯结合

链锁拱石桥的拱圈由锁石与链石组成，折边拱石桥的拱圈由横系石与拱板组成。锁石与链石，横系石与拱板间都设有榫卯结合。从拱圈的受力体系而言，都属于多铰拱。多铰拱的铰就是锁石，即横系石。锁石与链石的榫卯结合，在外表是看不见的，是暗榫结合，也是抽屉榫结合，不过锁石与链石榫卯结合好了后，也就成了拱，很难再分开除非发生桥梁坍塌，这不像栏柱与栏板的抽屉榫卯结合，容易分离。

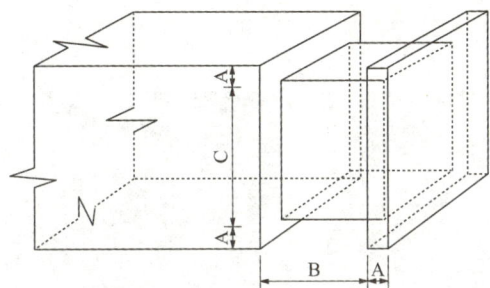

图 4.7.84　丁石狗项颈

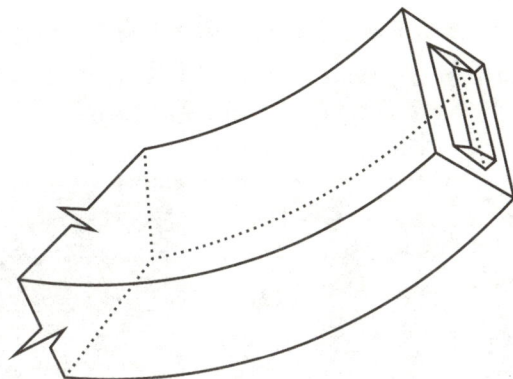

图 4.7.85　链石

14. 栏柱和石梁间的槽结合

石梁桥的栏柱安装在墩台帽的嵌脚槽孔内，紧贴边梁的外侧面，栏柱把石梁限定在两侧栏柱的净宽内，制止了石梁的横向移动。也有石桥不设石扶栏，石工采用矮柱来制止石梁横向移动。这类石桥往往在与栏柱和边梁侧结合部位设了凹槽，石梁桥设槽的用意一方面是为了更好地限制石梁的横向移动，另一方面是钳制石梁头的上翘，使上部构造更严密。例如绍兴越北村的镇东桥不设扶栏，采用设凹槽的矮柱，由于栏柱与石梁结合面设有凹槽，槽的扣合使上部构造更加严实。也有在栏柱（望柱）外侧下部盖梁上设置挡石，挡石与盖梁之间、挡石与栏柱之间均设置榫卯相接。

图 4.7.86　盖梁、望柱、栏杆、桥板、挡石之间均采取榫卯结构

清代很多石桥在石梁表面钉有铁键。铁键钉在两条石梁相交之间，铁键成束形，石梁上的键孔深是梁厚的 1/2～1/3。这种铁键可认为是脱离母体的榫头，铁比石坚，耐打击，铁键结合使石梁增加整体性。这种铁键相连的石梁桥在水乡闸桥中比较多见，它可保证开闭闸板时，闸板碰撞石梁后石梁不发生位移。

铁件用于石结构的石桥中的还有始建于隋代的河北赵县的安济桥（赵州桥）。在条石栏板之间，为了防止条石向下滑移也经常采用束形或蚂蟥攀形铁键加以连锁。

图 4.7.87　各种铁键联结防止石块滑移

第5章

中国古桥的雕刻和装饰艺术

古桥之所以能称为是工程艺术品，其桥上的雕刻和装饰艺术功不可没，而雕刻和装饰艺术反映的是当时社会的文化背景和人们的审美观念、当地的民俗民风和地域特色，所以古桥雕刻和装饰艺术能反映出古人的造桥理念，体现古人的社会意识、审美观念、造桥技艺、地域文化和民俗民风等，可以说古桥雕刻和装饰艺术是我国一份十分珍贵的文化遗产，它也是中华民族优秀历史文化的组成部分。

中国的雕刻技艺起源于新石器时代。而石桥上的雕刻首先出现在西晋永嘉三年（309 年）河北满城区修建的方顺桥上。桥上有造型古朴浑厚的石狮和如意云彩等雕刻，距今已有 1700 多年历史。石刻的手法也从最初简单的线纹雕刻到如今的微雕、圆雕、浮雕、镂雕、透雕、沉雕、篆刻等。在古桥中最常用的石刻手法是浮雕、透雕以及北宋李诫专著《营造法式》中所涉及的四种雕刻技艺：高浮雕、浅浮雕、线刻、素平。四川泸州的龙脑桥石雕可称为我国古桥石刻的艺术典范。龙脑桥的八个桥墩上分别刻有四条龙、两只麒麟、一只青狮、一只大象。采用通透式立体雕刻，石像雕工特佳，形态活灵活现、栩栩如生，形象十分生动，堪称国之瑰宝。

图 5.0.1 石雕

5.1 石桥雕刻技法

5.1.1 圆雕

圆雕又称立体雕。它要求雕刻工匠从前、后、左、右、上、中、下进行雕刻，表现出对象的体积感，把雕刻图案的主体、细部细画细雕，完全表现出来，使得观察者可以从不同角度看到物体的各个层面。

这种技法比较难以掌握，圆雕技法主要用在长系石端部吸水兽和望柱上的柱头雕刻上，望柱柱头上的作品题材主要是动物和植物，如石狮、猴、覆莲等，都具吉祥和护桥之寓意。吸水兽所用石材厚大，位置突出，更适合采用圆雕。

明代石桥上吸水兽圆雕高度达数十厘米，嘴、鼻、眼、额、面部，凹凸起伏、层次分明、立体感强烈、效果突出。在细部如毛发、鳞片则都用线刻技法进行精细加工，这样一来，无论从总体还是局部看都不失为一件十分完美的石雕艺术品。

图 5.1.1　吸水兽和望柱头雕刻

5.1.2　高浮雕

高浮雕是先在石材平面上进行剔凿，逐层深入形成具有凹凸面的初步形似的雕像，然后再精细加工，获得层次分明的具体物象。浮雕的作品主要是从正面欣赏，另一侧是紧贴在石料上。古桥上的花卉雕刻常采用此法。高浮雕所选用的石料材质一般硬度较低，易于雕刻。石桥栏板、桥心板（合龙板）、抱鼓石上的图形雕刻基本都采用高浮雕技法。

图 5.1.2　高浮雕

5.1.3　浅浮雕

　　浅浮雕一般是有边框的装饰图案，主题的最高点一般不超过边框的高度，要求选择的主题明确、形象生动、构图简洁、层次少、重叠少、轮廓明显，整体具有逼真之感。它是古桥中最常用的雕刻技法，常用于古石桥栏板、台阶、桥额、抱鼓石、桥心板、楹联石、字堂石、间壁石等部位。

图 5.1.3　各类浅浮雕

5.1.4 镂雕

镂雕也可称为实体雕、空透雕，主要是指雕刻件是一件经过整体雕刻而成的物件，它与浮雕不同，浮雕往往是单面雕、平面雕。古代石桥中的镂雕最多集中在桥栏板和桥面望柱头上的饰物，以及栏板端部的抱鼓石，也有石桥横系石端部的雕刻。例如北京永定河卢沟桥上的石狮，桥上精美的雕刻，堪称中国古代石雕的精品。玲珑剔透的镂雕，活灵活现的石狮形态，栩栩如生，十分逼真。卢沟桥两端的抱鼓石也十分奇异，桥东为一对伏地大石狮，狮头顶着望柱，以防桥上末端望柱发生向下滑移；桥西则为一对站立式大型石象，象头顶着望柱。狮象石雕宏伟壮丽，既是构造物，又是无与伦比的艺术珍品，实为中国古桥雕刻艺术中的翘楚。又如浙江省湖州市长兴县境内小乌桥的抱鼓石。四座抱鼓石镂雕成四只栩栩如生的卧狮对称排列在石桥左右两侧栏板端部，防止栏板顺势下滑。

四川泸州的龙脑桥，是我国最大的龙雕石梁桥。桥有十二桥墩，十三桥孔，连两侧泊岸共十四墩。桥中间八个桥墩两端镂雕了栩栩如生的龙头龙尾、狮头狮尾、象头象尾和麒麟头尾。由于主要雕刻为龙头龙尾，又水中一石形态如龙，故把桥定名为"龙脑桥"。这些龙兽石刻，采用镂雕工艺，比例夸张、形态生动、工艺精美、线条流畅，令人无比赞叹，为国之瑰宝。

石桥上镂雕而成的石狮、石猴、石象、葫芦、莲花、荷花、石塔、石剑、石鼓、石牛、镇水兽、石龙头、须弥座、石经幢、吴王靠等，名目繁多，造型精致，可誉为古桥文化一绝。

图 5.1.4　四川泸州龙脑桥上雕刻

图 5.1.5　玲珑剔透的石狮雕刻

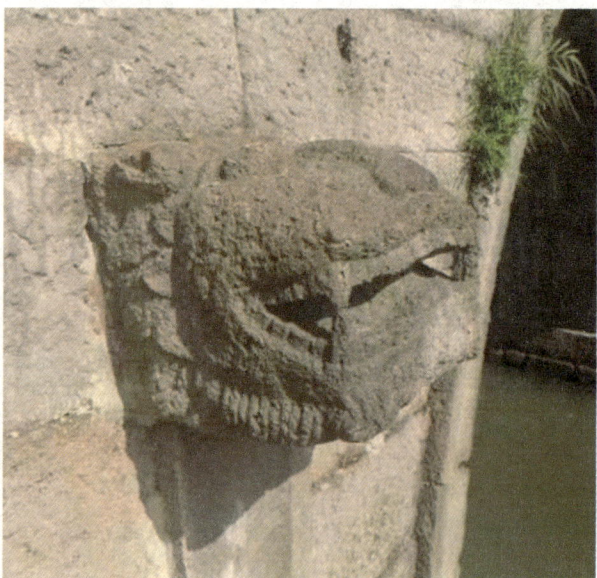

图 5.1.6　金刚墙上的水兽雕刻

5.1.5 线刻

线刻就是在加工成平滑光洁的石块平面上，刻出各种线条及装饰图，刻出的图形、文字、花纹、线条均在一个平面上，没有立体感。线刻类似中国画中的白描。选择的石材应有一致的秩序纹理，没有裂缝，不易风化，具有耐冻性。常在古桥的桥心石、抱鼓石、台阶石雕刻中运用，常用来勾画动植物的外表、形状和线条等。

图 5.1.7　石桥台阶上线刻的防滑条

5.1.6 素平

素平即为原石，一般不具体雕刻，或稍作加工，但是要求石料表面做细、做平，必须达到面平、边直、角准，具有非常舒适的触感。素平技法广泛运用于古桥的台阶、桥栏、望柱、须弥座、排柱、桥墩等多处部位。

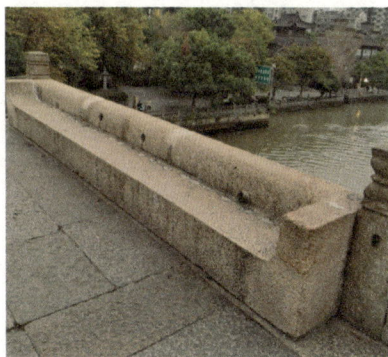

图 5.1.8　素平吴王靠　　　　图 5.1.9　素平望柱头　　　　图 5.1.10　素平须弥座

5.2　石桥雕刻常用位置

古桥的石刻主要是在栏板、望柱、龙门板、横系石、间壁石、抱鼓石、楹联石、桥心板（又称合龙石）、券脸石、桥额、桥墩等部位。栏板、望柱和抱鼓石是装饰最多的部位。栏板石、望柱石、抱鼓石、地栿石等构件是桥面上容易为人们所触摸的部件，所以，这些部件可以直接显示桥的美感。栏杆是否具有美感会直接影响到桥的整体形象，这就要求在雕刻栏杆部件时不仅要采用丰富的艺术造型，还要求栏杆与桥型、环境和地域文化环境相协调。为充分体现古人的宗教思想，更需要精湛的工艺、细微的雕刻来装饰桥梁。我国中原地区的古桥雕刻艺术曾经达到极高水平，这已被众多的考古资料所证实。《东京梦华录》记载，州桥两岸"皆石壁，雕镌海马水兽飞云之状"。济源金大定年间（1161年—1189年）的望春桥"以雕以斫"，现存宋金石梁小商桥通体雕刻，中央券脸石雕吸水兽，两侧雕龙、凤、云朵、海马、如意、莲花、牡丹，桥墩四角浮雕承重力士，这些雕刻均代表了当时的雕刻艺术水平。河南安阳永和桥的海马多姿多态，令人叹为观止；广济桥的龙腾云驾雾，造型生动；彰善桥的四尾凤，展翅欲飞，别具特色；万悦桥券脸石雕刻的丹凤朝阳图，狮子彩带和鹿的造型是明嘉靖年间（1522年—1566年）的艺术珍品；许昌苏桥券脸石雕刻内容丰富，除有常见的龙外，还有鲤鱼跳龙门，犀牛望月，狮子滚绣球，人物故事，鹿、马、兔、羊、莲花等各项民间喜闻乐见的题材内容；汝州小安桥券脸石雕有凤凰、犀牛、麒麟、游鱼、海马、卷草、花卉等图案，在桥身一块梯形石板上，浮雕三世佛造像；在浙江杭州市富阳区永昌镇日新桥望柱上雕刻有金猴送旨的雕像，十分罕见，雕刻线条流畅、形象逼真；杭州市城区祥符镇上有座五孔墩壁式石梁桥，桥的四支望柱上雕饰着石狮，其余望柱上都雕着覆莲，雕刻技法高超，形象逼真；杭州市拱墅区内东新桥、古星桥的桥心板平面上都雕有"平（瓶）升三级（戟）""吉（戟）庆（磬）有余（鱼）"的图案；四川泸州龙脑桥的桥墩横梁（盖梁）两端雕有栩栩如生的龙、狮、象、麒麟头尾雕像，其石雕技艺可称达到举世无双、无与伦比的水平。

图 5.2.1　日新桥

图 5.2.2　龙脑桥

5.2.1　栏杆

栏杆，古称阑干，也称勾阑，是桥梁和建筑上的安全设施。栏杆下侧一般多设栏板，其上雕各类吉祥纹饰，大多为动物、植物和人物类纹饰，在使用中既起到分隔、导向的作用，使被分割区域边界明确清晰，同时寓意丰富的栏杆又起到极强的装饰作用。元明清代桥上的木栏杆雕刻比较纤细，而石栏杆逐渐脱离木制栏杆的形制，趋向厚重。栏杆本身未承受额外荷载，其功能为防止人员越界或下坠，而且，以不遮挡前面景物为限，故其结构通常偏于简单，条状栏杆一般制成矩形、方形、圆形，为了防止人们触摸石栏杆边缘刃口而受到伤害，石工往往将栏杆边口做成倒角或圆弧形。早期的栏杆为木制，这与木材容易加工、成本低廉、取材容易有关。由于木材易受自然环境腐蚀和人为损坏，所以，桥上的木栏杆就逐渐被石栏杆所取代。石古桥上栏杆，规模较大的桥多以条石者居多。桥栏作为桥梁上部结构中的组成部分，除了起到安全保障作用外，还能增加拱券压力，使拱券之间拼接更加紧密，提高了石拱桥强度。例如，绍兴广宁桥的栏杆由上下两部分组成，两望柱间长10米、高1米、厚0.5米、重约10吨，广宁桥历经数百年依然不倒，石栏杆也起到很大作用。有些古桥为了增加安全可靠性，就设置上下两道栏杆，中间设置一些小栏板，这些栏板形状各异，采用浮雕或镂空雕雕上一些人物、动物、植物等图案。

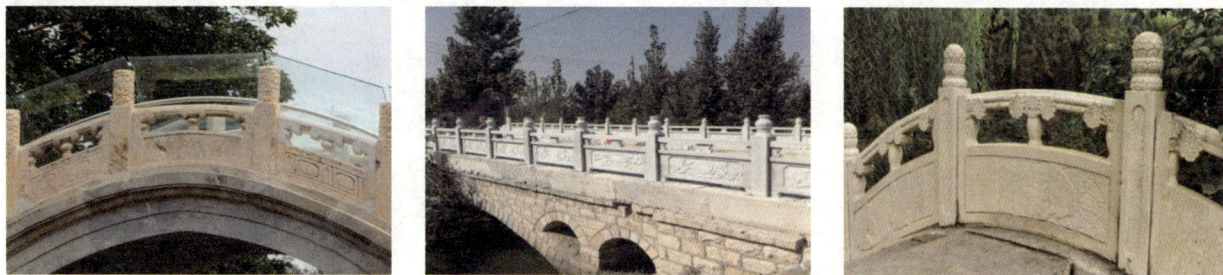

图 5.2.3　石桥栏杆

5.2.2　栏板与望柱

1.栏板

桥面两侧设置栏板、望柱，其主要功能是防止行人、车辆坠落桥下，其次是美化桥梁。桥面栏板、望柱和抱鼓石互相连接，高低错落，给桥梁增加了美感，使其更显壮观。为了展示桥梁的美感，往往施以艺术图案雕刻，栏板精雕细琢，镂空剔透的居多。望柱头造型多样，抱鼓石各具特色，这些精美的雕刻给桥梁本身增添了艺术价值，也给人们带来了美的享受。望柱之间的栏板往往为整块石板，也两三块拼接相连的。它们的形状有菱形、矩形、圆形、方形等，在石板的中心位置都雕刻各种形态各异的人物、动物、物件、花草等图案。这些图案基本上采用浮雕，个别也用镂雕手法的。例如：北京故宫内断虹桥栏板上雕刻了"双龙嬉球"图案，两条栩栩如生的行龙相互追逐着一个火球。栏板周边框上刻有荷花、牡丹等花草图案。河北赵县安济桥栏板上雕刻着多种龙的形态，有双龙戏珠、龙爪采花等图案，形象生动、意象清晰，可谓上品。杭州中河上的南星桥在栏板同一侧上雕刻六幅图案，四幅以骏马为主体，两幅以鲤鱼为主体。图案精雕细刻、形态逼真、线条流畅、个性突出，骏马大有"天马行空"之势；鲤鱼大有"跳跃龙门"之态。浙江省温岭市金清大桥栏板上花卉浮雕图案形式多样，线条流畅，内容丰富。这些精美的石雕图案不仅增添了石桥的文化艺术，同时也给人们带来很有欣赏价值的视觉美感和石雕艺术所表达的时代宗教思想。

由于古桥栏板易受到外力冲撞而损坏，故成为古代维修的重点，所以要在一座古桥上找到保存完整未曾修补过的栏板难度很大，尤其是宋金以前的桥梁更是如此。河南境内现存古桥两侧栏板均为明清时期遗留下来的，且历经修补，残缺不全，宋金时期的栏板只能见于考古发掘。对小商桥的发掘，让我们看到了宋金时期和元代栏板和望柱的式样。小商桥栏板长 1.8 米左右，高 0.7 米。上部栏板雕寻杖，荷叶净瓶；下部栏板雕水纹，水中蛟龙翻滚，乌龟或伸首向上，或漂浮水面。另外还有在栏板上雕万字纹、牡丹童子、卷枝石榴、水波莲花、团花等图案的。河南汝南东关大桥，又名济民桥，始建于明代，已有500 多年的历史。该桥栏板上浮雕龙、虎、麒麟和多种草卉等图案，形象生动，栩栩如生，堪称明代石刻的精品。不少桥栏板上雕刻的戏剧故事更是研究我国地方戏曲史的珍贵佐证。江苏苏州市寿星桥护栏石板（未设望柱）上雕刻了 16 头梅花鹿，形式各异、雕刻细腻，十分可爱。浙江海宁市紫薇桥栏板上雕刻了骏马、梅花鹿和松柏树图案，十分耐看。杭州市内中河上的古南星桥栏板上雕刻有奔马、浮云、卷草、游鱼等浮雕图案，十分精美。地处我国边陲的贵州省福泉市的葛镜桥桥面栏板上雕刻有象征道教寓意的太极图、画戟、莲花等图案。

图 5.2.4　栏板上雕刻的各种图案

2. 望柱

　　石桥上的望柱也称栏杆柱，是栏板之间直立的短柱。望柱分柱身和柱头两部分；石桥望柱柱身的截面，在宋代多为八角形，清代多为四方形。望柱是石桥雕刻的主要部位，柱身各面常有如意灵芝纹、海棠花或龙纹装饰。柱头的装饰花样繁多，常见的有龙纹、凤纹、云纹，狮、猴、莲花、葫芦等造型。清代之前拱桥上的望柱一般都较为简单。河南带城桥东侧，跨十全街河上的星造桥，建于明代，桥身六根望柱在其柱头雕刻祥云如意纹，而柱身则为素面。而跨盛家带河的忠信桥，始建于清代早期，花岗石、青石结构，长 21 米、宽 3.2 米、跨径 4.5 米，条石桥栏，石级步阶，两侧桥栏雕花纹饰，南北两侧仅两根望柱，望柱和柱头均为四方形，并无过多雕刻，异常简洁。随着清代中后期石雕工艺的大发展，望柱的雕刻也越发精美，桥柱上栩栩如生的云饰、石狮也常见起来，且极富立体感。位于苏州广济路上的，跨山塘河及山塘街的新民桥和塔影桥，分别始建于清嘉庆二年（1797年）和光绪三十二年（1906年），除复杂的石雕栏板，桥身正面望柱上雕有极其精美的石狮，活泼而灵动。小商桥上望柱为小八角形，柱头雕仰覆莲、鱼形及莲花宝珠式样。望柱柱头的形式多种多样，有莲瓣状、宝珠状、仙桃状、石榴状、宝瓶状、木瓜状等。动物造型中除常见的狮子外，还有鱼、龙、猴子等，其他另有简练的素方头、麻叶头和多种几何平面组成的立体形。在柱头雕刻中，要数狮子最具代表性，小商桥和永济桥以及杭州建德白沙桥上的狮子有的形态庄重威严、有的活泼可爱、有的母爱浓情、有的昂首远眺。北京卢沟桥望柱上石狮历经金、元、明、清、民国、新中国各个时期的维修补整，融汇了各个时代的艺术特征，成为一座古桥石刻艺术博物馆，桥上精美的"石狮数也数不清"。

图 5.2.5　石桥望柱上雕刻的各种形态石狮

图 5.2.6　望柱上的雕刻

5.2.3　护栏石

　　古桥护栏石装饰常见的一种形式是在栏板石下方开凿须弥座。须弥座是从五代到两宋时期，北方寺僧在建石桥时，为了弘扬佛教，宣传禅宗意识，将其在护栏石下方石基台座上开凿，到南宋时随着朝廷政权南移临安（现杭州），北方大批工匠同时南下，才普遍开始在栏石下开凿须弥座。护栏石由于面积比较大，相对雕刻的题材和内容更为生动丰富，有复杂的"双龙戏珠"和植物藤蔓图案，也有简单的万字纹。江南护栏石一般采用浙江德清武康石、新昌西坑石、江苏苏州金山石、无锡太湖石等柔和石材，也有少量采用青石、花岗石等坚硬石材，主要按照因地制宜、就地取材原则选取石料。杭州拱宸桥的护栏石如同栏板石，就是由多块长 3 米、高 0.5 米的条石通过望柱相连，桥顶平台两侧为"吴王靠"形式落座。浙江桐乡永安桥两侧的护栏石就是一条略显弧形的长石，有 8 米余长，其在中横线间隔凿有 10 余个圆孔。浙江长兴县境内最大单孔石拱桥光阳桥的护栏石十分素净，就是由几块条石组合而成，没有任何雕刻图案，这类形式的护栏石在江南古桥中比较常见。古桥护栏石上的雕刻大多表现出古朴、凝重的建筑风格。

图 5.2.7　须弥座和石栏石

5.2.4　抱鼓石

抱鼓石原是汉民族传统民居大门底部两侧位于宅门入口、形似圆鼓的两块人工雕琢的石制构件，因有一个如抱鼓状形态承托于石座之上，故此得名"抱鼓石"。抱鼓石汉族民间称谓较多，如石鼓、门鼓、圆鼓子、石镖鼓、石镜等。它是汉民族建筑所特有的重要构件，从建筑结构来考虑，其主要是起到稳固楼柱、围护大门，壮主人威势以撑门面的作用。但其依托功能施以装饰的石制构件，从民俗学意义衍生出来的功能就绝不仅仅是稳固门庭的作用，而是蕴含了极其丰富的象征财富、威严、权势、身份、信仰等意义。抱鼓石下部雕刻一般为须弥座，中间为鼓形，饰以花纹浮雕，上部为透雕狮子，这是最常见的样式。目前遗存的抱鼓石纹样丰富多彩，从题材上来分，可分为瑞兽、祥云、花鸟虫鱼和器物什锦等，须弥座上多浮雕着牡丹、荷花、芙蓉、葵花以及如意纹、卷草纹、祥云纹等纹样，表达出福寿吉祥的寓意，是花好富贵的象征；中间鼓面上装饰的图形既有低浮雕纹样，又有高浮雕的狮子。由于抱鼓石有祈福、纳吉、辟邪、装饰、稳固桥栏桥柱等作用，在一些传统的建筑如寺庙、衙门、祠堂、书院、牌坊、桥梁等建筑中均普遍使用。因此，江南古石拱桥一般在桥尾望柱的外端也通常都安有抱鼓石装饰构件，其装饰雕刻部位可分为鼓座、鼓面、鼓顶三类，雕刻纹样以素面为主，个别雕有瑞兽祥禽、灵木仙卉等。

和宅院抱鼓石相比，二者所指的符号语义相同，同质异构而已。石桥上的抱鼓石一方面出于对栏杆起到固定和保护功能而设的，另一方面又蕴含着吉祥美好的寓意。正如建筑学家吴良镛先生所说，抱鼓石"已经不仅是一种样式，还是植根于生活的深层结构，是一种居住文化的体现"。抱鼓石长短高低随望柱高低略有变化，有的曲线平缓向外延伸较长，有的底边较短，显然瘦高；有的鼓面雕刻多种图案，有的则为素面。杭州市解放桥末端望柱被一巨大抱鼓石所顶托，抱鼓石雕刻图案优美，造型别致，中间为一红日，周边为沧海水纹，犹如旭日东升，其上部由高到低，圆滑走势，平稳过渡，抱鼓收口。浙江宁波象山庆丰桥抱鼓石上图案就是一匹站立着的金鞍骏马，雕刻线条简单粗犷。浙江长兴县内乌桥（小乌桥）桥面两侧为类似吴王靠的坐椅式石栏板，两侧栏板末端抱鼓石为一对圆雕石兽，扭头相望。古石桥抱鼓石造型各异，形态多样，均显示着丰富的民间风俗含义。

古桥上的石鼓有别于宫廷民居宅院门前安置的石鼓，一般情况下，桥上的石鼓造型较简单，纹饰线条不太精细。在空旷野外日晒雨淋环境下容易风化难以保存精细纹饰，因此，在大自然环境下，抱鼓石雕刻精细的花纹图案就显得没有那么必要了。

图 5.2.8　各种抱鼓石

5.2.5　横系石

古桥上雕刻的吸水兽造型具有强烈的地域特征，形象生动，神态逼真，雕刻细腻。龙的图形双爪张开下按，或爪上五指握火焰珠宝，或五指抓拱券下沿，或双爪握胡须。头肩披毛卷发，有的怒目张口，面目狰狞，有的眯目闭口，神态安详。

在时代特征上，河南小商桥的吸水兽仅雕出面部，其造型古朴。河南安阳永和桥、汤阴方济桥、彰善桥等桥上雕刻的明代早些年代吸水兽有瘦骨嶙峋之感。之后吸水兽雕刻渐趋简化，仅在中央一块券脸石雕出兽面，浮雕高度亦低，缺乏层次立体感，失去了早期威猛的神态。河南小商桥上下游侧均浮雕吸水兽面，明代以后桥梁除沿袭宋金时期的做法外，不少桥梁在桥的迎水面雕刻吸水兽面。而在背水面则雕刻兽尾，好像一条巨龙贯通桥体，首尾呼应，有始有终。兽尾雕刻鳞片，或平直，或卷曲，形状多样。浙江长兴的小乌桥两对横系石上雕刻了吸水兽兽面的图案，形象粗犷、浓眉突眼、大嘴紧闭，相当威严。到清代晚期，不少桥梁已不再浮雕吸水兽。

除拱券中央券脸石雕吸水兽外，在拱券之上，在撞券石和在金刚墙上，常常有向外伸出的龙形吸水兽，河南汝南东关济民桥在拱券的内券石上雕刻吸水兽，十分罕见，目前仅见此例。在桥梁的桥墩上也大量地雕刻有吸水兽雕刻装饰，一般的做法是将最上一层桥墩石条两端雕制成龙头形状，一般是在上游部位雕作龙头，下游部位雕作龙尾。

图 5.2.9　吸水兽

图 5.2.10　龙头　　　　　　　　　　　图 5.2.11　吸水兽

5.2.6　合龙板

桥顶平台上的合龙板也称定心板（石）、桥心石或者桥面中心板（石），即桥面石梁正中间的一块大石板，是石桥装饰艺术的重要组成部分。一般在桥梁竣工时最后放置的一块大石板，也就是合龙板，它表示桥梁最终完工，建桥者对这一构件极为重视，不少地区还举行"圆桥仪式"。合龙板上一般都会刻有蕴含丰富寓意的精美图案，这些图案象征寓意深刻，雕刻技法精湛，体现了古代建桥工匠的高超雕刻技艺。合龙板材质采用的大多是花岗石，质地比较坚硬，所以采用以浅雕为主的雕刻技法。

江南古桥上合龙板多数呈四方形，而装饰图案多为圆形，圆心四周有外加框。主图案最多的为"月华纹"，也叫轮回旋水（旋涡）纹，以"S"形线条，将圆分割成多寡不等的阴阳交错、生生不息的图形，并围绕一个中心点回旋不息，前后相随。这图案显然是从佛教里的"卍"字演化而来的，到明清时，逐渐演化成轮回旋水纹。旋水纹用在桥心石很显然具有充分的象征寓意，人们用它来趋吉避凶，祈祷出行平安。合龙石除旋水纹之外，还有大量刻有双龙戏珠、鱼跃龙门、暗八仙、葫芦、如意、阴阳太极、五福送寿、平（瓶）升三级（戟）、吉（戟）庆有余（鱼）等图案。主图案四周一般还饰以花边和其他吉祥纹饰。位于河南陆慕的太平桥，建于清光绪二十八年（1902年），东西走向，桥上置有桥栏，桥栏间立有望柱8根，合龙板所刻轮回旋水纹及板、葫芦、如意等图案，雕工精美，寓意深刻，是这一装饰纹样的典型样本。位于浙江杭州市拱墅区石桥街道的欢喜永宁桥为单孔半圆形石拱桥，其桥面合龙板上雕刻了线条清晰的旋水纹图案。位于宁波余姚市的武胜桥为单孔半圆形石拱桥，桥面合龙板上雕刻了出水荷花、蝙蝠、仙鹤、花枝多样图案，十分精美。位于浙江工业大学校园内东新桥桥面平台合龙板上的雕刻图案是"平升三级"。宁波鄞州永济桥的桥面合龙板上有繁多的图饰，有荷花、仙鹤、蝙蝠、宝瓶、如意、画戟、祥云、缠枝，四周双框，框内刻有花卉草纹。在桥心合龙板上刻有如此众多的浮雕内容，在我国古桥中十分少见。

| 图5.2.12 六世轮回 | 图5.2.13 太极八卦 | 图5.2.14 吉庆有余、平升三级 | 图5.2.15 鱼跳龙门 |

| 图5.2.16 喜上眉梢 | 图5.2.17 天地同心 | 图5.2.18 涌泉跃鲤（二十四孝之一） | 图5.2.19 五福（蝙蝠）送寿 |

5.2.7 龙门石

龙门石为石拱桥内正中间的一块大石，它是在施工拱券到尖拱时，嵌入拱券中间，使拱券压紧的一件十分关键的石构件。拱券券脸正中的嵌龙门石有一到两块，其上雕刻一般不用人物，而是刻珍禽瑞兽和百草祥花。瑞兽首选压水的蛟龙、吸水的石兽，或为降服水怪的道教图案。龙门石上精雕细刻的图案栩栩如生，它起到装饰美化作用，使桥在形态上锦上添花，倍增美感。龙门石的作用在明代以前以装饰作用为主，而清代中叶以后完全服从结构与功能，其题材多为群众所喜闻乐见的内容，借以表达人们与自然斗争（尤其是与水斗争）取得胜利的喜悦和祝颂吉祥之意。位于苏州吴江区盛泽镇的白龙桥为清康熙初年所建，桥顶面石和拱券龙门石分别刻有"笔锭如意""瓶升三戟""鲤鱼跳龙门"和"云龙""太极"等吉祥图案。而苏州虎丘山后的中和桥上置两块龙门石，雕刻着凶猛的兽脸，雕刻手法生动、精练。而石湖西北的行春桥九孔相连，每孔两侧分置两根长系石，一共 9 根，系石端部均雕刻兽面，极具气势。

图 5.2.20　龙门石下方悬挂"斩妖剑"

图 5.2.21　龙门石上雕刻双龙戏珠图案

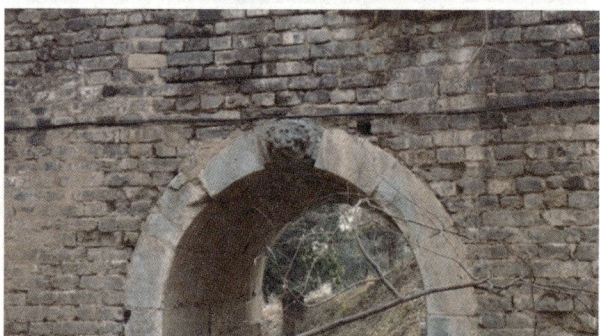

图 5.2.22　龙门石端部雕刻吸水兽

5.2.8 桥碑和桥联石

桥碑和桥联石是江南古桥雕刻装饰形态中的重要组成部分。修路造桥历来被当成人们积德行善的大好事。每当一座古桥落成，人们都会立一块桥碑，将修桥的经过，以及修桥捐赠钱财人的名字镌刻在石碑上，因此古桥碑记录了生动的古代桥梁建筑史。桥碑上的文字，主要起到纪年、说明、训示等作用。例浙江湖州长兴县有座寿星桥，桥台上嵌一块正方形的桥碑，上有铭文记载：此桥初建于明代隆庆二年（1568年），由曹村的孙银、孙铜、孙铅、孙铁四兄弟出资合建；清光绪廿一年（1895年）八月，由镇绅金品贤、严亮熙、钦启承经手助石重建。苏州古桥的修建在苏州人们的心目中是件非常重大的事情，因此，常立桥碑昭示后人，或彰或罚。几乎所有一定影响力的古桥都有碑文存世，只是随着岁月的变迁，有些已经损毁消失了。苏州市七都镇有存桥是座单孔花岗石石拱桥，建桥张姓负责人为了表明自己廉政，在桥的西南石壁上刻有毒誓："我胆敢私吞、挪用、贪污建桥的款项，我必定遭受雷击火焚"，这类"毒誓碑"比较少见，充分显示了我国古代工匠诚实勤劳廉洁的优秀品质。古桥碑文，大多透着浓浓的民俗文化和人文精神，多数采用楷书或行书以浮雕形式镌刻在桥的金刚墙、间壁石，或者专用的石碑上。我国古代名桥的桥头还往往立有御碑，刻有皇帝书写的碑文、祝词、赐名等。御碑材料质地考究，多数为汉白玉。位于北京西南永定河上的卢沟桥1698年重修时，康熙皇帝就令在桥西立碑，记叙修桥之事；乾隆皇帝则在桥东立碑，在碑上刻录其亲笔题写的"卢沟晓月"四个大字。桥碑立在桥亭内，正方形的桥亭立有四根汉白玉的亭柱，顶上有四根横梁相连，下设栏板，柱上雕刻盘龙、云海、山水等图案，十分精细。全国旅游胜地杭州"断桥"东端建有碑亭，亭内立有康熙皇帝御题"断桥残雪"碑，题刻清晰、字体精美。亭侧建一水榭，额题"云水光中"，青瓦朱栏，飞檐翘角。桥、亭、榭相映成趣，为西湖风景区之精华所在。

图 5.2.23 桥碑上的雕刻

图 5.2.24 桥联石上的雕刻

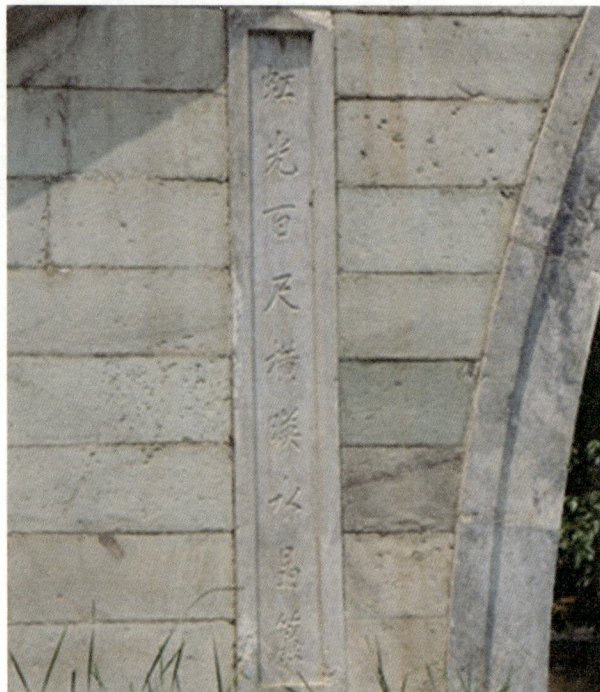

图 5.2.25　桥联石上的雕刻

图 5.2.26　桥碑石上的雕刻

图 5.2.27　浙江金清大桥桥碑

　　桥上楹联是桥文化中的精彩之笔，体现桥文化艺术的丰富内涵。一般它镌刻在石桥的楹联柱上，也有刻在桥廊柱、桥门柱、桥亭柱的显眼位置。桥联内容大量的是桥景、桥事、桥史、桥意和一些格言、警句、趣事。如浙江绍兴市延寿桥上有对楹联："东也来，西也来，来此不分你我；你要走，我要走，走了不分西东"。安保桥上楹联为："心宽可坐须长息，事急当行莫久定"；惠民桥上是："仍旧址，建新梁，七乡引赖；导行春，通仲夏，两派汇流"。苏州吴中香山街道后塘桥的桥刻："愿天常生好人，愿人长行好事"，借物寓意，寄托了人们对美好事物的向往，增添了古桥的诗情画意。桥联上也常见对周边环境和水流来去的具体表述。例：浙江桐乡盐官桥桥联"南北通沙渚，东西接语溪"，可见此桥下流水连接两条水系。还有一些桥联富有人生哲理而成为警世名言，例如浙江绍兴泗龙桥上有副桥联："忍三分心气和平，退一步天宽地阔"。更有奇者，浙江桐乡市洲泉镇内有座淳安桥，系三孔石梁桥。淳安桥地处江南杭嘉湖三市交界之处，间壁形桥柱侧面上刻有文字：南桥柱上刻"南首桥门东西直线杭县界"，北桥柱上刻"北首桥门东西直线崇德县界"，中孔桥梁梁板边上刻有"中央桥门为德清县东西连接之水道"。这类分道航行的刻句在全国绝无仅有，印证了古时桥梁"谁投资、谁受益"的价值观念。

5.2.9 桥墩

桥墩上石雕一般为神话中镇水兽坐像，也有镇妖塔镇妖宝剑之类的石构件。古代传说水龙王的九子分别为：囚牛、睚眦、嘲风、蒲牢、狻猊、赑屃、狴犴、负屃、螭吻，其中六子赑屃又称"霸下"，专为管辖江海河湖的潮起潮落，能镇水护桥，一旦有水怪兴风作浪，它就使出浑身解数，斩妖除魔，保护桥梁安全和两岸安宁。此类石刻雕像，在古桥上还是比较多见，例如杭州拱宸桥桥墩刻有庄重威严的赑屃。四川泸县龙脑桥，其桥墩上刻有华龙、麒麟、青狮、白象。麒麟石雕墩上，脚下有兵书宝剑，形象丰满，气势非凡。还有在厚墩、尖水墩上雕刻蜈蚣，民间认为蜈蚣能降水妖，同时，其雕像位置表示最高警戒水位，水流越过蜈蚣所处位置，将会出现水患，发生水灾，从而引起两岸村民的警觉，及时采取安全措施，避免灾害产生。蜈蚣石刻在湖南、浙江、江西古石桥上较为多见。

图 5.2.28　桥墩分水尖上石狮雕刻　　图 5.2.29　桥墩分水尖上石幢雕刻　　图 5.2.30　桥墩分水尖上雕刻的蜈蚣图案

5.2.10 桥柱

桥柱上石刻多为覆莲荷花的图案和一些字堂内容，以文字、花卉为多见。字堂为有框和无框两种。文字大多为建桥纪事、捐资人姓名，也有一些对联警句。图案一般为莲花、荷花、缠枝等花草。宋元以来石梁桥立柱侧面或石拱桥券石上往往雕刻了荷叶莲花字堂，字框上部镌刻倒叶荷花，下部为莲花，浮雕效果清晰，意味明显，令人刮目相看。例浙江长兴县吕山乡石佛桥桥柱上刻有莲花双框字堂，框内刻："当邑舍钱弟子王敢同妻罗氏十二娘发心建造岁次嘉定十二年（1219 年）十月初九日辛未朔旦谨题"字句。湖州市德清县武康镇上僧家桥桥柱荷叶莲花字堂内刻有南宋宝庆二年（1226 年）的题记；南浔区菱湖镇宝蓄桥桥柱字堂内刻有南宋淳祐六年（1246 年）的题记。长兴县泗安溪上游寿星桥是一座南北走向的两墩三孔石梁桥。桥墩由花岗石砌成，在南侧桥墩台上嵌有一块正方形石碑，碑上刻有文字："由镇绅金品贤、严亮熙、钦启承经手助石"。字堂雕刻清晰可辨，莲花图案十分优美。在桥台上雕刻人物肖像实为少见，浙江省嘉兴市洪合镇国界桥系三孔石梁桥，有汉白玉石佛雕像分别镶嵌在两侧石柱底部，有说是吴王夫差、越王勾践的雕像，至今还可见。国界桥跨在九里港上，此河曾为战国时期吴越两国的界河。

图 5.2.31　浙江嘉兴国界桥

享有江南四大名园之称的浙江海盐绮园内有一景点，名"四剑探水"。实际上就是指边上的一座三孔石梁桥，其奇特之处是桥柱为四支削得极其扁平的如剑一般的菱形青石柱直插水中，和水底桥墩相连，剑把和上部横梁一体。此桥长 7.75 米、桥面宽 1.03 米、桥面石厚 0.2 米；剑柱长约 2.2 米、出水面 1.20 米，菱形剑柱长边 0.3 米、短边 0.12 米、单面宽 0.16 米；柱上横梁（盖梁）长 1.20 米、宽 0.3 米、厚 0.13 米。把石柱加工成剑式为桥柱的石梁桥，绮园四剑桥为全国唯一孤本。

图 5.2.32　浙江海盐四剑桥

为了保护桥梁安全，尤其廊桥的防火安全，人们就在桥梁的梁柱、廊柱和亭柱上刻上禁令或劝告语，要求过桥者严格遵守。

5.2.11　金刚墙

石梁桥、石拱桥两侧的金刚墙上除了桥额（名）石、盖梁（帽梁）、楹联石上刻有雕像和文字及其他一些图案外，往往在石壁某处刻有一些文字，记载与建桥有关事项。也有用预制的石板嵌在金刚墙侧壁内的，作为历史记载，便于后人知晓。金刚墙压卷石上也经常雕刻有鼓状门钉，寓意拱券稳固、固若金汤。桥上鼓钉物件虽小，但加工不易，雕刻时须聚精会神、小心翼翼，否则前功尽弃。闻名世界的河北赵州桥（永济桥）就有鼓钉 70 余枚。江苏苏州的灭渡桥、上海青浦区金泽镇的万安桥、浙江德清县的寿昌桥、绍兴市的广宁桥上都雕刻着鼓钉，雕刻精良、形象逼真。金刚墙上还有预制铭文石镶嵌在内，如上海金山张堰洞桥西北面金刚墙上就镶嵌着一块青石板，上面刻录了建桥渊源，由于风化严重已难以辨

图 5.2.33　桥上石神龛

认具体内容。

在桥两侧墩台上还有嵌入石神龛或直接在金刚墙石壁上凿成，在内供奉桥神，以期镇妖保桥。浙江一些桥的金刚墙上雕刻石瓦，遮盖墙上碑文，防止雨雪侵袭。

5.2.12　缆船石

在江南集镇的石桥旁常设有码头，也称河滩、河埠头，供船上人员、货物上下之用。桥旁石驳坎（岸）常砌置系挂船缆的缆船石，也称拴船石，俗称船鼻子。缆船石虽不是古桥的构件，而且也显得简单，但十分实用。石匠在对其雕刻时会考虑它的主题和古桥相呼应，常将石桥上的雕刻元素应用到缆船石雕刻上，可与古桥上的雕刻相呼应。缆船石上雕刻形象多样，品种繁多，有双眼、琴、棋、书、画、灵芝、如意、银锭、击磬、万年青等寓意吉祥的物件形态。

图 5.2.34 缆船石

5.3 石桥雕刻题材与特点

古桥上的石刻题材和内容丰富多彩，不仅有真实的事物形象，还有抽象的符号图案，这些雕饰不仅显示了民间工匠的精湛技艺，也承载着民间的民俗文化、道德观念、精神需求，向人们传递着历史的信息。

5.3.1 语言文字

古代石桥雕刻中，有很大一部分为语言文字，其主要有桥名、桥联、碑文、警句铭文和立柱字堂上的记文。

桥名多为一桥一名，少量随着时代的变迁及重修重建桥名有所差异，在桥两侧额石上多以楷书形式刻录，也有单侧有名，另一侧无字或刻装饰图案。雕刻以阳刻突出为主要形式，字体以工整的楷体为主，也有少量的以隶书形式刻成，极少采用行书和篆书书写桥名的。在雕刻上常见桥名外围刻有边框，也有每字周边刻上圆形边框。桥名文字雕刻粗犷工整。桥名之外常刻有题款，一般标注建桥年号及出资人姓名、堂号等。

古代桥梁建设一般由官方、民间筹资建设，大多在桥端、桥侧或附建的桥亭、桥廊内立石碑，记录建桥因果、建桥时日及费用来源、投资捐款者名号。由于其文字雕刻在石碑上，此碑也就称为桥碑。桥碑形制多样，用材各异，大多一桥一碑，但也有一桥数碑。桥碑由于文字较多，故多以阴刻楷书为主。碑文由当地地方官员、文化名人、社会贤达撰文，再由名工巧匠凿刻。桥碑中尚有为数不多的"御碑"，所谓"御碑"即由当朝皇帝为所建桥梁撰下的文字，由国内名匠精雕细刻于特制的汉白玉玺石碑或楠木匾上。其碑一般都立在桥亭之内以防风雨入侵而风化。为了显示皇家豪气，此类御碑都屹立在传说中由龙和乌龟生下的赑屃（喜欢负重）之上。例如，北京卢沟桥御碑亭内竖立的由清朝乾隆皇帝爱新觉罗·弘历所书的"卢沟晓月"四个苍劲大字，其石碑背面刻有碑记。还有浙江杭州西湖断桥东侧端北碑亭内竖立的由清朝康熙皇帝所题写的《断桥残雪》御碑，原碑为1702年勒石而立，现碑为1977年按原尺寸、原刻本、原字迹篆刻重立，《断桥残雪》四字为行书字体。

古桥石刻文字中尚有一些警句铭文。古代官府或民间团体为保护桥梁防止人为破坏，就定下规矩，以文字形式刻在桥梁本体或周边桥畔的石碑上，以此示众，务必遵守执行。例如，安徽休宁登封桥设立的《徽州府正堂峻示碑》，上书"桥西一带，禁买杂物，阻塞交通，严拿重罚"；"禁止堆放器物，禁止牵缚耕牛，禁止工作造器，禁止生火煮饭，禁止侵损桥屋"的五十禁令。古桥上的铭文石刻一般为记录建桥年月和建桥人员姓名，文字简练，内容简单，字体多样，阴阳镌刻均有。例如江苏省苏州市的仓桥，桥洞内刻有"同治六年，长洲正堂蒯重修"楷书铭文；上海金山张堰洞桥拱券内壁上刻有"明嘉靖丙戌八月史悦重建，万历辛卯八月马悦重建，大清康熙戊辰四月吉日"文字。

在石梁桥的桥柱上往往还有称为字堂的框形内留有石刻文字，字堂框上端一般有石雕倒挂荷花，而下端则为盛开的莲花。有些字堂框边缘雕有各类缠枝花草。例浙江长兴县内畎桥，在石桥墩柱上刻有莲花字堂，一块字堂内刻"都劝缘檀域卢十七，宣义国男御六省元"；从字堂内文字可得知此桥始建于1264年—1294年，为研究此桥历史提供了有力佐证。

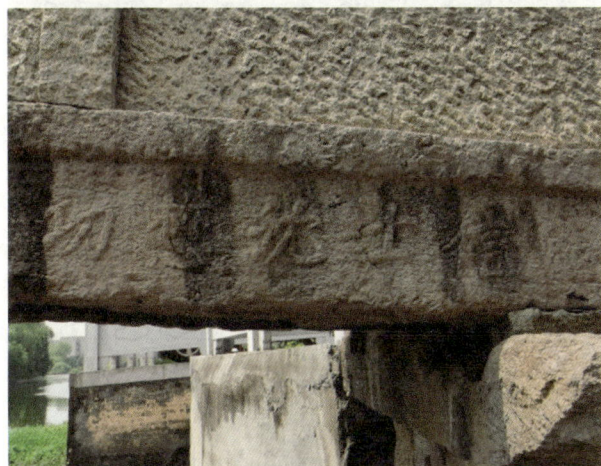

衍南北之长流前接双溪后三御
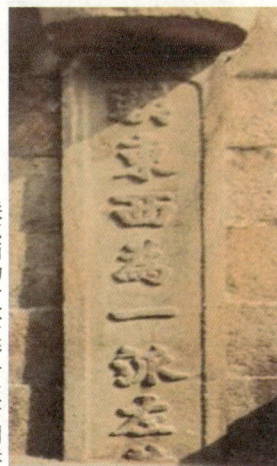
联东西为一脉左管方玉右圆珠

图 5.3.1　雕刻的桥名、注文、对联文字

5.3.2 自然花草

把自然界中的花草作为雕刻装饰题材，古桥的栏板处常用。常见的题材有松、竹、梅、兰、菊、牡丹、灵芝、荷花、莲花、水仙、海棠、石榴、葫芦、万年青等。人们往往还赋予这些花草美好的寓意，如松象征长寿，竹象征孤傲，梅象征清高，兰象征清雅，菊象征高雅，牡丹象征富贵，灵芝象征吉祥如意，荷花象征高洁，石榴和葫芦则象征多子多福，万年青象征青春永驻。这些题材可以单独使用，也可以和其他种类的题材配合使用。在以植物花卉为题材的雕刻中，莲花、荷花、石榴、牡丹、香瓜、仙桃、菊花等寓含着吉祥意义和人们美好愿望的图案在古桥雕刻中最为普遍。在这些图案中，尤以莲花最为常见，姿态多样，有仰莲、有覆莲，再配以莲叶、水纹，显得更为形象、逼真。

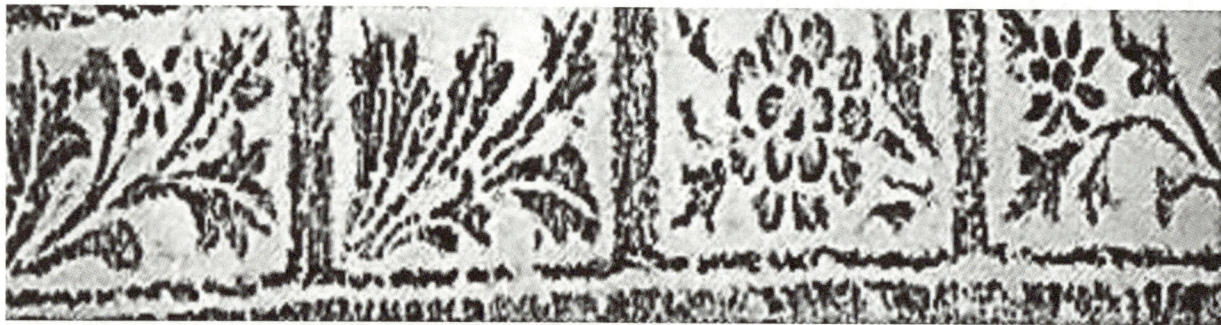

图 5.3.2 桥心板上雕刻的梅、兰、菊、牡丹

图 5.3.3 桥心板上雕刻的荷花

5.3.3 各种动物

古代桥梁上的雕刻题材丰富多彩，许多内容是千百年来流传下来并为劳动人民所喜闻乐见的。古桥雕饰中常用的动物有象、狮、龙、虎、马、凤、猴、麒麟、鲤鱼、蝙蝠、乌龟、蜈蚣、仙鹤、梅花鹿等。这些动物雕刻在不同的部位，雕成不同的形态都有着不同的寓意，发挥着不同的功能。

图 5.3.4 桥心板上雕刻的龙

龙是中华民族的保护神（图腾），数千年来，龙在人们心中是力量和吉祥的象征，龙代表了权力和法力。龙神通广大，变化莫测，能呼风唤雨，拿妖捉怪。《说龙》称："龙，鳞崇之长，能幽能明，能细能直，能短能长，春分而登天，秋分而潜渊。"《广雅》把龙细分为"有鳞曰蛟龙，有翼曰应龙，有角曰虬龙，无角曰螭龙，未升天者曰蟠龙"。人们出于对神龙的崇拜，在桥梁雕刻中龙的形象成了最为常见的题材。

凤凰是中国古代东方部族崇拜的图腾，历代把凤凰作为天下太平的象征，《山海经·南山经》："丹穴之山，有鸟焉，其状如鸡，五采而文，名曰凤凰，道文曰德，翼文曰义，背文曰礼，腹文曰信，自歌当舞，见则天下安宁。"凤凰集美德于一身，象征古代崇高的道德信念。《诗经》云："凤凰于飞，翙其羽，亦浦于天。凤凰鸣矣，于彼高岗，梧桐生矣，于彼朝阳。"凤凰又是人们生活中高贵而美好的象征，汉画中门楼宫上普遍有凤鸟装饰，隋唐壁画也常见凤凰。宋代以后桥梁雕刻中，凤凰也是常见的题材之一。

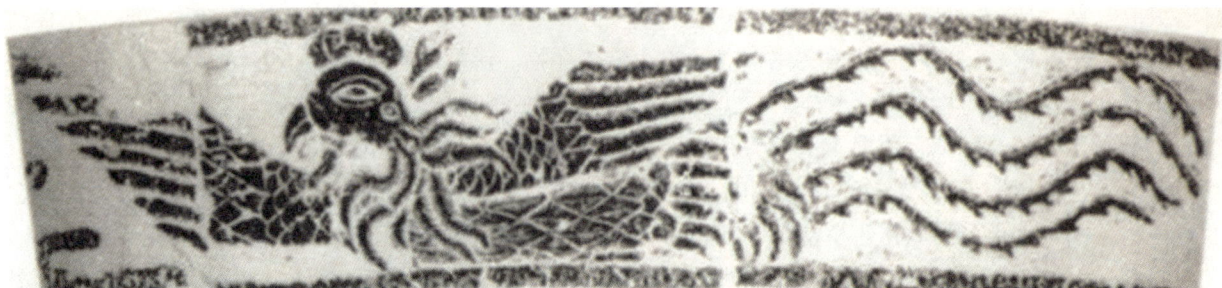

图 5.3.5　桥心板上雕刻的凤凰

在以动物为题材的雕刻中，狮子也是一种出现繁多的图案，桥栏板石上雕狮子滚绣球，望柱柱头上雕狮子，立坐俯仰各种姿态。另外羊（谐音祥）、鱼（谐音裕）、鹿（谐音禄）等吉祥图案在桥梁雕刻中也很常见。犀牛望月、金猴送旨、五福（蝙蝠）捧寿、金鸡报晓、丹凤朝阳、马上报喜、吉（戟）庆（磬）有鱼、平（瓶）升三级（戟）、双龙戏珠、鲤鱼跳龙门等民间喜闻乐见的题材在桥梁雕刻中多有体现。

  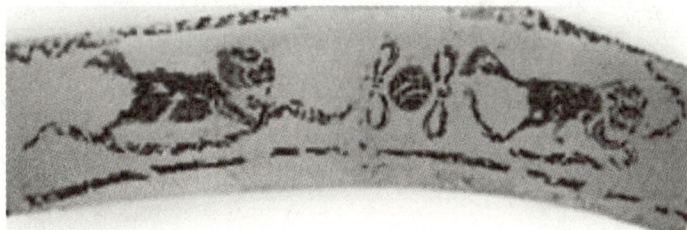

图 5.3.6　桥板上雕刻　　图 5.3.7　石桥栏板上雕刻　　　　图 5.3.8　狮子滚绣球
　　双龙戏珠　　　　　　"蝙蝠送囍"

图 5.3.9　四川泸州龙脑桥上动物石雕

5.3.4　吉祥图案

吉祥图案承载了人们对美好生活的无限向往，如：用松、竹、梅组成"岁寒三友"，象征文人雅士的清高气节；以灵芝、水仙、竹子、寿桃组成"灵仙祝寿"；以牡丹、海棠组成"富贵满堂"；以牡丹、白头翁组成"富贵白头"；以松树、仙鹤组成"松鹤延年"；以松树、仙鹤、梅花鹿组成"鹤鹿同春"；以寿字、蝙蝠组成"五福捧寿"；以葫芦及藤蔓组成"子孙万代"；以蝙蝠、石榴组成"多子多福"；以花瓶、月季组成"四季平安"；以如意、宝瓶组成"平安如意"；以柿子、花瓶、鹌鹑组成"事事平安"；以梅花、喜鹊组成"喜上眉梢"；以桂圆、荔枝、核桃组成"连中三元"；以莲、鱼组成"连年有余"等。在吉祥图案中，离不开佛教、道教、儒教文化中宣扬的八宝吉祥物。佛教的八宝常指：莲花、宝瓶、右旋螺、双鱼、宝盖、尊胜幢（胜利幢）、吉祥结（盘长结）八种法器；道教的八宝常指八位道仙身上的八种法器：渔鼓、宝剑、横笛、葫芦、团扇、玉板、花篮、莲花；儒教的八宝，常指：和盒、玉鱼、鼓板、石磬、龙门、灵芝、松树、仙鹤。当然还有民间流传的宝珠、钱币、银锭、如意、灵芝、仙草、牛角等代表性的吉祥物。这些物件的形象在古桥雕刻中都有体现。这些图案通过构图技巧、丰富的想象相互组合，形成一幅幅美丽的画面，令人百看不厌；同时采用象形、谐音、比拟、会意等手法，表达人们对朴实、美好、幸福的向往。

图 5.3.10　双钱图案

5.3.5　纹饰图案

根据对古桥纹饰图案的整理归纳，大致有：团花纹、云纹、万字纹、如意纹、火焰纹、缠枝纹、菱形纹、绶带纹、回形纹、水波纹、古钱纹和蛟龙纹等。当然，中国古桥分布广域、地域文化复杂多元，且不少古桥历经数百年风吹雨打日晒，使得好多纹饰图案模糊不清，很难辨认。但总体上这些纹饰除少数精雕细刻外，大多粗放简洁、寓意明确，有独立成形，也有组合相连，意味深长。例如，浙江湖州新市镇发祥桥上的团花纹、江苏苏州市中美桥上的云纹、浙江绍兴太平桥石栏板上的万字纹、上海市闵行区含碧桥上的如意纹、山东曲阜孔庙文津桥望柱上的火焰纹、浙江湖州市双林镇孝子桥上的缠枝纹、绍兴泗龙桥护栏板上的菱形纹、湖州市石淙镇圣堂桥望柱头上的绶带纹、湖州市双林镇万元桥栏板上的回形纹、苏州市内福民桥横系石两端刻的水波纹、安徽黟县宏村画桥护栏上的古钱纹、绍兴迎恩桥石栏板上的蛟龙纹等，这些古桥上的饰纹雕刻堪称艺术精品，可见当时工匠的创意能力和石刻工艺已经达到一个相当高的水平了。

在石桥纹饰中，还有一种万字纹，比较多见。桥梁上万字纹，一般在石栏板、合龙板的外框上。它是一种宗教信仰，显示福水长流，生生不息。如苏州吴中区光福寺前的香花桥、绍兴市太平桥的石栏板上都刻有风格独特的万字纹。

图 5.3.11 万字纹

图 5.3.12 浙江湖州万元桥上的回形纹雕刻

图 5.3.13 竖式抱鼓石上回形纹雕刻

5.3.6 人物故事

以单个人物、神仙出现在古桥雕饰中很少，以人物为题材的神话故事、民间传说、名人轶事、戏曲人物颇多。诸如断桥相会、二十四孝、桃园结义、十八相送、化蝶双飞、虹桥赠珠、武松打虎等都在江南古桥雕饰中有所体现，所刻画的人物形态逼真朴实，寄托了人们对美好事物向往的愿望和降魔除害、崇尚正义的情感。

图 5.3.14 古桥上的人物故事

5.4　廊桥雕刻和装饰艺术

5.4.1　砖雕

秦汉时期，秦砖汉瓦成为建筑物的主要材料，人们对砖瓦进行美化装饰的艺术开始出现。明清以来，砖雕应用更为广泛，主要装饰在官府豪宅、乡绅民居、寺庙庵堂、商会会馆、宗族祠堂、照壁房脊、桥梁廊屋等建筑物上。

甘肃陇南市康县平洛镇龙凤、三功两座古廊桥，桥房顶均为"人"字结构，双坡青瓦顶，配有花脊吻兽和连续纹样的装饰，使之更加精巧秀美。花脊采用高浮雕莲花图案青砖装饰，"一"字形并置成二方连续图案，花脊两端用兽头形砖雕装饰，成昂首状，凸显于整个花脊之上。花脊与屋面交界处有两层青砖成阶状铺设，连接底层青砖的是连续排列的圆弧形青瓦，青瓦上有"云纹"浮雕图案。整个花脊的二方连续图案与桥体同长，共10余米，宛如一条横卧的长龙，龙首高昂，气势非凡。桥顶建筑样式与当地民居、庙宇建筑的屋顶具有异曲同工之妙，主要是廊桥顶花脊高大、装饰华丽，较庙宇建筑屋脊装饰简练，形成廊桥独具的装饰风格，其长度与高度均大于民居、庙宇建筑，体现出了一桥横跨南北的雄伟气势。整个桥顶屋面采用小青瓦先仰后盖的样式完成，与当地民居建筑的取材、样式完全一致。廊桥顶的砖雕装饰从总体上看，与桥同构、和谐庄重、雕艺大方、简洁精美、分布均匀、花纹布局紧密；从外观上看，艺术构图均衡、层次丰富、疏密得当，其凹凸、曲直、阴阳对比强烈而又和谐，富有西北地区民族特有的民俗文化内涵。

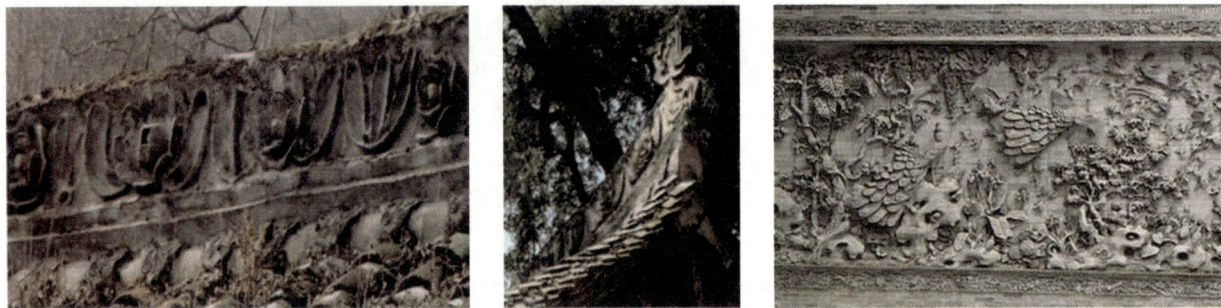

图 5.4.1　砖雕

5.4.2　木雕

古廊桥木雕内容丰富，雕刻手法细腻，丰富多彩的曲线雕刻图案与横平竖直的圆木柱、圆木梁巧妙结合，多以直角构成的装饰造型产生刚柔、方圆、曲直的强烈对比效果。

以浙南闽北古廊桥木雕为例，立柱与横梁之间的角花装饰精巧、华丽，榫卯攒头间的小件装饰也非常精到。所有木质雕饰构件造型精准、惟妙惟肖，集圆雕、浮雕、镂雕于一体，线条流畅、美观大方、刀法成熟，彰显工匠娴熟的雕刻技艺。廊桥内木结构的圆柱、方梁之间的结合形成了一种方圆兼备的美感。用木雕饰角花、枝纹装饰廊桥的细部结构，虽然华丽但没有喧宾夺主之意，仍然遵循了局部服从整体的装饰理念。廊桥各构件之间装饰有度、疏密有致，形成了桥内结构上密下疏的特有装饰格局。从总体来看仍显示了方正、规矩、凹凸、空透之间有机联系，给人以组合和谐、层次丰富的视觉感受。另外，廊桥立柱之间宽阔空间加强了桥屋内外空间"气韵"的交流，使之通风好、透光强，路人行至桥上举目眺望桥外景色，从桥屋窗口远望，出现对大自然景物"剪裁"的效果，构成了桥内空间与窗外自然景物相映成趣的艺术美景。桥内造型雕饰与自然景物的对比，使人能产生一种"天人合一"的妙趣。一般桥屋木雕饰沿廊桥的中轴线左右对称分布，丰富简练、朴实高雅，与廊桥的整体结构和谐统一，使人百看不厌、流连忘返。

图 5.4.2　木雕

5.4.3　灰塑

灰塑俗称"灰批"，是流行于广东省广州地区的一种传统雕塑艺术，主要分布于广州市区增城和从化一带。据记载，灰塑在唐代已经出现。宋代灰塑得到普遍应用，南宋庆元三年（1197 年）始建的广州市增城区正果寺中即有灰塑"龙船脊"。明清时期，祠堂、寺观和豪门大宅建筑盛行用灰塑做装饰。灰塑以石灰为主要材料，具有耐酸、耐碱、耐温等优点，它有一整套独特的施工工艺技法，非常适合广州一带的湿热气候条件。此外，灰塑不必烧制，可现场施工，具有因地制宜、因材施艺的灵活性和便利性。灰塑技艺在古桥上的应用主要是廊桥的装饰和人物的塑造。在廊桥屋顶的正脊和斜脊上得到广泛应用，工匠采用石灰加上敷料调制成灰膏，然后，采用浮雕或圆雕制作成各种动植物式样，装饰在需要部位，彩绘工匠将色彩涂描在物体相应的表面。广东、福建、浙江廊桥都有灰雕装饰的廊屋。

灰塑技艺选用石灰为主要塑形材料。灰塑装饰往往是由建造廊桥的掌墨师傅或泥瓦匠承担，先通过锻打制作成装饰物的基本形态，为防止灰塑造型开裂，在灰料中常加以竹钉、碎石、瓦片、麻丝等材料作为骨架，同时使用灰匙等工具对加入纤维布和糯米浆的石灰塑制成飞禽走兽或人物。为了使色彩渗透到表层，在石灰表层将干时，由泥瓦匠自己搭配好颜料或请画师在物件上上色，最后再仔细雕琢而成。灰塑具有比砖石轻、不怕雨水冲刷、上色后彩色持久等特性，适合在屋顶做装饰。灰塑装饰常在廊桥（风雨桥）的横枋、亭顶的檐角、屋脊和檐下塑造飞禽走兽、神话人物和历史传说故事，是廊桥中最吸引人停留观赏的部分之一。

灰塑技艺作为一种民间艺术，已列入国家第二批非物质文化遗产名录。

图 5.4.3 灰塑

5.4.4 泥塑

泥塑造像是我国民间传统的一种古老艺术。泥塑造像容易制作，材料成本较低，又能满足人们宗教信仰，而宗教神像又适合民间祭拜，因而泥塑成为流行而普及于民间的一种造像形式，即用黏土塑制成各种物象涂以色彩的一种民间雕塑艺术。民间艺人也由师带徒继承这一传统工艺。泥塑制作方法是在精选后的黏土里掺入少许棉花纤维，用水、酒、糯米汁等添加剂捣匀后，通过捏、塑、贴、压、削、刻等传统泥塑技法在缠绕有麻绳的木、竹骨架上塑造成各种宗教偶像，泥坯的塑像经阴干，涂上底粉，通过点、刷、涂、描、喷、贴等手法将色彩描绘在物件上。这样彩塑既有雕塑的实体感、空间感，又有绘画的色彩感和仿真感，逐渐成为民众喜爱的一种民间艺术。古桥上泥塑的应用，主要是廊桥神龛里供奉的神像化身塑造，大多为玉帝、观音、关公、皇母、妈祖、文君、钟馗、门神、茶神、财神、土地爷等，根据不同地域的风俗习惯，适时举行祭祀活动，祈祷"风调雨顺""五谷丰登""安居乐业""人畜两旺""廊桥太平"等等。

图 5.4.4 后墩桥彩塑

图 5.4.5 崇善桥彩塑

5.4.5 彩绘

彩绘是民间传统彩塑工艺的重要组成部分，素有"三分塑、七分彩"的说法。古桥上的彩绘，主要起到使建筑物的装饰性更浓重热烈、富丽堂皇，整体效果强烈，气氛庄重。同时，在桥梁木结构部位涂刷油漆、颜料能起到保护木构件免遭水汽直接侵害的作用，延长木构件使用寿命。在彩绘前，首先对对象要有明确的了解，从而确定主色调。明确主色调就为整件对象物的主要色彩，是红色还是黄色或其他色调。例如，木柱、梁架、风雨板、顶棚、神龛、坐凳、门窗等，要使其色彩相互之间有所区别，且整体视觉效果和谐统一。

如河南仙宫桥（始建清乾隆十四年，1749年）彩绘以红、绿、金为主，观音佛像整体色调以金黄色为主，取色十分大胆，并不完全依照生活中的色彩，而是从审美习惯和观赏效果等方面来考虑。三位菩萨的肌肤以白粉描绘，突出了女性皮肤白嫩细腻的质感，而花冠、璎珞、锦裙、彩带、衣饰等物件，则用浓烈华丽的金黄、银白等彩色材料，通过涂、染、描、刷等手法，用鲜艳浓厚的色彩，形成显眼的装饰效果，从而在色块间形成强烈的对比，并弥补雕塑层次之不足，强化了作品的表现力。佛像设色表现出有规律且较为固定的色彩运用风格。例如，大幅度使用明亮色彩红、绿、黄等颜色，它可营造出明快爽朗、浓墨重彩的视觉效果。在古廊桥彩绘色彩的运用上很多都形成了一些规律性的固定模式，民间有"大红大绿、大吉大利""大红大绿不够好，黄色少不了"等俗语。在我国民间色彩的运用受"五行"观念的影响较大，一般以黄、赤、青、白、黑五种颜色代表所谓的"五行色"，这五种颜色的搭配在民间工艺品中十分常见。在古桥彩绘中，黄、红、蓝、黑、白被以不同的比例加以运用，既增加了廊屋的观赏性，又隐含了丰富的象征意义，其所蕴含的美好寓意则是典型东方文化的情感颜色符号。此外，彩绘中红、绿等颜色的运用具有丰富的寓意。"尚红尚绿"是我国民间色彩运用传统习俗，"红红绿绿、图个吉利"这句俗语十分鲜明地表现出红绿色彩为我国大众所喜闻乐见。

第6章

中国古桥的楹联、诗词、绘画

中国古桥文化艺术

6.1 楹联

楹联，是对联的一种。对联俗称对子，词句短小、文字精练、工整对仗、平仄协调，是一字一音汉语语言的独特艺术形式，它是我国独有的一种语言文学。楹联则是书写或雕刻于楹柱上的对联。所谓"楹"，即房屋厅堂前的柱子，泛指各类柱子。北宋王安石《元日》诗："千门万户曈曈日，总把新桃换旧符。"楹联起源于桃符而得名。桃符，传为降伏鬼神的"郁垒""神荼"的名字，分别书写在两块桃板上，悬挂于大门左右。据《宋史蜀世家》载，五代后蜀主孟旭在964年除夕，令学士辛寅逊在桃符板上写吉祥献语，辛就在桃符上题写"新年纳余庆，嘉节号长春"。这是我国最早出现的楹联。总之，我国对联起源于五代，鼎盛于明清，至今已有一千多年历史了。到了近代，由于白话文的兴起，古文式微，新生代古文字、古文学修养逐渐淡化，对联文化出现了衰退现象，需要保护和抢救，继续发扬光大。

桥上楹联是刻写在桥柱上的对联，它是我国楹联的重要组成部分。据《华阳国志》载："蜀郡城北十里有昇仙桥，司马相如初入长安应试，在城门市桥题曰：'不乘驷马高车，不复过此桥'。"这就是桥上楹联之始。明清时有造桥主持人慕西汉辞赋家司马相如的才华，在桥上勒石刻联，楹联对桥梁文化提升，对桥梁功能补白，对桥梁造型渲染起到很大作用。一般在造石桥前，聘请官吏、名人、雅士题联，或采取征联择优录用的办法，选定佳联，然后请名匠选择细腻的楹柱条石进行雕刻。刻字手法有阴刻、阳刻两种，字体有楷、隶、草、篆、行，通常以楷书为主。对于木柱，大多采用将对联用漆墨书写于柱子上或书写于竖匾上再悬挂于桥柱上。

在我国难以计数的古桥梁中，真正书联、刻联的古桥比例不足10%。"江南桥楹甲天下"，江南桥上楹联明显多于北方。特别是新疆、西藏、内蒙古等地桥楹联极为罕见。桥楹可分为桥门联、桥亭联、桥碑联、长柱联（石拱桥）、排柱联（石梁桥）、廊柱联（廊桥）、崖石联（索桥）、桥上神龛联、桥旁祠堂联、桥塊庙宇联、桥头牌坊联、历代文人题联等种类。廊桥、索桥两端粉墙黛瓦的桥门高耸，书写楹联让人一目了然。桥畔凉亭是桥梁的配套设施，亭柱联可让行人休息时细读回味。例如，石拱桥洞两侧楹联石镌凿桥楹，"初月新出，弯似钝钩"，让南来北往的乘舟游客品读，富有诗情画意。石梁桥之对联，常雕刻于排柱墩的外侧。江苏苏州枫桥，在石柱上刻有"众善奉行诸恶莫作，百善孝为先万恶淫为首"。在桥两侧楹联上刻有"凶人恶语，作恶行恶，三年天必降之祸；吉人语善，视善行善，三年天必降之福"。其楹联内容大多为民间警世格言，劝世人与人为善；己所不欲，勿施于人；善有善报，恶有恶报的宗教思想。廊桥楹联书写于林立的廊柱上，它与黑底金字的桥匾、色彩鲜艳的绘画三者相映，为长廊增辉添色。廊桥上神龛联内容为祈求神仙庇护桥梁，保佑众姓，有浓郁的民风民俗色彩。祠堂联阐述宗族合力建桥、利济百姓，传承中华民族美德，行德积善。桥头庙，庙前桥，桥梁庙宇连接成一体，那些楹联显示出建桥人的宗教思想和人生理念。庙门联深奥，令人思索。浙江长兴县光阳桥上有幅桥联："碧浪平堤向太湖东去，玉栏倒影看箬水西来"，指明了桥下河水来去方向。浙江嘉兴长虹桥上有联："劝世人善愿天祝福，千秋永庆万古长龄"。上海青浦区放生桥有桥联云："帆影逐归来鸣锁玉山云一片，潮声喧走马平溪珠浦浪千重"，用美文佳句描绘了放生桥及周边充满生机的自然环境。

桥楹是精炼的赋文，词句之浓缩，通俗易读，畅通之言中寄寓着深邃之哲学，具有文字秀美、内容各异、工整对偶、押韵协调等特色。桥楹内容丰富多彩，结构严谨。叙述了桥型、桥史、民俗、人物、典故、文化、教育、哲学、儒学、天文、地理、交通、水利、宗教、经贸、动物、植物等众多内容。其目的是美化桥梁，宣传桥意，装饰景色，深化内涵。历朝历代，有帝王将相、文人墨客、名士政要、乡间巨绅等人为桥题额书联，如唐刘禹锡、韦庄，明杨慎、吴鹏、洪希，清乾隆皇帝、林则徐、俞樾，近

图 6.1.1 楹联

代朱德、杨虎城、郭沫若等人都曾上桥借景抒情、凭吊怀古、挥毫题柱、一气呵成。其墨迹雕镌于桥上，成为珍贵的文物。

桥楹字数不一。云南飞龙桥桥联刻凿于碑石上，共计174个汉字。浙江德清茅山高桥长柱联为116个隶书汉字。最少的桥联仅4个字，如云南江川海门桥（海晏、河清）、江苏常熟五渠桥（人寿、年丰）。桥联文字有多有少，形式变化各有千秋。广东梅县溪村桥、浙江宁波百梁桥、江苏常州惠政桥桥联皆为数字联。梅县溪村桥楹别具一格，联曰："一门鼎盛，二姓同村，三代展宏图；四海扬名，五指峰峦钟沛国；六朵荆花，七行楼屋，八方齐庆贺；九女献寿，十分声价壮桥溪"。桥联中还有征联之例：广州市钟秀乡毓灵桥，横跨秀水河。清代时，摆渡人拾到银两，归还失主李侍问。李为感谢渡工拾金不昧之恩德，将此银两捐资造桥，桥成后题写"桥眼五通连水秀"的上联，至今仍无人答对下联。浙江德清四仙桥，清道光三十年（1850年）进士、著名朴学大师俞樾，在故乡造四仙桥时，其撰上联云"一橹二桨三人摇出四仙桥"，下联由后人征对。20世纪30年代，德清学者徐宗楷为上海某报社副刊编辑，为此桥征求下联，征得了"五音六律七孔吹成八板调"的下联。浙江永康迴龙桥为木梁石墩亭桥，桥联云："桥上人行行跑跑精力不减，亭中客座座谈谈兴致倍增"，这副桥楹颇趣。在我国古桥上还有独辟蹊径的挽联，湖南浏阳邓家桥，为民国初年秀山财主屈珊臣重建的石桥。1929年，他参加中国共产党，任浏阳苏维埃财经委员，翌年被反动派杀害。当地邓氏宗族挽屈联云："不过桥，要修桥，人称傻，我称杰；有家产，言共产，官曰昏，民曰贤"。江苏苏州市古城河道纵横，石桥林立，城内有桥三百余座。有人为苏州石桥作了一副桥楹，"青山绿水百花苑，聚龙醒狮万年城"。此联象征苏州是个桥城，桥名串联，风格别致。"东西接语溪，南北通沙诸""桥头看月色如画，枕畔听江流有声""长虹接地通南北，远水浮天贯古今""说一声去也！送别河头，叹万里长驱，过桥便入天涯路""盼今日归哉！迎来道左，喜见古人面，握手还疑梦里身"，这些优美桥联既说明了桥梁功能，又渲染了桥周环境，也体现了桥主人的心境。

举世闻名的河北赵州桥上有副对联："水从碧玉环中出，人在苍龙背上行"，上下联既写了桥下景观，又写了桥上情景，上下呼应，相互对应，不愧为桥中佳联。

杭州中山公园"西湖天下景"曲桥，为折亘三曲的梁桥跨于莲池之上。桥东有亭，亭内有叠文式的亭联："水水山山处处明明秀秀，晴晴雨雨时时好好奇奇"。此联又可回读，故亦称回文联。让人读来回味无穷、内涵颇深。

桥联是桥文化的精髓，是桥文化中一颗璀璨明珠。

6.2 诗词

我国古代诗歌中，有着众多记叙古桥的诗词。桥梁最早的文字记载称为"河梁"，它包含了浮桥、木桥、竹桥和天然石桥等，所以很多古代桥诗中所言之"河梁"即为桥梁。西汉大将李陵与苏武交情笃厚；因苏武奉使去匈奴，李陵在长安（今陕西西安市）灞桥相送，两人离别时各赠诗歌。李陵《别诗》中有"携手上河梁，游子莫何之？徘徊蹊路侧，悢悢不能辞……"又如南朝梁吏部尚书范云《送别》诗中有"东风柳丝长，送郎上河梁"之诗句。南朝齐中书郎王融《萧咨议西上夜禁》诗有"徘徊将所爱，惜别在河梁。衿袖三春隔，江山千里长"之句。

中国古时有人称桥梁为"飞桥"，其意为在神佛庇护下，人们才能用木、竹、石叠构成桥梁，它使彼此两岸成为通途，梁上通行犹似飞渡，故称飞桥。飞桥之名始于南朝宋中书舍人鲍照《代出蓟北门行》诗，此诗记述战争时"箫鼓流汉思，旌甲披胡霜"的北方草原上厮杀的场景，其诗中有"雁行缘石径，鱼贯度飞梁"。唐代时，李白的诗歌、张旭的草书、裴度的舞剑合称为"三绝"。著名书法家张旭以草书为长，不仅写得一手好字，吟诗填词亦佳。他的《桃花溪》诗有"隐隐飞桥隔野烟，石矶西畔问渔船"的江南迷人风光。用飞桥作诗应提到宋代大文豪苏东坡，北宋熙宁六年（1073年），他借宿于杭州海会寺，夜不能寐，浮想联翩，题诗赠送于寺庙主持，其诗中有"北渡飞桥踏彭铿"的诗句。"彭铿"是指众人走桥时发出很大的响声。苏轼多次任地方官吏，走遍大江南北，他上庐山游览时被山清水秀的风景陶醉，在庐山栖贤堂前的观音桥上赏景，心血来潮，欣然命笔，题诗一首，诗中有佳句"弯弯飞桥出，激激半月彀"。我国陕西、四川、重庆、云南、贵州等省市山高林密，悬崖峭壁，双峰对峙，在悬崖上打岩眼、竖木柱、搭木架、铺木板，营建栈道桥，俗名"山桥"。唐代山水派诗人王维入川时，雇舟溯水西进，两岸青山缠绵、栈道桥凌空架设，他的《晓行巴峡》诗中写出了"水国舟中市，山桥树杪行"的名句。

自古以来，桥梁不仅是交通设施，而且是观赏的景点。它在人民生活中处于相当重要的地位。历代文人墨客、百姓、皇帝都对桥梁有着钟爱与青睐。晨迎旭日，暮送夕阳，拂晓望云，晚观星月；在桥亭折柳离别、赠诗酬唱；在桥头对酒当歌，若茶吟诗；以桥为证，私订终身；以桥为界，比邻相安；以桥为壕，战火纷飞……由此，使桥梁文化内涵深沉，内容千众万象，情景交融，诗意丰富。我国地大物博，河流交错，桥梁宛若繁星，布满祖国大地，几乎每一座桥梁都有诗歌的称颂。纵观历代桥诗，主要有以下几种。

6.2.1 表达人间礼仪

礼仪诗是指诗人在桥头（亭）上送别、相迎亲友的诗歌，这种诗歌具有离别凄泣、惺惺相惜的意境和相迎开怀的诗意。

古时，陕西西安灞桥、成都万里桥、北京卢沟桥、贵阳北关桥被称为我国四大礼仪桥梁，历代文人墨客为它作诗填词，难以计数。

春秋时，秦穆公为了加强同东方各国联系，在长安（今西安）灞水上建桥，桥址地处现西安东方大道的交通枢纽，两岸植柳，柳丝轻拂，设置灞桥驿，官私都于此桥上饯别友人，故又称"销魂桥"。据《三辅黄图·桥》记述："灞桥在长安东，跨水作桥，汉人送客至此，折柳相赠"，这种赠柳风俗源远流长，折柳的"柳"字与"留"字谐音，寄托送者希望对远行者挽留的心情。再说柳枝在春风中摇曳，象征春天明媚美好。灞桥送客离别诗最早为汉代王粲的"南登灞陵岸，回首望长安"的诗句。唐初诗人王之涣《送别》诗有"杨柳东风树，青青夹御河。近来攀折苦，应为别离多"。李白《灞陵行送别》诗中有"送

图 6.2.1　桥头礼仪文化

君灞陵亭，灞水流浩浩。上有无花之古树，下有伤心之春草"的内容。唐至德年间（756年—758年）进士戎昱虽然不是大名鼎鼎的诗人，但他的诗句脍炙人口，让人传诵。其诗中有"杨柳烟含灞桥春，年年攀折为行人"的名句。唐代官吏为灞桥作诗者颇多，比较有名的有杜审言、王昌龄、皇甫冉、韦应物、罗隐、韦庄等。此后历代文人均为灞桥送别诗留下大量的笔墨。如明清两代的宋有问、曹溶、王士禛、樊增祥等。

图 6.2.2　桥上送别

成都万里桥为秦代蜀守李冰治水所建七座桥梁之一。它的礼仪送迎遗风起源于三国。据晋人常璩《华阳国志》载，蜀汉使臣费祎要去东吴行聘，蜀相诸葛亮在此桥旁折柳为费祎送行云："万里之行，始于此矣！"又据宋刘光祖《万里桥记》称："万里桥之水，盖秦渠也，古今相传。"孔明于此送吴使张温曰："此水下至扬州万里，后因以名。"成都万里桥自古以来闻名，文人雅士慕名纷至沓来，泼墨吟诗者不少。最值得一提的是唐代诗人杜甫、南宋诗人陆游。唐乾元二年（759年）冬天，杜甫从同谷漂泊至成都。次年春天通过亲友帮助在浣花溪畔建草堂，他题写三首诗都涉及万里桥。他的《狂夫》诗中"万里桥西一草堂"，《怀锦水居止》诗中"万里桥南宅"之句。他还写有以《万里桥》为题名的诗。南宋陆游离开家乡绍兴，雇舟溯长江西上至成都，投靠范成大的幕下，时夕阳西下，徜徉桥上，作《晚过万里桥》，诗中有"晓出锦江边，长桥带柳烟"的诗句。

卢沟桥在北京西南15公里的永定河上，据《畿辅通志》载："卢师为隋末神僧，能训两虎，台其

遗迹。卢沟系由河迳卢思台而名。"卢沟桥为京师之门户，南北往来之"咽喉之地"。桥头两岸酒店林立，来往商贾不绝。古人云："桥下水，东流长。桥上客，纷如织。"赴京赶考书生离别，放官离京赴任，均在桥上依依不舍送行。金国礼部尚书赵秉文有诗曰："落日卢沟桥上柳，送人几度出京华。"元代诗人尹廷高《卢沟晓月》写得非常精彩，诗云"栏杆滉漾晨霜薄，马度石桥人未觉。滔滔流水去无声，月轮正挂天西角。千村万落荒鸡鸣，大车小车相间行。停鞭立尽杨柳影，孤鸿灭没青山横。"明代文人杨荣、王贤、赵宽，清朝乾隆皇帝、张问陶和元璟等名士，将相、布衣、僧人都为它写下了不朽的诗篇。

"地无三里平，天无三日晴"的贵州，古称"夜国"，高山峻岭，交通闭塞。古时入贵阳为官者或离任者，都在贵阳北门外北关桥（又名头桥）相送。据古书记述，北关桥是通往黔西必经之道，旧时为亲人送别与迎客处，送迎诗词很多，文人还将桥诗勒石于桥上，既作桥联，又为桥诗供今人欣赏。诗云："说一声去也，送别桥头，叹万里长驱过河，便入天涯路；盼今日归哉，迎来道左，喜故人见面握手，还疑梦显身。"诗意惟妙惟肖地描绘离别与相逢的场景。

6.2.2 描写山水风景

我国山水风光秀丽，各地风景不同，为游人陶醉之地，文人墨客欣赏大自然的美景，留下了很多与桥有关联的风景诗。

图 6.2.3 诗人在桥上作诗的故事

洛阳天津桥又名洛阳桥，始建于隋代大业元年（605年），为中国著名古桥之一。唐代时桥南有董家酒楼，李白游洛阳时常到董家酒楼沽酒吟诗，题《忆旧游寄谯郡元参军》诗："忆昔洛阳董糟丘，为余天津桥南造酒楼，黄金白璧买歌笑，一醉累月轻王侯……"唐代大历（766年—779年）进士，官至礼部尚书的李益《上洛桥》写得别有风趣，诗云："金谷园中柳，春来似舞腰。何堪好风景，独上洛阳桥。"诗人孟郊来桥上赏景，时值傍晚，其诗《洛桥晚望》写得更绝，诗云："天津桥上冰初结，洛阳陌上人行绝。榆柳萧疏楼阁闲，月明直见嵩山雪。"从唐代以来，天津桥上题诗者人数众多。唐代有骆宾王、张九龄、李白、杜甫、皇甫曾、李益、孟郊、杨巨源、白居易、贾岛、刘禹锡等。刘禹锡的《乌衣巷》："朱雀桥边野草花，乌衣巷口夕阳斜。旧时王谢堂前燕，飞入寻常百姓家。"前两句写了朱雀桥、乌衣巷周边如今环境萧条冷落，寓意作者对南朝六代曾经的繁华景象不再重来的无限感叹。后两句则借燕雀飞入不同场所抒发诗人失意悲观之情。

图 6.2.4　洛阳天津桥

　　江苏省苏州阊门外枫桥镇上的枫桥，处于铁铃关下，与寒山寺相邻。这座单孔石拱桥始建年代无考。唐代张继《枫桥夜泊》山水诗问世，使枫桥名闻天下，成为著名旅游景点。其诗云："月落乌啼霜满天，江枫渔火对愁眠，姑苏城外寒山寺，夜半钟声到客船。"据南宋范成大《吴郡志》记载："枫桥自古有名，南北客经由，未有不憩此桥题咏者。"自张继后，宋代陆游、范成大、张孝祥、程师孟、孙觌、胡理，明代高启、唐伯虎、沈石田、张元凯，清代朱彝尊、徐崧、陈维崧等著名文人对枫桥吟诗颇多。明代翰林编修高启所作《枫桥》诗曰："画桥三百映江城，诗里枫桥独有名。几度经过忆张继，乌啼月落又钟声。"堪为杰作。

图 6.2.5　苏州阊门外枫桥

　　浙江天台山风景区是文人墨客青睐之地。从南朝梁文学家李巨仁《台山篇》记载开始，至晚清为它作诗填词者多如牛毛。唐代山水派诗人孟浩然《舟中晓望》诗："问我今何去？天台访石桥。坐看霞色晚，疑是赤城标。"诗中的"石桥"就是天台山中的一座天然石梁桥。天然巨石犹似苍龙出世，横卧峡谷中，石梁的上方有高 40 米山崖，不停地倾泻瀑布，桥下形成奇美的景观，清康有为曾题写"石梁飞瀑"四个大字。唐代国清寺名僧拾得诗道："石桥莓苔绿，时见白云飞。瀑布悬如练，月影落潭晖。"刘禹锡《天台山》诗中有"霞散曙峰外，虹生凉瀑西"的名句。南宋建都于临安（今杭州）后，文人、官宦纷纷去天台山进香、游览。北宋文人赵湘作《方广寺石桥》："白石峰犹在，横桥一径微"之句。南宋贾似道《天台石桥》诗有"一猿桥外急，便是不忘饥"。

184

历代咏杭州西湖诗近万首，宋代欧阳修、苏东坡、徐俯、陆游，元代杨维桢，明代李流芳、袁宏道、王思任，清代张煌言、丁丙、俞樾等文人都为西湖留下美文佳句，为它抹上了一道道绚丽的光彩。苏轼《筑堤》诗写道："六桥横绝天汉上，北山始与南屏通。忽惊二十五万丈，老葑席卷苍云空。"元代陈孚《湖上感旧》诗曰："昔日珠楼拥翠钿，断碑犹在草芊芊。东风第六桥边柳，不见黄鹂见杜鹃。"南宋翰林学士徐俯《春日游湖上》诗曰："双飞燕子几时回？夹岸桃花蘸水开。春雨断桥人不渡，小舟撑出柳荫来。"

中国民间传说中的爱情之桥，首推杭州西湖的断桥。因为在《白蛇传》中讲述了杭州药铺学徒许仙在西湖断桥邂逅由白蛇修行得道而成的白娘子，两人顿生爱慕之情，从此演绎了一段传奇性的爱情故事。断桥位于西湖东首，有宝佑桥、段家桥、短桥等别称，今桥孔石板上仍留有"段家桥"字样。因唐代诗人张祜《题杭州孤山寺》的诗句"断桥荒藓涩"，故考其唐代已有断桥了。明代杨周《断桥残雪》诗云：澄湖绕日下晴湍，梅际冰花半已阑。独有断桥荒藓路，尚余残雪酿春寒。现在，御书"断桥残雪"碑依然屹立在桥东的碑亭内。位于西湖孤山路西端的西泠桥，也演绎着一桩六朝南齐时期艺妓苏小小与当朝相国之子阮郎的爱情故事。明代张岱在《西湖寻梦》中录方子公诗云："数声渔笛知何处，疑在西泠第一桥。"苏小小对阮郎的爱慕之心也可从她"妾乘油壁车，郎骑青骢马。何处结同心？西陵松柏下"的诗句中可见一斑。对里西湖金沙堤上玉带桥也有诗云："跨虹连绝岸，虹影照前桥。地入南山近，烟含北渚遥。云光天际合，树映浪中摇。德水萦长带，鸣鸾降紫霄。"一首诗将桥景描绘成一幅令人遐想连天的美景。明代诗人陈洪绶对杭州杨公堤上六座桥情有独钟，写下了"外六桥头杨柳尽，里六桥头树亦稀。真实湖山今始见，老迟行过更依依"的名诗佳句。西湖景色，因桥而美，桥水连天，鸟语花香，桃红柳绿，行人依依。

图 6.2.6　杭州断桥

图 6.2.7　杭州西泠桥

图 6.2.8　玉带桥

　　四川大渡河上的泸定桥，是清康熙四十四年（1705年）始建的铁索桥，桥下急流汹涌，两岸青山对峙，风景独秀。清康熙年间（1662年—1722年）四川建昌道官员马维翰写下《泸定桥》诗："落日岚气阴，斜照峰头赤。泸河卷雪来，激荡河边石。"乾隆年间，四川布政使查礼的《泸定桥》诗曰："左治犀牛右蜈蚣，怪物镇水骇龙宫。洪涛奔浪走其下，迢迢波际飞长虹。"

图 6.2.9　泸定桥

　　广东潮州广济桥，又名湘子桥。它是我国著名开闭式大型桥梁，始建于南宋乾道六年（1170年），桥上设屋，形成桥市，桥下舟艇汇集。清代文人曾廷兰《晚过湘桥》诗道："韩江江水水东流，莫讶扬州景不同，吹角城头新月白，卖鱼市上晚灯红。猜拳蛋艇犹呼酒，挂席盐船恰驶风。二十四桥凝目处，往来人在两图中。"又有民谣："潮州湘桥好风流，十八梭船廿四洲，廿四楼台廿四样，二只铣牛一只溜。"南宋名臣杨万里的《登南州奇观》写道："玉壶冰底卧青龙，海外三山堕眼中。奇观揭名浑未在，只消题作小垂虹。"清乾隆进士郑玉枝写下湘子桥景色："湘江春晓水迢迢，十八梭船锁画桥。激石雪飞梁上鹭，惊涛声彻海门潮。"清代文人彭廷梅也在他的诗作《湘子桥怀古》中书："缥缈遥闻紫玉箫，碧空云尽水迢迢。不知跨鹤人何去？犹说仙踪在此桥。"这些叙桥配景诗，无不增添了广济桥的结构形态，造型奇特，桥上商事活跃，桥下春水惊涛，造桥艰难仙人相助等优美动听的传说故事，使广济桥更具神秘色彩，声名远扬。

图 6.2.10　广东潮州广济桥

　　广西桂林素有"桂林山水甲天下"的美誉。在今市区七星公园内有座花桥，是始建于南宋嘉熙年间（1237年—1240年）的石拱桥，为桂林古八景之一"花桥虹影"。清代桂林女诗人朱镇有《题花桥》诗：

"石桥东郭外，近市转清幽。树影分樵路，山光压酒楼。几村临岸见，一水抱城流。花事今消歇，春波泛白鸥"的秀丽佳句，意境分明，写尽了花桥的诗情画意。

云南大理风光令人赞美、青睐。大理白族自治州云龙县地处滇西峡谷中、怒江穿越、澜沧江潆洄、高山峻岭、溪涧交织。这里有座砥柱桥，横跨于两山之间的沘江上，风景令人叫绝。清代进士张相侯有《咏砥柱桥》诗，记述桥梁地理位置及周围风景："沘江波浪涌如潮，砥柱中流万里桥。石骨一拳排象鼻，铁绳千丈系虹腰。云江锁住山川气，金泉撑开日月杓。来往人从空际过，河声浩浩马萧萧。"

南方的桥梁风景与北方不同，北方的桥景显得浑重、壮观。如辽宁省沈阳市西郊水安桥为清崇德六年（1641年）创建三孔石拱桥。清人常纪《晓过大石桥》曰："夕行落日圆，晓行晨星多。霜华积野草，秋水增寒波。"此情此景，尽显作者落日夕行、晨星晓行、野草积霜、寒波秋水的沉重心情和对前程莫测的担忧。

6.2.3 引入历史典故

我国古代桥梁中有很多古桥由名人修建、题柱，留下不少动听的故事。

在山西太原南郊晋祠镇赤桥村观音堂前的豫让桥，又名国士桥，传为春秋时晋国大夫智伯的家仆豫让为主人报仇，在桥上行刺赵襄子未遂，而舍生取义，后人将此桥改名为豫让桥。唐朝名士胡曾《豫让桥》诗："豫让酬恩岁已深，高名不朽到如今。年年桥上行人过，谁有当时国士心。"明代时按胡

图 6.2.11　桥梁中反映的历史典故

曾的诗句改桥名为"国士桥"。清康熙时刑部尚书王士模上桥凭吊豫让时作诗道："国士桥边水，千秋恨未穷。如闻柱厉叔，死报莒敖公。"

四川成都的升仙桥因跨升仙水而得名。据《华阳国志》述，蜀郡城（今四川成都市）城北十里（5000米）有升仙桥、送客观。司马相如初入长安，题市门曰："不乘驷马高车不复过此桥。"元代始于司马相如题词之意改称驷马桥。唐代诗人汪遵，从安徽雇舟沿江溯上至成都，独自在升仙桥游览时，凭吊先贤，感叹不止，写下了《升仙桥》："汉朝卿相尽风云，司马题桥众又闻。何事不如杨得意，解搜贤哲荐明君。"元代国子祭酒虞集，曾修《经世大典》，才华横溢，诗尤长七言。他的《代祀西岳至成都作》诗中有"我在成都住五天，驷马桥下春水生"的内容，以表对司马相如的怀念。

图 6.2.12　豫让桥

河北赵州桥是一座举世闻名的单孔敞肩拱石桥，古称安济桥。据唐中书令张嘉贞《安济桥铭》记载："赵州河石桥，隋匠李春之迹也……"唐朝文人柳涣《安济石桥铭》说："北走燕蓟，南驰温洛，雎雎壮辕，殷殷雷薄。"宋代刺史杜德源《安济桥》诗写有神功助力，方建成此桥。诗中有"休夸世俗遗仙迹，自古神

图 6.2.13　升仙桥桥碑

图 6.2.14　赵州桥

丁役此工"。清人饶梦铭的诗凭吊造桥工匠李春和"八仙过海"中张果老骑驴助桥的传说。其诗云"谁到桥头问李春，仙驴仙迹幻成真"的名句。

　　江苏苏州宝带桥传说有天庭仙女下凡助力，仙女见澹台湖水浪高风急，渡客小船危在旦夕，两岸渡客心急如焚，时仙女解下腰中宝带，抛向湖面，瞬间化成一座53孔的石桥，河水顷刻间风平浪静。每当明月当空，53个桥洞倒映53个水中月，连成一片，堪为奇景，形成"宝带串月"的世间奇观，有诗曰："瑶台失落凤头钗，玉带卧水映碧苔。待到中秋明月夜，五十三孔照影来。"诗句表彰了仙女助力建桥的佳话。

　　杭州拱宸桥巍峨高大，气势雄伟，是江南三孔薄墩薄拱马蹄形驼峰式石拱桥的代表作。拱宸桥桥名寓意对历代帝王"南巡"的拱手相迎和无上敬意。清代诗人丁丙在《北郭诗帐》中言："卅丈环桥首拱宸，追怀摸石动酸呻。叮咛去楫来桡客，慎守金缄效吉人。"作者满怀追忆且善劝今人，意味深长。清代名将洪允祥有《高桥》一诗，记载了宁波市鄞州区的高桥在南宋建炎三年（1129 年）冬，宋将张俊、杨沂中率部激战金兵获胜的"高桥之战"。诗曰："清议訾张俊，都缘杀岳飞。高桥书大捷，青史是还非。月黑神兵杳，川红房马肥。仓皇航海日，护跸几旌旗。"北宋诗人苏舜钦在浙江绍兴送友至云门寺石桥，留下诗句："五云寺下石桥边，六月溪风洒面寒。"朋友离我而去，伤心而泣，虽为炎天，却感面寒，寻找旧句，聊以自慰，可见作者友情之深。

　　再说福建泉州洛阳桥，又名万安桥。为北宋状元、泉州太守蔡襄所建。这座四十七孔石梁桥从始建以来，历代文人雅士为它颂歌吟诗。宋朝哲学家、诗人刘子翚曾任福建兴化军（今福建莆田）通判，他来到泉州，作《万安桥》诗赞之："跨海飞梁叠石成，晓风十里度瑶琼。雄如建业虎城峙，势若常山蛇陈横"，这首诗描述了蔡襄所建洛阳桥的雄伟壮观的风貌，纪念这位功不可没的太守。南宋龙图阁大学士王十朋是浙江温州人，他千里迢迢来到泉州洛阳桥上怀念蔡襄，题写《万安桥》诗中有"蔡公力量真刚者，遗爱胜于郑国侨"，对蔡襄造桥为民给予崇高评价。

图 6.2.15　洛阳桥

古桥上凭吊武将，亦多有诗作。湖北当阳长板桥，因为有三国蜀将张飞在桥上立马横矛退曹兵，喝声断桥让水倒流的民间传说，所以后人有诗赞道："长坂桥头杀气生，横枪立马眼圆睁。一声好似轰雷鸣，独退曹家百万兵。"又如上海青浦区白鹤塘湾桥，它是一座全长不足 30 米的单孔石拱桥，这座始建于明万历二十二年（1594 年）的桥梁，与清代上海小刀会有缘。清咸丰五年（1855 年）农历二月，小刀会女将周秀英手拿大刀在桥上杀死清兵三百人。当地流传着诗歌："女中英雄周秀英，大红裤子小紧身，手拿大刀百廿斤，塘湾桥上杀四门。"杭州古运河上德胜桥，因宋将韩世忠、梁红玉夫妇在此击败叛军苗傅、刘正彦得胜班朝，故民间将横跨古运河之上旧名堰桥改为得胜桥，有诗曰："堰桥讨腊助王渊，更击苗刘握将权。人遂呼桥为得胜，神碑郡志各流传。"得胜桥后改名为德胜桥。

6.2.4　记录社会风俗

我国历史悠久，风俗淳朴；有春节、元宵、清明、端午、七夕、中秋、重阳、冬至、腊八等传统的民俗节日。文人在节日中填词吟诗，留下很多宝贵的桥诗。

如元宵节有"走三桥"或"走百病"的千年遗风，盛行大江南北。据《清嘉录·风俗》载："元夕妇女相率宵行，以除疾病，必历三桥而至，谓之'走三桥'。"明代太仓人陆深有诗赞道："细娘吩咐后庭鸡，不到天明莫浪啼。走遍三桥灯已落，却嫌罗袜污春泥。"其实节日走桥之趣早在唐代时盛行。按明代田汝成《西湖游览志余》述："杭州元宵之盛自唐已然。"白乐天诗云："岁熟人心乐，朝游复夜游。春风来海上，明月在江头。灯火家家市，笙歌处处楼。无妨思帝里，不合厌杭州。"江苏苏州吴门桥外荷花荡，相传农历六月二十日为荷花仙子的生日。姑苏人每年在此举行庆祝仪式。时日吴门桥上人山人海、万人同庆同欢的遗风流传不止。旧书记载画船箫鼓，小艇野舵，龙舟绕荷花，游人赏荷纳凉。清康熙年间文人邵长衡《治游》诗："六月荷花荡，轻桡泛兰塘，花映娇红玉，语笑熏风香"，乾隆年间著名诗人舒位的《六月二十四日荷花荡泛舟作》写得十分精彩，令人喜欢，诗云："吴门桥外荡轻舻，流管清丝泛玉兔。应是花神避生日，万人如海一花无。"

图 6.2.16　刻于桥上的风俗

清明前的寒食节，是桃红柳绿百鸟争鸣的春天。在浙江湖州岘山百步桥一带，就有浓郁风俗踏桥场面出现。宋代著名文人梅尧臣有诗曰："是时辄预车马末，倾市竞观民业抛。""游人春服靓妆出，笑踏俚歌相与嘲。"明代文人张睿卿有《百步桥》云："苕溪三月赛花朝，淡荡南塘春色晓。碧浪影联浮玉塔，岘山寺接百步桥。泥车瓦狗儿童戏，唐袖青衫仕女娇。斜日中流多画艇，桃花深处听吹箫。"市民村姑纷纷打扮，俏丽出行，走上百步桥，横看花红绿叶杨柳枝，竖看桥下水中湖，呼儿唤女同上桥，百步桥上走一遭，年势兴旺家中乐。从诗意中给读者带入一幅民俗风情的图画中，让人倾情陶醉。

江苏扬州瘦西湖上红桥（又名大虹桥）修禊渊源之深。清初著名剧作家孔尚任曾作《红桥修禊》之序："康熙戊辰春，扬州多雪雨，游人罕出。至三月三日，天始明媚，士女祓禊（祓禊：古代民俗，三月三日上巳日到水滨洗濯及采兰，以除灾祈福）者，泛舟红桥。桥下之水，若不胜载焉。予时赴诸君之招，往来逐队，看两陌之芳草桃柳，新鲜弄色，禽鱼蜂蝶，亦有畅遂自得之意，乃知天气之晴雨，百物之舒郁系焉。"红桥是一座不起眼的三孔石拱桥，由于清刑部尚书王士禛曾为扬州判官时，邀请曹寅、孔尚任、梅文鼎等文人游红桥及修禊结社的地方。王士在桥上作《咏红桥》诗："红桥飞架水当中，一字栏杆九曲红。日午画舫桥下过，衣香行人太匆匆。"使红桥声名远播。乾隆年间，两淮盐运使卢雅雨与袁枚、郑板桥等人在桥畔修禊，面对桥下清流潺潺赋诗唱和。卢雅雨作律诗四首，唱和吟诗者达数千余人，后将诗合成三百余卷，可见扬州大虹桥修禊风俗流传之广。

图 6.2.17　扬州大虹桥

杭州西湖亦是文人唱酬吟诗的地方。元代时，西湖断桥两侧有酒楼，著名诗人、江西儒学提举杨维桢、女诗人曹妙清、女道士张妙静、张仲弘、贡泰父、黄子久、陈子平、高敬臣、欧阳彦珍、朱仲文、张贞居、郯九成等数百文人汇聚于西湖断桥酒楼上或在孤山一带对酒当歌，吟风弄月。杨维桢首创了《西湖竹枝词》，成百上千的文人与他唱和。竹枝词原为古代流传于重庆、四川东部的一种民歌，从唐代起流入市井。杨维桢有感于杭州西湖风光秀丽，杭人风俗淳朴而改作竹枝词。《西湖竹枝词》主要描述山水美景、城市繁华、杭人风俗、男女爱情等。如其诗云："湖口楼船湖日阴，湖中断桥湖水深。楼船无柁是郎意，断桥有柱是侬心。"

古代桥诗范围较广，除上述主要四个方面外，还涉及天文、水利、地理、生产、经济等多方面领域。在国内方志文献中记载古代桥诗众多，而且在国外亦有发现。如清朝鸦片战争爆发、帝国主义列强瓜分中国，有志之士为了实业救国，纷纷留学在西方、日本、南洋等地，他们离开祖国，心中忧郁，在国外写了较多的爱国诗篇。清光绪二十四年（1898年）农历八月初六，康有为避难逃到香港，后转移到新加坡，暂寓邱菽园客云庐三楼，凭窗北望，环水千家，身在异国，触景生情，情不自禁地吟诗曰："小桥通海枕波流，两岸千家侍面舟。廿载银塘旧山梦，忘情忽倚澹如楼。"后来他又漂泊于瑞典斯德哥尔摩西郊的稍士巴顿湖附近，并常在湖中泛舟，看到异国的山水，联想到祖国，欣然命笔题诗曰："怒涛拍岸芦苇幽，石径繁花着小楼。行遍岛桥欹石坐，海波渺渺岛云秋。"

悠悠岁月，风雨沧桑。千百年来，我国虽有众多古桥因各种原因已不再存在，但其留下的大量诗词佳句在有关文献中仍能找到，并且在民间仍有大量流传，从而使我们认识到中国古桥诗词博大精深、意义深远、寻味无穷。

6.3 绘画

6.3.1 《清明上河图》（北宋·张择端）

图 6.3.1　《清明上河图》画作

北宋风俗画大师张择端（1085 年—1145 年）传世之作《清明上河图》系中国十大传世名画之一，属一级国宝，现为北京故宫博物院收藏。张择端，字正道，东武（今山东诸城）人氏，时为宋徽宗宫廷翰林图画院待诏，传世作品有《清明上河图》《金明池争标图》。《清明上河图》流传至今已有 800 余年历史，作品主题描绘北宋都城东京（又称汴京，今河南开封市）清明时节城市风貌，反映了市民的生活状况和汴河两岸、桥上桥下、水中水上情景，呈现出店铺林立、买卖兴隆，人来人往的画面，漕运繁忙的市容热闹场景。作品气势非凡，规模宏大，画作长 528.7 厘米，宽 24.8 厘米，画面上有 587 位不同行业身份的人物，人物形影兼备，栩栩如生。并且还画有 13 种动物，9 种植物，170 多棵各类树木，56 匹各种牲畜，20 多辆轿车及 29 艘船只等。画家慧眼独具，以现实主义笔法，全景式构图，生动细致地描绘了北宋京城开封的繁华景象及丰富真实的市井民生的社会活动和生活方式，为研究北宋时期社会政治、经济、科技、民俗、市民生活提供了大量真实和宝贵的资料。

画中最抢眼之处——汴河上的虹桥。这是一座单跨木结构拱桥，桥拱较高，桥孔基本上满足当时漕运货船通行。虹桥两端施以培土垫层以减少桥面的纵向坡度，桥宽足有 8 米，桥面不仅满足人来车往的需要，还能设摊叫卖、孩童杂耍、船工作业。从图上看，虹桥似有五节拱骨，实际上拱架由六节骨架组成，末节拱骨一段已埋于桥端部土层之内。主拱横向约二十道拱骨，每根为一根大圆木，其上下两面均加工成平面，主拱并不在拱顶中央，而位于从南第三节拱骨腰部"吸水兽面"横板处或稍偏北，由此分析，两端坐落不在同一高度，成为与跨径中央竖直平而不对称的拱坡。由图可见，北拱桥下，拱壁至水边内设有通道，方便船工纤夫桥下牵拉助船过桥，而南端未设桥下通道，可能是建造者考虑到河道两侧地势高低及水流顺逆，尽量让逆水航船靠北侧行驶，顺流而下的航船靠近南侧行驶，既减少工程量节省投资，又尽量不降低河道通行跨径，做到两者俱美，可见匠心独具。《清明上河图》上贯木拱桥结构充分显示了我国古代劳动人民的聪明才智和创新精神。

6.3.2 《千里江山图》（北宋·王希孟）

图 6.3.2 《千里江山图》画作

　　《千里江山图》为北宋宫廷年轻画家王希孟的绝笔之作，现收藏于北京故宫博物院。王希孟生于 1096 年，卒于 1117 年，年仅 21 岁。他是北宋晚期著名画家，中国绘画史上仅有的以一幅《千里江山图》而名垂千秋的天才少年画家。王希孟 13 岁入宫为徒习画，宋徽宗"伯乐相马"，认为"其性可教"，于是亲授其法，王希孟刻苦努力，少年壮志，画艺与日俱增，不断超越前人，震惊画坛。

　　北宋政和三年（1113 年）四月，王希孟用了半年时间终于绘成画坛上鼎杠之作《千里江山图》画卷，时年十八岁，作品为绢本，设色，长 1191.5 厘米，宽 51.5 厘米。

　　《千里江山图》所描绘的山水美景，千里江山秀丽多姿，美不胜收。不少专家认为作品内容主要取材于我国庐山和鄱阳湖。作品以长卷形式立足传统，画面细致入微、群山层峦起伏、江河烟波浩渺。图中渔村野市、茅庵草舍、水磨长桥与渔夫捕捞、船家行舟、游人赏景、村民赶集的画面相辅相成、动静结合、山有层次、水有曲折、湖有奇景，完美地构成了一幅江南千里江山图。画中的人物更是精细入微，栩栩如生；空中飞鸟，遨游太空，增添了画面的动感。画中岛屿众多，为了连通道路就逢水搭桥，因此画卷中就有了众多的桥梁，有平桥、拱桥、木板桥、石板桥、桥面铺草桥、桥面建亭桥等。尤其那座木质带亭的水磨长桥将两地沟通，同时将分割的画面有机相连，成为一体。桥柱长短不一，依次渐递，桥面平稳带坡，桥中设广阔平台，建有廊屋，廊屋中间又耸立通天凉亭，可见当时造桥匠人技艺高超，画面上山水、桥梁、植物，配景自然协调。

《千里江山图》长卷画作展示了祖国大好河山，不仅表现了作者对祖国大好河山的热爱和崇敬之情，也集聚了北宋以来水墨山水画精华之大成，该画作在中国山水画发展进程中具有里程碑的地位。王希孟的《千里江山园》是我国十大传世名画之一。

6.3.3 《卢沟运筏图》（元·佚名）

图 6.3.3 《卢沟运筏图》画作

《卢沟运筏图》是元代佚名画家创作的绢本设色图，现藏于中国国家博物馆。画幅中心为一座 11 孔石拱桥，桥栏每一望柱头上都雕有石狮，桥两端有石狮石像各一对，并有石刻华表，与今卢沟桥无大差异。河中筏排顺流而下，岸边木材堆积待运。桥上有辆进京轿车，内坐商贾官吏，轿车前后马骑随从，均为当时北方民族官吏出行仪式。其他来往行人、驴车马夫、市井店铺、赶车、推车、挑担、背柴、驴驮、牧牛、喂马、卖酒等场景，表现了"贸易往来""水陆交通""安居乐业""经济繁荣"的社会景象。图中庄院寺庙、远山近村，亦颇逼真，是一幅描绘卢沟桥周围景象的写实名作。

6.3.4 《江乡渔隐图》（元·盛懋）

盛懋为元代民间画家，他原籍浙江临安，后居嘉兴府魏塘镇。盛懋承袭父业，学习绘画，其父盛洪溢善画山水、花鸟、人物，其画深受南宋宫中画师陈琳（字仲美）画技影响，同时习赵孟頫画法，故盛懋善画山水，多作丛山密林，表现四季江山胜景，也有作品描绘清溪渔夫、湖水桥亭。其画风特点结构严密、笔墨清润、色彩明丽，在浓郁浑厚的气韵中具有潇洒俊逸的格调，尽显大自然的绚丽多彩。在元至正年间（1341 年—1370 年），为其创作鼎盛期，其作品既符合士大夫的审美情趣，也深受民间贤达的欣赏和喜爱，所以此画在当时画坛上享有盛名，被誉为"四方以金帛求子昭画者甚众"。

盛懋《江乡渔隐图》中的石虹桥为三孔弧形石梁桥，以石柱石梁为主体结构，桥面上设有护栏望柱，其结构简约，与北宋王希孟《千里江山图》中的木虹桥相似。桥上二三人急步行走过桥，桥下渔舟收网，隐泊于山岸之下，以防风急浪高侵袭之；岸堤上酒肆招幡已随风起舞，桥下水面波浪起伏，颇有山雨欲来之势；画面动感十足、桥静水动、动静相映，可见画家匠心独具、洞察秋毫。画面引人浮想联翩、寓意深刻。

盛懋《江乡渔隐图》现为美国大都会艺术博物馆收藏。

6.3.5 《垂虹暮色图》(明·沈周)

历史上垂虹桥是指江苏省苏州市吴江县内"三大绝景"之一,其秀丽壮美,特具江南水乡景象。北宋庆历年间(1041年—1048年),吴江县城南北两地间隔着宽阔的吴淞江,两城交通全靠舟楫,甚为不便。时知县李问和县尉王庭坚在江上建造了一座木桥,时称"利往桥",又名"长桥"。由于该桥造型优美,犹如天上彩虹,垂落人间,遂改名为"垂虹桥"。后几经天灾人祸,毁之复修。由于木结构桥梁终日受水侵害,木材致腐,历经270多年后,在1325年改为石拱桥。此桥的建成使得吴江成为水乡泽国之都会,商贾云集,文人墨客多有相聚吟诗作画,有乾隆皇帝、苏东坡、王安石等帝王、名人、学士在吴江留下众多墨迹。宋代书法大师米芾留下"垂虹秋色满东南"之墨宝,更使垂虹桥名扬天下。

明代大画家沈周的《垂虹暮色图》,画中石桥如虹,横卧江波之上;桥亭婀娜多姿,翼然翚飞;小瀛洲里,境隔尘寰,水接小筑,颇有仙境之感。岸上芦花吐白,蓼岸遮红,枫叶红堤,民居错落;江上渔火闪烁,舟船夜泊,好一派江南夜晚宁静景象。垂虹桥在画面中独居画龙点睛之地,使两岸得到有机相连,古塔、古亭、古居,古树,通过古桥相串,使画面在人们的视野中活了起来,动了起来。沈周的《垂虹暮色图》不愧为桥画中的精品,传世佳作。

在有关垂虹桥的桥画中,留世的尚有南宋佚名的《长桥卧波图》、明代文嘉的《垂虹亭图》及清代胡振的《白石垂虹诗意图》,相传北宋大画家王希孟的《千里江山图》中的长桥就取材于当时吴江的垂虹桥。

图 6.3.4　垂虹桥

6.3.6 《西湖十景卷》（清·王原祁）

图 6.3.5 《西湖十景卷》画作

西湖十景，勾起古今中外多少名流情意切切，"乐不思蜀"，忆江南，最忆的是杭州。尤其是杭州的断桥、长桥、西泠桥上的爱情故事，流传至今，引起多少青春男女在桥上情意绵绵。范仲淹的"湖边多少游湖者，半在断桥烟雨间"，郑英的"西湖断桥路，想系马垂杨，依旧欹斜"，汪文量的"我忆西湖断桥路，雨色晴光自朝暮"，更有徐俯的"春雨断桥人不度，小舟撑出柳阴来"，那些对西湖断桥进行描写的华美诗句，无不表现出作者对西湖的喜爱之情。清代王源祁的《西湖十景图》正是描绘了断桥、湖水、垂柳、人家等事物组成的西湖景象。画面中一座单孔石拱桥，桥上有亭有栏，更有堤上红桃绿柳，春意盎然，道不尽莺歌燕舞。隔水人家，浑是花阴，显得好春时光。"轻车几度新堤晓，想如今，燕莺犹说。纵艳游，得似当年，早是旧情都别""见桥思情，雨洒杨柳绿渐浓，春光桃花映日红，晚霞明处暮云重，小桥东畔再相逢"。西湖的美在于湖、水、石桥、堤岸和人家。例如，白堤上的断桥、锦带桥、西泠桥；苏堤上的六桥：映波桥、锁澜桥、望山桥、压堤桥、东浦桥、跨虹桥；杨公堤上的六桥：环壁桥、流金桥、卧龙桥、隐秀桥、景行桥、浚源桥；还有风景区内的玉带桥、菩提桥、通利桥、洪春桥、白乐桥、五寺桥、金佛桥、小瀛洲九曲桥、孤山九曲桥、西湖天下景的曲桥等种种画面无不浸透着杭州的湖光山色和桥水相映的秀丽风光。《西湖十景卷》图画中是桥挽携着白堤、苏堤、杨公堤，是桥将外西湖、内西湖、岳王湖沟通成一体，是桥将环西湖的景致串联起来，形成一幅"晴晴雨雨时时好好奇奇、水水山山处处明明秀秀"的西湖十景长卷。西湖的美离不开湖上的桥，湖上的桥离不开西湖水的美。

图 6.3.6 映波桥

图 6.3.7　锁澜桥

图 6.3.8　望山桥

图 6.3.9　压堤桥

图 6.3.10　东浦桥

图 6.3.11　跨虹桥

6.4　谚语

　　中国语言文学，博大精深，而民间语言文学又是其重要组成部分。在民间语言文学中，由平民百姓自发生成，口教言传的"谚语"又是民间语言文学中的灿烂之花。谚语，通俗地讲，它就是一句言简意赅的短语，是在群众中间流传的固定语句，用简单通俗易懂的语句反映老百姓在生活劳动实践中总结出来的经验和体现他们认知的程度。关于"桥的谚语"在谚语体系中占有相当的成分，由于谚语属于民间的口传语言，所以往往具有很强的地域性和针对性。通过查阅资料、访问群众的方式收集了一部分有关桥的谚语，摘录如下：

　　（1）桥归桥，路归路。

　　（2）你走你的阳关道，我走我的独木桥。

　　（3）山上有花山下香，桥下有水桥面凉。

　　（4）我走过的桥比你走过的路还多。

　　（5）跑过三关六码头，到过宁波江桥头。

　　（6）过桥抽板，桥头老三。

197

（7）十六只河埠三口桥，两只祠堂半座庙。

（8）桥头老三闲话多。

（9）有桥勿过，情愿游河。

（10）念佛念一世，勿如过桥石板铺一铺。

（11）好浮瓢，勿会汆过老江桥。

（12）日倒屋，夜倒桥。

（13）船到桥头自会直，勿是碰，就是别。

（以上摘自《宁波老桥》）

（14）看看城隍庙，走走九曲桥。

（上海豫园）

（15）苏堤六吊桥，一株杨柳一株桃。

（杭州西湖）

（16）摇过板桥南河头，直到鲁堰洞桥头。

（上海金山）

（17）富阳城里廿四桥，恩波当属第一桥。

（杭州富阳）

（18）烧香拜佛求来生，修桥铺路为子孙。

（上海金山）

（19）十三座桥九牌楼，小小新场富苏州。

（上海南汇）

（20）烧香念佛图自身，修桥铺路为子孙。

（浙江绍兴）

（21）烧香拜佛一场空，造桥修路大有功。

（浙江台州）

（22）三十六座庙，七十二座桥。

（江苏昆山）

（23）大水浸过长乐桥，南京城里水滔滔。

（江苏溧水）

（24）走过吉利桥，生意兴隆步步高。

（江苏吴江）

（25）走过长庆桥，青春长驻永不老。

（江苏吴江）

（26）走过太平桥，一年四季身体好。

（江苏吴江）

（27）登封桥上走一走，延年益寿九十九。

（安徽休宁）

（28）乌龟桥上一件宝，三个鲤鱼共个脑。

（湖南双峰）

（29）十八狮子一对猴，二八十六个蘑菇头。

（济南永济桥）

（以上摘自《中国古桥文化》）

（30）嫁郎嫁给绍兴佬，花轿抬过三座桥。

（指绍兴福禄桥、万安桥、如意桥）

（31）如要毛（疾）病好，药渣桥上倒。

（上海金山）

（32）儿郎夜里哭，红条贴三桥。

（浙江平湖）

（33）读书读得好，状元桥上走一遭。

（上海青浦）

（34）做人不地道，就去奈何桥。

（浙江海盐）

（35）新婚夫妇走上桥，手提馒头口含枣。

（上海金山）

（36）高得天平桥，低得塌水桥。

（37）长得五里桥，短得跨档桥。

（38）阔得横里桥，狭得竹叶桥。

（39）望煞虹星桥，快活林石桥。

（40）多得三步二小桥，外加一座猫儿老鼠桥。

（以上摘自《吴越遗风》）

（41）十里湖塘七尺庙，三山十堰廿眼桥。

（42）天上天下，不如大善桥下。

（43）游遍天下，不如东浦大木桥下。

（44）枫桥千根扁担，柯桥百只小船。

（45）逢桥须下马，过渡莫争船。

（46）村塘（子）好不好，但看村前桥。

（47）药渣倒桥头，邪气跟着走

（48）船到桥门自会直，船头撞破有几只。

（49）绍兴城里九头门，十庙百庵八桥亭。

（以上摘自《绍兴桥文化》）

（50）永安寺的狮子头朝里。

（51）八里桥下不落桅，

（52）桥西有座河神庙，滏阳河里行舟船。

（53）铜（通）桥铁坝银城子。

（54）桥上庙，庙上桥，两柏一石九孔桥。

（55）上有天桥子，下有流渍子。

（56）要出凤林关，得过凤林桥。

（57）文德桥上栏杆靠不住。

（58）三步两个桥。

（59）五洞桥在河中央，桥堤引桥分外长。

（60）相公造桥在跟前，老奶造桥万万年。

（以上摘自《中国古桥文化》）

（61）纸包不住火，水淹不过桥。

（62）双桥好过，独木难行。

（63）造林要育苗，过河要搭桥。

（64）快走滑路慢走桥。

（65）多一个朋友多一条路，结一个仇人拆一座桥。

（66）虹搭的桥不能走，蛇扮的绳不能抓。

（67）一家盖不起龙王庙，万人造得起洛阳桥。

（以上摘自《桥韵》）

第 7 章

中国古桥文化中的宗教思想

中国儒、佛（释）、道三教并存，有三教同源之说，中国古桥亦有三教同桥的文化现象。宗教文化是中华民族传统文化的重要组成部分，它与古桥文化中的宗教思想有机相融、相互渗透、交相辉映，彰显了中华传统文化的灿烂辉煌和博大精深。

7.1 古桥修建原因中的宗教思想

宗教是一种社会意识形态，它包括思想、组织、行为、文化等方面的内容。一种宗教能够为广大民众所接受，并且对某一时代人类的社会发展形成较大的影响，比如人们自愿行与人为善之举，办修桥、铺路、建亭之事等公益事业，说明了人们对宗教信仰有益方面的认同。

以安徽徽州修桥为例，当时在古徽州一府六县，佛、道盛行，尤以信佛者众。徽州佛教始于东晋、南北朝，兴于隋唐，盛于宋明而衰于清末，其历史过程长、分布地域广、建寺庙庵多。徽州佛教寺庙供奉的是释迦牟尼佛、文殊、观音、地藏菩萨，在寺庵的僧尼均须落发、长年吃素，属汉传佛教。我国佛教是从印度传进来的，"佛"这个字是印度梵文音译过来的，它的意思是指"智慧、觉悟"。"佛法"是指对信徒三世（过去、现在、未来）的教育理论。佛家讲究入世轮回、忏悔业障、持戒修行、积德行善、普度众生。因此，就有了许多佛与古桥的故事。

江西婺源彩虹桥的修造便始于这样的原因。彩虹桥最初是一座木板桥，一年当中好几次被洪水冲毁，给过往的商旅、两岸居民带来很大的不便。附近清华村一位乐善好施的胡济祥与另一位能人胡永班，很想为村民建一座永久性的桥。但一直苦于资金与技术两大难题。胡济祥为筹集资金，削发为僧，到婆女庙出家当和尚，取法号济祥。此后，他云游四海，四处化缘，历尽艰辛，用五年多的时间，筹集到建桥的资金。胡永班为掌握建桥技术，他背井离乡，外出学艺，建桥做苦工，历尽苦难，钻心研学，历时五年多，终于学到了建桥技术。最终两人同回故里，在众人协助下，建起了一座永久性的石墩五孔木梁廊桥，桥上有神龛供奉治水大禹及胡济祥、胡永班二位造桥主持人。历经 800 年历史，经受数次洪水冲击，依然屹立在清华镇古渡遗址上。浙江桐乡洲泉镇有座积善桥，桥下河道曲折蜿蜒形似水龙，故名龙浜。古时，浜上无桥只靠渡船摆渡过人。随着天气变化多端，两岸村民依靠渡船来往多有不便，遭遇恶劣天气时更有危险。为此，村里十位年长妇女，又称十姐妹，吃素念佛，劝人为善、多做好事，便一起商议，在龙浜上造桥。可苦于资金缺乏，难以成行，于是便提出"每人每天积攒一文钱，一千天就能攒到一万文"的办法可以造桥了。三年后，十位老奶奶造桥善举成功，附近村民欢天喜地让十姐妹先行过桥，以表彰她们积善行德，造福子孙的行为。最后，把积善桥叫作"十婆桥"。这种出于宗教原因以忘我的精神自助、募资修桥的事迹、故事各地都有。

图 7.1.1 十婆桥

图 7.1.2 悬剑桥

7.2　古桥桥名中的宗教思想

佛家倡导广济天下、普度众生、积德行善，因此，无论是捐资建桥还是出工出力，善男信女无不踊跃。有贫寒一生倾其所有捐资建桥的世人、有跋山涉水化缘修桥的僧尼，一切都体现了佛家的济民思想。为了表彰这些善人义举，便在桥名中体现了出来，例如，浙江嘉兴濮院有座"张秀才报恩造桥——报恩桥"。故事说旧时濮院镇上张秀才赴省城赶考，过河时遇河水退潮，渡船搁浅而时间紧迫，就涉水而过，不料倒在水中，湿了外裤十分尴尬，一筹莫展。当时，有位女子也过河，看到秀才十分狼狈，心想不能"因善小而不为之"，于是，自己躲进附近桑林，脱下裙内长裤解秀才燃眉之急。秀才感恩至极，言"中榜之时，定当重谢"。女子说道："君子重德，知恩图报，何不在河上造桥，造福于民。"秀才固然题榜高中，为官一任，不食前言，捐资建桥，自题桥名：报恩桥。在当地还有五娘娘立愿建起沐恩桥，观音显灵建成观音桥，前世报应建心桥，神仙送宝聚宝桥，茶圣报恩应家桥，桥畔重显石佛放生桥等。

诸如此类显示宗教思想的桥名有利济桥、仁济桥、永济桥、扶驾桥、拱宸桥、沐恩桥、谢恩桥、报恩桥、恩波桥、八仙桥、望仙桥、圣龙桥、圣堂桥、五龙桥、寿昌桥、长寿桥、万寿桥、万岁桥、众安桥、积善桥、放生桥、佛佛桥、望佛桥、太平桥、永宁桥、永安桥、永乐桥、忠义桥、金刚桥、观音桥、太师桥、状元桥、永福桥、崇福桥、广福桥、双福桥、安济桥、乐施桥等，都显示着中华民族知恩图报、积德行善、助人为乐、崇敬天地的道德观念和行为准则。

7.3　古桥装饰中的宗教

7.3.1　雕刻图案

古桥雕刻是古桥文化艺术中很重要的组成部分，无论是石刻、木雕、砖雕，还是泥塑都能体现业主与工匠的思想感情和信仰爱好。由于我国漫长的封建社会和农业经济形成了一切靠天、靠地、靠神的奴役思维，所以，在古桥雕刻图案中充满着对天、地、神的崇拜。

图 7.3.1　二十四孝之一"乳姑不怠"

图 7.3.2　道教阴阳太极图案

无论是梁桥、拱桥、廊桥的梁、板、柱、券、天门石、合龙板、碑、亭、房上都能看到具有宗教含义的各种雕刻图案。例如，代表道教教义的蛟龙、太极、八卦、剑戟、荷花、莲枝、绶带纹、暗八仙、福禄寿、吉祥结、琴棋书画、五蝠送寿、平升三级、吉庆有余、桃园结义等；代表佛教教义的观音、罗汉、如意、净瓶、荷花、覆莲、狮象、须弥座、旋涡纹、浮云纹、万寿纹、因果报应、六道轮回等；代表儒教教义的双龙戏珠、丹凤朝阳、风调雨顺、马上报喜、喜上眉梢、龙马精神、二十四孝、岁寒三友、高风亮节、回字纹、云气纹等。当然，随着教义融汇、三教合一潮流的影响，三教代表图案相互交叉也颇多，如荷花、莲花、菊花、狮子、白象、麒麟、彩云、飘带、缠枝等图案。

7.3.2　廊桥泥塑（以寿宁木拱廊桥彩绘泥塑为例）

福建寿宁木拱廊桥是中国古代建筑木结构体系的代表作之一。廊桥陈列着丰富的彩塑宗教造像，通过其精湛的彩塑塑造出富有理想性、世俗情结的彩塑作品。反映了民间对宗教的现实要求，是寿宁先民审美趣味的真实写照。

受廊桥建筑空间的限制，廊桥里面的彩塑不能像陆地庙宇里的塑像那样高大。因此造型上主神都以坐姿为主，高度在 120～150 厘米之间，辅神以站姿为主，高度在 80 厘米以下。造型上注重形体的把握，运用概括、提炼的手法突出主要结构形体，具有简洁生动、淳朴秀润、圆浑饱满的特点，形成了粗犷豪迈、厚重结实的艺术风格，给人以质朴清晰的艺术感受。

在寿宁供奉临水夫人的廊桥共有 8 座，廊桥建设与对临水夫人信仰有着非常密切的关系。位于后墩村的飞云桥（始建于明天顺七年，即 1463 年）是寿宁及寿宁周边临水夫人信仰的"总庙"，据传廊桥的神像里有临水夫人的肋骨真身。飞云桥临水夫人彩塑造像面相淡定、神情虔诚、青丝挽髻、顶戴华冠、身披彩衣、面容秀丽、神情静谧，体态秀美轻盈。衣纹的处理力求平直、流畅，在单纯中求变化，在这个体现过程中，有关人体的骨肉细节和衣纹服饰，都被简化或删除。彩塑的造型并不拘泥于所塑造对象的写实度，而是在把握塑造物核心特征的基础之上，用夸张、抽象的造型手法对塑造物进行恰当的处理。以达到内在精神与外在形式的统一。如最重要的脸部，本来有许多的骨骼肌肉，可以用来表情示意的，脸部重点在于突出仁慈、端庄的造型，衣纹处理、绶带飘举等都有一套师传的格式。其中临水夫人左右分别是虎、马将军塑像，虎将军左手持令牌，右手持铜；马将军左手握一面照妖镜，右手持剑。塑像以"腾龙"为背景。特别注重手势、眼神、法器、姿态的传神表现，使人物造型达到动与静、简与繁、平与直的和谐统一。

寿宁廊桥内供奉的宗教人物造型没有统一的定式，表现形式自由多样，塑匠画师可以有个人的创造。由于这些彩塑的民间艺人都是来自社会底层，不可避免地自觉或者不自觉，直接或者间接地表现自己日常现实生活状态，自然会削弱宗教造像所要求的"神性"，从而使这些彩塑疏远抽象的"神性"，更接近现实性，从而使宗教之神变为世俗之人。神的形象走向民俗化、世俗化和人间现实化，适应民间民俗与社会相结合的形式，为当时人们所乐于接受，既不违背宗教造像的仪制，又符合当时社会统治者的意图，同时争取广大信徒的心理认同，在造型上使神"人性化"，将宗教偶像赋以人间世俗的形象，缩短了人与神之间的距离，使信徒在心理上感到亲切。创造众神像可亲可敬的形象，创造当地人民喜闻乐见的形象是十分重要的，这种形象的创造，既不违背宗教要求，也不是民间艺人的凭空臆造，而是从现实生活中取得的美的素材，把宗教造像作为现实中的人来表现。通过对各种人物的精神面貌和美的形象的刻画，使神秘的宗教更能贴近现实生活，为当地人民所喜闻乐见。

寿宁廊桥建筑中，彩塑宗教造像所体现出鲜明的地域风格，使艺术、宗教、民俗得到了完美地融合，满足了宗教宣传和人们精神寄托的需要，也是美学价值、历史价值之所在。

图 7.3.3 碑坑桥彩塑

图 7.3.4 崇善桥彩塑

图 7.3.5 廊桥内设置的神龛

7.3.3 雕刻花纹

　　形式多样的雕刻花纹中多蕴藏丰富的文化内涵，其中有很多来源于中国儒、道、佛三教的思想，尤其以道教与佛教为主的宗教信仰更为广泛。古桥上雕刻花纹的主要表现形式是各种各样的花卉和卷草，最常见的有：荷花、睡莲、牡丹、桃花、梅花、菊花、兰花、海棠、百合、杜鹃、翠竹、松柏、万年青、水仙花、灵芝草等。荷花，出淤泥而不染，彰显高雅自洁的品德，为道教所推崇；牡丹，富贵荣华，气势非凡，为人生所追求向往之品格，为佛教之信物；桃花，春来先知，好运当头，寓意春光明媚、前程无限；梅花，香自苦寒来，只把春来报，显示品位高尚、与世无争之品格；菊花，长在田园阡陌或许普通庭院，却奇艳争辉，令人喜爱；兰花，高贵而得体，居深山幽谷之中，发天地精华之暗香，为众人所喜爱。海棠之优雅，百合之和好，杜鹃之烂漫，翠竹之亮节，松柏之高风等的象征和写意，无不表达了人们对美好生活的期盼，无不表达了人们对大自然的敬仰和崇拜。

　　还有古桥的栏板、桥柱上随处可见的莲花图案，也是来源于道、佛两教。佛教里佛像常会站于莲花上，所以莲花又被称为莲座、莲台。莲花是圣洁、清净的象征，凸显出"出淤泥而不染，濯清涟而不妖"的高雅品格，所以佛教以莲花来比喻"佛性"。道家常在道场上设置莲花灯，长明不熄；每逢祭日便在水上放游莲花灯、空中放飞孔明灯。"莲，花之君子也。"北宋的大儒周敦颐喻物抒怀，对莲花与儒家品质关联思考，赋予莲以儒家的高洁品格。于是，自宋代始，莲花便成为儒、佛、道教的代表圣物，更具有儒、道、佛三家的宗教寓意。

图 7.3.6　桥栏板上莲花雕塑

图 7.3.7　桥望柱上莲花雕塑

　　江南水乡的古石桥，因构造需要，桥面中心通常设置方形合龙板，板上正中大多雕刻"轮回"图案（也有雕刻其他吉祥图案）。图案自中心点分六道向外逐渐扩展，最终呈车轮形状。"轮回"系佛教用语，也称六道轮回、生死轮回、轮转，意谓众生在"三界""六道"的生死世界中有如车轮回旋不停，循环转化。古桥上雕刻"轮回"图案，是佛教因果报应思想的具体体现，让人们在过桥时经常看到"轮回"，要时时记住"因善小而不为，因恶小而为之"的道德准则。

图 7.3.8　方形合龙板雕刻轮回图案

　　古桥石栏杆的端部都设置抱鼓石，抱鼓的雕饰有不少采用的是太极图案。太极图是道教的标志性图案，太极宣扬天人合一、阴阳动静和五行说，反映了道家的哲理思想。现在"太极"基本上同时为儒、道两家并重共用，在桥面、梁柱等部位还有雕饰博古、如意、笔锭、犀角等象征道教的图案。道教中民间传说的"八仙"，也是古桥常见的装饰图案。所谓"暗八仙"，就是指八位仙人手持的八件"法宝"。

蓝采和　　张果老　　何仙姑　　吕洞宾

铁拐李　　汉钟离　　韩湘子　　曹国舅

图 7.3.9　传说中的八仙

图 7.3.10　美好寓意的古桥装饰图案

还有一些象征友情、长生、君子、辟邪、瑞祥、平和等美好寓意的古桥装饰图案，如松柏、龟、竹、蝙蝠、麒麟等，基本也都是从三教的思想文化中提炼而来的，体现了中华民族深厚的传统宗教文化。

7.4 古桥古寺宗教文化

我国自古以来就有修桥建寺的善举传统。早在魏晋南北朝初期，佛教兴起时尚未形成正统寺院，就有达官显贵"舍宅为寺"。浙江杭州萧山的江寺、嘉兴海宁的惠力寺、湖州德清的八胜寺等就是这种情况。之后随着社会经济的迅速发展，古桥和寺庙的修建除官办外，许多都由当地百姓募捐，或地方乡绅出资，或寺庙僧人化缘募资建造，尤其广大宗教徒、善男信女更是踊跃布施，他们的姓名和捐款被刻载在桥石或功德碑上，彰显了中华民族崇尚仁爱、行善乐助、和谐相处、造福子孙的传统美德。

图 7.4.1 修桥建寺的善举

桥与寺的关系不仅是建筑空间配置的需要，如上桥过河进寺，还有文化观念的关系，它们之间有着千丝万缕的不解之缘。江南水乡很多寺庙门前通常都有河流、池塘，旧时称为放生河、放生池、泮池，水上之桥称作放生桥。佛教宣扬普度众生、回头是岸、追求幸福，桥是渡河的载体，是解脱一切苦难的象征，善男信女过桥的同时经心灵净化，逐渐走向神圣的佛门静地。有些桥因寺得名，有的桥就是寺的组成部分，桥寺同名，如杭州灵隐天竺三寺前的三座古石桥，俗称下天竺桥、中天竺桥、上天竺桥；嘉兴南湖的太平桥与太平寺；桐乡的福严寺桥与福严寺；绍兴越城的龙华桥与龙华寺；湖州南浔的广惠桥与广惠宫；德清县新市镇的寺前桥（迎圣桥)与觉海寺等。有些桥是由寺中僧人建造的，如海宁惠力寺前的紫薇桥。还有的桥是为纪念寺内高僧而取的桥名，如天台国清寺的丰干桥。上海青浦区的金泽镇就被誉为"桥庙之乡"。

7.4.1 杭州天竺三桥三寺

1. 上天竺金佛桥与法喜寺

金佛桥，又名敬佛桥，俗称上天竺桥，位于上天竺法喜寺山门前，南北向跨寺前的天竺溪。

金佛桥为单孔半圆形乱石拱桥，桥长 7 米、桥宽 7.4 米、净跨 2.8 米，拱券和桥体都由乱石砌筑，古朴幽雅。桥基砌于河床岩石上。桥面两侧设石栏杆，栏板上浮雕花纹，端部置抱鼓石，中间有望柱8根，望柱头雕饰象征佛教的莲花图案。此桥始建年代不详，或与建寺相同年代，亦可能于中、下天竺二桥同时期所建，需要考证。

法喜寺，俗称上天竺寺，坐落在乳窦峰北、白云峰南的山谷中，是天竺三寺中规模最大的寺院，在国内外享有盛名。过金佛桥，就是一座建筑雄伟的山门，中门上方檐口下悬挂镌有"上天竺法喜讲寺"的竖匾，门旁有两只大石狮蹲守。入内，经过一段百余米的甬道，呈现在眼前的是一座高大的牌坊，上有清康熙御笔的"入三摩地"匾额，"入三摩地"即进入一个没有邪念的清净境地，牌坊门柱上镌刻一副蕴含佛教韵味的楹联，联曰：峰峙白云渺渺烟霞升佛国，泉流清梦沉沉钟鼓觉尘心。

牌坊旁侧的照壁上镌有"晋代古刹"四个大字。穿过牌坊，沿中轴线上依次而进，第一殿为天王殿，殿外西侧有一道青色照壁，上有清康熙年间的"观自在菩萨"阴文楷书五个大字的题刻，点明了寺院的特征，殿内正中供奉弥勒佛，两侧为四大天王。天王殿后面是圆通宝殿，重檐歇山顶建筑，供奉观世音菩萨，传说该寺是中国白衣观音的起源地，这里是观世音菩萨的道场之一。其后是大雄宝殿，重檐歇山顶建筑，巍峨壮观，殿门上悬挂由中国佛教协会前会长赵朴初题写的"大雄宝殿"匾额，门旁放置两只石雕麒麟守护，殿内供奉三尊佛像，中为释迦牟尼佛，左为药师佛，右为阿弥陀佛，大殿两侧和后壁为彩塑三百罗汉，雕刻精致，形态生动。再后是法堂、藏经楼。最后往上是毗卢殿，殿内供奉毗卢遮那佛，大殿两侧和后壁置有1008尊小巧玲珑、金光闪闪的小佛像，堪称珍稀。整座寺院依山就势而建，层次分明，层层递高，气势磅礴。两边沿山建有屋盖长廊与各殿堂相连，能遮阳避雨，顺山势登阶而上，可俯瞰全寺景色。寺院两侧还建有地藏殿、方丈楼、经堂、斋堂、客堂、僧寮、厢房及其他建筑设施，成为一处规模恢宏的佛国圣地。

法喜寺系五代后晋天福元年（936年），僧人道翊（上天竺开山祖师）在白云峰下结庐修行，他在山中见有奇木发光，遂请孔仁谦雕刻成观音像。其后，吴越王钱弘俶梦见一白衣人求治其居，为梦境所动，遂在上天竺开路筑基，建观音看经院，于后晋天福四年（939年）五月建成，这是上天竺最早的寺院，迄今有1000多年历史。宋历代皇帝甚尊崇此寺，除驾幸外，并常于此祈雨，设水陆大斋。元（后）至元三年（1337年）毁，（后）至元五年（1339年）重建，元末又毁。明成化十二年（1476年）重建。清康熙三十八年（1699年），康熙到上天竺礼佛，并拨银修葺寺院。乾隆十六年（1751年），乾隆南巡时曾亲临上天竺，除作诗外，并御题寺额为法喜寺，寺名沿用至今。咸丰十一年（1861年）毁于兵火，同治初（1862年—1866年）重建大殿，光绪二十四年（1898年）全寺重修。新中国成立后，20世纪60年代时遭毁坏。1981年重建修复后对外开放，在清代所遗存的照壁、天王殿、圆通宝殿、大雄宝殿等建筑的基础上，近年又新建了山门、牌坊、藏经楼、毗卢殿等建筑设施。如今，寺院已重现昔日兴旺景象，并展现新颜。

图 7.4.2　法喜寺

历代文人名士对上天竺情有独钟,留下许多诗文佳作。北宋元祐中(1086年—1094年),苏东坡出任杭州知府,曾数次来游,著有《雨中游天竺灵感观音院》等诗篇。宋朱熹、吕祖谦、戴复古,元赵孟頫、倪瓒等均有游上天竺诗作。宋代抗金英雄岳飞的《归赴行在过上天竺寺偶题》诗更是气壮山河,令人感奋。诗曰:强胡犯金阙,驻跸大江南。一帝双魂杳,孤臣百战酣。兵威空朔漠,法力仗瞿昙。恢复山河日,捐躯分亦甘。

2. 中天竺菩提桥与法净寺

菩提桥,俗称中天竺桥,因传为宝掌禅师所建,故又名宝掌桥,位于中天竺法净寺山门前,东西向跨寺前的天竺溪。相传,佛祖释迦牟尼当年曾在菩提树下苦修,终于悟道成佛,从此菩提成为佛的标志及代名词。佛教一直都视菩提树为圣树,它给人一种超越的神圣感,信徒对菩提树十分敬重、信仰、虔诚。法净寺前的菩提桥寓意就是一座佛桥,善男信女要虔诚向佛,要过此桥经心灵净化后方能领受到佛的缘分。

菩提桥为单孔半圆形石拱桥,桥长9.6米、桥宽7.3米、净跨4.4米,拱券内拱为块石砌筑,外为条石镶面。桥基砌于河床上。拱肩处设有横系石一对,雕刻吸水兽,而此桥雕饰线条简洁,古拙的人头像,似面带微笑之佛像,在浙江非常罕见。桥面两侧设石栏杆,栏板雕刻回形纹饰,端部置抱鼓石,桥上有望柱8根,望柱头雕饰象征佛教的束莲图案。此桥始建年代不详。明嘉靖二十七年(1548年)重修,清同治十三年(1874年)重建。

法净寺,俗称中天竺寺,坐落在稽留峰下,寺院坐西朝东。中轴线上,过菩提桥便是山门,山门为黄墙黛瓦,古朴庄重,中门上方镌有"中天竺法净禅寺"寺额。入内为天王殿,系清光绪年间(1875年—1908年)所建,殿内供奉弥勒佛,两侧为四大天王。中殿为圆通殿,重檐歇山顶建筑,飞檐翘角,雄伟壮观,正门上方悬挂"清净庄严"匾额,檐口下有元代大书法家赵孟頫所书"圆通殿"三字竖匾。殿内供奉三面千手观世音菩萨,两壁为彩绘佛像,后壁为童子拜观音的海岛立体彩塑群像,海岛上参差错落地排列着姿态各异的大小佛像152尊,雕塑精美,气势宏伟。后殿是大雄宝殿,供奉三尊佛像,中为释迦牟尼佛,左为药师佛,右为阿弥陀佛。寺院两侧还建有经堂、厢房及其他建筑设施。杭州佛学院也设在寺内。

图 7.4.3 法净寺

据记载，法净寺系隋开皇十七年（597年）由西域宝掌禅师创建。北宋太平兴国元年（976年），吴越王就其旧址改建并赐名为崇寿院；政和四年（1114年），宋徽宗为祈求永保宋室江山，改称天宁万寿永祚禅寺。元天历年间（1328年—1330年）改为天宁永祚禅寺。明洪武年间（1368年—1398年），赐名中天竺禅寺，正德年间（1506年—1521年）毁；嘉靖年间（1522年—1566年）重建。清初康熙两次去中天竺，并拨银重修寺院，御题"灵竺慈缘"。乾隆三十年（1765年），乾隆南巡时曾到中天竺礼佛，并御题寺额为法净寺，寺名沿用至今。咸丰十一年（1861年）毁于兵火，光绪十八年（1892年）重建。民国三十六年（1947年）遭火灾，损失巨大。新中国成立后，20世纪60年代时遭毁坏。1981年重建修复，新建了山门、圆通殿、大雄宝殿等建筑，1984年正式对外开放，现已恢复昔日景象。

3. 下天竺车岗桥与法镜寺

下天竺车岗桥，俗称下天竺桥，位于下天竺法镜寺山门前，南北向跨寺前的天竺溪。此桥为单孔半圆形石拱桥，桥长8.4米、桥宽4.9米、净跨4.4米，拱券内拱为块石砌筑，外为条石镶面，拱肩处设有横系石一对，桥基砌为河床上。桥面两侧设大块长条石栏杆，端部置抱鼓石，桥上有望柱8根，望柱头雕饰象征佛教的束莲图案。据记载，此桥始建于宋代，民国二十六年（1937年）重建。

法镜寺，俗称下天竺寺，坐落在灵隐飞来峰下，踞飞来峰之阳，前瞰月桂峰，后窥香林洞，独具林壑之美，在天竺三寺中历史最为悠久，迄今已有1700余年历史。整座寺院坐北朝南，中轴线上依次而进，过车岗桥便是山门（天王殿），山门与天王殿合一，殿门上方悬挂镌有"下天竺法镜寺"的竖匾，门旁有两只大石狮蹲守，殿内供奉弥勒佛和韦驮菩萨，两侧为四大天王。圆通宝殿是主殿，为单檐歇山式覆筒瓦建筑，面宽5间，进深4间，殿内供奉净瓶观音坐像，两侧为十八罗汉。大殿檐柱上有镌于清光绪十四年（1888年）的楹联一副，联曰：三竺并传一样金身世上皈依独后；五峰环绕千年香火人间瞻拜为先。

后殿为药师殿，殿内供奉东方琉璃世界药师如来和十二神将。该寺的药师坛场别具一格，宝塔造型共分三层，第一层须弥座上站立十二位神将，第二三层分别为七尊药师如来坐像，上方二角是日光菩萨和月光菩萨，这是根据《药师如来功德经》所述构造的，这种形制在国内寺院中很少见。寺院两侧还建有地藏殿、藏经楼、斋堂、客堂、厢房及其他建筑设施。

图 7.4.4　法镜寺

据记载，法镜寺系东晋咸和五年（330年），由印度慧理禅师创建。初名幡经院，隋开皇十五年（595年），"拓而新之"，改称南天竺寺。五代时，吴越王钱镠再兴，建五百罗汉院。北宋大中祥符元年（1008年），更名为灵山寺，天禧四年（1020年）恢复天竺寺之名。至南宋时，下天竺寺异常繁荣，拥有许多宏伟壮观的殿堂及亭台楼阁，高僧辈出，文人学士往来如云，佛教文化兴盛。元末毁。明洪武年间（1368年—1398年）重建。清康熙三十八年（1699年），康熙曾往下天竺礼佛，并拨银重修寺院。乾隆二十七年（1762年），乾隆南巡时曾到下天竺并御题寺额为"法镜寺"，寺名沿用至今。咸丰十一年（1861年）毁于兵火，光绪八年（1882年）重建。新中国成立后，曾改作他用。20世纪60年代时遭毁坏。1982年重建修复，寺院现存的殿宇是清光绪年间所建，天王殿、圆通宝殿、药师殿等建筑都是遗存的古建筑，这是杭州市一座典型的清代风格寺院。1984年正式对外开放，恢复为比丘尼道场，现为杭州唯一的尼僧寺院。

唐代大诗人李白写的《送崔十二游天竺寺》云：还闻天竺寺，梦想怀东越。每年海树霜，桂子落秋月。送君游此地，已属流芳歇。待我来岁行，相随浮溟渤。

诗中"桂子落秋月"是用月中桂子洒落天竺的典故，描写了天竺佛地仙境的气氛。自此以后，寺僧们就在寺内外广种桂树。至今天竺三寺中都有许多数百年以上的桂树，十分壮观。

7.4.2　上海青浦金泽镇的桥与庙

上海市青浦区金泽镇，地处江南水乡，河道纵横、水网密布、众多古迹、人杰地灵、风光无限，在0.6平方公里范围内竟有42座古桥，堪称"江南第一桥乡"。更为甚者，该镇特殊之处就是"一桥一庙、桥桥有庙，庙庙有桥"，被艺术大师钱君陶先生称之为"桥庙甲天下"。金溪小志称：镇上原有"六观、一塔、十三坊、四十二虹桥、桥各有庙"。金泽古镇建于东晋，已有1600多年历史，它是桥乡庙镇，有着灿烂的桥庙文化宗教传承。金泽古镇"四面巨浸，内多支河"，外有四大湖泊，内连80多条河港，成为美丽的水乡泽国。南宋宋高宗南渡，途经金泽，看到水清稻香，烟火人家，大为赞赏，乃命造桥建庙，祭拜先人、感恩布泽。金泽镇造桥建庙始于东晋，兴于南宋，盛于元明。东晋建造的东林寺，有小普陀之称；元代建造的万寿庵，有小天竺之谓。金泽镇上的宋代普济桥、万安桥，元代的迎洋桥，明代的天王桥，清代的太平桥等均入江南名镇古桥之列。

由于金泽古镇桥多庙多，曾达到一桥一庙，例圣堂桥与圣堂庙、天王桥与天王庙、关帝桥与关帝庙、三官桥与三官庙、祖师桥与祖师庙、总管桥与总管庙等。更有史载：金泽颐浩寺"虽杭之灵隐，苏之承天，莫匹其伟"，其有寺屋5048间之多，几乎占据金泽镇地域之半，其规模远胜江南庙宇寺院。桥庙相连，横渡善男信女过河拜佛。庙里神寺里佛保桥稳固平安，薪火相传，保佑一方风调雨顺，道路通达，安居乐业，这也是桥庙文化的精华所在。

图 7.4.5　桥庙相应（一桥一庙）

更值得一提的是在金泽古镇建有一座现代版北宋《清明上河图》中的"汴水虹桥"。1999 年美国电视公司，拟在中国拍摄古木桥的建造方法，仿建一座《清明上河图》中的汴水虹桥。我国著名桥梁专家唐寰澄（1926 年—2014 年）先生担任总顾问，进行全程技术指导。桥址选在金泽古镇，完全按照唐寰澄先生设计的叠梁贯木单孔拱桥结构方案进行建造，取名"普庆桥"，于 1999 年 9 月建成，惊现了 1000 多年前汴水虹桥的桥姿风采，让中国古桥走向世界。

图 7.4.6　青浦普庆桥（贯木拱桥）

7.4.3　江苏苏州枫桥与寒山寺

苏州古城有桥数百座，唯有枫桥为众人熟知，有了枫桥才有唐代张继流传千古的《枫桥夜泊》一诗，而张继的《枫桥夜泊》，使枫桥名扬四海。枫桥，旧称"封桥"，位于苏州城外西北七里（3.5 公里）的小镇——枫桥镇，镇因桥而名。枫桥横跨于大运河支流之上，系东南—西北走向。北宋嘉祐二年（1057 年）宰相郇国公王珪因书张继《枫桥夜泊》诗，遂将"封桥"易名为"枫桥"，此后延续至今。枫桥仅是一座江南水乡普通的单孔石拱桥，始建于唐代，距今已有 1200 多年的历史，明清时代都曾进行过修缮。古时从西北进入苏州城必经枫桥，因是水陆要道，故设卡查验收税，每当漕粮北运经此，即封锁河道，确保官粮船只通行，故枫桥旧名为"封桥"。现在屹立在河上的桥是 1983 年政府集资，以一年时间整修后的枫桥，但总体保持了原貌。桥长 39.6 米、宽 5.27 米，桥跨 10 米，虽枫桥形态和结构并无特殊之处，但唐代诗人张继在夜泊枫桥时抒发的"月落乌啼霜满天，江枫渔火对愁眠；姑苏城外寒山寺，夜半钟声到客船"触景生情悲郁心境，却得到充分流露和表达。全诗无一"桥"字，却字字句句与桥相关，月夜、乌啼、霜迹、江枫、渔火、寒寺、钟声、客船，描绘得淋漓尽致，思绪无限。尤其桥畔的寒山寺，与枫桥相伴而成就了张继的《枫桥夜泊》这一绝世佳作。寒山寺位于苏州姑苏区枫桥畔，始建于南朝天监年间（502 年—519 年），初名为"妙利普明塔院"。唐代贞观年间，名僧寒山、希迁两位高僧改建塔院为寒山寺。千余年来，寒山寺曾多次遭受火灾，最后一次重建是清光绪年间，曾是中国十大名寺之一。寒山寺占地面积约为 1.3 万平方米，建筑面积为 3400 平方米。寺内古迹颇多，有寒山、拾得二位高僧的石刻像和历代文人墨客及朝中重臣的诗词碑文石刻。寺内最珍贵的就数唐代张继《枫桥夜泊》诗的石刻碑文。这首诗曾经刻在寒山寺东的一块石碑上，为寒山寺内胜景，为世人所器重，然遭几度兴废。北宋宋仁宗时，宰相王珪手书这首诗后刻在石碑上，改"封桥"为"枫桥"。之后，明代苏州名士文徵明也刻诗于石；清代经学家俞樾又书诗刻石，留碑于寒山寺内；20 世纪 30 年代，苏州名画家吴湖帆请诗人张博泉也写了一块"枫桥夜泊"，刻石成碑。一首七言绝句，因桥寺而相辉，引国内外人士如此垂青，使荒村野地一座小寺和一座石桥成了千秋名胜古迹和旅游胜地。

如今，以江枫古桥、寒山古寺、铁岭古关、枫桥古镇、运河古道为主题的省级风景名胜区引来了无数学者、游客，彰显了大好河山胜景，桥寺相印文化，一扫当年张继存于心头的那份苍凉失意的心境，不禁使人感叹，正道是：岁月沧桑，换了人间。

7.4.4　浙江天台丰干桥与国清寺

丰干桥位于浙江省天台县县城北 25 公里的天台山中，全国重点文物保护单位国清寺前方。据清康熙年间《天台县志》所载，丰干桥始建于北宋景德三年（1006 年），旧称玉峰洞桥，又名双涧回澜桥，"双涧回澜"是天台八景之一，也是桥名的由来，后为纪念唐贞观年间（627 年—649 年）国清寺丰干高僧而将桥名改为"丰干桥"。

丰干桥为单孔椭圆形石拱桥，桥长 14.4 米，宽 3.4 米，高 4 米，桥跨为 3.4 米。拱券及桥体全部采用石块干砌筑成，桥面用卵石铺砌，两侧设矮石栏，间隔立望柱，端部置抱鼓石。全桥造型古朴，深山之中，环境优美，相邻古刹，更是神秘莫测。《中国科学技术史·桥梁卷》记有此桥，通过对此桥的史料分析及实物佐证，认为"这座桥至少可明确唐朝便是这样，后世重新予以整修而已"，可见丰干桥在桥梁史中的地位及技术水平。

过丰干桥，正面为中国佛教天台宗发源地——国清寺。国清寺始建于隋开皇十八年（598 年），初名为天台寺，后取"寺若成，国即清"，遂改名为国清寺，寺庙建筑面积 2.8 万平方米，占地面积为 7.3 万平方米。隋代高僧智越在国清寺创立天台宗，影响远及东南亚。鉴真和尚东渡日本时曾朝拜国清寺。日本高僧最澄偕弟子义真至天台山国清寺取经，从寺中道邃学法，回国后在日本比睿山兴建延历寺，创立日本天台宗佛教，其尊天台山国清寺为祖庭。11 世纪高丽僧义天至国清寺求法，后将天台宗佛教传入朝鲜半岛，尊国清寺为祖庭。现存国清寺系清雍正十二年（1734 年）奉敕重修。天台国清寺与济南灵岩寺、南京栖霞寺、当阳玉泉寺并称中国寺院四绝。该寺曾驻有不少高僧名师，例唐一行法师、寒山、拾得、济公、日本东密开宗祖师空海、日本台密开宗祖师最澄等等。2006 年，国清寺被国务院批准为第五批全国重点文物保护单位，丰干桥作为国清寺的组成部分（寺前桥），也成了全国重点文物保护单位。一桥一寺均为国保全国少有。

值得一提的是在国清寺前，丰干桥北端立一巨碑，高约 2.5 米，宽约 0.8 米，石碑上刻"一行到此水西流"，令人十分费解。原来发源于天台北山的北涧曲折奔流几十里，一路夹带泥沙，混沌黄浊在丰干桥下与发源于灵芝峰西涧的清澈之水相汇交流激荡。到了多雨时节，水势汹涌，涧水猛涨，下游难以泄洪，北涧浊流倒流西涧，形成"双涧回澜"之奇景，"一行到此西流"因而得名。古人云：建桥为善事，渡人到彼岸；寺庙宗教宣扬与人为善，因果报应，二者理念同出一辙，"拜佛先过桥、过桥入佛堂"，形成了中国特有桥庙（寺）文化。

天台山是国家级风景名胜区，距天台县城北仅 3 公里，素以"佛宗道源，山水神秀"蜚声海内外。天台山是中国佛教天台宗和道教南宗的发祥地，活佛济公的故里，唐诗之路的目的地，这是一座儒、释、道共融的文化名山，国内非常罕见。在层峦叠嶂中还隐藏着一座隋代古刹国清寺，这里五峰环抱，双涧回流，古木参天，令世人仰慕神往。

丰干桥位于隋代古刹国清寺前，坐落在东西两涧汇合处，是进入寺院的必经之地，朝拜者经过桥的同时，逐渐走向神圣的禅门境地。据清康熙《天台县志》记载，丰干桥始建于北宋景德三年（1006 年），旧称五峰桥，又名双涧回澜桥，后为纪念唐代贞观年间（627-649 年）国清寺高僧丰干而改今名。此桥是全国重点文物保护单位国清寺的组成部分。

丰干桥是一座单孔椭圆形石拱桥，这种桥型国内比较少见，浙江仅在新昌、嵊州、天台等地发现几座。该桥长 14.4 米，宽 3.4 米，净跨 10.7 米，矢高 4 米。拱券及桥体采用乱石干砌，桥面用卵石铺砌，两侧设矮石栏杆，各间隔望柱 8 根，望柱雕饰象征佛教的莲花图案，两端为抱鼓石。桥堍有两尊大石狮守护左右，雕刻精致，形态生动。全桥造型古朴，环境优美，小桥、古刹、碧水、绿树、青峦，融为一体，如入胜境。桥栏中节石栏板东外侧镌有"丰干桥"三字桥额；西外侧镌有"乾隆己酉年，袁殿拱捐造；道光癸卯年孟冬，男千总际隆、贡生云鹏重建"字样。我国著名桥梁专家唐寰澄著《中国科学技术史·桥梁卷》通过对此桥的史料分析和文物佐证，认为"这座桥至少可明确唐朝便是这样，后世重新予以修整而已"。由此分析，丰干桥应始建于隋代建寺同期，现存桥为唐代重建，北宋景德三年（1006 年）和清乾隆己酉年（1789 年）道光癸卯年（1843 年）曾予重修。

丰干桥跨于双涧之上，"双涧回澜"是天台八景之一，也是桥名的由来。丰干桥畔，发源于天台北山的北涧和发源于灵芝峰的西涧之水至此汇合，向东流入赭溪。北涧自北山而下，曲折奔流几十里始至国清寺；而西涧从灵芝峰上直湍而下，流程仅二三里（1 里 = 500 米）。因此，北涧之水晶莹清澈，而西涧之水常混沌黄浊，交汇之处，一黄一碧，交相激荡，特别是盛夏多雨季节，水势汹涌，尤为壮观。当北涧因大雨涧水暴涨奔腾澎湃，咆哮而下，与西涧直泻的浑黄之水汇合于丰干桥下，两涧合流，涧水猛涨，下游一时难以泄洪，北涧湍流遂倒流入西涧，滔滔滚滚，漱石拍岸，激流回环，形成了"双涧回澜"的奇观。清代诗人齐召南赋诗赞曰：寺绕高山黛色连，琴鸣左右乱流泉。同趋石濑争潮海，倒映云松幻写天。拍掌赋诗僧自笑，寻源镌偈我何缘。只看水上文章好，极目沧漪注野田。

丰干桥北端，国清寺照壁左侧的土黄色短墙上题有"双涧回澜"四个大字。旁侧置有一石碑，高 2.5 米，宽 0.8 米，上镌"一行到此水西流"。《旧唐书》上记载了一行禅师的一段访师求教的佳话。

行禅师姓张名遂，河北巨鹿人，唐代高僧，精通历法和天文。唐开元九年（721 年），因为当时通行的《麟德历》推测日食不准，唐玄宗就命一行研究改编新历。一行听说国清寺的主持僧达真法师精通算法，于是不远万里，前往拜师求教，以编制《大衍历》。达真法师能推善算，似乎知道一行的来访。他通晓天文，善观气象，早已测定当日必有山洪暴发。他对弟子说："今日有弟子从远方来此，求我算法。"接着又说："门前涧水西流，弟子当至。"众人疑惑不解。一行到时，果见"双涧回澜"的奇异景观。从此，丰干桥头留下了"一行到此水西流"的故事，后人又立碑纪念。国清寺外古木浓荫之下有一座古墓，墓碑上题"唐一行禅师之塔"，成为他走访国清寺的永久留念和最终归宿。

越过丰干桥，横陈在眼前的是一道土黄色的照壁，上书"隋代古刹"四个大字，但不见国清寺的寺门在何处。转过照壁，东折 90 度方见古朴的寺门，斗栱承托歇山顶，檐下为红底金字楷书的"国清讲寺"四字门额，寺门朝东开，一反寺院山门向南的常规做法，这种布局非常少见，可谓独具特色。进入寺门后，整个国清寺建筑群的布局却是传统的坐北朝南。穿过一条长十余米的绿荫甬道，就是掩映在茂林修竹之中的庄严的山门（弥勒殿），山门上方书"国清寺"。在中轴线上，山门之后由南向北依次而进为雨花殿、天王殿、钟鼓楼、大雄宝殿、药师殿、观音殿等主要佛殿。在两侧的西轴线和东轴线上，还建有安养堂、三圣殿、妙法堂、伽蓝殿、罗汉堂、玉佛堂、方丈楼、修竹轩等殿堂建筑及设施。寺院依山就势，层层递高，形成 50 多个大小不同、风格各异的院落和建筑群，由各式廊厅贯穿将全寺连成一个整体。寺中每一处殿堂楼的建筑都十分精美，重檐翘角，斗栱重叠，雕梁画栋，庄严古朴。全寺院占地面积达 7.3 万平方米，建筑面积 2.8 万平方米，建有房舍 600 余间，成为我国结构完整、规模恢宏的大型寺院。

国清寺历史悠久，文化灿烂，古迹众多。寺中的藏经阁和文物室珍藏着大量历代帝王御赐的各类珍品和中外文化交流的礼品，以及历代文人高士的墨宝遗迹，如孟浩然、李白、贾岛、皮日休、陆龟蒙、杜荀鹤、洪适、郭沫若、邓拓、赵朴初等均留下了不朽名篇，还有王羲之、柳公权、黄庭坚、米芾、朱熹等大家的摩崖手迹。

国清寺内有三件镇寺之宝。

第一件是大雄宝殿的释迦牟尼佛像和元代的十八罗汉雕像。大雄宝殿正中的释迦牟尼佛青铜像，外贴真金，连座高 6.8 米，重 13 吨，为明代所铸。大殿左右两壁分坐着元代用楠木雕成的十八罗汉，像高 2 米，外贴真金，通体金光闪闪，造型生动，精美绝伦，具有很高的文物和艺术价值。

第二件是隋梅。寺内梅亭前，有古梅一株。相传为隋代寺院初建时天台宗五祖章安大师手栽，距今已有 1400 余年的树龄，是国内三株最古老的梅树之一。隋梅高 10 米，胸径粗 45 厘米，冠幅 7 米，似一株千年古藤。现在，每到新春，仍然繁花满树，疏枝横空，暗香浮动，令人流连忘返。现代文人邓拓有《题梅》诗曰：剪取东风第一枝，半帘疏影坐题诗。不须胭粉添颜色，犹忆天台相见时。

第三件是独笔"鹅"字碑。碑高 2.4 米，宽 1.2 米，黑底红字，很有气魄。国清寺的独笔"鹅"字有独到之处，字分两半，痕迹可见，但又浑然一体，从笔法、神韵上来看，不容置疑是晋代书圣王羲之的手笔。实际上这个独笔"鹅"字确实出自两人的手笔，右半边是王羲之的真迹，左半边是清代天台书法家曹抢选补写的。据传，曹抢选发现这半块鹅字碑后，便确认出自王羲之手笔，决心补全这个残碑，他日夜临摹王羲之的碑帖，经过七年苦练之后，终于补上了这残缺的半边。观之磅礴飞动，气势非凡，天衣无缝，堪称一绝。

国清寺宗风远播海内外，为天台宗的祖庭，是浙江乃至中国海外佛学交流的窗口。唐贞元二十年（804 年），日本高僧最澄远涉重洋来到国清寺求法，回国后创建了日本天台宗，仿天台山兴建了日本国清寺，从此天台宗在日本广为传布，至今有教徒 300 余万人，国清寺成为日本天台宗的祖庭，一直是日本佛教的主流。最澄入天台山后 200 多年，高丽国僧人义天来国清寺求法，回国后，建高丽国清寺，创立了高丽天台宗，从此天台宗在朝鲜半岛的传播经久不衰。现在，寺内"日本天台宗碑亭""最澄大师天台得法灵迹碑"和"中韩天台宗祖师纪念堂"，仍保存完好。

国清寺始建于隋开皇十八年（598 年），初名天台寺。大业元年（605 年），隋炀帝杨广即位，取"寺若成，国即清"之意，钦赐"国清寺"名，迄今已有 1400 多年历史。唐代国清寺被称为天下丛林四绝之一。唐会昌年间（841 年—846 年）被毁。大中五年（851 年）重建，至今寺后崖石上仍刻有大书法家柳公权所书"大中国清之寺"题记。之后，国清寺历代几度毁坏，但都屡毁屡建，东山再起，每次重修，寺院规模都有所发展，至明代已基本奠定现有布局。现存建筑为清雍正十二年（1734 年）奉敕所建。20世纪 60 年代时，寺院遭到严重毁坏。至 1976 年，国清寺还有僧人 60 多人，他们为保护寺院、寺内文物和重修寺院起到重要作用。

1973 年，经国务院批准拨巨款修复国清寺，历时 3 年，至 1975 年已基本恢复昔日风貌，古刹重辉，重又对外开放。1983 年，国务院公布国清寺为全国汉族地区佛教重点寺院。2001 年 6 月，国清寺被列为全国重点文物保护单位。

古桥与寺庙建筑的装饰都非常讲究，内容丰富，技艺精益，寓意深刻，体现儒教、佛教和道教追求的思想。如古桥的桥堍、寺庙的山门和殿堂等处，都有两只蹲立于须弥基座上的大石狮守护左右；古桥栏杆望柱的装饰也常雕刻形象生动、姿态各异的小石狮。狮子又被视作吉祥之物，能驱妖辟邪，消灾避祸，平安吉利。古时，狮子被世人誉为"兽中之王"，成为人们崇拜的对象。古桥与寺庙采用石狮守护，佛、道两家共用，也就不言而喻了。

图 7.4.7　浙江天台国清寺

图 7.4.8　寺前丰干桥

7.4.5　宁波泮池桥与慈城学宫

浙江省宁波市江北区慈城镇是国家级"中国历史文化名镇"，具有深厚的崇文重教文化，历来文人辈出，自唐开元二十六年（738 年）起，就为古明州慈溪县府的所在地，距今约有 1300 年的历史。位于县城中轴线上的孔庙，始建于北宋雍熙元年（984 年）。北宋庆历八年（1048 年），时县令将孔庙与县学府合一为学宫，以彰儒学文化，由时任县令的王安石推荐杜醇到学宫讲学，宣扬儒教礼义。根据封建社会对官办建筑学宫建造的法规，配套建设了泮池及泮池桥。"崇文"的学宫称文庙，"尚武"的学宫称关庙。古慈溪县城的学宫为文庙，占地十亩（15 亩 = 1 公顷），四周筑有红墙，庙堂正面嵌有"宫墙万仞"四个大字，左右门墙上有"一应文武官员军民人等在此下马"的碑文石刻。泮池和池上泮池桥就建在学宫入口的第一道门（棂星门）后，出入人员只有经过泮池桥方可进入学宫主建筑大成殿及其他附属建筑，由此可见桥庙关系，相互依赖、休戚相关。

慈城镇上学宫中的泮池桥初建时为一座，明清时期经维修重建，才增为现在尚存的并列三座。古时各路诸侯设置的学府称为"泮宫"，"泮宫"之前设置水池，水池为半圆形，水池之上架有"泮桥"，一般为石质梁桥或拱桥。慈城学宫上的泮池桥又称玉带桥。泮池东西长 33 米，南北宽 6 米，半月形，四周围有 36 件雕有荷花的石栏柱与石栏板；泮池桥有三座，中桥长 7 米、宽 2.7 米，高出地面 1.2 米，以直立条石为桥柱，柱上压有横梁，横梁上搁置石面板，两端设台阶。两侧小桥与中桥相距 4.4 米，各长 6.5 米、宽 1.6 米，略有微拱，两端与地面平缓相接。

古时科举时代，进学宫棂星门走泮池桥是件十分庄重严肃的事情。只有在规定的祭孔节日或新官到任、旧官离职、生员入学、考中科举、榜上有名之人才得以中门而入，平时也只有七品县官及官阶之上的人员方可走中门中桥。宁波市江北区慈城镇上的学宫与泮池桥为浙江省内至今保存最完整的古代建筑，也是慈城镇内唯一留存下来的石梁桥。

沧海横流，大浪淘沙，江山在岁月流逝中不断改变面貌，唯有经过历史沉淀的文化永具魅力。

7.4.6　浙江新市寺前桥与觉海寺

浙江省湖州市德清县新市镇，古称仙潭。镇上有座颇具规模的千年古刹，名觉海寺。据传唐元和十年（815 年），新市乡贤钟思深在乡土上购得江中大夫朱安其坟地一方，遂报请湖州官府核准，将原址德清县武康镇上的兴善寺更名为觉海寺搬迁至现址。千余年内，该寺多次移名，屡建屡毁屡修，至唐代时由唐燕公书匾额，为觉海禅寺，悬挂山门，其书体苍劲有力，号称"一绝"。宋时寺内大雄宝殿为之开门，十分壮观，气势非凡，直至清代中叶毁后再未重建。1995 年觉海寺众僧化缘集资百万元，重建大雄宝殿，现殿为仿唐式钢骨水泥结构，辅以部分木构件，结构完整、造型优美，为寺中建筑物之精华所在。宝殿由黄色（佛家崇尚之色彩）陶瓦覆盖于顶，两端飞龙造型昂首苍穹，四面檐角铜铃随风摆动，发出优美动听声响。宝殿正门之上悬挂赵朴初先生"大雄宝殿"行书匾额，秀丽遒劲，书法磅礴。现寺内还有天王殿、伽蓝殿、观音殿、罗汉堂、钟鼓楼、七宝池等建筑，全寺占地 4000 余平方米。寺前立有《觉海寺碑记》和《重建觉海寺大士殿碑文》。

觉海寺山门前直接通向寺前桥。寺前桥，旧称福地桥，迎圣桥。寺前桥，南北向横跨市河，系单孔石拱桥，全桥由花岗石砌筑而成，拱券结构为纵横分节并列而止。墙体采用靴钉式设置，桥洞两侧长系石端部刻有"螭首"。全桥长约 17.7 米，宽 4.7 米。桥上台阶南侧 11 级，北侧 16 级，台阶踏步较为宽阔，便于老年善男信女安全通行来往于觉海禅寺，焚香朝拜。桥洞两侧均有楹联石，由于年代久远已难以辨认，桥额上书有"迎圣桥""嘉庆十六年重建"字样。桥上望柱与栏板榫卯相接，望柱头上坐落着栩栩如生的可爱石狮。

觉海寺与寺前桥，隔街相望，南北而立，桥寺相映，互为呼应。民间常说：造桥建庙，行善积德，为民之举，功德无量。所以，江南水乡，桥庙（寺）相连，十分普遍。人在桥上行，香在庙里烧，往往成为古时农村乡镇一景。

图 7.4.9　觉海寺与寺前桥

7.5　古桥故事中的宗教思想

中国古桥的建设都伴随着许许多多古桥故事的诞生，所谓"一座桥就是一个故事"指的就是这个意思。由于我国古代经济落后、生产力低下、技术装备根本无从说起，而造桥却是一件十分艰难和隆重的大事，当人们在建桥过程中碰到难以克服的困难时，往往借助于天、地、神的力量，通过向天地神祈求、祭拜等形式获得智慧和力量，达到成功的目的。由这些有形或无形的素材编写成的故事，就有意无意带上了宗教的色彩。

7.5.1 道法助力建大桥

被我国桥梁大师茅以升院士称之为"北有赵州桥，南有葛镜桥"的贵州福泉市葛镜桥，至今已有400余年，依然在高山峻岭中巍峨屹立，气势磅礴，令人肃然起敬。传说当年葛镜辞官还乡，听到家乡麻哈江鸭爪坝渡口船翻人亡，人们只能望江兴叹，无能为力。葛镜决定济世行善，独资建桥，他亲自勘察地形、筹集石料、雇用匠师石工建桥。由于对地质、水文、气象知之不深，造成两次桥成却两次被洪水冲垮。葛镜本着"桥不成兮镜不死"的决心，倾己所有家产，第三次造桥。时道教祖师张三丰在福泉山修行得道成仙后，常回祖庙显灵，看到一心积德行善、助人为乐的葛镜壮志不已、散尽钱财造桥的义举，颇为感动，决定助其成功，于是托梦于他，使他找到最佳桥址——砥柱峡；又托梦众官员百姓连夜磨制一箱豆腐置于家门前，当晚，张太师使法，将豆腐搬运到砥柱峡，成为块块砌桥的巨石，使葛公建桥成功。所以，当地百姓也把葛镜桥叫作"葛公桥""豆腐桥"。于是葛镜桥就在当地流传着善人葛镜两次建桥失败，后受道家祖师张三丰的神助，第三次得以将桥建成。

7.5.2 财神送银建起元宝桥

浙江桐乡有个洲泉镇，边上有两个村庄，一个叫孙家浜，另一个叫孙家棣，之间相隔一条河，河上有座小木桥。一日，张姓农民过桥去为地主干活，有邻居忽然急报"家中母亲急病快回"，不巧，天空突然乌云密布、雷声大作、倾盆大雨，张姓农民过桥时心急，行走在桥上时掉入河中摔坏了腿，待他到了家中，因时间延误，母亲已不治身亡。张姓农民悲痛之余，立志要为民建座大石桥，方便两岸人员安全往来。他日复一日、年复一年、省吃俭用、开山运石。天庭上财神爷得知此事后扮成老乞丐，找到一心一意吃苦攒钱造桥的张农民，问明情况后，送其一个破麻袋，就在张姓农民查看麻袋之时，眼前的老乞丐却消失无踪。农民回家一看，麻袋中有一张纸、一杆盘秤、一锭银元宝，纸上四句话："此物原是称中宝，盘里一称宝生宝。适可而止不可贪，太阳一出就回朝。"农民试着把元宝在秤盘里一称，盘里就多了一个元宝，他不断称，元宝不断出现，到了金鸡报晓，元宝装了满满一桶，秤杆也消失得无影无踪。此时，张姓农民恍然大悟，原来老乞丐是神仙来助我造桥的。于是，他放弃一切，拿出银锭，召集众乡亲，修路造桥，造起了一座三孔石拱桥。从此，两岸百姓男耕女织、安居乐业，不再为过河烦恼担忧。为了纪念"送宝"仙人，就在桥的四面金刚墙上嵌入四只银色的大石元宝，并取桥名"聚宝桥"。当地村民都把它叫作"元宝桥"。

7.5.3 天上仙女下凡，建桥资金信手拈来

浙江绍兴有个枫桥镇，镇南有条枫桥江，江上风光无限，江上却无桥梁。两岸村民往来，只能依靠一只渡船，每逢刮风下雨多有危险，十分不便，只能望江叹息。某日，一天上仙女思念凡间风情，便私自下凡，欲欣赏枫桥江岸风光，便向船工借船，船工不从。仙女问："为何？"船工道："渡客要紧！"仙女又问："何不造桥？"船工苦叹："钱从何来？"当仙女得知缺钱造桥时，便计上心来，吩咐船工一番。第二天，船工放出话来："宝贝女儿船上招亲！"顷刻，城镇内外、乡里村外，公子哥儿、农家小子，纷纷来到船旁，手奉金银，要见姑娘。船老大不紧不慢说道："女儿不求钱财、不求相貌、不求年龄、只求眼力。谁能把银元丢到姑娘脸上，谁就是新郎。"随后，仙女款款碎步。半露唇齿，走出船篷，娇艳惊人。岸上男子，甚至老者，不知其数，将手中、袋中、箱中银元一齐抛向姑娘，却就是打不到她脸上，都落在船舱里了。船也开始慢慢下沉，眼看船要沉没下去，忽然，一块银元落在姑娘的脸上，那抛中姑娘的男子，风流倜傥、英俊潇洒，身背纯阳剑，呵呵笑道："姑娘，跟我来！"话音刚落、飞身将美女抱在手中，驾云而去。众人愕然，船工自言自语：莫不是天上吕洞宾、何仙姑两位仙人集资帮我们在江上造桥

图 7.5.1　闸桥与相公殿在一起

噢！枫桥人齐心协力，不久就在原渡口边建起了一座彩虹桥，取名"彩仙桥"。

诸如此类的民间故事，俯首可拾，比比皆是。来到古桥边，问询桥边老人，都能说出一两个古桥故事。故事都带有神秘的宗教色彩，反映了在经济落后、封建迷信时代，人们普遍存在着对神的崇拜思想，在造桥的过程中同样如此。

第 8 章

中国古桥专著及部分建桥名家、名匠、研究机构

8.1 桥梁专著

我国古代桥梁建设居世界同类先进行列，建桥技术都以师徒传承为主，很少有文字和图纸传世，现存桥梁著作都为后期文化人作品，且数量不多。现将古建筑书籍和近现代有关古桥梁的部分著作简介于后（见于游记类书及地方志中者未录）。

8.1.1 梁桥

1.《陕西灞浐桥志》

灞浐桥在陕西西安，长134丈、宽2.8丈、高1.6丈（3丈=10米），系石轴柱木梁桥。

著　　者：杨名飏，成书于1834年，系木刻本，现藏北京图书馆。

提　　要：本书讲述1833年重建灞浐桥工程记录，内容包括告示、奏稿、部文、桥记、捐资者姓名、图式（图15幅）、修建法则（18条）、童谣等八项。书中记叙这次重建灞浐桥以附近普济桥为蓝本，"惟普济桥狭隘，仅容一轨，乃取其法广而大之，于石轴柱上架木桥，铺板，其上再筑灰土，覆以石板，便车马往来"。其结构性质为梁式桥，但材料取木（梁）石（柱）混用。修建法则中分开挖引河、定向引桩、水平刨沙、分洞刨槽、钉梅花桩、安砌碾盘、安砌辘轴、轨上架梁、梁上加托、横加大梁、顺铺木板、叠垒栏枋等节。本次重建工程范围：全桥长134丈，均开67龙门，直竖408砥柱，分6柱为一门，每门底安石盘6具，深密钉桩，上垒石轴4层，纵横架木，中筑灰土，边砌栏杆，两宽2.8丈，凑高1.6丈，两岸加筑灰堤250丈，以俾附近田庐无虞冲决。

2.《义邑东江桥志》

东江桥在浙江义乌，长约36丈，自下趾至上栋高约6丈，系7墩8孔伸臂木梁桥。

著　　者：谢玉梁，成书于1898年，系木刻本，现藏浙江省图书馆。

提　　要：本书记载了1896年—1897年间重建东江桥工程事件。内容包括重建工程法则14条，其中记选材要求，基础做法（作分流、下柜、干修），桥墩做法（必须从岩石层做起，要求实心块石）都比较先进，并且还附工程收支结算清单。

8.1.2 拱桥

1.《乾隆复修金华通济桥工程石料大略估计册》

通济桥在浙江金华，长98丈、宽2.6丈、高4.8丈，系石墩联拱桥。

著　　者：佚名，成书于1790年，系红格手抄本，现藏浙江省图书馆。

提　　要：本书记载了1790年—1816年间重建浙江金华通济桥工程事件。全书含乾隆末嘉庆初重建大桥时石料、人工、费用的分项及汇总清册。从此可见当年桥工匠师在桥长、桥宽、孔数、拱圈厚度、桥墩等方面，都先经周密计算而后施工。所记尺寸与今存实物测量数据基本相符。

2.《清嘉庆建复金华通济桥记略》

提　　要：本书记载了1790年—1816年间重建通济桥工程时官员往来信件、布告、呈文、批示等文献共27份。这些原始材料记录了造桥工程人事组织、规章制度、工人来源、采料情况、经费开支、工程大概、施工年限（实际上大桥始建于1812年，1816年完工，费5年时间）。

3.《金华通济桥创建及修筑说明》

著　　者：唐炳坤，书系蓝黑墨水手抄本，现藏浙江省图书馆。分三册，第一册是文字叙述；第二册是施工照片，已发黄霉烂；第三册系第一册之英译本，译文流畅，所用土木工程术语尤为妥切，堪称古桥档案之精品。

提　　要：本书记载了 1912 年大桥 12 个分水尖修复工程情况。工程费银洋 4 万元。但所记不仅限于分水尖，正如作者附记中所说："皆桥工旧法，耳闻目睹，特为记之。"对本桥湿法清基记载尤为详尽。本书不分卷。记述河底作业、卷瓮、放石、桥面等工程施工细则。其记叙清基工作时说：工匠惟善泅水者能之，泅水法与渔人异。渔人泅水如水鸟捕鱼，先以头入水。造桥工人之泅水则先以两脚立水中，继续全身潜下而坐于河底，然后作业。其法是在河面搭临时通路之木架，并用竹竿扎成长方平面桥脚形之空圈，架上用长绳系钩为汲其箕沙之用。两工人轮流挑箕取沙，又一工人坐架上手持 3 米余长竹竿，插立于桥脚形之圈中为指点水底施工之标识，水工脱去衣服随竿而下，带竹箕一只，三角形铁锄一柄，在河底畚沙。一箕系于钩上，架上人见绳动即收起沙箕。其两人将沙轮流倾倒他处，每畚一箕，水工即随竿将头伸出水面呼吸，少顷仍潜河底畚沙如前。一伸一潜十六次，畚沙十六箕，水工即随竿出水。架上人将衣服披在水工身上，水工满身淋漓，皮肤赤紫，其时万不可揩拭，一为揩拭将皮破身烂矣。该水工即走入篷内就围炉，以待其心坎温暖，再入水如前作业。前水工入篷用炉，后水工即如前法下水工作。每一桥脚以水工八人轮次工作，每人每日下水三次为限。

4.《文昌桥志》

文昌桥在江西临川，长 72 丈、宽 1.8 丈、高 3.1 丈，系石墩联拱桥。

著　　者：佚名，成书于 1813 年，系木刻本，现藏浙江省图书馆。

提　　要：本书记载了 1803 年—1809 年间重建文昌桥工程情况。共 8 卷，分姓氏、建置、星象、水道、规条、工程、艺文、公牍等项，并附县捐公费。其"姓氏"记建桥有功人员；其"建置"记本桥从堰、渡、木桥到拱桥的演变历史；其"规条"记管理制度、集款、开支、采料及考工等；其"工程"记这次重建工程中旧桥墩"一律更新，以期永固"，因此重建等于新建。其工程过程为：作堰分流、捞石爬沙、装柜打桩、镶石砌墩及建架骈瓮等。其后在 1838 年—1879 年间曾三次续修，都有《志略》记载。

5.《万年桥志》

万年桥在江西南城，长 118.3 丈、宽 1.83 丈、系石墩联拱桥。

著　　者：谢甘棠，成书于 1894 年，系木刻本，现藏北京图书馆。

提　　要：本书记载了 1891 年—1894 年间五拱三墩一泊岸万年桥修复工程事件。分为凡例、绘图、工程、公牍、公费、县输、姓氏、艺文及桥工日记八卷九项内容。这次修建工程以《文昌桥志》为蓝本，工程图式所记大抵与文昌桥同。"桥工日记"共 4 万字，记建桥 4 年工程经过，但详于人事略于工程为不足之处。在事务工作方面规定点工、包工范围、采料、集款、用人、设备及使用余材等事宜。在工程方面自明代吴麟瑞创建以来，清雍正、乾隆间屡经缮治为数至 2 瓮，而本次修建规模较大（5 瓮）。总结毁桥原因都由于基础倾圮。这次修建将已损坏的各桥墩拆至桥基（岩石层），自底另砌新墩，故本书所记工程与新建基本相同。文中强调了对河床观察，按季节、水文、天气情况安排桥工作业等要求为本次修建重点考虑之处。

8.1.3　悬桥

《铁桥志书》

本志书所记盘江桥在贵州关岭，长 15 丈、宽 8 尺，系铁链桥。

著　　者：朱潮运，成书于 1665 年，系木刻本，现藏北京图书馆善本部。

提　　要：全书共六册：（1）清代洪承畴等碑文志。（2）序文，盘江考，登临题咏姓名。（3）崇祯御制碑及诏书，盘江源流图。（4）诗文。《徐霞客游记·黔游日记》记载："盘江桥，桥以铁索属两崖上为经，以木板横铺之纬。东西两崖相距不十五丈，水奔腾于下，其深又不可测，初以舟渡，多漂溺之患，垒石为桥亦多不成。崇祯四年（1631 年）今布政朱（名家民，云南人），时为廉宪，令普安游击李芳先（四川人）以大铁链维两崖，链数十条，铺板两重，其厚仅八寸，八尺余，望之缥缈，然践之则屹然不动，日过牛马千百群，皆负重而趋者，桥两旁又高维铁链为栏，复以细链经纬为纹，两崖之端，各有石狮二座，高三、四尺。栏链具自狮口出。"徐霞客所记与本书插图颇符合。

8.1.4　通论

《清官式石桥做法》

著　　者：王璧文，成书于 1936 年，系铅印本，中国营造学会出版。

提　　要：本书分四章：石作、瓦作、土作、搭材。其中第一章石作，分券桥、平桥两节，分别叙述桥洞分配比例；桥长、桥宽、桥高定法；金刚墙、泊岸、券洞、券石、仰天石、桥面、栏杆做法。第二章介绍两种桥梁的砖瓦材料。第三章阐述建桥工程中的挖土、打桩等问题。第四章讲了脚手架等有关事项。本书编写目的在《序言》中说得很清楚："清代桥梁做法，未著录《工部工程做法则例》，其偶见于档册、簿录、桥记、方志与私家文集者，又皆寥寥数语，无俾工事。唯近岁坊间发现之工匠秘藏底册，所述较为详尽，是项底本。本社共收有数种，如已刊行之《营造算例》第九章桥座做法，及新购《石桥分法》，《工程备要随录》二书类皆记录官式桥梁做法之专著……及清代崇陵工程做法所示尺度与北平图书馆、北平中法大学图书馆所藏清代帝妃陵寝石桥图样多种，互相参照，依其施工顺序，重新标题排比成若干篇。"

8.1.5　近现代专著

1.《中国古桥技术史》

作　　者：茅以升 主编；唐寰澄 副主编

出 版 社：北京出版社

出版年月：1986-5

内容简介：

本书包括概论、梁桥、拱桥、索桥、浮桥、桥梁施工技术、桥梁建筑艺术等内容。

2.《中国古桥结构考察》

作　　者：孔庆普

出 版 社：东方出版社

出版年月：2014-5

内容简介：

本书是一部纪实性科技资料书，从北京的古代桥梁、市政古桥技术状况与维修、古桥结构技术研究、古桥结构考察、北京古桥遗迹与古代排水沟渠考察、北方四省古桥、江南古桥等方面记录了中国古桥结构技术资料。其资料来源主要是在从事北京桥梁建设、桥梁养护及其技术研究实践中所积累的材料，以及对各省主要古代桥梁的考察，并参加著名古桥的大修工程等取得的第一手材料。

3.《石桥营造技艺》

作　　者：罗关洲，陈晓，陈国桢 编著；杨志强 主编

出 版 社：浙江摄影出版社

出版年月：2014-1

内容简介：

本书介绍了石桥营造技艺的发展脉络、石桥营造技艺的门类、石桥营造技艺的方法和工艺流程、石桥营造技艺的成就、石桥的艺术创造、石桥营造技艺的价值和保护传承。

4.《木拱桥传统营造技艺》

作　　者：季海波，陈伟红 主编；薛一泉，叶树生 著

出 版 社：浙江摄影出版社

出版年月：2014-11

内容简介：

本书介绍木拱桥传统营造技艺的基本要素，内容包括：地域背景、建筑概述、营造实录、代表性传承人、现状与保护五个部分。

5.《廊桥营造》

作　　者：吴卓珈

出 版 社：中国文史出版社

出版年月：2015-2

内容简介：

本书探讨研究了廊桥的建造工艺和传承保护技术，本书介绍了廊桥发展史、中国廊桥的分布及现状、廊桥的分类、形式与特点、廊桥的构造组成、木拱廊桥的营造技术、廊桥的加固维护新技术、廊桥保护及申遗研究等，并收录了近年对廊桥的实桥测绘报告等。

6.《北京古桥》

作　　者：梁欣立

出 版 社：北京图书馆出版社

出版年月：2007-1

内容简介：

本书收集了二百三十座现存留的古桥和古桥址的资料，包括照片和文字资料；另外介绍有文字记载现今已消失的古桥五百多座，将北京地区的古代桥梁历史基本情况介绍给读者。

7.《湖北古桥》

作　　者：唐寰澄，唐浩 著

出 版 社：武汉出版社

出版年月：2015-5

内容简介：

本书记载了有年代可查和年代不详的现存古桥共 403 座（不含天生桥 5 座），其中唐代 3 座、宋代 5 座、元代 14 座、明代 83 座、清代 241 座、民国 11 座、年代不详 46 座。从结构特点划分，有拱桥、梁桥两大类。其中拱桥按材料分有砖拱、石拱，按拱形分有弧形拱、半圆形拱、悬链线形拱和天然石拱。梁桥分为石墩石梁桥和木梁桥。还有石拱和石梁组合的桥型和以石拱和木梁为基础构建的风雨桥。

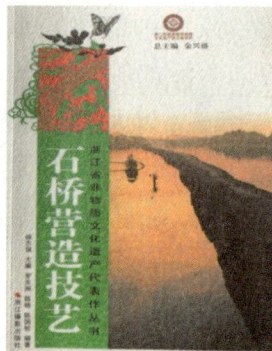

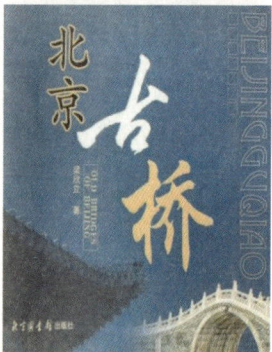

8. 其他专著

《八百年熟溪桥》

《福泉古桥》

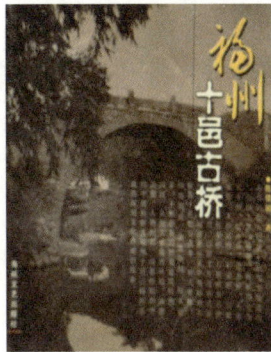
《福州十邑古桥》

《葛镜桥》

《古桥神韵》

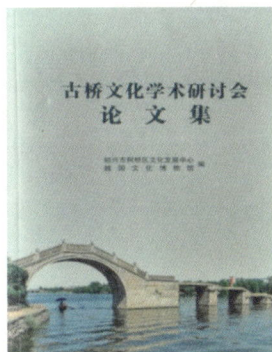
《古桥文化学术研讨会论文集》

《2010年古桥研究与保护国际学术研讨会论文集》

《2011年古桥研究和保护学术研讨会论文集》

《第六届中国古桥研究与保护学术研讨会论文集》

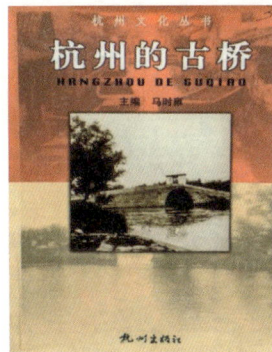
《杭州的古桥》

《湖州古桥》

《嘉兴古桥撷英》

《茅以升桥话》

《宁波老桥》

《桥典 桥景 桥趣》

《桥梁美学》

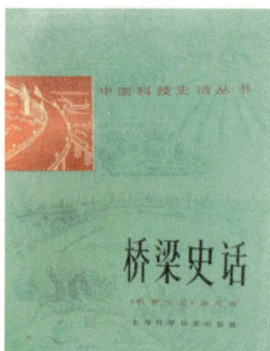
《桥梁史话》

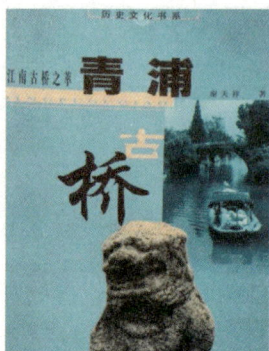
《青浦古桥》

《清式营造则例》

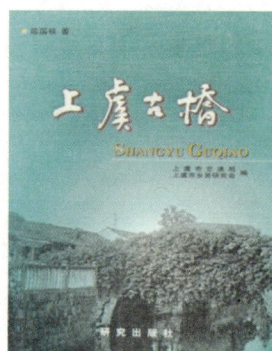
《上虞古桥》

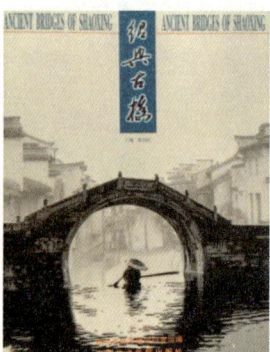
《绍兴古桥》

《绍兴古桥掇英》

《绍兴古桥文化》

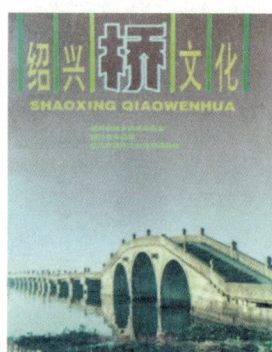
《绍兴桥文化》

《绍兴桥乡》

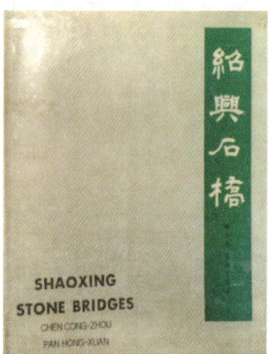
《绍兴石桥》

《绍兴文化遗产（石桥卷）》

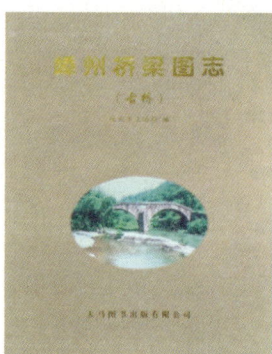
《嵊州桥梁图志（古桥）》

《石桥故事 桐乡篇》

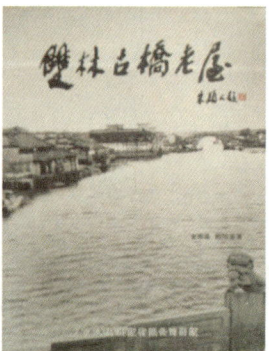
《双林古桥老屋》

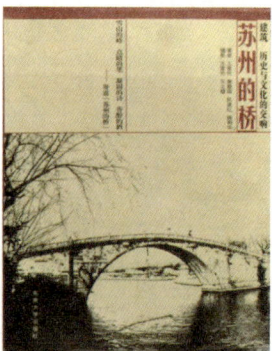
《苏州的桥》

《苏州桥》

《泰顺廊桥》

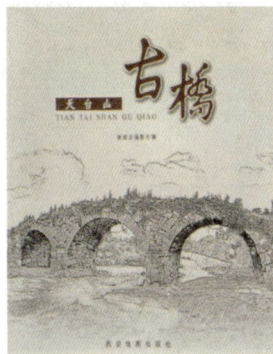

《天台山古桥》

《桐乡古桥》

《湘湖风景桥梁》

《中国古桥的创造发明》

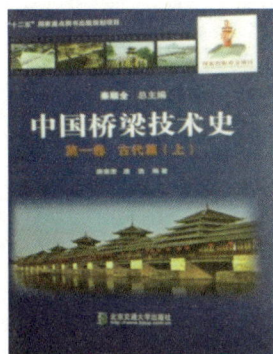

《中国桥梁技术史》

《福建历代桥梁文献汇编》

《泉州桥文化》

《解读廊桥》

《江南古桥》

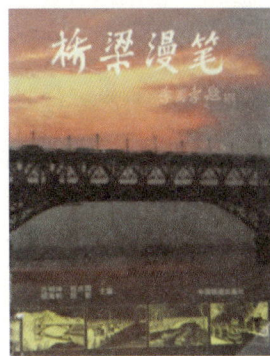

《桥梁漫笔》

《赵州桥志》

《浙江古桥遗韵》

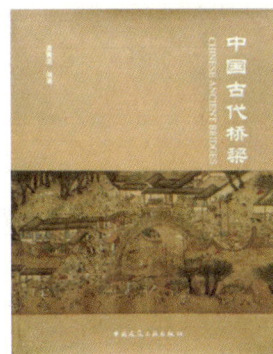

《中国古代桥梁》

《中国古代桥梁文献精选》

《中国名桥》

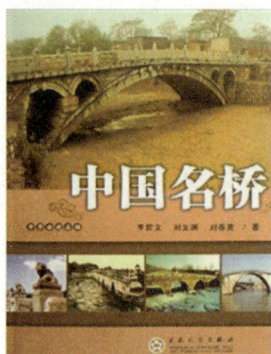

《中国名桥》　　《中国桥魂——茅以升画传》　　《中国桥梁史纲》　　《中国桥谱》

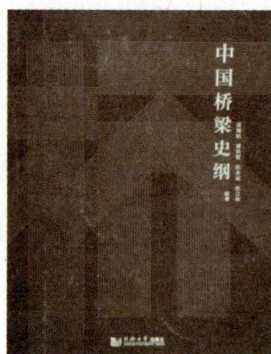

《中国石拱桥研究》　　《中国石桥》

8.1.6　部分与古桥相关的书刊

部分与古桥相关的书刊　　　　　　　　　　表 8.1.1

序号	书刊名称	作者	出版社名称	出版日期	备注
1	中国古桥技术史	茅以升	北京出版社	1986.5	
2	中国桥梁技术史 第一卷　古代篇（上）	唐寰澄 唐浩	北京交通大学出版社	2017.12	
3	中国古代桥梁	唐寰澄	中国建筑工业出版社	2011.1	
4	中国桥梁史纲	项海帆、潘洪萱、 张圣城、范立础	同济大学出版社	2013.3	
5	茅以升桥话	北京茅以升科技教育基金会	西南交通大学出版社	2005.12	
6	清式营造则例	梁思成	中国建筑工业出版社	1981.12	
7	桥梁史话	茅以升	北京出版社	2021.5	
8	中国名桥	茅以升	湖南教育出版社	2002.12	
9	中国名桥	罗哲文、刘文渊、刘春英	百家文艺出版社	2001.9	
10	中国名桥	周成、郑红深	文汇出版社	1997.11	
11	中国石桥	罗英	复旦大学出版社	2013.8	
12	中国石桥	陆德庆	人民交通出版社	1992.7	摄影集
13	唐寰澄文集	唐寰澄	学林出版社	2018.11	

序号	书刊名称	作者	出版社名称	出版日期	备注
14	中国桥梁	於贤德	广东旅游出版社	2004.7	第二版
15	中国桥梁	陈译泓、陈若子	广东人民出版社	1993.3	
16	中国的桥	蔡继福	少年儿童出版社	1998.7	
17	中国桥文化	莫春林	江西高校出版社	2008.6	
18	中国古桥	乔虹	黄山书社	2014.6	
19	中国古桥	吴越	百花洲文艺出版社	2013.3	
20	历届古桥研究与保护学术研讨会论文集	北京茅以升科技教育基金会	东南大学出版社等		
21	古桥文化学术研讨会论文集	绍兴市柯桥区文化发展中心、越国文化博物馆	西泠印社出版社	2014.12	
22	中国古桥学	北京茅以升科技教育基金会 中国古桥研究与保护委员会			电子期刊
23	中华古桥录	朱惠勇	杭州出版社	2002.10	
24	中国古桥研究	罗英、唐寰澄主编	人民交通出版社	1993.6	
25	中国古桥文化	朱惠勇	大众文艺出版社	2011.4	
26	中国古桥雕刻	朱惠勇	沈阳出版社	2006.12	
27	中国十大古桥	吴齐正	浙江摄影出版社	2022.5	
28	中国桥谱	张俭	外文出版社		
29	中国桥谱	交通部	外文出版社	2003.1	
30	中国桥魂茅以升画传	张其坤			
31	图像·中国古代桥梁	吴礼冠	中国建筑工业出版社	2011.9	
32	桥	唐寰澄	中国铁道出版社	1985.2	
33	古桥揽胜	钱世康、钱小岩	中国文史出版社	2007.2	
34	古桥专著选编	王心			
35	桥梁美学	樊凡			
36	中国古代桥梁文献精选	李合群	华中科技大学出版社		
37	桥典桥景桥趣	康志宝	知识出版社		
38	桥梁管理	孙利民等	人民交通出版社		
39	解读中国古桥	李晓杰	长春出版社		
40	桥画·兼说工程与艺术	张泰昌	中国铁道出版社		
41	正在消失的中国古文明古桥	崔存明	国家行政学院出版社		
42	中国运河文化史	安作璋主编	山东教育出版社	2006.6	
43	古桥谈往	李晓杰等	长春出版社	2012.7	葛剑雄主编
44	中国古桥楹联	朱惠勇	大众文艺出版社	2008.12	
45	古桥往谈	李晓杰	长春出版社	2012.7	
46	中国石桥	罗英	人民交通出版社	1969.11	
47	中国石拱桥研究	罗英 唐寰澄	人民交通出版社		

序号	书刊名称	作者	出版社名称	出版日期	备注
48	石桥营造技艺	罗关洲、陈晓、陈国桢等	浙江摄影出版社	2014.1	
49	木拱桥传统营造技艺	薛一泉、叶树生	浙江摄影出版社	2014.11	季海波、陈伟红主编
50	廊桥营造	吴卓珈	中国文史出版社	2015.4	
51	中国古桥结构考察	孔庆普	人民东方出版社		
52	中国古桥的创造发明	罗关洲 主编			
53	中国廊桥建筑与文化研究	蒋烨	中南大学	2010	
54	解读廊桥	薛一泉	摄影艺术出版社		
55	廊桥遗韵	李杰良	上海画报出版社	2006	
56	桥梁漫笔	万明坤陈庄国项海帆、陈新	中国铁道出版社		
57	景观桥梁设计	杨士金 唐虎翔	同济大学出版社		
58	营建的文明	柳肃	清华大学出版社		
59	桥诗纪事	朱惠勇	方志出版社	2005.6	
60	中国古桥名塔	徐潜、张克、崔博华	吉林文史出版社		
61	古桥遗风	郑志、关乃平、翟欣建等	人民美术出版社		
62	营造法式	李诫	人民出版社	2006	
63	湖南桥梁	陈明宪	湖南人民出版社	2010.10	
64	北京的桥	王同桢	北京燕山出版社	2000	
65	北京古桥	梁欣立	北京图书馆出版社		
66	京水名桥	程天顺、王同桢	北京美术摄影出版社	2003.1	
67	卢沟桥	孙涛主	文化艺术出版社		
68	赵州桥志	冯方钧			
69	江南古桥	王稼句	上海书店出版社	2004.1	张锡昌、王全亨等摄影
70	江南古桥风韵	朱惠勇	方志出版社	2004.11	
71	江南大运河古桥	吴齐正	人民交通出版社	2020.9	陈凯、张征文编
72	江南古桥	吕德坤	江南古桥文化研究会	2021.12	朱惠勇撰稿，史官云、颜剑明、顾若邕编审
73	江南古桥风韵	吕德坤 吴齐正			
74	上海古桥谱	吴纪慰	上海市经济学会	2016.8	
75	上海的桥	张惠明、周渝生	华东师范大学出版社	2000.3	
76	上海古桥保护研究	曹永康	上海交通大学出版社	2020.6	
77	青浦古桥	谢天祥	百家出版社	2000.10	
78	金泽千年桥庙文化	浦建玲	浦东电子出版社	2003.12	
79	金山桥韵	赤松里		2013.7	
80	江苏古桥	朱同芳	南京出版社传媒集团	2015.9	摄影：曹庆春
81	江阴古桥	丁玉森、张汉伟	南京凤凰出版社	2006.1	
82	苏州的桥	王家伦、谢勤国 陈建红、顾明华	东南大学出版社		

序号	书刊名称	作者	出版社名称	出版日期	备注
83	苏州桥	苏州市建设局	古吴轩出版社		
84	苏州古石桥	汪家伦、谢勤国、陈建红	东南大学出版社	2013.6	
85	苏州古桥文化	刘伟明、朱威	古吴轩出版社	2009.4	
86	吴江古桥	吴国良	古吴轩出版社	2002.4	
87	武进古桥	蒋惊雷、钱世康	香港天马出版社有限公司	2004.10	
88	徽州古桥	卞利	辽宁人民出版社	2002.9	
89	杭州桥	郑翰献	中国美术学院出版社	2006.5	
90	杭州的古桥	马时雍	杭州出版社	2006.12	
91	杭州古桥	龚艳萍、杜正贤	浙江人民出版社		
92	余杭古桥	钱杭根	西泠印社出版社	2007.1	
93	桐庐桥韵	周保尔	中国文化出版社	2008	
94	漫游中东河	政协杭州市上城区委员会等	西泠印社出版社	2010.8	编审：仲向平
95	茅以升和钱塘江大桥	卢曙火	杭州出版社	2013.7	
96	浙江古桥与古寺	吴齐正	人民交通出版社	2016.7	
97	大河无言	任轩	中国美术学院	2012.12	
98	遇见——一个人的大运河	任轩	杭州出版社		
99	运河的指纹	任轩	杭州出版社	2022.1	
100	浙韵·古桥影展作品集	浙江省摄影家协会	浙江摄影出版社		
101	宁波老桥	杨古城徐炯明、曹厚德 王介堂	宁波出版社	2011.4	
102	宁波古桥桥联	朱永宁	宁波出版社	2022.7	
103	宁波古桥碑刻集	朱永宁编著	宁波出版社	2021.7	
104	玉虹万千	朱永宁	宁波出版社	2020.6	
105	灵现千年	水银	宁波出版社	2017.10	宁波老江桥史话
106	吴中石雕技艺	吴地历史文化研究会	古吴轩出版社	2010	
107	浙江古桥遗韵	吴齐正	杭州出版社	2011.9	
108	古桥神韵	夏祖照	西北大学出版社	2012	
109	绍兴古桥	屠剑虹主编	中国美术学院出版社	2001.12	绍兴市城市建设档案馆
110	绍兴古桥撷英	罗关洲	浙江人民出版社		
111	绍兴古桥文化	罗关洲	中华书局	1997.1	
112	绍兴桥乡	陈树尧		2018.9	
113	绍兴石桥	陈从周 潘洪萱			
114	闽浙地区贯木廊桥营造技艺	程霏	安徽科学技术出版社	2013	
115	绍兴文化遗产石桥卷	绍兴市 文物局			
116	绍兴古今谈	项竹成	浙江大学出版社	1993	
117	绍兴古语笔谈	娄如松	浙江摄影出版社	1992	

序号	书刊名称	作者	出版社名称	出版日期	备注
118	上虞古桥	陈国桢	研究出版社	2006.7	上虞市交通局编
119	嵊州桥梁图志古桥	袁开达	天马图书出版社		
120	绍兴桥文化	钱茂竹、罗关洲	上海交通大学出版社	1997.1	
121	卧波长虹（图说绍兴古桥）	蔡艳华	中国美术学院出版社	2020.5	
122	仙居古桥	张晓明	浙江摄影出版社	2021.11	
123	嘉兴古桥撷英	吴齐正	北京工艺美术出版社		
124	天台山古桥	谢旅志	西安地图出版社		
125	湘湖风景桥梁	胡龙 王欢	中国建筑工业出版社		
126	浙江民间桥梁 （古代桥梁）	浙江省 交通厅	浙江民间桥梁 （古代桥梁）		
127	宁海古桥	徐群飞	浙江摄影出版社	2005.4	
128	海宁古桥	袁建华	山西出版社传媒集团	2012.8	海宁市档案局编
129	平湖古桥	平湖市档案局	西泠印社出版社	2012.11	谢根明撰文、摄影
130	中国古船与吴越古桥	朱惠勇	浙江大学出版社	2000.12	
131	湖州古桥	朱惠勇	昆仑出版社	2003.12	
132	桐乡古桥	桐乡市政协、市档案局	中国文史出版社	2014.12	
133	桐乡古桥影记	沈卫林	浙江人民美术出版社	2022.1	
134	德清古桥	朱惠勇	大众文艺出版社	2012.11	
135	古桥故事（桐乡篇）	吕德坤 主编	江南古桥文化研究会	2018.12	史官云 编审
136	古桥故事（长兴篇）	李士杰	江南古桥 文化研究会	2020.3	史官云 编审
137	长兴古桥集锦	长兴县政协	中国国际图书出版社	2015.12	
138	双林古桥老屋	金国梁 鲍明华	香港天马出版社		
139	走读德清	张林华、李颖颖	浙江教育出版社	2017.1	
140	南浔桥韵		浙江摄影出版社	2021.12	摄影：马俊
141	武康石的建筑与艺术	朱建明	西泠印社出版社		
142	吴越遗风	长兴县政协	中国国际图书出版社	2015.12	
143	走读夹浦	陈剑峰	浙江人民美术出版社	2018.11	
144	泰宁文物	连德仁	海潮摄影出版社	2002	
145	乡土泰宁	刘杰、林蔚虹	中华书局	2007	
146	泰顺廊桥	吴久籁			
147	福泉古桥	王永明、王骏			
148	福州十邑古桥	陈镇国	福建文艺出版社		
149	福建历代桥梁文献汇编	曾江			
150	泉州桥文化	林建筑			
151	燕赵古桥	刘忠伟、王长华	科学出版社		

序号	书刊名称	作者	出版社名称	出版日期	备注
152	齐鲁古桥风韵	王心			
153	江西古桥	曹生扬、任东红、久燕	人民交通出版社		
154	江西古桥四百座	李天白	江西人民出版社		
155	湖北古桥	唐寰澄、唐浩	武汉出版社		
156	湖南古代交通遗存	蒋响元	湖南美术出版社	2013.8	
157	云南古桥建筑	陈云峰 张俊	云南美术出版社	2008.5	
158	葛镜桥	葛诗畅 葛永罡			
159	八百年熟溪桥				
160	香港古桥 图说古桥历史与建筑工程	李伟明	商务印书馆（香港）有限公司		
161	桐乡古桥影记	沈卫林	浙江人民美术出版社	2022.1	
162	台湾的桥梁	余盛炳等	台湾远足文化出版社	2007.3	
163	桥 韵	潘彩丽	平湖古桥文化馆	2022.10	摄影：王莉晓 张卫东 查云其
164	桐乡现存古桥诗咏	姚建生	吴越电子音像出版有限公司	2023.7	
165	嵊州桥梁图志（古桥）	袁开达	天马出版公司		
166	中国廊桥之都	庆元县委宣传部	西泠印社出版社	2007	
167	廊桥流韵	政协寿宁县委员会	海潮摄影出版社	2008	
168	泰顺	刘杰	三联书店	2004	
169	泰顺廊桥	刘杰、沈为平	上海人民美术出版社	2005	
170	云南名胜古迹辞典	邱宣冲	云南科技出版社	1999	
171	温州泰顺乡土建筑	刘淑婷、薛一泉	浙江摄影出版社	2009	
172	苏州古桥文化	刘伟明、朱威	古吴轩出版社	2009	
173	桥文化	刘文杰	人民交通出版社	2008	
174	葛镜桥古今探索记	葛诗畅、葛永罡	贵州人民出版社	2010	
175	潮州广济桥建筑与文化研究	曾丽洁	广东人民出版社	2021	
176	赵州桥志	冯才均	人民交通出版社	2015	
177	萧山古迹钩沉	李维松	方志出版社	2004	
178	桥与民俗	周星	上海文艺出版社	1998	
179	拱桥千秋	郭临义	人民交通出版社	1998	
180	杭州运河文献	陈述	杭州出版社	2006.5	王国平 总主编
181	古代桥梁	田久川、孟宪刚	辽宁师范大学出版社	1996	
182	茅以升和钱塘江大桥	卢曙火	杭州出版社		
183	杭州运河桥船码头	陈述	杭州出版社		王国平 总主编

序号	书刊名称	作者	出版社名称	出版日期	备注
184	以桥之名	王雅平	浙江工商大学出版社	2023.6	副题：大运河上的中国文化
185	我对中国古桥的认识（书稿）	史官云	浙大城市学院学生教材	2022.5—2024.6	副题：与大学生谈中国古桥及其文化
186	中国古桥志	孔庆普	东方出版社		中国古桥研究与保护委员会推荐

8.2 古近代部分桥梁名匠、名家、研究机构

8.2.1 历史上部分建桥名家分析

（1）民间匠师是建造桥梁的基本力量。

李春，是 6 世纪著名的建造石拱桥的名工巧匠，所建河北赵州安济桥闻名中外。在赵州大石桥以前，我国的石拱桥应已有较高水平，李春善于革旧创新，遂成不朽杰作。自隋以来，长城内外，大江南北，长桥卧波，鳌背连云，建造石拱桥的匠师们师承有自，薪传绵续。可惜每为士大夫所不记，迄今泯灭无闻，仅偶尔得之于口传或桥上石刻。如 2 世纪的石工，右北平山仲"石作华巧"。11 世纪的江西石工陈智福、智海、智洪三兄弟，建江西庐山栖贤寺桥，拱石勾联，中外叹为奇工。19 世纪石匠廖魁万、章步龙、许骧云、程英，以平均月建拱券二洞半的速度砌成江西临川文昌桥。石工徐规、王必亿、余有庆等，新建金华通济桥，设计施工都臻上乘。

11 世纪山东益都的守牢卒匠心巧思，发明创造了较大跨度的木拱桥，流传各地，使山东、山西、安徽等省都建起虹桥。南宋后福建、浙江一带的桥工木匠掌握了这一技术。福建木工，如 19 世纪的李正满、张成德、张新佑、张成官等，建桥足迹遍及闽浙山区。各地巧匠，掌握地区性的建桥技巧，常应聘到外地造桥，如 18 世纪四川泸定桥乃"天全州任其役"，铸铁工马之常也是自陕西汉中远来。19 世纪建江西分宜万年桥时，"征匠买石于吴（江苏）"；重修浙江金华通济桥时，"赴宁国府（今安徽省）旌德县征募谙练匠人。"唯有这些掌握了技术的劳动人民，才是中国古代桥梁的创造者。

（2）地方上的有志人士，也是建桥的得力者和规划组织者。有些甚至一次获得经验后，而成为极为精干的桥梁建设者。

11 世纪的福建泉州洛阳桥，在蔡襄的主持下，实际负责工作的是卢锡、王实、许忠等人；而 17 世纪地震后修复的洛阳桥，则是由晋江的詹守斋和惠安的李季君分别各负责半座。李季君采纳众议，定出"定嵌金木柱策"，在确保交通无阻的情况下修复桥梁，为修桥日作夜思、心力交瘁，积劳成疾、桥成已亡。14 世纪江苏吴江姚行满能任大工役，设计并建造了长达 72 孔的垂虹桥。16 世纪贵州平越葛镜，历时 30 年建成了葛镜桥，不但"悉罄家蓄"在经济上独资建桥，同时三毁三建，从失败中吸取经验，完成了山谷河川建桥的技术革新。18 世纪塾师何先德夫妇重建四川灌县安澜竹索桥时，何殚精竭虑，却含冤而死。夫死妻继，其妻乃秉承遗志，以科学的根据辩白夫冤，终于建成桥梁。19 世纪贵州平越吴东扬，也是"吴死，妻承遗志"建成了吴家桥。谢甘棠修江西石年桥，四易寒暑，在工程规划和管理方面颇有经验，《桥工日记》四万言，忠心耿耿于修桥事业，跃然纸上。

这些地方上的人士都是有文化的知识分子，再加上造福桑梓的决心和奔波指挥的具体行动，总结了经验和进行了理论探索，其功绩不在具体操作的匠师之下。

（3）地方官有守土之职，造桥修路的建设修缮是其分内之事。历史上很多贤明的郡守，十分重视水利事业，疏通河道，修建桥梁，为官一任，造福一方，为地方上修建了许多有益当代、造福子孙的桥梁工程，因之名垂后世。

李冰是公元前2世纪有名的蜀守，因修都江堰工程而以水利专家驰誉中外。他组织修建成都七星桥，中有笮桥，是记载较早的竹索桥，所以也是个守土尽职的桥梁建设者。公元3世纪名臣杜预通晓历史，力排众议，倡议修建河阳浮桥，谦称"使臣能施其微巧"，可见他在浮桥的筹划设计中有具体的指导。7世纪的李昭德、10世纪的向拱，为避水患创建分水尖墩。还有，积极支持桥梁建设中创造发明的地方官，也为数不少。如11世纪的石普创建不拆船的通航浮桥。12世纪的唐仲友创造了随潮涨落的潮汐浮桥栈桥。17世纪时，朱家民、李芳先在贵州盘江建设铁索桥。18世纪时，能泰、岳升龙在川藏咽喉地段建成百米长的泸定铁链索桥，用工精致，为当年世界第一，历300余年而无恙。

（4）方外之士，对中国的桥梁事业发展也作出了卓越的贡献。

古时许多僧人，以其宗教信仰为动力，想积善以求超度，所以能用艰苦卓绝的操行，百折不挠的精神修建桥梁。有些僧人则以化缘筹集资金，组织劳力，因人任事，完成建桥心愿，甚至继续担任修缮保养桥梁的工作。有些僧人怀一技之长，对桥梁工程有所专擅，如11世纪的怀丙，巧妙地挖掘出埋入河中的黄河蒲津桥铁牛，并修缮赵州桥。更有以造桥为其终身乐而不疲的事业，其杰出者如13世纪福建僧人道询，在福建沿海河道上大规模地修建多座长大的石梁墩桥。15世纪，唐东杰布创立藏戏，以藏戏向民间化缘，募集资金、劳力和广积铁、木材料，在西藏和当年西藏属地不丹等处修建了为数众多的铁索桥和木梁桥，致使今日的藏区民间古桥梁，每多传称为其所建。17世纪僧人如定和代曼公禅师东渡日本，以其精湛建桥技术指导、修建了长崎石拱眼镜桥和岩国锦带木拱桥。

（5）某些武夫在改朝换代、南征北战的过程中，为了军事上的需要，建造过不少临时性的桥梁。

其间战争有正义和非正义之分，桥梁的建设中有破坏或（和）建设相矛盾的因素同时存在，对其人物的评价应当历史地具体分析。从建桥的历史事实上来看，军事桥梁往往是在极短暂的时间内，建设成极为艰巨的工程，如长江、黄河上的浮桥。1世纪的任满、田戎、贯元，10世纪的丘行恭，14世纪的冯胜等，不失为中国桥梁技术史中的重要人物。至于10世纪的江南秀士樊若水，19世纪太平军中湖南水手唐正财，在长江上架设浮桥，使将士顺利渡河作战，则充分显示其架桥的气魄和才智。

8.2.2　部分建桥名家录

部分建桥名家录　　　　　　　　　　　　　表 8.2.1

序号	姓　名	年代（年）	工作成果	资料来源
1	李冰	前256—前251	在四川成都造包括笮桥在内的七座桥	《初学记》
2	任满、田戎	35	建湖北长江上荆门虎牙浮桥	《水经注》
3	贯元	93	于河峡作桥（贵德黄河浮桥）	《水经注》
4	马宪监作，主石作山仲	135	建河南洛阳阳渠桥	《水经注》
5	杜预	274	在河南孟县建河阳浮桥	《晋书》
6	乞佛	405	建黄河刘家峡飞桥	《秦州记》
7	崔延伯	494	建潜水索桥御敌	《魏书》

序号	姓　名	年代（年）	工作成果	资料来源
8	李春	595—605	建河北赵州安济桥（赵州桥）	《赵州志》
9	丘行恭	637	建河南陕州黄河太阳浮桥，长76丈，宽2丈	《元和郡县志》
10	李昭德	675	修建河南洛阳天津桥，"累石代柱，锐其前"	《新唐书》
11	张武	904	建长江夔州浮桥	《五代史》
12	向拱	961	重建洛阳天津桥，"甃巨石为脚。高数丈，锐其前，以疏水势，石纵缝以铁鼓络之"	《宋史·河渠志》
13	樊若水	974	献策请造浮桥以济师，以丝绳度江广狭，建安徽采石矶浮桥	《宋史》
14	郝守	974	"率丁匠营采石矶长江浮桥"	《宋史·李煜传》
15	陈智福、智海、智洪兄弟、僧文秀、德朗	1014	江西庐山栖贤寺三峡桥	桥上石刻
16	石普	1015	河南清丰澶州浮桥通航	《宋会要》
17	夏竦（主持），牢城卒（创始建造）	1032—1033	用牢城卒言建桥（虹桥）于山东益都洋河上	《渑水燕谈录》
18	陈希亮	1041—1048	建安徽宿州虹桥	《宋史·陈希亮传》
19	李宠	1041	建福建晋江洛阳江浮桥	《泉州府志》
20	僧法超	1049—1053	建福建晋江悲济桥	《泉州府志》
21	蔡襄（主持），卢锡、王实、许忠、僧义波、宗善	1053—1059	建福建晋江万安桥（洛阳桥）	《福州通志》
22	僧怀丙	1065	修蒲津桥，修赵州安济桥	《宋史·方技传》
23	张中彦	1086	在汴梁河上建浮桥	《宋会要》
24	董士龇	1114	作洛阳天津桥拱桥设计彩画	《宋会要》
25	孟昌龄	1115	建河南浚县大伾山黄河浮桥	《宋会要》
26	僧祖派	1138	建泉州安平桥	《泉州府志》
27	僧江常、智资	1142	建福州晋江普利大通桥	《福州通志》
28	僧文会	1150	建泉州石笋桥	《泉州府志》
29	赵令衿（主持），黄逸、僧惠胜	1151—1152	建泉州安平桥	《福州通志》
30	僧仁惠	1152	建泉州玉澜桥	
31	僧守徽	1154	建晋江苏埭桥	《福州通志》
32	陈孝则、陈知柔、文会	1160	建晋江石笋桥	《泉州府志》
33	陈君亢	1165—1173	建晋江海岸长桥	《泉州府志》
34	丁久元、沈宗禹	1170—1192	建广东潮州广济桥	《古今图书集成·职方典》
35	唐仲友	1180	做模型试验后建浙江临海中津桥	《临海县志》
36	赵伯澐	1196	建设了浙江省台州市黄岩五洞桥	碑记
37	僧惠魁	1208—1224	建福建泉州金鸡桥	《泉州府志》
38	僧道询	1205—1207 1234—1236 1253—1258 年月不明	建福建惠安獭窟屿桥 建弥寿桥 建凤屿盘光桥、青龙桥 建通济桥清风桥	《泉州府志》

序号	姓　名	年　代（年）	工　作　成　果	资料来源
39	邹应龙	1211	建福建晋江顺济桥	《福建通志》
40	李韶	1214 成墩 1237 成梁	建福州漳州江东桥	《读史方舆纪要》卷四
41	杨琼	1276	"为皇城棂星门架设周桥栏楯，通雕龙凤明莹如玉"	《阳曲县志》
42	王法助	1303—1322	造福建福州万寿桥	《福建通志》
43	姚行满	1326	改建江苏吴江垂虹木桥为石拱桥	《吴江县志》
44	李道宁、惠兴	1329—1331	建浙江余姚通济桥	《余姚县志》
45	冯胜	1372	建甘肃兰州镇远桥，用巨舟 24 横亘河上，架以木梁，棚以板，围以栏	《甘肃新通志》
46	唐东杰布	1385—1465	在西藏建设了约 58 座铁索桥，60 多座木桥	西藏传说中人物
47	朱成（父） 朱鉴（子）	1426—1435	建五孔木梁桥于四川彭山龙门河上，六梁五洞，高二丈有奇，横九丈十二步，上建瓦房七间，护以栏楯，规模宏整	《四川通志·舆地志》
48	李禧	1442—1446	巡抚周忱、知府朱胜规划江苏苏州宝带桥，由李禧"主其役"	《苏州府志》
49	僧了然	1465—1486	改建云南永平霁虹桥为铁索桥	《永昌府志》
50	李桢	1465—1470	铁桥在四川峨眉县，李桢以铁铸桥磴，因名铁桥 建四川峨嵋悬索桥 5 座	《四川通志·舆地志》 《峨眉县志》
51	王槐	1470	建云南保山惠人桥、功果桥，"始贯以铁绳，横屋其上，行者如履平地"	《南诏野史》
52	卢孟涵	1473	改义乌兴济桥为联拱桥，卢孟涵"独任其劳"	《义乌县志》
53	杨麟	1506—1521	修芦沟桥，杨"历官工部尚书，曾修芦沟桥"	《江西通志》卷 158
54	朱方正（朱成孙）	1536	修彭山龙门河桥	《四川通志·舆地志》
55	许从龙	1556—1558	创建江西分宜万年桥	《分宜县志》
56	葛镜	1573—1619	悉罄家蓄，三毁三建贵州平越葛镜桥	《平越州志》
57	毛凤彩	1578—1580	建四川南充广恩桥，"乃专委西充薄毛凤彩主其事"	《四川通志·舆地志》
58	潘季驯	1585—1590	建设了浙江省湖州市潘公桥	碑记
59	王九皋	1596	重修陕西西安广济桥，以木为之	王壁文《中国建筑》
60	袁福荣、袁盛	1597	明万历修复赵州永济桥	《万历修桥题名碑》
61	詹守斋、李季君	1607	修地震后损坏的福建晋江万安桥，采用匠师"定嵌金木柱策"	《泉州府志》
62	朱家民、李芳先	1631	建贵州关岭盘江桥	《徐霞客游记·黔游日记》
63	梁化凤	1665	建陕西西安普济桥，"石盘作底，石轴作柱，水不激而沙不停留，至今巩固"	《陕西灞浐桥志》
64	僧妙真	1668—1680	建浙江临海下津桥，量度江面 118 丈，凡诸规度无成法之依，悉自僧手指口授，照法不爽	《临海县志》
65	能泰、岳升龙	1705	创建四川泸定桥	《卫藏通志·卷首》
66	马之常	1706	铸造泸定桥锚链地龙桩	泸定桥铁桩铭文
67	李朝柱	1724	修江西分宜万年桥	《分宜县志》
68	谢泰奉	1774	建四川昭化文书吊桥	《昭化县志》
69	刘汉鼎	1785	建云南会泽东洪江藤桥	罗英《中国桥梁史料》
70	何先德	1796—1820	重建四川灌县安澜桥	《文物》1972 年

序号	姓　名	年代（年）	工　作　成　果	资　料　来　源
71	正墨木匠李正满、张成德、张新佑、张成官，副墨木匠祖规、佐极、佐发、张茂江、张成号、张成功、吴天良	1802	建浙江云和梅崇桥	桥上题字
72	廖魁万、章步龙、许骧云、程英	1808	建江西临川文昌桥	《文昌桥志》
73	徐规（工程师），朱玉光（包工），王必亿、王道栋、王德胜、王文瑞、王万全、王秉远、余有魁（工人）	1811—1816	重建金华通济桥	《清嘉庆建复金华通济桥记略》
74	林则徐	1831	主持修苏州宝带桥	《太湖备考续编》
75	吴东杨	1850	建贵州平越吴家桥（三拱石桥），吴死，妻承遗志建成	《平越州志》
76	唐正财	1852 1854	创议建武汉长江浮桥 建湖北田家镇浮桥	《镜山野史》 《曾爵相平粤逆节略》
77	谢甘棠	1887	主修江西南城万年桥	《万年桥记》
78	茅以升	1896	杭州钱塘江大桥设计、施工总负责人	《茅以升和钱塘江大桥》
79	罗英	1890	杭州钱塘江大桥工程处总工程师	《茅以升和钱塘江大桥》
80	唐寰澄	1926	武汉长江大桥设计者之一	《中国桥梁技术史》
81	董直机（浙江工匠）	1925	国家级木拱廊桥营造技艺非物质文化遗产代表性传承人	《木拱桥传统营造技艺》介绍
82	俞田观（浙江工匠）	1944	江南俞氏桥梁世家第四代传人	浙江平湖市《桥韵》介绍
83	张月来	1950	第六批国家级石桥营造技艺非物质文化遗产代表性传承人	《石桥营造技艺》介绍

8.2.3　名匠、名家介绍

1. 李春

隋代造桥匠师，现今河北邢台市临城人士。隋开皇十五年至大业初（595年—605年）负责建造赵县安济桥（赵州桥），开创了我国建造敞肩式石拱桥的先河，领先欧洲同类型桥梁600年，为我国桥梁技术的突破作出了巨大贡献。赵州桥存世1400多年，堪称中国建筑史上的奇迹。

图 8.2.1　隋代造桥匠师李春

唐中书令张嘉贞著《安济桥铭》中记有："赵州蛟河石桥，隋匠李春之迹也，制造奇特，人不知其所以为。"故知李春建造赵州桥是安济桥的俗称，位于今河北省赵县城南五里的蛟河上，横跨河南北两岸，是中国现存最完整的大型石拱桥，也是世界上现存最古老、跨度最长的敞肩圆弧拱桥。全桥全部用石块建成，共用石块 1000 余块，每块石块重达 1 吨。桥上装饰有精美的石雕栏杆，雄伟壮丽、灵巧精美。它以世界上首创的敞肩拱结构形式、精美的建筑艺术和施工技巧等杰出成就，在中外桥梁史上留下光辉一页，充分显示了我国古代劳动人民在桥梁建造方面的丰富经验和创新智慧，把中国古代建桥技术提高到一个全新的水平。

赵州桥的设计在中国桥梁技术史有以下创新：

（1）采用圆弧拱形式，改变了中国大石桥多为半圆形拱的传统。

（2）采用敞肩拱桥型。这是李春对拱肩进行的重大改进，把以往桥梁建筑中采用的实肩拱改为敞肩拱，既能减轻石拱自重，节约材料，又能有利于排水，尤其能迅速排除上游直泄而来的洪水，免除灾害发生。

（3）长跨单孔。

我国古代的传统建筑方法，一般跨度较大的桥梁往往采用多孔形式。然而，李春在设计大桥的时候，采取了单孔长跨的桥型，河道中间不立桥墩，使石拱跨径长达 37 米之多，这是中国古代桥梁史上的空前创举。赵州桥不仅设计独特，而且建造技术也非常出色，有许多新内容，赵州桥的敞肩圆弧石拱形式是中国古代人民的一大创造。西方在 14 世纪才出现敞肩圆弧石拱桥，比中国晚了 600 多年。英国著名中国科学技术史专家李约瑟博士在其巨著《中国科学技术史》中曾经列举了 26 项从 1 世纪到 18 世纪先后由中国传到欧洲和其他地区的科学技术成果，其中第 18 项就是弧形敞肩拱桥。赵州桥建成后成为中国南北交通的要冲，有"坦途箭直千人过，驿使驰驱万国通"的美誉。这座大桥自建成至今已有 1400 多年历史，这期间经历了 8 次以上地震的影响，8 次以上战争的考验，承受了无数次人畜车辆的重压。赵州桥已成为中国人民聪明智慧的象征和进行爱国主义、技术创新、科学普及教育的场所。赵州桥的建成在中国桥梁发展史上具有重要影响，它的大跨度、圆弧拱、敞肩形式为以后的桥梁建设开创了新的天地。

图 8.2.2　赵州桥

2. 卢锡

福建泉州洛阳桥（原名万安桥）是中国历史上第一座海湾大石桥，素有"海内第一桥"之誉，是古代著名跨海梁式石构桥，它在中国桥梁史上与赵州桥齐名，有"南洛阳，北赵州"之称。千百年来，一提起洛阳桥，备受赞颂的是北宋一代名臣蔡襄，其实建造洛阳桥的实际主持人却是卢锡。

卢锡，生卒年月不详，峰尾卢厝人。北宋大中祥符年间（1008 年—1016 年），卢锡在涂岭虎岩寺受

241

教于其父卢仁，与他一起读书的还有他的外甥蔡襄。史志载卢锡"以处士终，生平好义，济人利物"，他一生最大的贡献是主持建造了洛阳桥。

古万安渡，在福建泉州城北的惠安、晋江交界处的洛阳江，是官绅商旅南来北上的必经之处。因洛阳江波涛汹涌，江流湍急，时人形容此江为"水阔五里，深不可知"（《泊宅篇》），并说"用四两纱线，系石下坠，沉入江中，尚未能测其深浅。"自晚唐始，泉州已成为中国重要的对外贸易港口，北宋时泉州湾港口帆樯林立，百舸争流，中外商贾云集于此。洛阳江万安渡给福建经济、交通和文化的交流造成极大障碍，建桥成为十分紧迫的任务。北宋皇祐五年（1053年）四月，卢锡等人带头筹款建桥，到嘉祐四年十二月辛末（1060年1月16日）完工，前后花费6年多时间，耗资1400万钱，这些钱都是由卢锡等人募捐集资而来，没动国库分文。更为重要的是，蔡襄、卢锡等人集思广益，科学地解决桥梁建筑及固基问题。他们先在江底沿着桥梁中线抛下大量的大石块，形成一条横跨江底的矮石堤，作为桥墩的基础，然后用一排横、一排直的条石筑桥墩，桥墩双头尖，中间大，有如船形，它可经受上游江流和下游海潮的交替冲击。最上排的交接处，刻有凹形的榫，上置生铁以连接排石。墩两端中部稍向外弯，最上面的两层条石则向左右略有挑出，使墩面加宽，以减少石梁板的跨度。这种石基的开创，是建桥史上的重大突破，现代称之为筏型基础。其植蛎、减缓水流以助固基等科技创新方法也为人们赞叹，闽南一带宋代所造的石桥，大多仿造这种做法。

洛阳桥建成后，"渡实去海，去舟而徒，易危而安，民莫不利。"向来行人视为危途之洛阳江，自此一桥飞架，南北畅通。行人凌波而过，如履康庄。它对福建政治、经济、交通、文化的发展起了极大推动作用。桥建成时，身为泉州知府的蔡襄为之"合乐宴饮而落之"，在蔡襄撰写的名传中外的《万安桥记》中，赫然记载职其事者第一人即是卢锡。后人感念卢锡等造桥功臣之德，曾树大理石碑于洛阳桥南蔡襄祠中，上镌卢锡等人芳名。

卢锡不入仕途，却热心社会公益事业，造福地方，泽被后代，流芳千古。

图 8.2.3　洛阳桥

洛阳桥址位于福建省江海汇合处，江潮汹涌，浪涛搏击。近千年前的中国建桥工匠们，就是在这种困难的条件下，首创了一种直到近代才被人们所认识的新型桥基——筏形基础。洛阳桥的筏形基础，就是用船载石沿着桥梁中线抛下大量石块，使江底形成一条矮石堤，然后在堤上建桥墩。至今，仍可以从那些缀满白色海蛎痕迹的桥墩石中窥探它当年的模样。洛阳桥的建造，使洛阳江天堑变通途。同时，它为南宋时期泉州出现的造桥工程，提供了丰富的"固基"经验。著名的安平桥、石笋桥、顺济桥等，都是仿造洛阳桥而建造起来的。

这种建造方式对中国乃至世界造桥科学都是一个伟大的贡献。为了巩固桥基，在桥下养殖了大量牡蛎，巧妙地利用牡蛎外壳附着力强、繁生速度快的特点，把桥基和桥墩牢固地胶结成一个整体，这是世界造桥史上别出心裁的"种蛎固基法"，也是世界上第一个把生物学应用于桥梁工程的先例。当时没有现代的起重设备，就采用"浮运架梁法"，利用海潮涨落的高低位置，架设桥面大石板，显示了先民建桥的非凡才智。船形桥墩也颇具特色，它有利于分水。洛阳桥成功地成为我国建桥史上第一座海港大石桥，是我国古代桥梁建筑史上的伟大创举，我国著名桥梁专家茅以升教授称赞说："洛阳桥是福建桥梁的状元"。

3. 蔡襄

蔡襄（1012年3月—1067年9月），字君谟，福建省仙游县慈孝里赤岭（今福建省仙游县）人，北宋名臣、书法家、文学家、茶学家。

蔡襄出任福建路转运使时，奏减五代以来丁口税。并主持修建中国第一座海港大石桥万安桥（洛阳桥），该桥被称为"福建桥梁的状元"（茅以升语）。它的建成，对福建经济、交通、文化的发展起了重要的促进作用。

桥建成后，蔡襄写下了千古传诵的《万安桥记》，并镌石立碑，它真实地记载了建桥情况和桥的规模。"渡实去海，去舟而徒，易危而安，民莫不利。"全文共150多字，文辞极其优美，同时它又是中国书法史上颇为著名的书法珍品。

蔡襄曾组织人马，从福州始沿途栽植松树700里，至泉州、漳州。它既可防止水土流失，又可遮掩道路，使过往客商在炎日酷暑之时，免受骄阳曝晒之苦。它成为洛阳桥的配套工程，此即《宋史》本传所说的"植松七百里以庇道路"一事。近1000年前的蔡襄已能注意到保持生态平衡，保护水土，确是高人一等。时人为此作诗赞之："夹道松，夹道松，问谁栽之我蔡公，行人六月不知暑，千古万古摇清风。"

图 8.2.4 蔡襄

4. 陈希亮

陈希亮（1014年—1077年），字公弼，北宋时期眉州青神（今属四川）人，祖籍京兆（今陕西西安市）。他从进士及第开始，为官30余年，先后任过知县、知州、知府、转运使等地方官，也曾到京都开封府及朝廷任职，不论是在地方还是京城为官，陈希亮疾恶如仇，不考虑个人的祸福进退，为平民百姓称颂，使王公贵人害怕。后因辛劳过度而逝世，享年64岁。著名文学家苏轼，自称平生不为人作行状墓碑，但他十分敬佩陈希亮的为人，担心陈希亮的事迹失传于后世，而破例写下了《陈公弼传》。

北宋年间，四川青神县人陈希亮正在安徽宿州做官。那时汴河改道流经宿州，年年洪水泛滥。一年夏天，又逢天降暴雨，差役慌忙前来禀报说：汴河上的桥梁又被冲垮了。陈希亮当即冒雨来到河边，察看灾情。据当地老百姓讲，这汴河水势太猛，再坚固的桥墩都要被冲垮，要在此地架桥真比登天还难。如今桥又被冲垮，来往行人过河只有靠渡船，极不方便。再加上水势太猛，渡船也不时翻沉。陈希亮想，这河上还是应该架桥，要怎么架才不被冲垮呢？他陷入了沉思之中。

图 8.2.5 陈希亮

这次陈希亮勘察了汴河水情回衙以后，就见他成天伏案在纸上画着什么。深夜烛光下，也在不停地改改画画。经过没日没夜地筹划，他终于创造出一种新的造桥方案。这就是不在河水湍急的流水中建桥礅，而是修建如同彩虹般的木拱桥，直接跨越两岸。这样不仅来往船只方便航行，而且不论夏天发多大的洪水，桥身也丝毫无损，安然无恙。于是，他命令属下采备木料，并请来木工现场施工。没有多久，宿州城的汴河上，架起了一座崭新的木拱桥，桥身如虹，飞跨两岸。桥上行人来往，桥下船楫畅通。人们都赞扬陈希亮不仅是一位清官良吏，而且还是一位能工巧匠。这宿州的汴河桥确是一大发明。此后从河南开封的京都，到泗州（安徽泗县）都模仿陈希亮的造桥方法，建起了一座座如虹的飞桥。

图 8.2.6　宿州汴河桥

5. 赵伯澐

赵伯澐（1155 年—1216 年），宋太祖赵匡胤七世孙、金紫光禄大夫赵子英六子，浙江台州市黄岩区城关镇五洞桥修建者。北宋元祐年间（1086 年—1094 年），黄岩县令张孝友在永宁江别浦（西江河）垒石建了孝友桥。江水凶险，河宽水急，不到百年，桥毁于水。据《嘉定赤城志》记载：庆元二年（1196 年），老桥（孝友桥）圮于水，赵伯澐率众重建，筑为五洞，工程十倍于旧桥。五洞桥桥面呈五折波浪起伏，桥墩上游端设分水尖，拱券为连锁分节并列砌筑，拱券之上均设置一对横系石，增强桥体稳定性。

后圮，清雍正四年（1726 年），由总兵吴进义（陕西宁朔人）道捐俸禄发起筹款，委托城内明因寺僧人世月按原桥形制改进重建。雍正十三年（1735 年）重修。

图 8.2.7　赵伯澐雕像

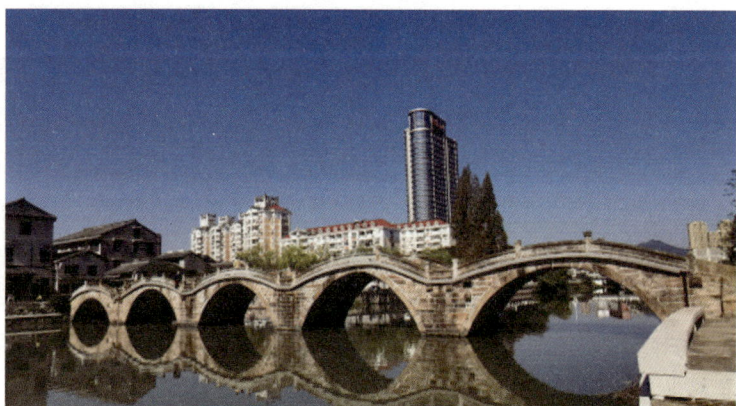

图 8.2.8　浙江黄岩五洞桥

6. 潘季驯

潘季驯（1521年—1595年），系乌程人（今浙江湖州市怀诸乡槐溪村），曾历任工部、兵部、刑部尚书，在我国古代历史上较为少见。潘季驯是我国明代著名水利专家，他一生曾4次奉命主持治理黄河前后达27年之久，贡献卓越。他提出的治水理念和实践经验，以及著作成果，对后世产生着极其深刻的影响。明万历十二年（1584年）因张居正案遭贬回乡。在年老回到家乡后，见湖州北门东、西两苕溪水流交汇处水势汹涌、险象环生、渡船倾覆、交通不便，决定继承父之遗愿，为民建桥。其个人捐资白银2500两，并且动员乡绅财主献金建桥。期间，从桥位选址到材料采办，进而施工协调，事毕亲躬，劳力劳心。明万历十三年（1585年）始建，万历十八年（1590年）竣工，历时5年，建成一座5孔石墩木梁桥。从此，两岸人员往来自由方便，经济贸易更为发展。为了纪念表彰潘季驯的功德，乌程县令杨应聘遂将此桥命名为"潘公桥"。

清道光二十四年（1844年），时乌程县令姚洪为进一步发展经济，开拓河道，减少洪灾，便利水上运输，将5孔木梁桥拆除重建成3孔石拱桥。

图 8.2.9 潘季驯雕像

图 8.2.10 潘公桥

7. 茅以升

茅以升（1896年—1989年），字唐臣，江苏镇江人，著名土木工程学家、桥梁专家、工程教育家，中国科学院院士、美国工程院院士、"中央研究院"院士。

茅以升先生1911年考入交通部唐山工业专门学校（西南交大前身）土木工程系学习。1917年，他作为留美官费研究生考试第一名的成绩留学美国康奈尔大学，1919年获美国加利基理工学院首个博士学位。同年回国后，任唐山交通大学教授，南京东南大学教授兼工科主任，河海工科大学校长，天津北洋大学教授兼校长。1933年后任杭州钱塘江桥工程处处长，唐山工程学院院长，中国桥梁公司总经理兼总工程师，并被选为"中央研究院"院士，中国工程师学会会长。中华人民共和国成立后，任中国科普协会副主席，铁道科学研

图 8.2.11 茅以升院士

究院院长，中国科协副主席，武汉长江大桥技术顾问委员会主任委员，北京市科协主席，中国土木工程学会理事长，九三学社副主席和名誉主席，国际桥梁及结构工程学会高级会员。他是中国近代桥梁工程学的主要奠基人。20世纪30年代主持设计并领导建造了中国第一座现代化大桥——钱塘江大桥，他采用"射水法""沉箱法"和"浮运法"解决了建桥技术上的难题，使该桥仅用2年半时间和160万美元的低廉造价得以完成。新中国成立后，他又担任修建规模更大的武汉长江大桥技术顾问。他在中外报刊上发表的文章有200余篇，后期主要从事科普工作。著有《桥梁第二应力》，主编《中国古代桥梁技术史》，并出版有《茅以升科普创作选集》等。1955年当选为中国科学院学部委员，并任技术科学部副主任。1982年被聘为美国国家工程科学院外籍院士。

茅以升院士四度出任其母校校长，尤其是在抗日战争时期执掌母校的4年间，他倾其所有力挽学校于既倒，使交大得以历经十余次辗转数千公里而重回唐山，其对母校的热忱无以言表，而茅老的教学睿思更是我们的宝贵财富。

图 8.2.12　浙江杭州钱塘江大桥

8. 罗英

图 8.2.13　桥梁大师 罗英教授

罗英（1890年—1964年）字怀伯，江西省南城县株良乡祥岗村人，著名的桥梁建筑专家。

罗英出生于知识分子家庭，7岁进私塾，1908年进上海澄中学堂求学。他勤奋学习，品学兼优，1910年经学校保送为"庚子赔款"第一批公费留美学生。1911年，罗英进美国康奈尔大学土木工程系学习桥梁专业。该班中国学生仅3人，即罗英、茅以升、郑华。

1916年罗英毕业于美国康奈尔大学，1917年获硕士学位。先后受聘在美国鲁洛斯特纽约省铁路公司和纽约中央铁路公司工作，1919年回国。回国后，先在南京河海专门学校任教，后去天津任津浦路养路主任，兼任南开大学、北洋大学教授。1927年，设计监造京奉铁路沈阳皇姑屯机车厂。1927年，奉调入关，任北宁铁路山海关桥梁厂厂长。1932年，提升为北宁铁路天津总局技术主任工程师。1933 年，罗英应钱塘江大桥工程处处长茅以升的邀请，任该处总工程师，与茅以升共同设计和建造了钱塘江大桥。1934 年 8 月 8 日正式开工，罗英白天亲临工地，夜晚回家仍伏案工作。1937 年 9 月 26 日铁路通车，11 月 17 日公路通车。可惜同年 12 月 23 日，因日寇临近，该桥被炸毁。

　　1937 年 11 月底，罗英调任湘桂铁路桂柳段测量队总队长，次年 4 月，提升为湘桂铁路桂南段工程局副局长兼副总工程师，负责桂林到柳州段铁路的勘测、设计和施工。1939 年 12 月，桂柳段铁路通车，从勘测到竣工为时仅 2 年。罗英还应桂林市建设局研究会邀请，设计建造了漓江桥。该桥因陋就简，上部采用木结构，下部石砌墩台，基础稳实。1945 年，罗英北上，任北平第八区公路管理局局长，1947 年又南下任云南昆明第四区公路工程管理局局长，尔后，历任广州、重庆、成都等公路总局专门委员和副总局长。

　　1949 年新中国成立后，罗英任华东交通部支前公路修建委员会总工程师。后调北京，任重工业部顾问工程师兼北方交通大学结构系教授。1953 年，筹建武汉长江大桥，罗英应聘为武汉长江大桥的技术顾问委员会委员。1956 年，罗英当选为第三届全国人民政治协商会议全国委员会委员，为响应周总理的号召，罗英虽病魔缠身，仍挥笔撰书，写成《中国桥梁史料》初稿，1959 年写成《中国石桥》一书，后又着手编写《中国石拱桥研究》，全书预计分 9 章，在完成前 4 章手稿后，不幸于 1964 年 7 月 1 日在上海逝世，终年 75 岁。

9. 唐寰澄

　　唐寰澄 1926 年出生于上海市金山区（原）朱泾镇，1948 年毕业于上海国立交通大学土木工程系结构组，毕业后进入茅以升先生创立的中国桥梁公司武汉分公司，参与了武汉长江大桥的初步方案设计。

图 8.2.14　桥梁专家 唐寰澄

图 8.2.15　武汉长江大桥

　　20 世纪 50 年代，在武汉长江大桥桥头堡建筑设计方案征集活动中，周恩来总理亲自批准"唐寰澄方案"为首选。作为采用方案，他为新中国第一座长江大桥的建成，作出了贡献。此后，他不仅参加了武汉长江大桥的建设，还参加过重庆、枝城、九江等处的长江大桥及济南黄河大桥的施工技术指导工作，为中国桥梁建设作出了巨大贡献。20 世纪 80 年代他又荣获了广西桂林雉山桥设计方案奖。

　　唐寰澄先生一生爱桥、建桥、写桥。他不仅是个桥梁设计专家，同时也是一位难得的桥梁美学专家和桥梁史学家。

　　"老骥伏枥，志在千里"，唐寰澄虽已进入耄耋之年，然而思维能力不减当年。他说："我国三大海峡交通工程的最后完成，估计自己是看不到了，但幸逢中华盛世，将在有生之年不遗余力地推动我炎黄子孙共同愿望的实现。"

　　早在 20 世纪 80 年代，唐寰澄先生就意识到在我国渤海湾、琼州海峡和台湾海峡建设跨海交通工程的迫切性，便上谏中央，请求立案研究，并亲自参加工程技术设计。当时年逾七旬的他，辗转各地考察，历经 10 年心血著成《世界著名海峡交通工程》一书，已与世人见面了。2008 年获得我国桥梁建设技术最高荣誉奖——桥梁大奖。

　　1999 年 9 月，唐寰澄先生应美国公共电视公司邀请，在上海市青浦区金泽镇全程指导青浦区建筑公司，在金泽复制宋代画家张择端笔下《清明上河图》中的汴水虹桥，再现当年桥梁风采。该桥严格按照贯木拱桥建造工艺，采用无支架施工，没有榫，不用钉，全部用捆绑式结扎起来成拱。美国公共电视台将造桥过程全部拍摄录像，尔后在世界各地播放，使中国贯木拱桥技术走向世界。唐寰澄先生全程指导，为向世界宣传我国古代造桥技艺作出了贡献。

图 8.2.16　上海青浦贯木拱桥（普庆桥）

10. 董直机

董直机，浙江省泰顺县岭北乡村尾村人，出生于1925年11月。董直机在十几岁时拜师为徒，开始学习木拱廊桥传统营造技艺，28岁主持建造岭北乡泰福桥。后来的几十年间从事过多种行业，主要以民间房屋建筑营建为主。因其掌握编梁木拱廊桥营建手艺，2003年9月开始经媒体报道后，这位民间资深廊桥工匠开始受到社会关注。此后，董直机作为主墨师傅主持建造了泰顺同乐廊桥、温州三垟湿地琼华廊桥。

同时，董直机还广纳贤良，招收了包括曾家快等在内的多名高徒。2009年6月，文化部正式公布第三批国家级非物质文化遗产代表性传承人名单，董直机为国家级"非遗"项目编梁木拱桥营造技艺代表性传承人。2013年，董直机被县人民政府授予首届"廊桥之子十大杰出人物"的称号。目前，在浙南闽北地区建造木廊桥的知名工匠还有浙南的曾家快、吴复勇、胡淼等；闽北寿宁的郑多金、屏南的黄春财、周宁的张昌智等。

2004年，董直机再次担任绳墨，全权负责岭北乡村尾村同乐廊桥的建设工作，次年同乐木拱廊桥顺利建成通行。

2004年8月，在村尾村村长潘成松的带领下，村委会成员负责筹措资金，董直机师傅负责廊桥建造技术，众人准备木材，同乐桥重建正式动工。

图8.2.17 董直机师傅介绍木拱桥的构建过程

11. 俞田观

俞田观，浙江省平湖市独山港衙前镇人，生于1944年，为平湖俞氏桥梁世家第四代传人。俞田观曾祖父俞善庆为俞氏第一代造桥工匠，生日不详（据家人推测应为清末民初），受生活所迫，少年开始为徒学习建造桥梁，在家乡平湖和相邻地区上海金山区（县）建造石桥，其儿俞四大随父学艺，成为俞氏桥梁世家第二代传人，享年83岁。俞田观父亲俞利胜为第三代传人，历经民国和新中国时期，成为浙北地区造桥名匠。由于疾病缠身，疲劳过度，英年早逝，享年40岁。

俞田观作为第四代传人，当他13岁读小学五年级时，由于家庭生活困难，不得不辍学随父辈学习造桥技术。他从抬石块、识石质、凿石料开始做起，日复一日，年复一年，不断长进。然后，学会作堰、打桩、架梁、制拱等建造平（梁）桥、拱桥的全套工艺和技术，在平湖、金山地区声名鹊起，远近闻名。平湖徐埭大桥、青阳汇大桥、关桥等桥梁均出自其手。俞田观曾任平湖县四社联营桥梁队队长、县桥梁队队长、市交通工程有限公司负责人。

浙江平湖俞氏桥梁世家第五代传人俞仁忠，17岁高中毕业后开始从事桥梁工程施工，曾赴苏州城市建设环境保护学院进修深造2年，极大地增长了建设道路、桥梁的理论知识和设计能力，成为平湖市交通工程有限公司总经理。他参与众多石梁桥、石拱桥、钢筋混凝土桥、钢架拱桥、悬臂梁桥的建造施工，成了平湖市造桥能工巧匠和企业家。现在，俞仁忠儿子俞磊，1987年出生，大学毕业后在杭州金融系统工作多年后毅然决定回家乡平湖继承家业，跟随祖父、父亲学习桥梁建设，成为俞氏桥梁世家第六代传人。目前，他已具有中级工程技术职称和二级建造师资格，工作在城市道路、桥梁建设的第一线。

图 8.2.18　浙江平湖市造桥工匠俞田观

图 8.2.19　浙江平湖市桥文化记忆馆

图 8.2.20　浙江石桥工匠传承人张月来（左）

12. 绍兴工匠

绍兴是我国的石桥之乡，目前，绍兴优秀石桥工匠张月来师傅为第六批国家级石桥营造技艺非物质文化遗产代表性传承人；绍兴古桥研究专家罗关洲先生为浙江省绍兴市石桥营造技艺非物质文化遗产代表性传承人。

8.2.4　研究机构介绍

中国古桥研究与保护委员会

中国古桥研究与保护委员会隶属于北京茅以升科技教育基金会，并受其直接领导。中国古桥研究与保护委员会成立于 2009 年，致力于中国古桥的技术和文化研究，并开展宣传和保护工作。委员会成立以来，相继发展成立了 9 个古桥研究中心（2023 年 10 月止）。分别为浙江绍兴古桥研究中心、江苏古桥研究中心、福建古桥研究中心、浙江大学古桥研究中心、浙江交通职业技术学院古桥研究中心、宁波古桥研究中心、中南大学古桥研究中心、北京古桥研究中心和齐鲁古桥研究中心。中国古桥研究与保护委员会吸纳了全国一大批有志于我国古桥研究和保护工作的专家学者和社会热心人士，为中国古桥历史文化遗产的研究、传承和保护，为古桥知识的传播发挥了重要作用。委员会成员、各研究中心、社会爱桥者在各领域、各地还为各类古桥营造技艺的研究、古桥文化的发掘、古桥的保护，开展了一系列卓有成效的工作，产生了广泛的社会影响，得到了各级政府及社会人士的高度赞誉。

中国古桥研究与保护委员会成立至今，先后在浙江、福建、江苏、湖南、贵州、河北、四川、湖南

中国古桥文化艺术

（共 2 次）、山东成功举办了 9 届年会，出版 9 本古桥研究论文集，收录论文 200 余篇。古桥委员会成员撰写了 40 余部关于古桥的著作和出国考察报告；成功举办了三届全国古桥摄影展，展示古桥风采和魅力；成功创办《中国古桥学》电子期刊，已发布 40 余期，其发布的学术内容融汇了各类科研成果，获得了我国土木工程界的广泛好评；成功举办了"浙江省第一届古桥三维建模比赛"，在相关大专院校内掀起了一股"了解中国古桥、传承工匠精神"的热潮。

北京茅以升科技教育基金会中国古桥研究与保护委员会是目前我国唯一的国家级"古桥研究与保护"学术组织。现在，除了旗下的 9 个古桥研究中心外，在全国各地、各大专院校和社会组织内更有大量专家、社会爱桥护桥人士和大中专学生独自或联手对城镇乡村古桥进行考察、研究，发表论文和著作，还开展各种形式的成果展示、信息互送、举办论坛、古桥维修技术观摩、科普教育等各类学术活动。在不少地方还有官方或民间建造了桥梁博物馆和展示馆，例如北京、武汉、杭州、绍兴、嘉兴、湖州等地。中国古桥研究保护工作方兴未艾、蓬勃发展、世代相传、后继有人。

除了中国古桥研究与保护委员会外，我国民间还有众多研究古桥的组织和人士，例如江南古桥文化研究会、苏州古桥研究会、赵州桥研究会、泰顺廊桥研究会、庆元廊桥研究会等，其组织机构和相关人员对当地古桥及其文化进行了大量的考察研究，加强保护，开展科普宣传和学术交流等活动。

图 8.2.21　古桥学术研讨会

图 8.2.22　江南古桥文化研究会会员考察古桥（上海青浦）

图 8.2.23　举办古桥学术交流会（浙江桐乡）

图 8.2.24 浙江绍兴市罗关洲带领学生考察古桥

图 8.2.25 杭州同济大学校友组团考察枫泾古桥

图 8.2.26 江南古桥文化研究会在杭举办古桥摄影展览（杭州科技馆）

图 8.2.27 考察古桥（浙江新市古镇）

图 8.2.28　绍兴古桥学会会员考察古桥

图 8.2.29　杭州市市政设施
监管中心桥文化展示厅

图 8.2.30　宁波乡间古桥碑陈列室

第9章 古桥的保护和考古发掘

9.1　古桥保护现状及问题

9.1.1　江南古桥总体状况

江南地区自古土地富饶，经济繁盛，即使现今经济总量仍在全国居前，进入现代社会以来，经济的快速发展势必会给包括古桥在内的古建筑、古遗迹带来两种截然不同的结果：一是经济发展达到一定水平后，地方政府以及人们对古迹和周边环境的保护意识会逐步增强，并上升到十分重视的层面，会采取一系列完整系统的保护措施；二是经济快速发展的过程中，以污染和破坏环境的代价来拉动经济快速增长的做法也普遍存在，因此会对古迹造成损伤甚至是永久性的毁坏。

现存江南古桥大多呈现出以下几种情况：

（1）保持原有自然风貌。即周边环境未曾改变或变动甚微，桥梁虽受风雨侵蚀但仍基本完好，较为稳固，甚至仍在当地作为重要或主要交通设施继续使用。此类古桥多存于江南山区以及经济相对落后地区，现代工业以及城建渗透很小，未对其周边环境进行大规模的改造或拆迁，仍保持自古以来的原有风貌，如安徽歙县的北岸廊桥、休宁的拱北桥等。

图 9.1.1　安徽歙县北岸廊桥

图 9.1.2　休宁拱北桥

（2）因保护有力而风采依旧。此类古桥大多分布在经济较为发达的地区，多为各级文物保护单位，受到地方政府甚至是国家层面的大力维护和环境改善，使其不仅保持原有风貌，而且更加风采焕发。例如江苏同里、甪直古镇内的古桥和苏州宝带桥、枫桥等；浙江湖州南浔、嘉兴乌镇内的古桥，杭州西湖景区内古桥和大运河上的拱宸桥、广济桥等。

（3）失修或损坏严重。如今，随着城建力度的不断加大及房地产业无序发展，在经济利益的驱动下，有的古桥因其体量小或失去使用功能等因素，不能为当地政府和百姓带来多少经济价值和社会效应，故而不受重视，得不到较好的保护，年久失修，险象环生；有的古桥周边环境恶化、污染严重，生存环境被破坏；有的古桥虽被重修保护，但被改造得面目全非，昔日风貌荡然无存，失去了古桥的风韵和灵气；有的古桥受到现代大型车辆的重压，桥腹又不断遭受行船的撞击，变得破败不堪。如江苏南京赛虹桥，该桥已有 600 多年历史，但由于其主体归属不明、保护不力，至今未能列入市级文物保护单位。古桥周边的环境得不到有效控制和治理，使这座在明城墙下、秦淮河畔的古桥破烂不堪。又如浙江湖州五谷塘桥，被船舶撞坏，损坏严重，现已成为危桥。

图 9.1.3　浙江湖州的五谷塘桥已成危桥

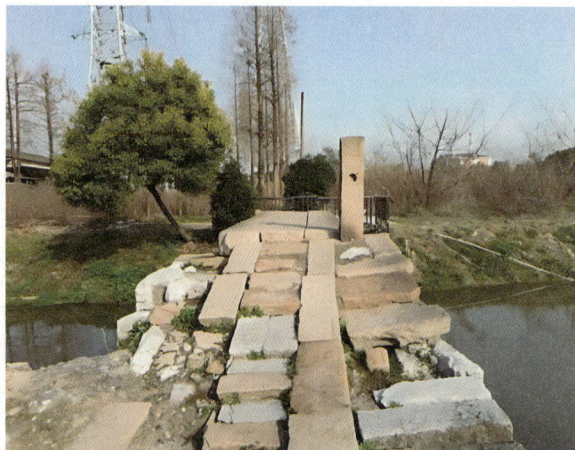

图 9.1.4　岌岌可危的古石桥

图 9.1.5　随意丢弃的古桥石构件

图 9.1.6　桥上石梁板已不知去向

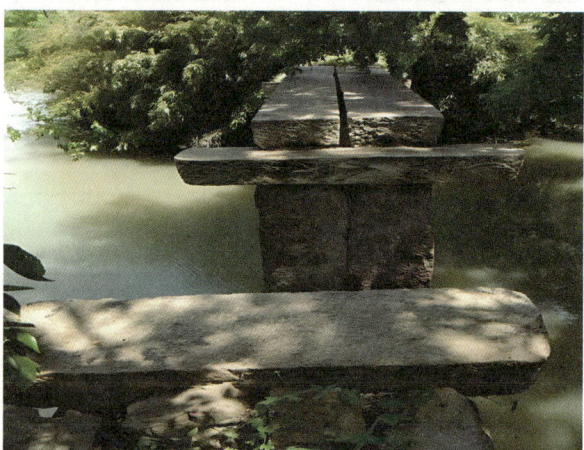

（4）损毁殆尽或异地移建。在城建和拆迁浪潮的席卷和侵袭下，道路拓宽，航道改造，大量的古桥遭到拆除，有的古桥构件甚至都被移作他用或是遭到盗窃，也有的古桥是因为没有得到有力保护受到风

雨侵蚀而自然损毁消亡，再有的就是被整体拆移。因为江南古桥并非单一的建筑体，而是与周边环境相辅相成形成美感，而经拆移的古桥，虽然异地重建却已失去了原有的韵味。例如镇江丁卯桥，先遭河道拓宽拆除大半，后公路拓宽就彻底毁灭了；又如无锡的钓渚渡桥，原是典型的石拱桥建筑，造型古朴，优美匀称，风格稳重、雄浑，矗立在宽阔的谢埭荡上，风姿绰约，气势不凡，是当地的一个标志性建筑与景点，具有很高的历史与文化价值，但该桥被拆迁到常熟沙家浜后，再也还原不了当时的风采和原貌了，这是当地文物及文化的极大损失。

9.1.2 古桥保护现状分析

中国古桥是中华文明中一颗璀璨的明珠。经过几百年的历史沧桑，大量古代名桥至今依然屹立在江河溪谷之上，当然由于天灾人祸及其他因素，也有大量古桥已不复存在。

以有"古桥博物馆"之称的浙江省绍兴市为例，据 1993 年底统计，全市有桥 10610 座，誉为"万桥市"。在这众多桥梁中，古桥占有很大比例，是国内保存古桥品类、数量最多的地区。而绍兴目前仅存古桥 604 座，宋以前古桥 13 座，明以前古桥 41 座，清代重修、重建、新建的古桥 550 座。很多古桥因为城市建设的原因，被淹没在了历史的长河中。在我国现代化的进程中，许多现存的古桥均遭受了不同程度的破坏。目前，我国的古桥保护让人喜忧参半。

（1）民众对古桥的自觉保护意识过于薄弱。

可以说民众不加强保护意识，古桥就无一日安宁。常见的有，一旦桥梁略有损坏，建桥的材料就会被偷去。随着交通变迁，河流改道，许多古桥已失去了原本的交通功能，有的残存在干涸的河道上，有的躲在了灌木丛中，因此，就免不了沦为垃圾堆、排污水沟等。

（2）缺乏长久有效的科学规划及科学保护机制。

古桥由于分布范围广，且属于野外文物，因此，极易遭受自然和人为因素而损坏。且受许多条件限制，对古桥的维护往往是头痛医头，脚痛医脚，没有一个科学合理的长期保护及规划机制。以福州地区为例，据记载，福州地区原有清代以前古桥 797 座，至 1994 年仅存 398 座。目前保存较好的仅 70 余座，仅 2 座列入省级保护文物，市区已有 14 座列为市级保护文物。

（3）古桥保护资金匮乏。

文物保护需要有大量的资金支持。以西安隋唐灞河桥遗址为例，隋唐灞河桥遗址的综合治理是一个系统工程，资金问题是最关键的问题。据相关人士介绍，保护隋唐灞河桥遗址，要将整个灞河河道治理好，则需要 2 亿～3 亿元的资金。

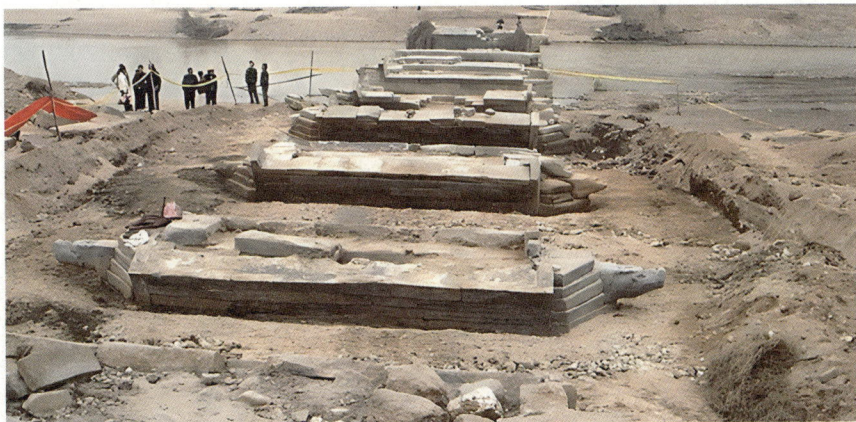

图 9.1.7　野外文物损坏

（4）现代建设对古桥的影响。

随着现代化进程加快，城市扩建、房地产开发、新农村建设、交通工程、水利工程建设等与古桥保存之间的矛盾越来越突出，古桥直接或间接地遭受了损坏。如福清市的双屿桥是一座海上古桥，当地政府为招商引资，将双屿桥所在的海滩及双屿桥平整成一片空地。一座座古代名桥存在数百年，却都在我们手中非但得不到保护，反而被无故拆除，从此便消失无踪。

9.1.3 江南古桥既有保护措施

由于江南地区地域广阔，古桥保护因地而异，参差不齐，差距较大，虽然总体上古桥生存状态堪忧，但也不乏好的经验和做法。

部分地方政府部门专门成立了古桥保护领导小组，改变以往由单一的部门管理，遇到复杂问题执法无力，且相互扯皮的局面，而是由政府分管领导任组长，发展与规划、财政、交通、水利、建设、文物、工商、公安、环保、旅游等多个行政部门分管领导为成员，实行统一领导、分层管理、有效保护、合理利用。

设立古桥保护专项资金，从政府财政预算中单列，并大力鼓励社会各界捐助，通过各种合法有效的途径筹集资金，专门用于本地区的古桥修缮及保护。

细化监管措施，加强古桥保护。通过宣传和出台管理法规、制度，动员各方力量，引导社会各界和人民群众加强对各类涉及古桥事务的监督和管理，对古桥修缮工程和周边环境改造等工程做到提前公示，广泛征求各方意见，集思广益，择优慎行。

实行数字化管理和桥长制。对各级文保古桥建立档案，采集数据，确定责任单位和责任人，并立牌公示。同时，采用二维码等形式，起到对古桥进行介绍和保护的作用。

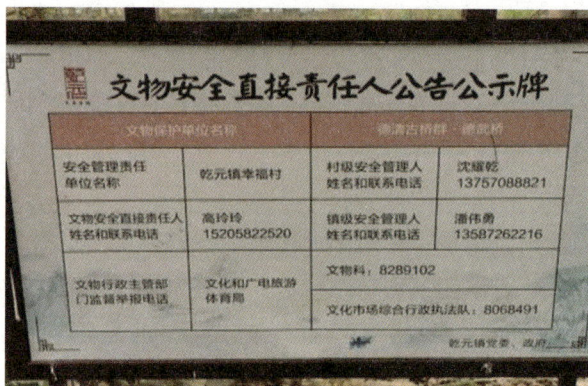

图 9.1.8 保护古桥责任制公示牌

图 9.1.9 在古桥上设置二维码

图 9.1.10 修筑拱券

图 9.1.11 清理桥下淤泥（一）

图 9.1.12　维修桥栏板

图 9.1.13　清理桥下淤泥（二）

图 9.1.14　浙江黄岩五洞桥维修

9.1.4　江南古桥保护存在问题

1. 江南古桥目前存在的病害分析

江南古桥目前存在相当多的病害，经分析，主要有以下五个方面的原因：

（1）城乡大规模的基础设施建设造成了古桥主体及环境的严重破坏。改革开放以来，特别是进入 21 世纪以来，我国各个地区均开展了大规模的城乡建设，城乡面貌焕然一新，百姓生活水平稳步提升，江南地区由于自古区域位置具有得天独厚的优势，无论是建设步伐还是发展态势均在全国前列，然而其中有一部分成果却是以地方自然生态环境遭受破坏为代价的，几乎绝大多数的江南古桥在大规模的基础设施建设中都或多或少地受到了影响，受到较好保护的古桥为数不多。

（2）水利设施的大量兴建以及航运部门缺乏对古桥的保护监管。近年来，由于国力增强以及国家综合水平的提升，国家以及各级地方政府对于涉及人民生产生活，尤其是农村的水利设施以及水环境改造等都十分重视，故而在水资源丰富的江南地区，航道升级、河道改道、河面拓宽等情形尤为突出，古桥在此过程中均受到影响，或改造、或搬移、或拆除，极少为保护古桥而重新考虑水利设施及工程的建设方案。此外，由于江南水系发达，航运是江南地区交通运输的一个重要途径，现代船只体积大，速度快且数量众多，而古桥是在古代设计建造，不具备适应现代大型船只通航的条件，故发生船桥撞击事件较多，然而较多的航运监管部门对此熟视无睹，既没有对保护古桥做出限航，又没有具体可行的方案措施，致使古桥遭受损坏或损毁。

（3）地方政府缺乏长远规划并存有片面追求近期功利的思想。江南各地由于经济发展成就在全国较为居前，各级地方政府对于古迹及文化的保护意识也相应较高，但仍存有片面追求功利的思想，并缺少科学有效的长远规划，对于古桥及文化保护缺乏有效约束机制。

（4）文化和文物主管部门缺乏对古桥及其文化的整体保护意识和有效保护措施。根据实地调查和走访研究发现，在江南地区，一般较为著名的古桥或是整体环境较好的古桥多能得到较好的保护，但是大多数单体古桥，尤其是规模体量较小的古桥未纳入当地文化和文物主管部门的视线或是未能采取切实可行的保护办法，有的是因为资金匮乏，维护经费筹措渠道有限，致使没有条件进行有效保护；有的虽有保护方案却未能系统深入地开展实施，仅仅停留在纸上或是敷衍了事；有的未经很好的评估勘察，使得很多有价值的古桥未能得到宣传、开发和保护，甚至是仍埋没于荒野；有的迫于群众压力而由地方村镇采取一些简便措施却不能有效保护古桥等。

图 9.1.15　掩埋在地下的古桥

（5）现代工农业和重型交通工具对古桥带来的伤害。现代工农业无序发展对于环境的破坏程度相当严重。现代工农业所带来的环境污染，诸如气候反常，旱涝、洪水、泥石流等各类自然灾害频繁无律，或是雨雪雹雾等自然天气反复无常，造成酸雨对桥身的腐蚀，特大暴雨形成洪水对桥体的冲击、桥基的冲刷，大冰雹对桥体的损伤，浓雾雾霾天气造成车辆船只对桥身撞击事故高发，还有工农业废水和垃圾对桥墩的侵蚀以及水环境的改变和破坏致使古桥整体环境系统的失衡等。此外，现代陆路交通工具，特别是大型、重载车辆对于设计承载量均较小的古代桥梁重压或是撞击加速了古桥的损毁。

图 9.1.16　树枝把桥台金刚墙挤坍塌

图 9.1.17　整桥坍塌

　　近年来，各级政府和广大民众在古桥保护上都做出了不少成绩，但在保护力度、体制保障、重视程度上与对历史建筑和历史街区的保护上还是存在较大差距。同时，在古桥保护过程中，还存在着遗弃还是保护、原址保护还是异地保护、保留原承载结构还是改变桥型等矛盾。更为严重的是，存在古桥身份不确定、责任主体不明确、保护法规不健全等问题，造成了古桥的保护无法可依、无责可究，使古桥得不到及时的维护，随意拆除的现象也时有发生。

2. 分析存在的问题

（1）多数古桥的保护没有法律法规可依

　　列入文保单位的古桥在《中华人民共和国文物保护法》的保护范围内，根据《中华人民共和国文物保护法》相关规定，在文物保护单位的保护范围内不得进行其他建设工程，对文物的改建、修缮、拆除必须经原公布的人民政府和上一级文化行政管理部门同意。而没有列入文保单位的古桥（占总量的约80%）还没有保护规定或保护条例可依，而同样面临这个问题，同样为城市文化遗产的历史建筑的保护和利用法规建设却走在了前面。据了解，目前杭州针对历史建筑进行保护的依据是 2005 年开始实施的《杭州市历史文化街区和历史建筑保护办法》和 2007 年 5 月 31 日开始实施的《杭州市历史建筑保护利用规定》等。由于大量古桥的保护无法可依，使古桥得不到及时的维护，周边环境对古桥的影响得不到遏制，随意拆除也得不到有效控制。比如，百年老桥普宁桥，精美的石桥，桥栏上的雕花和题字很独特，却在道路整治时，整桥被拆除了。另外，由于长期以来，人们把"古建筑"认为仅指"古代房屋建筑"，而没有将古代众多的构筑物，例如：桥、塔、坝、闸、牌坊等列入到"古建筑"范畴中去，所以，古桥在"古建筑"中被边缘化，成了"另类"，"保护古桥"往往被忽视了。

（2）大量古桥有待成为文保单位或提高文保等级

　　根据调研，杭州市区现存古桥约为 209 座，列入国家级文保单位的仅 4 座，仅为总量的 2%，列入省级文保单位的仅 3 座，还不到总量的 2%，有保护级别的古桥总数仅为 77 座，占古桥总量的 37%。国家和各级文物部门对文保单位的认定有严格规定古桥的级别主要由建造年代、建筑风貌特色的代表性、桥梁结构的完整性等各方面综合评定。而杭州市古桥的年代构成中，宋代始建后，基本保持原貌或按原风貌整修至今的古桥就有 38 座以上。在第三次全国文物普查中，也有一些古桥被建议申报文保单位或提高文保等级。

（3）古桥的认定和保护机制不健全，造成维护和整修不及时

通过调查，发现许多古桥散落在荒野小道，周边杂草丛生、垃圾堆积，年久失修，特别是被新桥代替了交通功能的老桥，处于无人问津的状态。例如杭州西湖区蒋村的忠驾桥，始建于清乾隆三十八年（1773年），最后一次修缮是光绪二十八年（1902年），现在静静地躺在漂满浮萍的河道上，6 条插在河道里的长石板架起 2 个桥墩，9 条长石板拼成的桥面没有栏杆。桥面正中央雕刻着花卉，桥身上"忠驾桥"三字很清晰。左侧桥墩只剩下 2 条石板，还有一条歪在桥基上，据说是五六年前被船撞掉的。桥上的石板用的是毛山石，台阶则是青石板。人迹渐少的忠驾桥，只剩下开裂的石板桥面和摇摇欲坠的桥墩。

图 9.1.18　忠驾桥

图 9.1.19　思娘桥

还有在河道整治中被"保护"起来的古桥。河道整治的实施主体是明确的，但对于河道上古桥责任认定和维修主体的体制不健全，加上受资金影响，往往在河道整治中被甩项。例如经过整治后的古荡湾河，河道两岸种满了柳树和蜡梅，时常有附近居民来此散步，可位于游步道尽头的思娘桥，在桥的一端被一扇大铁门隔断。由于已成为危桥，社区提醒居民不得靠近。思娘桥是一座单孔石拱桥，桥身的石头颜色艳丽，桥身用条石错缝砌筑，上贯穿长锁石，桥面呈柔和弧形，石砌桥墩逐层收分，桥面两侧设有两个暗红色石质的"吴王靠"，浑身透着一股古朴之美。目前，桥两侧的条石缝隙里长满了小树杂草。在树根的顶力下，"吴王靠"和桥墩之间的缝隙非常明显。桥两侧的长锁石上雕刻的文字，由于风化，已无法辨认。

（4）对古桥监管不力，桥面改建、构件随意更换，文物失窃现象时有发生

由于古桥的保护意识薄弱，保护缺乏责任单位，当古桥的结构与形式不能完全满足功能需求时，功能被放在了首位。原有古桥青石板的台阶被水泥铺平，仅是为了便于通行机动车或非机动车；有些构件破损，无人受理，例望柱、栏板、台阶等损坏、缺失，长期处于无人管理、维修状态，从而造成病害不断严重；还有桥面板、栏杆等构件被随意更换，甚至有些古桥珍贵的文物构件被盗，如望柱上的小石狮像等。

（5）缺乏对古桥保护的技术研究，古桥保护仅仅局限在外形风貌上

古桥的历史文物价值包括原有结构形式的完整性。然而，古桥周边的建设、交通通行等对古桥结构的耐久性、稳定性都有很大影响。特别是河道通航中过往船只对桥墩可能造成的撞击，以及水的冲击对桥墩的影响很大，没有对古桥基础采取安全保护措施或进行结构加固避灾的科学研究，仅仅局限在外部构造上的整修是远远不够的。

（6）对古桥保护的警示、宣传工作还有待提高

国家文物局多次发文提到，"人民群众对家乡文化遗产的感情更深厚更特殊"；"文化遗产融入人们的生活、融入人们的血液，我们的文化遗产和人民群众产生感情的时候，它一定是安全的。"

然而，未列入文保单位的现存古桥上或古桥边，基本上没有立碑或设立责任牌，人们不知道这座桥梁的来历、典故，甚至不知道它属于不可移动的文物，从而失去了强烈的古桥保护意识，因此，政府相关部门应及时清查、清理古桥，确立桥长制，明确责任单位和责任人的相关责任。加强对古桥保护工作的宣传、科普教育，以此激发民众，强化对古桥的保护、研究和利用。

9.1.5　杭州古桥保护

杭州素有"江南水乡"之称，东部地区江湖河道纵横交错，西部山区又多溪流，作为跨越河道溪流之上的桥梁，是沟通城乡道路的纽带，使杭州广袤的大地上水陆两运相济，为人们的生产和生活提供了相互交流之便。杭州自古以来就有众多古桥，早在唐宋时期，遍布全市的桥梁就颇具规模。据南宋《淳祐临安志》载，仅城内三河（大河、小河、西河，即今中河和已被填埋的原市河和原浣纱河）和城南左厢、城北右厢就有207座桥梁。据南宋吴自牧《梦粱录》卷七记载，可考桥名者有349座。据明万历《杭州府志》记载，城内有桥名可考者127座，城外有647座。据清康熙《杭州府志》记载，城内有桥名可考者132座，城外有663座。马可·波罗在其游记中写道："（杭州城）内有一万二千石桥，桥甚高，一大舟可行其下。其桥之多，不足为异，盖此城完全建筑于水上，四周有水环之，因此遂建多桥以通往来。"马可·波罗之说，虽有夸张之词，但也充分说明杭州河多、桥多，经济十分繁荣。

杭州市城区范围内，现存古桥数量为209座，大部分分布在西湖、中东河以及西溪、萧山、余杭地区。

现存古桥总计	西湖风景区内的古桥	中东河上的古桥	西溪上的古桥	运河上保存的古桥	余杭塘河上塘河的古桥	其他河道上的古桥	钱塘江古桥	滨江区的古桥	萧山区的古桥	余杭区的古桥
209座	39座	26座	39座	1座	5座	32座	1座	10座	26座	30座

1. 现存古桥的数量

根据杭州市市政志和市园林文物局文保所的调研，及参考马时雍先生主编的《杭州的古桥》，以及现状调查情况分析，统计出杭州市绕城范围以内的现存古桥数量为209座。据历史记载考证，杭州唐宋明清时期建造的古桥为多，结构形式以石梁桥（平桥）、石拱桥为主。

2. 现存古桥的分布

杭州主城区古桥主要分布在西湖风景名胜区、西湖区三墩镇和留下镇、中东河、拱墅区祥符镇和康桥镇、江干区笕桥镇五个片区。其中在西湖、西溪、中东河区域相对集中。

现存西湖风景区内的古桥已成为西湖风景的重要组成部分，白堤、苏堤、杨公堤、赵公堤上桥桥相连，跟西湖的自然美景融合在一起，美不胜收。这些古桥虽然千百年来多有修缮，但其古桥的结构和风韵还是被完整地保留了下来。

图 9.1.20 杭州断桥（老照片）

图 9.1.21 杭州断桥（现状照片）

图 9.1.22 杭州市建德市新安江上铁索桥（老照片）

3. 具有代表性的古桥

杭城体量大的石拱桥，京杭运河南端的一座古桥——拱宸桥，位于杭州拱墅区北端桥弄街，东西向横跨大运河，是拱宸桥地区运河两岸之间唯一的一座古石拱桥。它巍峨高大，是江南三孔薄墩联拱桥的典型代表，薄墩桥在欧洲直至18世纪才出现，因此拱宸桥的桥型在世界桥梁史上也具有重要地位。拱宸桥为全国重点文物保护单位。

世界上第一座在流沙严重的涌潮河段建成的公路、铁路两用桥——钱塘江大桥，是我国著名桥梁专家茅以升先生在1934年—1937年期间设计并主持建造的钱塘江上的第一座大桥，也是我国自行设计建造的第一座大型钢铁大桥。现为全国重点文物保护单位。

图9.1.23　拱宸桥

图9.1.24　钱塘江大桥

异地迁移至西湖景区的古桥——永福桥，原位于桐庐县横村镇深畈村北，东西向横跨大坑溪，后大坑溪改道，桥被弃用。2003年西湖综合保护工程中，将永福桥异地拆迁至杭州乌龟潭作永久性保护。永福桥的斜托梁和具有锁闭功能的锁石是这座桥结构上的特色。具有类似情况的古桥还有原位于桐庐县印渚镇丰收村的玉涧桥，2003年8月，该桥整体迁移至杭州茅家埠；原位于萧山区新塘街道涝湖村的毓秀桥，在2003年西湖综合保护工程中，按原貌迁移保护于杭州金沙港赵公堤上。

图 9.1.25　永福桥

图 9.1.26　玉涧桥

图 9.1.27　毓秀桥

图 9.1.28　忠义桥

图 9.1.29　祥符桥

图 9.1.30　孤山西泠印社锦带桥

杭州唯一的宋代桥梁原物，也是杭州现存最早的古代石桥——忠义桥，位于留下镇大街，东西向横跨西溪河，为浙江宋代拱桥的典型样式。它构造精巧，对研究南宋时期石拱桥的构造技术和杭州古代桥梁的发展演变都有重大价值。2005 年 3 月，此桥被列为浙江省省级文物保护单位。2019 年 10 月被列为第八批全国重点文物保护单位。

杭州仅存的明代石桥——祥符桥，位于拱墅区祥符镇祥符村南街北，南北向横跨宦塘河。其始建年代不详，形制较大，结构典型，是一座具有较高历史价值，极具艺术魅力，并且设计科学合理的梁式古桥。2005 年 3 月，此桥被列为浙江省省级文物保护单位。

杭州最短的桥——孤山西泠印社锦带桥，位于孤山西泠印社小龙弘洞南闲泉之上。桥长不盈步，可谓是杭州最短的桥，临水小石台边沿上刻"锦带桥"三字，相传此石从白堤锦带桥移来，疑为白堤上建造锦带桥时剩余石料（原建筑构件）。

杭州仅存的一座七孔石拱桥——广济桥，位于余杭区塘栖镇西北，南北向架于京杭运河上，它是杭州古运河上仅存的一座七孔石拱桥，全长 78.7 米，两端宽 9 米，中部宽 5.24 米。此桥始建年代不详，据说建成于唐代，现桥为明代建筑，造型秀丽。

苏堤六桥——自古有民谣云，"西湖景致六条桥，一枝杨柳一枝桃。""十里长堤跨六桥，一株杨柳一株桃。"苏堤上共建有六座桥梁，自南向北依次是映波、锁澜、望山、压堤、东浦（束浦）和跨虹。站在苏堤六桥眺望，西湖景色各领风骚：映波桥与花港公园相邻，垂杨带雨，烟波摇漾；锁澜桥近看小瀛洲，

图 9.1.31　广济桥

远望保俶塔，近实远虚；望山桥上西望，丁家山岚翠可挹，双峰插云巍然入目；压堤桥约位于苏堤南北的黄金分割位，旧时又是西湖游船东来西去的水道通行口，"苏堤春晓"景碑亭就在桥南；东浦桥是湖上观日出佳点之一；跨虹桥看雨后长空彩虹飞架，湖山沐晖，如入仙境。

映波桥——苏堤六桥由南而北的第一桥，长17米、净宽7米，单孔净跨7.4米，半圆石拱桥。始建于北宋，民国九年（1920年）桥面改石级为斜坡，旧时港通赤山教场。

锁澜桥——苏堤的第二桥，在桥上可观不远湖对面处的汪庄，桥长16.9米，净宽6.4米，单孔净跨6.2米，是一座半圆石拱桥，始建于北宋，民国九年至十一年（1920年—1922年）改石级为斜坡，1954年拱桥改为青石桥栏，旧时通赤山麦岭路。

望山桥——苏堤的第三桥，桥长16.9米，净宽7米，单孔净跨4.7米，半圆石拱桥，始建于北宋，民国九年至十一年（1920年—1922年）桥面改石级为斜坡，旧时通花家山港。

压堤桥——苏堤的第四桥，桥长16.9米，净宽4米，单孔净跨6.3米，是一座半圆石拱桥。是眺望全湖的佳处之一，故名"压堤"，旧时通茅家埠港。

东浦（束浦）桥——苏堤的第五桥，也称"束浦桥"。桥始建于北宋，整桥长16.8米，净宽4.3米，单孔净跨5.9米，是一座半圆石拱桥，民国九年至十一年（1920年—1922年）桥面改石级为斜坡。

跨虹桥——苏堤第六桥，桥长21.1米，净宽4.3米，单孔净跨8.1米，是半圆石拱桥。始建于北宋，明代桥址略有移动，是苏堤六桥中唯一移动过桥址、长度长、单孔跨度大的一座，民国九年（1920年）后，桥面由石级改斜坡。旧时通耿家埠港。

苏堤六桥及道路于2000年由原杭州市市政公用局负责全面修缮，并立《苏堤六桥修缮记》石碑于桥畔。

图 9.1.32 《苏堤六桥修缮记》碑文

9.1.6　上海古桥保护

上海古桥产生病害的原因是多方面的，具体可将其分为内部原因和外部原因。

1. 内部原因

（1）石材表面存在孔隙

天然石材都有微小裂缝和孔隙。这些孔隙越小，石材的吸附力和毛细作用便越强，古桥长期暴露在空气中，其表面会吸附弥散在空气中的灰尘、气雾或一些化学物质，并通过毛细孔作用进入到石材的内部，产生化学反应，改变石材结构，发生风化现象。由于不同类型的石材孔隙率的不同以及石材内部胶结物类型的不同，不同类型的石材在相同条件下的风化程度也会有所差别。孔隙率越高，石材的结构越松散，强度则越低，越容易风化。而石材内部的胶结物若为泥质，石材的抗风化性能也会较低。由于泥质易吸水而产生膨胀，而气候以及环境的变化使泥质不会一直处于膨胀状态，脱水后的收缩与膨胀频繁交替，加快石材风化。

（2）石材成分复杂

由于石材内部成分复杂，由孔隙渗入石材内部的污物或者大气中的一些酸性气体与其产生化学反应，如石材中一般含有铁的成分，易氧化为三氧化二铁，形成黄色锈斑；石材中的碳酸盐会与空气中的酸性气体发生化学反应，改变石材物理结构，导致石材表面颜色改变，严重时会使石材强度降低，表面风化剥落，对古桥的安全造成一定隐患，降低了古桥的使用寿命。

（3）古桥自身构造特点的影响

上海古桥的山花墙凸出现象较为普遍，这主要是由拱桥自身结构特点所造成：一是上海石拱桥的桥台基本采用拱券、天盘石、对联石组成一个框架式做法，这种做法一般山花墙较薄，石块自身挡土力较弱；二是山花墙石块均为立排，砌筑时未以丁石、顺石的排列方法与内部填筑物相联系，使得山花墙整体的挡土能力有所不足。因此，长年累月的作用下，山花墙便容易向外凸出。

2. 外部原因

（1）河水冲刷

上海古桥出现的结构性破坏很多都和河水的冲刷有关。河水冲刷对古桥造成的影响主要在两方面：一是直接破坏，当水平面上涨或水流湍急时，河水对桥墩直接冲刷，经年累月，会导致桥墩出现歪斜或移动；二是间接破坏，上海河床土质松软，河水的长期冲刷易导致基础的沉降和位移。基础的沉降和位移会导致梁桥石柱的歪斜、沉降甚至断裂，也会导致石墩的位移甚至坍塌，进而引起桥面条石倾斜、断裂，会导致拱桥上部结构产生附加应力，进而引起拱圈的变形和其他构件的偏移甚至破损。

（2）附生植物破坏

图 9.1.33　桥上附生植物

附生植物破坏的具体原因又可以分为两种：一种是植物生长产生的化学物质对石材造成破坏。植物生长时会分泌出如碳酸、有机酸、硝酸等化学物质，这些化学物质可溶解并会吸收矿物质中的一些元素，使得石材遭到腐蚀性的破坏。而苔藓、藻类这类低等植物，可能会增加石料的酸度，还可能形成霉斑附着于古桥之上，使得古桥表面石材造成轻微破坏。另一种是植物生长对古桥造成了结构性损坏。部分古桥桥身生长乔木类植物，该类植物体积较庞大且生命力顽强，其根部会在桥身中蔓延生长，容易引起桥台的走动甚至开裂、挤压拱券，导致拱券变形等，对古桥的生存造成严重的威胁。

（3）气候环境影响

上海属于亚热带季风气候，空气潮湿，有利于古桥中植物的生长，会加重植物生长导致的破坏程度。

桥是露天建筑，上海古桥的桥台内部一般都填充三合土，长期的雨水渗入易导致山花墙内部的填筑物土体膨胀或被流失掏空，从而导致山花墙及台阶的倾斜，严重时会发生坍塌现象。

环境污染使得空气中的酸性气体增多，甚至产生酸雨，加速古桥风化，严重影响古桥的使用寿命。另外气温的变化、大气中的水分、可溶性盐、污染物等均会对石材的风化产生影响。

（4）人为原因

一是古桥建成时，只有行人通过，因此所受荷载中，古桥自身荷载很大。但随着人们生活方式的改变，许多古桥不再只是人行，特别是位于乡间的古桥，自行车、电动车、摩托车、农用车等的通过十分频繁，一些桥面稍宽的古桥，甚至会有小型运货车辆的通过。在这种重荷载的情况下，会导致古桥构件的变形甚至断裂。

二是由于现代航运交通的发展，船只不仅体量增大，且速度一般较快。行驶时若撞击到古桥，会对古桥造成严重的破坏，轻微的是拱券石的破损，或山花墙凹陷变形，严重时古桥会被撞毁。

三是由于对科学性保护认识不足，在保护或者利用时没有详细了解古桥的结构特征，反而增添了古桥的病症。一方面体现在不合理的利用上，比如为了满足现代交通的续修，在踏步上加建坡道或拓宽桥面；为了使用安全，随意改建栏杆或加建栏杆等，均对古桥的原有结构形式产生一定的破坏。另一方面体现在不合理的保护上，比如为了强化桥身美感而用油漆或涂料将其覆盖；为了增强古桥的安全性，不恰当地用水泥或混凝土等材料对桥身进行加固。水泥、混凝土均是一种现代建筑材料，本不该出现在古桥桥身上，以水泥进行修补和勾缝的做法虽对古桥进行了加固，可以增加其耐久性，但水泥非古桥原有的材质，破坏了古桥的真实面貌，同时，与古桥石材存在鲜明的色差，破坏了古桥的色彩协调及历史风貌。

9.2 古桥维修与保养

在中国古代建筑史上，古桥梁是古建筑的重要组成部分，这些桥梁横跨在山水之间，便利了交通，装饰了山河，留下了众多的传说，成为中国古代文明的特征之一。但随着城市化进展和其他各类因素的影响，古桥正加速消逝在茫茫的历史岁月中。那么该如何去保护那些古代桥梁，使古桥及其文化艺术得到更好地传承和发扬？

上海交通大学建筑文化遗产保护国际研究中心通过运用一些技术干预，不仅能够去除古桥现有病害，而且还可以削弱引起古桥病害的隐患，使古桥恢复健康处于良好的状态，使古桥的价值得到更好地保护和展现。根据干预技术特点的不同，可以将古桥的具体干预方法分为日常维护、修复、移建、环境整治四个方面。

现在利用科技力量还可以构建数字古桥，采用无人机航拍、3D（三维）扫描、古桥BIM（建筑信息模型）重构、古桥系统平台的研发等，使得每座古桥的数据得以保存。整理、利用这些数据，然后更好地保护好古桥、利用好古桥。

9.2.1　日常维护

日常维护是确保古桥安全的最基本手段，在各项技术干预措施中，日常维护的干预程度最低，却是最根本最重要的措施，因为对古桥的日常维护可以大大减少古桥出现病害的概率，且在尽可能小的人为干预中使古桥的原始状态得以较长时间地延续。日常维护不添加新构件、新材料的保护技术措施。内容主要包括对古桥进行定期勘察，检测古桥有病害隐患的部分，并对其采用一定的技术补救手段，使古桥恢复原状。

1. 清理与清洗

由于环境气候和古桥自身材质特点的影响，目前大量古桥都附有苔藓、藻类植物，部分古桥桥身甚至长有大型乔木类植物。苔藓、藻类植物的生长会导致石材遭到腐蚀性的破坏，或在石材表面形成霉斑附着于古桥桥身。而古桥表面的一些沉积物也会对石材造成损害，因此在维护过程中，对古桥表面的清理及清洗应该是维护中的首道工序。通过消除石材上既有的气孔，并去除有害于石材的化学物质、杂草和微生物，以及人为造成的油漆或涂料污渍，维护古桥石材的健康状态，为后续的干预措施作准备。具体的操作方法是先用硬质毛刷将古桥表面的藻类、苔藓类植物刷掉，使用毛刷时切忌用力过重，要避免对古桥石材造成损坏，若遇到根系顽强的乔木类植物，采用电锯将其锯断，再用一些小型工具进行清理，若植物生长于古桥易拆卸重装的构件处，如栏板处的植被，可将其拆卸后对植被根系进行彻底清除后再按原样进行重装。在对古桥桥面进行初步清理后，随后用清水冲洗古桥桥身，用软刷清理石材表面的灰尘和其余易剥落的污物。但是石材表面还存在可溶盐、微生物、难溶性硬壳，以及人为的涂料覆盖或历次修缮的残留物等这类清水冲洗无法去除的污染物，因此可运用喷砂式物理清洗将其去除。采用物理式清洗而非化学式清洗主要是由于石材本身的特殊性，要防止化学清洗使用的化学物质从石缝微孔中进入石材对古桥产生新的化学物质残留。在清洗时避免采用强酸强碱等强腐蚀性材料对古桥石材造成腐蚀，同时避免使用挥发性有机溶剂，防止对周围人群造成不良的健康影响，同时避免使用强机械的方法如高压水枪及高压喷砂方法等，以免在清洗过程中对古桥产生二次伤害。

2. 加固

目前部分古桥存在着一些因结构破坏而造成的安全隐患，因此对病害部位进行稳定、加固、支撑、补强等保护措施尤为必要。对古桥进行加固时，以尽量不改变保护对象的整体面貌为原则。古桥的加固主要可以分为构件间的粘结加固和桥身的整体加固。古桥年代久远，且长期经历风雨或河水冲刷，大部分的粘结材料都已脱落或被冲刷殆尽，造成石块或构件间存在裂缝，导致古桥结构的走动和松散，很大程度上降低了古桥的稳定性和安全性。因此，对各构件进行粘结加固是一道必要的工序。用传统的粘结材料如植物胶、动物胶、灰浆等对古桥构件进行粘结，并以大麻刀灰作为勾缝材料将灰缝塞实，勾缝须精细、均匀。对桥身的整体加固，主要应用于一些所需承受荷载一定程度上已超过桥梁自身承受范围的古桥，其具体方法是在桥身石块中植筋加固或用碳纤维布加固。植筋加固和碳纤维布加固的原理相似，是以植筋或碳纤维布将桥身各部分相互连接，形成一个整体，从而提高桥身的稳定性，增强其耐久性。

9.2.2　修复

修复是在古桥发生破坏后需恢复原状时所采用的干预措施。具体内容包括：

（1）对残损的构件进行修补，当构件残损严重无法修补时，则用按原样原工艺加工的新构件进行替换；

（2）对产生位移、歪闪、变形等现象的结构部位进行维修和恢复；

（3）对缺失的构件进行重制恢复；

（4）对后代添加的价值意义很小，甚至对古桥价值造成负面影响的构件或材料进行去除。

修复是一种干预性较高的保护措施，会对古桥的真实性或多或少造成一定的损失，因此修复过程中有以下几点必须严格控制：一是原始材料和原有技术的应用。在修复过程中，首先考虑原始材料的应用，而传统工艺也是古桥所拥有的非物质文化遗产的一部分，因此也应该予以保护。二是尽可能降低干预程度，对古桥进行大面积的拆除及重新安装的手段应该谨慎使用。三是保留各个时期的历史痕迹。如上海文物古桥中，大多经过历年修缮，桥身多由武康石、青石、花岗石多种材质的石材组成，修复时应该予以保留，而不必要将所有桥石都恢复至始建成年代的材质。四是古桥的残缺也是古桥历史信息的一部分，若残损对古桥的安全不造成影响或不造成信息的缺失，则不必要进行修复，只要日常维护就好。

上海古桥分梁桥和拱桥两大类，由于其结构差别，修复的具体操作中也有所不同。首先，在针对具体结构进行修复前，均须对古桥进行复勘，确保古桥的安全。施工前，先行对桥墩基础进行检测加固，消除安全隐患。接着对古桥石构件进行逐块检查鉴定，残损严重的必须予以更换，根据需要更换的石构件形状、材质，再按原样原工艺进行加工，同时应对散落在桥两边河道中的石桥构件进行搜寻和打捞，并予以原位复原。拱桥，其病害主要集中在山花墙、拱券、台阶几个部位。对山花墙的修复，是将变形的部位做好编号，将其拆除，若山花墙内部灰土填筑部分长有植物根系，对其进行彻底清理，不同于日常维护中只对古桥表面苔藓、藻类进行清理或除去乔木类植物的伸出部分。拆卸山花墙后对古桥内部植物根系的去除可以彻底解决树木生长对桥体的破坏，之后将拆除部件进行重新归置。当拱券出现变形时，按照顺序拆下券板和龙筋，做好编号，搭置拱架，按照原来的顺序，重新安装拱券。若古桥台阶发生歪斜走闪，需将桥面构件卸除，做好编号，之后在桥身内部补充填充土，予以夯实，面上以 100 毫米厚、1∶1 水泥砂浆封顶，找平；再将桥面上的构件按编号原位铺设安置，先铺设仰天石和踏步石，然后对望柱、栏板和抱鼓石进行复位安装。梁桥的结构形式较拱桥而言较为简单，修复方法也较为简单，病害主要出现在桥墩、桥肩墙、桥面和木梁部位。桥肩墙与石墩型桥墩的修复，其做法也和山花墙修复做法相同。若出现桥面条石歪闪的情况，则对桥面石材进行拆卸维护后铺设安置。对于古桥的附属构件——栏杆，其病害主要是构件缺失或整体性缺失，若是构件缺失，按照相应部位原有构件进行复制补全。如果栏杆整体缺失，需要在对文献资料或桥身遗留痕迹进行充分考证的情况下，尽可能采用原材料对栏杆进行复原。

(a) 蜂窝状孔洞

(b) 雕刻缺失

(c) 桥底侵蚀

(d) 山花墙上结垢

(e) 拱券上水痕

(f) 前面板上裂缝

图 9.2.1 古桥的病害类型

9.2.3 移建

移建是将古桥进行异地重建保护，即将迁移的古桥拆分成其基本组成构件，然后迁移至别处进行重新组装拼合，恢复其原有面貌。就保护措施而言，移建无疑是干预程度最大的，原则上不允许进行异地重建保护，除非遇到不可抗拒的自然因素或受到特别重大的建设工程影响和需求，经济、技术论证证明没有别的保护措施可以替换情况下才可以移建保护。古桥的移建主要有以下几点值得重视：

（1）在拆迁前对基础进行复勘，取得原有的基础数据及工艺资料，并在迁移后继续保留这部分材料和工艺。

（2）对散落的石桥构件进行搜寻和打捞，如果发现原来的构件，应该在进行鉴定后予以保存，在古桥移址后重新安装的过程中予以采用。

（3）对新的建设地进行地质勘察，确定是否适合古桥的建造，并提供迁移后新桥基础的设计数据。

（4）拆除过程中，对古桥构件进行逐块编号，并检查鉴定，重新组装时充分利用原有构件，只有当原构件残损严重时才可以予以更换，更换构件在材质、规格上都要尊重原有特征和风格，在施工工艺上要尊重原有手法。

（5）通过移建，既要做到加固桥体，又要做到尽少干预、保持古桥原有风貌。

9.2.4 环境整治

古桥的周边环境不仅包括与古桥相关的有价值的物质文化因素，而且还包含环境中所蕴含的有价值的非物质文化因素。古桥的"周边环境"是其赖以生存的土壤，两者息息相关，从而真实、全面地保存和延续其承载的全部价值。环境整治是指对古桥周边环境的保存、维护、改善等技术措施，目标在于保护古桥价值的完整性。主要内容包括以下三个方面：

（1）消除古桥相关环境中危及古桥安全和使用的自然及人为破坏因素。比如疏通河道，清理河道污物和生活垃圾，拆除周边搭建的违章建筑，撤除古桥周边垃圾站点等。

（2）景观整修。明确周边环境中有价值的因子，并予以保护，对古桥周边环境中不协调影响古桥价值特征的因素进行治理、修整，以提升环境景观质量。

（3）古桥周边环境范围较广，对环境的整治可能与城市的规划与建设有所牵涉，比如上海部分古桥环境面临着与城市规划道路建设的冲突，部分古桥因为村落的整体拆迁而失能荒废等问题，因此在环境整治的实施中，还需要与城市规划建设部门的合作与协调。

9.2.5 数字古桥的技术措施

古桥的数字化管理，在技术上首先进行数据采集，然后通过BIM（建筑信息模型）技术处理，最终建立数字化古桥模型显示其特征、数据及复原和文化因子。

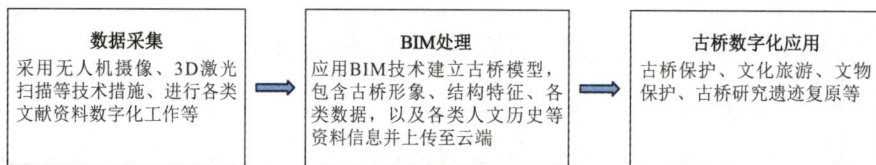

图 9.2.2　古桥的数字化管理

1. 无人机在古桥保护中的应用

基于无人机倾斜测量技术的三维建模与传统三维建模方法相比具有更大的优越性，具有高时效、高分辨率、低成本、低风险等诸多优势，故可通过该技术建立古桥的三维模型，广泛应用于城市规划、资源管理、三维导航及城市旅游、安保警戒、抢险救灾等众多领域。以大运河宁波段古桥为例，采用无人机倾斜摄影测量技术为古桥周边提供真实的场景和相对精确的几何数据。

图 9.2.3　无人机倾斜摄影测量技术

宁波古桥大多分布于各地古道上，相对比较分散，地形复杂、资料缺乏，人工巡检耗时且危险。无人机具备制造成本低廉、飞行费用较低、飞控人员安全、机动灵活、功能多样化、任务展开速度快捷、能超视距自动驾驶等优势。采用无人机巡检作业一次可以建立文字、图形、三维模型的"三位一体化"信息库。目前，无人机的定位达到了厘米级，完全可以实现古桥全面数据采集标准化。固定无人机巢的推出，为无人机实现无人值守，全自动出巡，沿规划路线航行、拍摄、返还机巢充电保养提供了极大的方便。目前已经用于城市的各类巡检，与传统无人机需要操作手相比，无人机自动巡检能实现全自动拍摄并上传到云端，通过后台完成数据的处理。与既有的城市巡检无人机合作，可以以最小的代价，实现市区以内的古桥信息数字化采集。

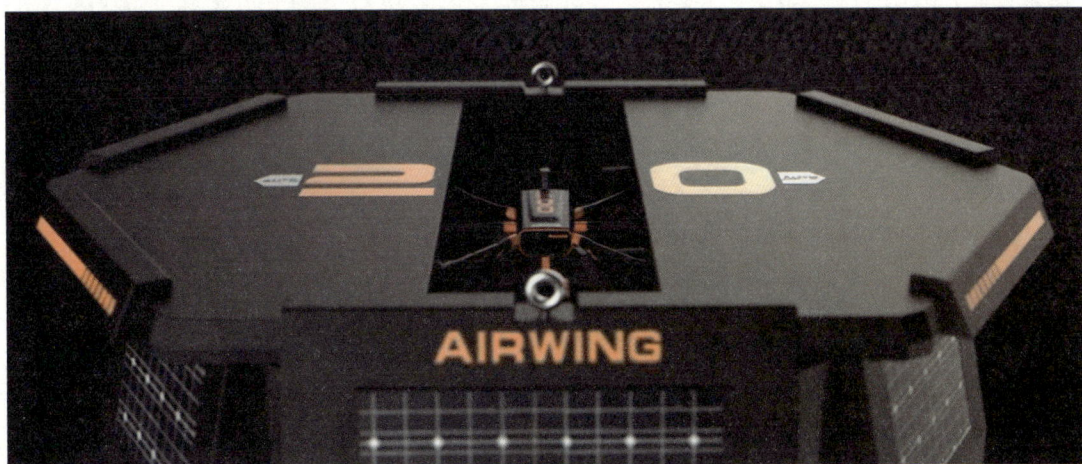

图 9.2.4　无人机自动巡检

资料显示，我国的无人机蜂群系统可以直接进行无人机空中发射和回收，就像一个空中可以移动的蜂巢，蜜蜂们可以远程完成"采蜜"的任务后返回蜂巢。这就为无人机突破现有固定机巢的网格化管理提供了基础，可实现跨区域无人机调配，实现资源的最优化配置。

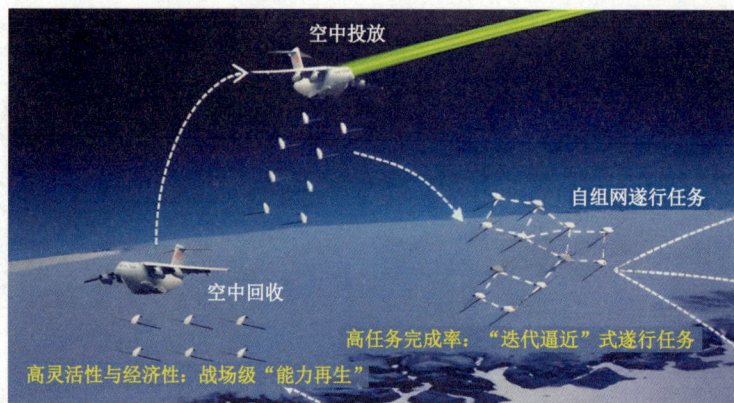

图 9.2.5　无人机蜂群系统

2. 3D 扫描在古桥中的应用

3D 扫描广泛应用于古建筑、文物保护、逆向工程等各种领域，因其快速而精确，对古桥建立数字档案具有不可替代的作用。宁波古桥和保护中心在成立前期，对 3D 扫描用于建设工程做了大量的实践。后应邀对绍兴玉成桥等桥梁进行实地扫描，并对拱轴线方程是否为悬链线进行了验证。在此介绍如下。

（1）扫描仪选择

本次扫描采用 FARO 的 Focus3D X330，具体的特点如下：

1）速度快

进行少次数的扫描，就能对大型的、地形复杂的、难以靠近的建筑、地基坑道或物体完成测量，因此能够极大地提高测量速度。

2）易于定位

利用集成式 GPS 接收器，这款激光扫描仪能够使每一次扫描与后处理相互关联，使其成为测量型应用的理想选择。

3）室外扫描

Focus3D X330 能够在阳光直射条件下进行快速和高精度的扫描。

4）低噪声特性

Focus3D X330 具有极佳的扫描数据质量，扫描范围更大并且噪声非常小。

5）无线局域网

无线局域网（WLAN）远程控制可在远处启动、停止、查看或下载扫描。

（2）扫描成果汇总

将所有测站的扫描成果在 BIM 软件中进行汇总，形成最终的成果。

（3）拱轴面分离

对扫描的点云文件进行拱轴面的分离。

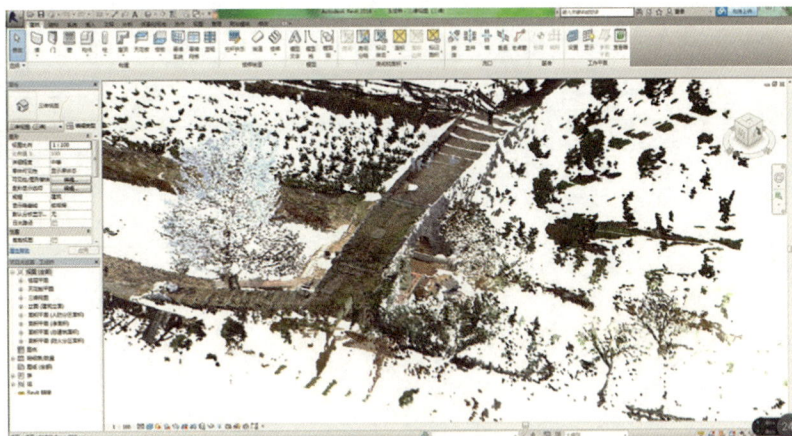

图 9.2.6　BIM 软件中扫描成果汇总

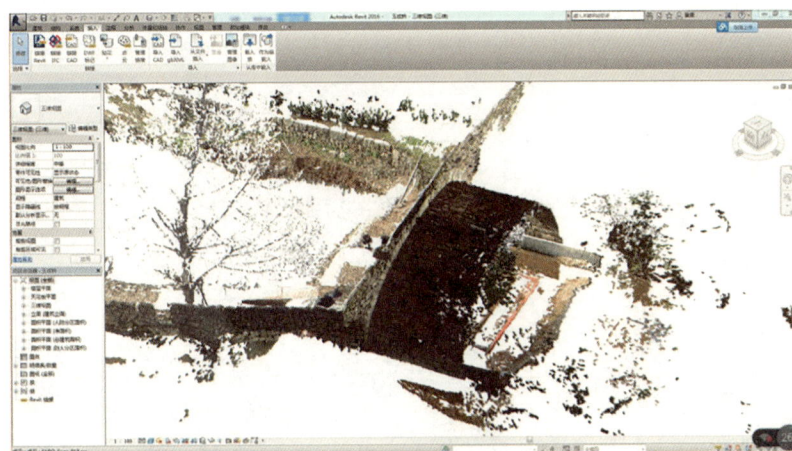

图 9.2.7　点云文件拱轴面的分离

（4）拱轴线的提取

对两边的点进行对称抽稀处理，为保证精度，按横坐标均匀分布，共留 64 点，作为后续拟合计算使用。

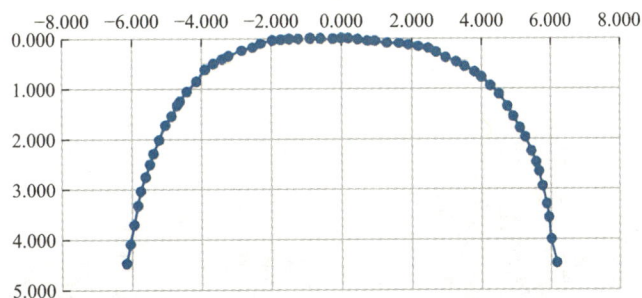

图 9.2.8　拟合计算结果

（5）方程拟合

对提取的拱轴线进行拟合分析，经计算，绍兴玉成桥弧形基本符合悬链线方程：

$$y = 122756.679 \times [\cosh(9.726825 \times 10^{-4} \times x) - 1]$$

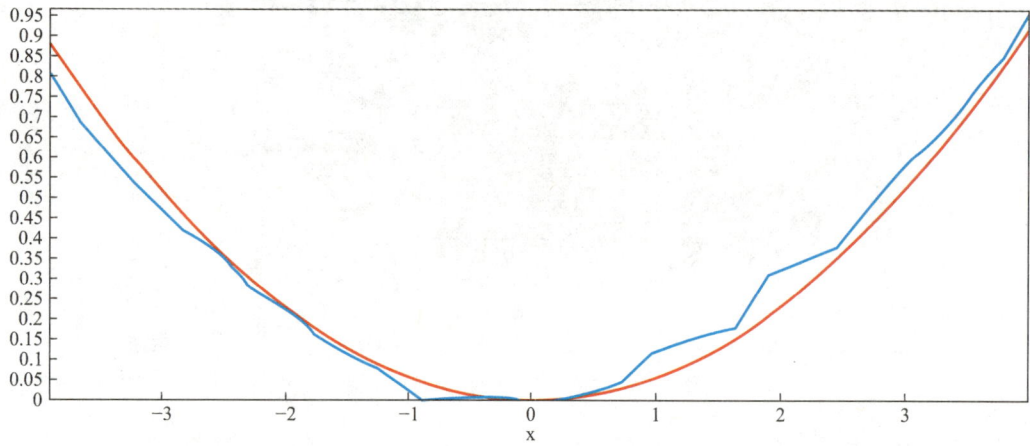

图 9.2.9　悬链线方程

3. 基于 BIM 的古桥重构

以大运河宁波段的望春桥为例，介绍基于点云文件的 BIM 重构。

（1）望春桥的点云文件

图 9.2.10　整合后的望春桥点云

图 9.2.11　去掉植物后的望春桥点云

（2）望春桥 BIM 建立

首先利用扫描仪软件自带的测量功能，测出各部分的尺寸，为建模做准备。

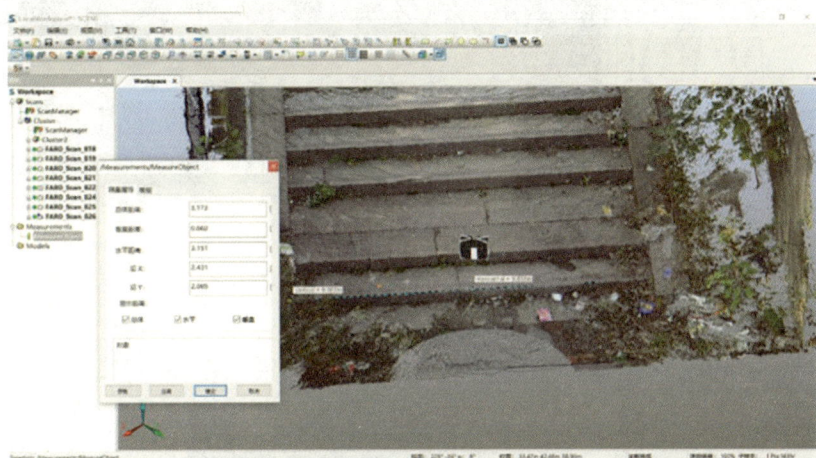

图 9.2.12　扫描仪软件进行测量

1）进行主体建模

分别对桥体、桥洞、梯段、扶栏等进行建模，形成桥梁主体。

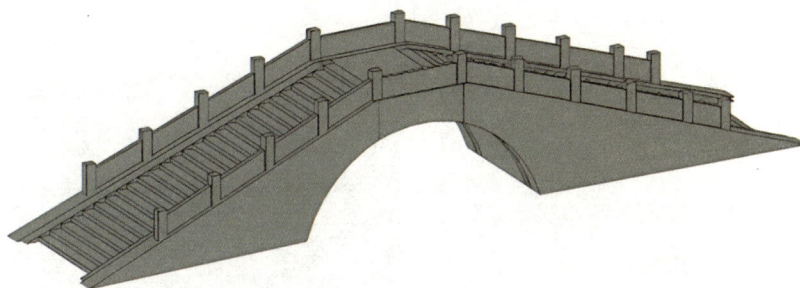

图 9.2.13　望春桥主体建模

2）后续进行细节建模

望春桥望柱的装饰花纹有两类，分别建模。

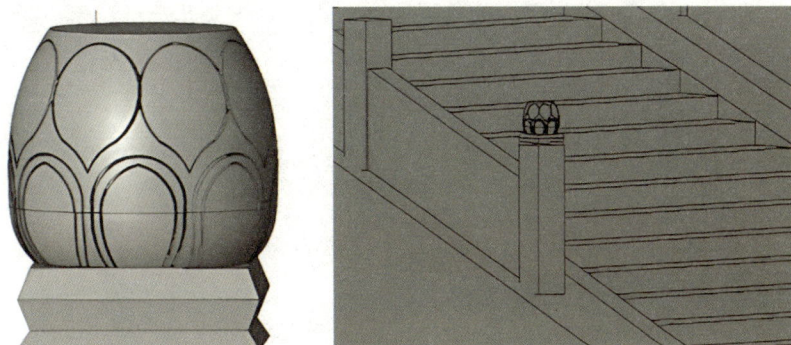

图 9.2.14　望春桥望柱花纹（一）

图 9.2.15　望春桥望柱花纹（二）

图 9.2.16　栏杆栏板

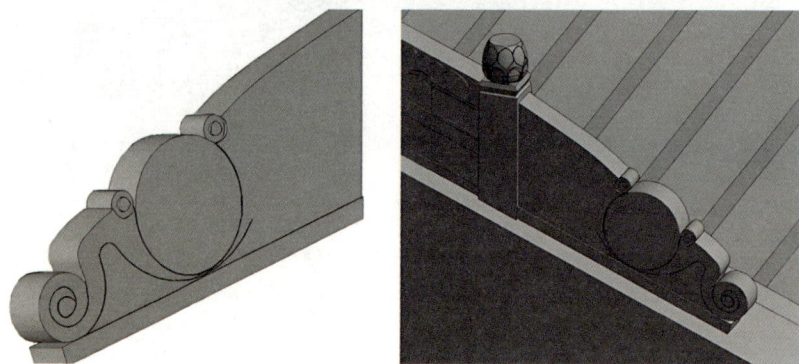

图 9.2.17　抱鼓石

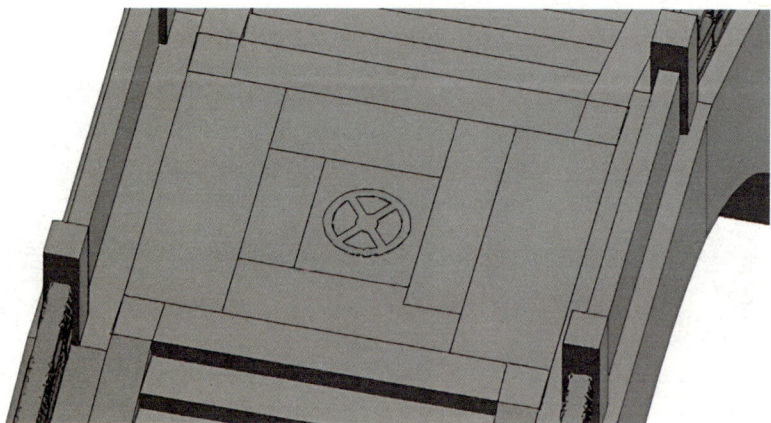

图 9.2.18　桥顶部

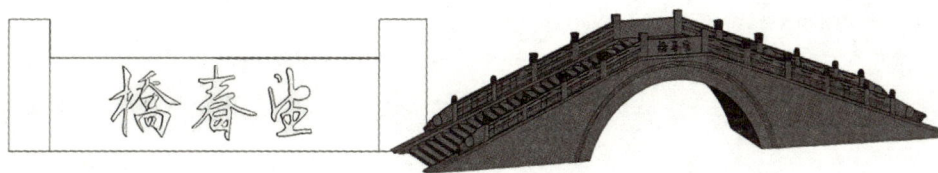

图 9.2.19　桥名雕刻

模型几何形状基本完成后，再附上其他信息形成 BIM，上传到古桥系统的 BIM 地图上。

（3）望春亭 BIM 建模

1）进行望春亭主体 BIM 建模

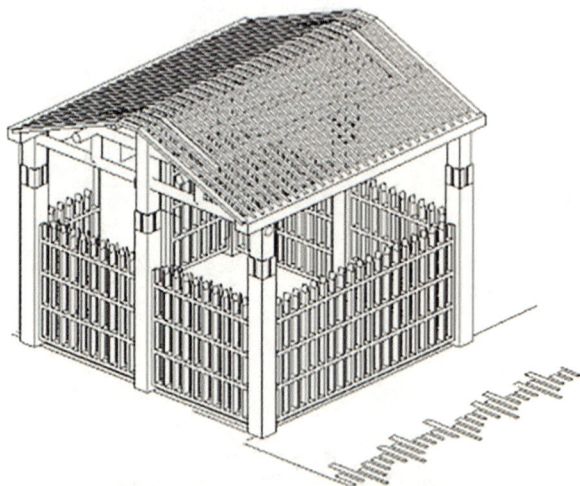

图 9.2.20　望春亭主体模型

2）进行瓦片建模

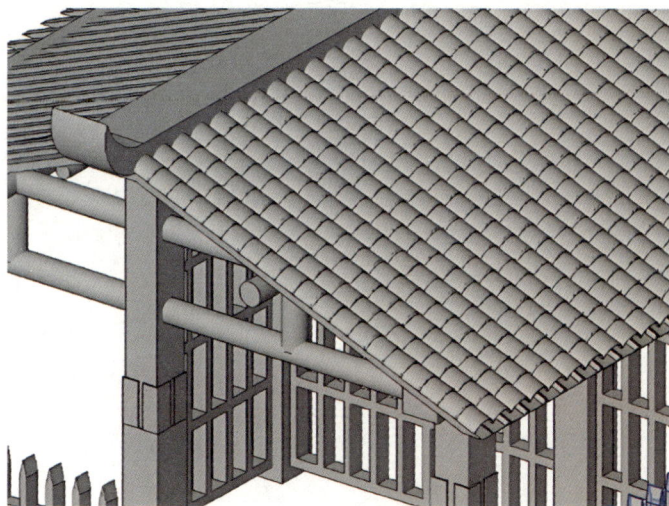

图 9.2.21　望春亭瓦片模型

3）进行石碑雕刻建模

图 9.2.22　望春亭石碑模型

（4）望春桥亭整体模型
望春桥和望春亭的单体建模完成后进行桥亭模型合成，建成的望春桥（含亭）BIM 整合。

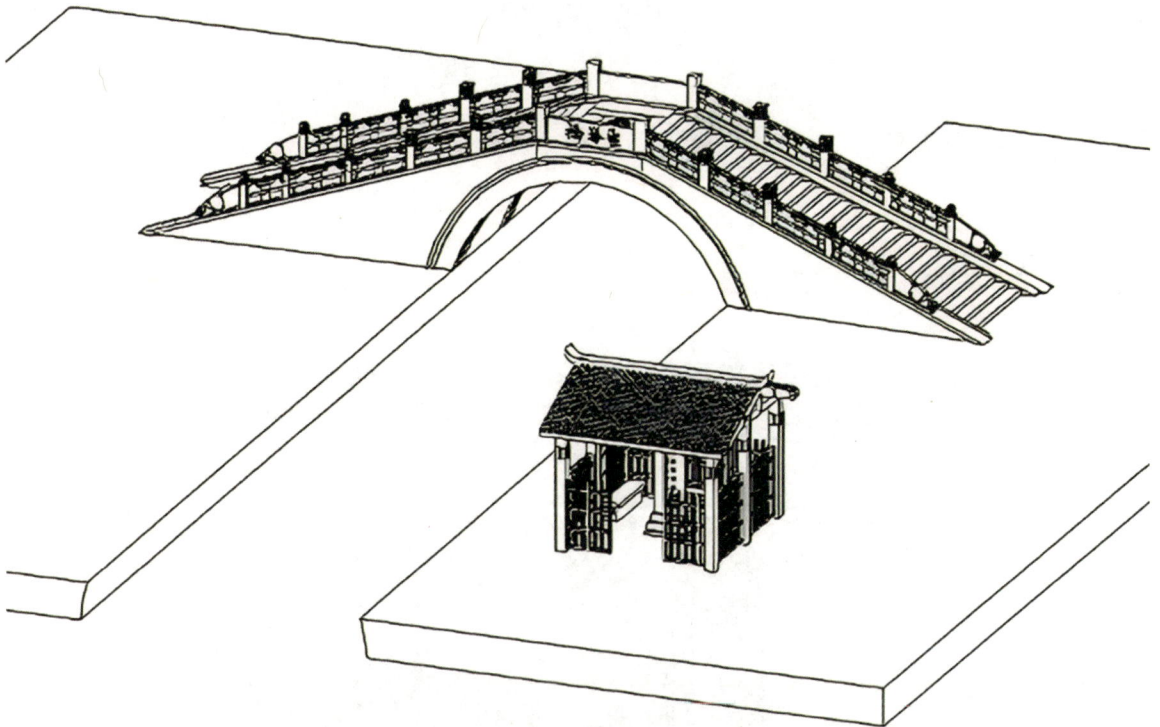

图 9.2.23　望春桥 BIM

最后，BIM 材质贴图渲染。

图 9.2.24　望春桥模型材质贴图

（5）环境处理

一是无人机航拍数据处理。首先对古桥周围环境进行无人机航拍，并获得航拍数据。将航拍数据导入软件中，让软件进行计算。其原理是通过无人机照片的高度及路面的反射，来判断各个界面的距离从而建立模型。画面上的点是经过初步计算，软件中认为的关键点，工作原理与点云文件比较类似，也是用点生成面的方式来创建模型。

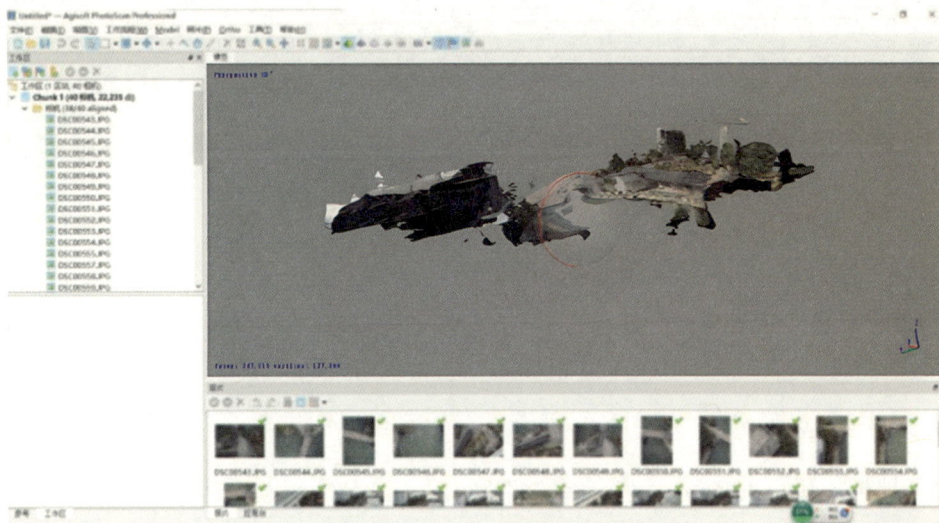

图 9.2.25　无人机航拍数据处理

二是模型和实景结合，用 BIM 技术生成的桥模代替实景中古桥部分，再在其周边进行环境渲染，达到虚实互补，增强桥体美感度。这样既可以在模型中添加信息，又可以达到逼真的效果。将上述模型同步上传至古桥系统平台，实现网页和手机 APP 浏览。

图 9.2.26　模型与实景结合（Lumion 效果）

图 9.2.27　模型与实景结合（3Ds Max 效果）

9.3　考古发掘案例

9.3.1　西安渭桥遗址简介

陕西省渭桥遗址，从 2012 年 4 月起开始挖掘研究。2013 年 1 月初，西安市未央区所属渭河南岸河滩陆续发现 2 组 5 座桥梁遗址，规模巨大、布局完整、排列有序、内涵丰富，是迄今所发现的最大的秦汉木梁柱桥梁遗址，也是现知同时期世界最大的木构桥梁。现已挖掘出厨城门一号桥、三号桥及洛城门桥遗迹。

2013 年 1 月初，西安发现秦汉时期 5 座渭桥遗址，4 座位于西席村北，因正对汉长安城北墙中间城门厨城门，被称为"厨城门桥"；1 座位于高庙村北，因正对汉长安城北墙洛城门，称为"洛城门桥"。现已挖掘厨城门一号桥、三号桥及洛城门桥。

图 9.3.1　洛城门桥

2012 年 4 月上旬，在鱼塘挖沙中暴露木桩，后经调查确认为古桥遗存，并测量确定南对汉长安城北侧城门厨城门，编号"厨城门一号桥"。之后，相继发现"洛城门桥""厨城门二号桥""厨城门三号桥""王家堡桥""厨城门四号桥""厨城门五号桥"共 3 组 7 座渭桥。

渭桥遗址的发现地西安，是周、秦、汉、唐的都城所在，在汉高祖刘邦定都长安，惠帝建设城墙后，渭河桥梁即成为京师的最重要津梁。城北渭桥是长安城北向、西向交通的关键。汉文帝入京继位大统、张骞出使西域、南匈奴单于归顺入京等一系列重要大事，均与渭桥相关，不仅使渭桥具有了无可替代的交通地位，还具有很高的文化含义。从发掘情况看，厨城门一号桥体量巨大，是已知同时期世界上最大的木梁柱桥，是丝绸之路从汉长安城出发后的第一座桥梁，渭桥发掘不仅填补了汉长安城北渭河古桥考古的空白，也填补了桥梁学研究的空白。

图 9.3.2　遗址建筑

9.3.2　厨城门一号桥

厨城门一号桥，位于西安市未央区六村堡街道西席村北，地处西安市北三环北侧 230 米左右，正南 1200 米左右为西汉都城长安城北墙中间城门厨城门，正北 380 米左右为已建成的高铁附属建筑，正北 3000 米左右为今渭河南岸大堤，西北 6800 米左右为咸阳宫一号、二号遗址，向东与洛城门桥相距约 1700 米。

图 9.3.3　厨城门一号桥

该桥为南北向木梁柱桥，横跨在东西流淌的渭河之上。经发掘确定，桥梁东西两侧桥桩之间的宽度约为 15.4 米（约合秦汉六丈六尺）。桥梁北端在发掘后已大体确定，北端位于挖掘区南端向北约 200 米处，桥梁南端据早期大比例地图及物探资料，大体应位于今唐家村北旧皂河河道南岸附近。经测量，桥梁南北长度在 880 米左右。

该桥桥桩残长约 6.2～8.8 米，周长约 0.5～1.5 米，一般都是将圆木一端削出长约 1 米以上的三角锥形插于河床之中。桥桩顺河流方向东西排列，间距不等，南北两排桥桩间距约 3～7 米。从挖掘情况看，不仅多处发现有粗细不等桥桩密集成堆的现象，而且还发现一些桥桩开口高度相差 2 米左右，显示出古桥使用时间较长，经多次维修、续建。桥桩一般竖立于河床之中，但也发现较多桥桩受水流冲刷而倾斜甚至横置于河床的现象。

在清理早期挖沙破坏堆积及探方发掘中，一号桥均发现有大量青石、砂岩质长方形、方形、五边形、梯形等多种形状规格不等的大型石构件。较多的石构件上发现有一处或多处刻字或墨书题记，内容主要为编号和人名。从痕迹看，五边形石构件之间应以铁榫和白灰粘结在一起。

在清理出的桥梁所在河道的堆积物中，发现大量的半两、五铢、大泉五十铜钱，少量开元通宝、乾元重宝铜钱，个别皇宋通宝铜钱，以及绳纹板瓦、筒瓦、瓦当残块、青砖块、残碑等遗物。据此推测该桥可能始建于秦，为汉使用，沿用到唐或更晚的宋代，之后废弃，前后延续 1000 余年。而从掩埋桥梁的上层淤沙中发现明代青花瓷片的情况推测，桥桩到明代时尚露于水中，未完全掩埋。

9.3.3　厨城门三号桥

厨城门三号桥，位于西安市未央区六村堡街道西席村北，紧邻西安市北三环，与厨城门一号桥相距约 200 米。该桥是考古队在进行厨城门一号桥的调查、清理过程中，从当地群众口中得到线索，然后经考古勘探而确定，后对其开展试掘确定，挖掘面积 460 平方米。

经发掘确定，该桥为南北向木梁柱桥，其东西两侧桥桩之间宽约 8.3 米，南北两列桥桩之间间距约 6～7 米。由于挖掘区南北两侧多为建筑或现代垃圾堆置，无法开展考古勘探与挖掘，故桥梁长度暂且不详。在挖掘区内东北，发现有一条长约 12 米、直径约 0.048 米的绳索蜿蜒埋藏于沙层之中，其西端系于一横置木梁之上。

9.3.4　洛城门桥

洛城门桥，位于西安市未央区汉城街道高庙村北，地处西安市北三环北侧 200 米左右，正南 750 米左右为西汉都城长安城北墙东侧城门洛城门，正北 440 米左右为已建成的高铁附属建筑，正北 3500 米左右为今渭河的南岸大堤，向西与厨城门桥相距 1700 米左右，挖掘面积约 400 平方米。

图 9.3.4　洛城门桥

经挖掘确定，该桥为南北向木梁柱桥，东西两侧桥桩之间宽约 15 米，已发现东西 3 排桥桩，相邻两排桥桩间距约 9～10 米，桥梁长度尚待进一步工作后确定。该桥受渭河破坏严重，挖掘区西侧桥梁暂未露头，经勘探，在勘探区域内清理面下 2.8 米左右有木头存在。

从该桥的桥梁结构及出土遗物看，该桥的始建可能要晚于厨城门一号桥，由于该桥受水毁较为严重且还在考古之中，桥梁的始建与废弃时间均暂且不详。

9.3.5　研究意义

经中国社会科学院考古研究所初步鉴定，一号桥桥桩用材有桢楠、铁杉、圆柏等树种。此外，有专家提出应对每个桥桩均要取样进行碳十四测年，据此进行桥桩年代判定，进而对桥梁建设、使用、续修及废弃等问题进行研究。

图 9.3.5　厨城门三号桥桥桩堆置大量卵石

　　厨城门三号桥桥桩周围发现堆置有大量卵石，推测其原应为护桩之用。从较多卵石上发现有铁箍残存的情况推测，桥桩周围的卵石上原或曾有铁质网络存在，保护护桩卵石不在河流冲刷中流失。在卵石之间沙层中包含较多的绳纹瓦片、青砖残块、夹砂钱币残块、陶制器物残片、褐釉瓷、青花瓷残片。

9.4　杭州拱宸桥的保护、修缮和安全检测

　　杭州拱宸桥位于杭州大关桥之北，东连丽水路、台州路，西接桥弄街，连小河路，是杭城古桥中最高最长的石拱桥。拱宸桥在杭州运河文化的发掘中占据了重要的地位，运河新八景中的"江桥忆昔""拱宸怀旧"都与其有关，所处位置是历史上古运河经济、文化集中的最典型地区，是运河整治开发和保护的重彩之笔。拱宸桥作为该地区的标志性建筑物，也成为该地区历史、经济、文化的区域象征。拱宸桥是杭州市区古桥中体量最大、桥身最高、桥面最长的石拱桥，也是世界文化遗产京杭大运河最南端的标志性建筑，其历史价值、艺术价值和科学价值不言而喻。由于近百年风雨的侵蚀，石砌体表面风化严重，桥面石阶和石栏板也有局部破损。

图 9.4.1　站在登云大桥远望拱宸桥

图 9.4.2　远望拱宸桥东端

9.4.1 桥梁简介及历史事件

1.桥梁简介

据《古今图书集成·杭州桥梁考》和清光绪《杭州府志》（重修本）卷七记载，拱宸桥由明末商人夏木江出资白银三千两所倡建，始建于明崇祯四年（1631年）。初为木桩基础结构，三孔薄墩联拱驼峰桥。桥名"拱"取拱手相迎之意，"宸"乃帝王之意，表达对皇帝的敬意。

此桥在清代几经毁坏重建。清顺治八年（1651年）桥身曾坍塌。康熙五十年（1711年），浙江布政使段志熙倡率捐筑，云林寺僧人慧辂募款项相助，康熙五十六年（1717年）十二月竣工。雍正四年（1726年）右副都御史李卫率属捐俸重修，将桥加厚二尺、加宽二尺，并作《重建拱宸桥记》。咸丰十年（1860年），太平军在桥心筑堡垒驻扎。同治二年（1863年）秋，左宗棠率湘军及"常捷军"向杭城的太平军猛攻，由于拱宸桥桥心设有太平军堡垒，经战火洗劫，桥再次濒于倒塌。光绪十一年（1885年），桥将圮，浙抚令邑人丁丙主持重建三孔石拱桥，即现之拱宸桥。

19世纪末杭州开埠后，日本人在拱宸桥桥面中间铺筑2.7米宽的混凝土斜面，以通汽车和人力车。1895年，丧权辱国的《中日马关条约》签订后，杭州列为通商口岸，1896年在此地建立洋关，抗战胜利后，洋关废除。新中国成立后，杭州市人民政府规定禁止通行机动车。现在的拱宸桥，为全国重点文物保护单位。

图 9.4.3　历史中的拱宸桥（一）

图 9.4.4　历史中的拱宸桥（二）

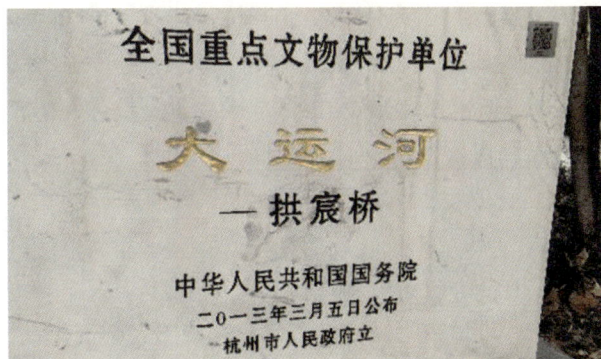

图 9.4.5　杭州拱宸桥

2.拱宸桥历史事件

（1）拱宸桥始建于明崇祯四年（1631年），当时有商人夏木江，以该处适居，观天象审地理，认为有建桥之必要，始出资三千两动工建造此桥，后募集资金，共费银一万零五百五十余两。

（2）清顺治八年（1651年）圮。

康熙五十一年壬辰（1712年）有人呈请兴复，布政使段志熙倡率捐筑，又有云林僧人慧辂和尚竭力捐募款项相助，着手重建，康熙五十三年甲午（1714年）二月动工，康熙五十六年丁酉（1717年）十二月竣工，历时四年。

（3）清雍正五年丁未（1727年）总督李卫率属捐俸重修。

（4）清光绪乙酉（1885年）布政使德馨，因里民请言于中丞刘公，属郡绅丁丙主持，重建石桥。

（5）民国年间，在桥上铺设2米宽的混凝土，以通车辆。

（6）1984年8月17日，杭州市园林文物管理局提请杭州市政府审批拱宸桥等24处文物古迹为第二批市级文保单位。

（7）1986年4月23日，杭州市政府布告拱宸桥为市级文保单位。

（8）1996年8月、1998年8月20日，拱宸桥两次遭到来往船只严重撞击，东北角拱脚处一条长3米、宽0.65米、厚0.3米、重约1400公斤的拱券石断成3块。

（9）1998年8月27日，杭州市人民政府公布拱宸桥的保护范围及建设控制地带。

（10）1998年9月28日下午，杭州市市政公用局召开拱宸桥券修复方案会审会议。

（11）1998年10月21日，杭州市园林文物局向浙江省文物局紧急请示维修拱宸桥拱券。

（12）1998年11月9日，浙江省文物局批复拱宸桥维修方案。

（13）2002年10月20日下午，杭州市运河污染综合整治指挥部召开"丽水路箱涵维护方案实施论证会"，市园文局就箱涵施工时拱宸桥的保护提出具体要求。

（14）2002年11月8日，杭州市文物保护管理所向杭州市运河污染综合整治指挥部发出"关于丽水路（湖州路—轻纺桥）工程对拱宸桥安全问题"的紧急函告。

（15）2002年，为进一步完善杭城的污水处理系统，杭州市运河污染综合整治指挥部实施了丽水路（湖州路—轻纺路）改建工程，并对拱宸桥进行了重点监测。

（16）2003年4月，杭州市园林文物局、杭州市文物保护管理所对拱宸桥进行调查。

（17）2003年4月30日，杭州市人民政府将拱宸桥作为第五批省级文保单位向浙江省人民政府推荐申报。

（18）由杭州市规划设计院和杭州市园林文物局协作制定，杭州市人民政府于2004年6月公布的《杭州历史文化名城保护规划》中规定了"拱宸桥桥西历史街区"，其范围为：北起杭州市第一棉纺厂保留仓库，南至通源里保留仓库，西至小河路，东至京杭运河西岸，面积约6.55平方千米。

（19）2004年7月，由杭州市京杭运河（杭州段）综合整治与保护开发指挥部确立了京杭运河（杭州段）综合整治与保护工程自2004年7月至2006年的阶段性目标。体现了"运河怀古"的拱宸桥地区，作为进入京杭运河杭州市区段的第一个入口景观区，将计划建成十点两线新景观，而"拱宸桥西历史文化街区"是其中的亮点。

（20）2004年8月5日，杭州市人民政府正式批复了"拱宸桥西历史文化街区保护规划"。根据规划要求，拱宸桥的保护将剔除后加水泥修补、改动、添加部分，同时按原样剔补摘砌破损块石，归安松动、位移原构件。对缺损部分按原样复制，并作出明显标志。桥面允许行人、自行车与载人三轮车通行，不允许载物三轮车与板车、机动车通行。

（21）2004年8月，据国家文物局的统一部署，浙江省文物局下发了《关于做好第六批全国重点文物保护单位申报推荐材料准备工作的通知》（浙文物发〔2004〕165号），要求全省各相关单位组织力量做好辖区内推荐文保单位申报材料的整理工作。同年8月底至10月中旬，杭州市文物保护管理所文保科对拱宸桥进行资料补充，编制了该桥的申报文本。

（22）2005年4月5日至5月31日，由杭州市京杭运河（杭州段）综合整治与保护开发指挥部负责，在拱宸桥上下游30米处安装了4个防撞墩。防撞墩水下桩深20米，露出水面1.5米，呈楔形，颜色与拱宸桥接近。

（23）2005年3月16日，浙江省人民政府将拱宸桥公布为浙江省重点文物保护单位。

（24）应国家文物局的要求，经浙江省文物局的传达，由杭州市园林文物局部署，杭州市文物保护管理所文保科于2005年5月19日至6月15日，对拱宸桥再次进行相关资料的收集、整理和补充，并编制了拱宸桥的"四有"档案（原浙江省版）。

（25）2005年，由杭州市运河综合保护开发建设集团有限公司负责，温岭市古建筑工程有限公司施工，对拱宸桥进行修缮，工程于2005年8月20日正式开始，至9月30日完成桥面修缮，历时41天，桥外石板铺设及桥西绿化工程于10月15日竣工。整个修缮工程对拱宸桥实施了铺设桥面石阶，拆除桥面上的各类管线等附加物，清除有害附生植物，修复栏板间仰莲望柱四十八根，修整桥面台阶石板，调整矫正倾斜的桥栏板、望柱、抱鼓石等项目。在拱宸桥东北端新建碑亭，并刻有《拱宸桥修建记》。

（26）2005年拱宸桥上下游航道又发生数只船只相撞事故，至9月下旬，该桥中孔东北角拱券石因来往船只刮擦再次出现局部缺损，同年11月间，该拱券石又遭船只撞击，断成三段。

（27）2006年8月间，由杭州市路桥有限公司负责，将拱宸桥中孔东北角缺损的拱券石予以更换。

（28）2006年8月间，由杭州市运河综合保护开发建设集团有限责任公司负责，对拱宸桥实施景观照明工程，沿桥栏地栿及垂带石外侧下皮安装LED/1W投光灯，在中孔两侧墩部及水平联结石下皮安装LED/3W投光灯带。

9.4.2 桥梁结构

1. 基本情况

拱宸桥桥长92米，高16米，三孔薄墩联拱结构。桥身用条石错缝砌筑，上贯穿长锁石。桥面呈柔和弧形，中段略窄，宽有5.9米，两端桥堍处宽为12.2米。边孔净跨11.9米，中孔15.8米，拱券石厚30厘米，为拱跨的1/52.7和1/39.7，中墩厚约1米，为大孔的1/15.8；眉石厚20厘米。采用木桩基础结构（具体不明），桥墩自下至上逐层收分，拱券用条石纵联并列，分节砌筑。桥两侧以素面石栏围护，中刻"拱宸桥"三字，栏板间立48根望柱，柱头多雕饰仰莲。拱宸桥附近运河水两侧浅中间深，最大水深超过4米。

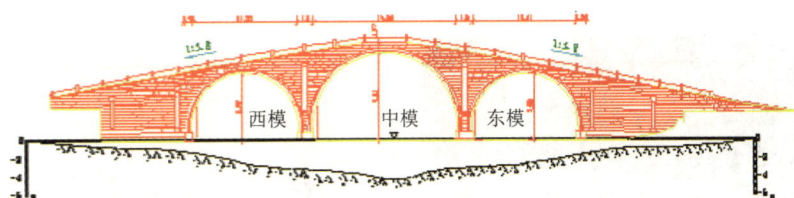

距离（m）	0	5	10	15	20	25	30	35	40	45	50	55	60	65	70	75	80
水深（m）	0	0.6	0.8	1	1.7	2.7	2.7	3.5	4.28	3	2.5	2.5	1.7	0.95	0.85	0.6	0

图9.4.6 拱宸桥南侧外形图及水深图

2.构造体系

拱宸桥是江南水乡三孔薄墩薄拱实腹联拱桥的典型代表,其构造与装饰上有非常成熟完备的营造体系。拱券砌筑方式为"纵联分节并列法",主要做法是并列11块曲面拱板,拱板厚度基本一致,两节拱板之间用水平锁石联系,拱板两端有榫头,锁石两侧有卯口,石水盘上皮也有卯口,构件互相咬合,达到稳定。拱券外侧护拱石以上砌筑山花墙,为了减薄山花墙的厚度,用券脸石、天盘、对联石、楔石、石斗等组合成整体框架,在对联石两侧开卯口,山花墙靠对联石处用榫头,以拉扯住桥两侧的山花墙。山花墙上伸出系梁石12根,端面素面无雕饰。对联石上有4对阴刻楹联,点景抒情或年代落款。在2005年的维修中,人们在桥身两侧发现4副楹联,由于年代久远,痕迹极为模糊,只能认出"离武林门十里"等字样。桥东西各有石阶48级,桥面中间用石板斜坡,石栏板素面,望柱头部分为仰覆莲状,栏杆尽头作卷草纹抱鼓石。桥顶桥心石无雕饰,南北两侧有石作吴王靠。为了防止船舶撞击桥墩,2005年增设了4个防撞墩,并将4只趴蝮石雕巨墩立于防撞墩顶,与古桥相得益彰。

图 9.4.7　拱宸桥拱券

图 9.4.8　拱宸桥顶部吴王靠

图 9.4.9　拱宸桥仰覆莲望柱头

图 9.4.10　拱宸桥栏板右端部抱鼓石

图 9.4.11　拱宸桥东侧踏跺

三孔薄墩联拱桥是石拱结构的一大成就，当一孔的主拱券上承受荷载，就会牵动两边桥墩产生变形，从而把力和变形传到相邻孔，使邻孔协助承载，减小承载孔的桥墩水平推力。这种构造形式，可以减轻墩上结构重量，减少水下工程的工作量，也节约桥梁用材。结合拱上结构共同作用的薄墩薄拱构造，在江南水乡非常普遍。例塘栖广济桥、嘉兴长虹桥、良渚折桂桥、海盐永庆塘桥等均为三孔薄墩联拱桥。而且，拱宸桥也并不是此类古桥中规模最大、历史最悠久的，如嘉兴长虹桥建于明万历三十九年至天启元年（1611年—1621年），中孔净跨约16.5米，均比拱宸桥大。由此，可以看出拱宸桥的影响力和历史地位，不仅在于其桥梁本身，更体现出其所承载的桥文化。

图 9.4.12　嘉兴市秀洲区王江泾镇长虹桥

9.4.3　桥梁管理与保护

1. 管理体制

　　自1986年拱宸桥被公布为杭州市市级重点文物保护单位以来，杭州市文物保护管理所对拱宸桥开展了有关文物保护、收集、保管、宣传、研究等工作。

　　目前，拱宸桥由杭州市市政设施监管中心（原杭州市市政设施管理处）负责管理、修缮。1998年起杭州市文物保护管理所负责对拱宸桥文保工作监督、指导。2002年起由杭州市拱墅区建设局文物管理委员会办公室负责监督、指导。

2. 保护范围

　　拱宸桥的保护范围和建设控制地带由杭州市规划设计院和杭州市文物保护管理所共同划定，经市政府同意，1998年8月27日杭州市人民政府下发通知（杭政发〔1998〕153号）公布了拱宸桥的保护范围及建设控制地带划定如下：

　　保护范围：现存整座桥

　　建设控制地带：东至丽水路以东100米，南至桥以南约50米，西至桥以西约100米，北至桥以北约50米。

3. 日常管理养护

　　（1）养护主要设施量

　　花岗石人行道板：543.4平方米。

　　花岗石（青石板）栏杆：184.2米。

　　墩、柱结构：1086.8平方米。

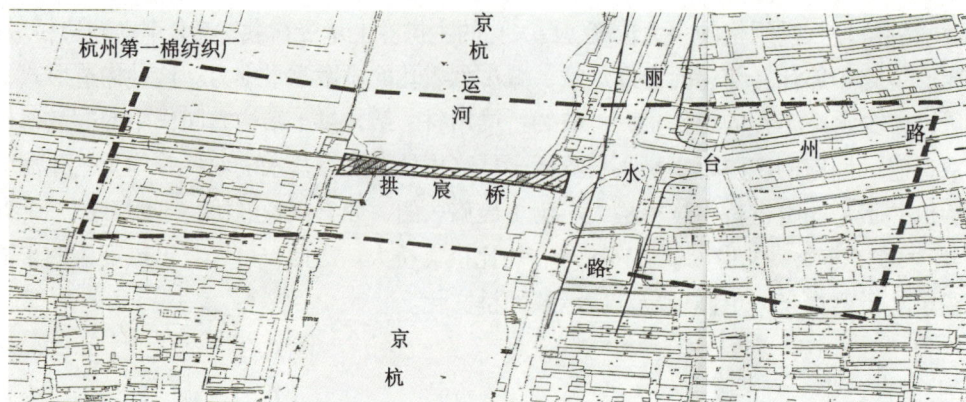

图 9.4.13　拱宸桥建设控制地带平面图

桥梁保护管理范围为桥梁地面正投影外延 50 米范围内。

（2）检查频率要求

巡检桥面系、上部结构、下部结构及其附属设施的技术状况，巡检频率应不少于 1 次/日。

定期检查桥梁及其附属设施的技术状况（含沉降观测），评定桥梁使用功能安全性，梁体纵向裂缝观测频率应不少于 1 次/季，定期检查报告应不少于 1 次/年。

9.4.4　拱券石的修缮

1. 船撞灾害及原因分析

京杭大运河杭州城区段全长 20.92 千米，设定为 V 级航道，按照内河航道标准，要求通航水域净宽不小于 40 米。拱宸桥中孔跨径 15.8 米，仅勉强满足船舶单向通行。随着航运的发展，每年均会发生多次船舶撞击拱宸桥的事件。其中对拱宸桥结构安全有较大影响的船撞事件分别是 1998 年、2005 年和 2015 年，三次船撞事件均导致拱宸桥主拱圈券石断裂，严重影响结构安全。此外，为保护拱宸桥而修建的防撞墩也频繁受撞。主要的船撞事件有：

1996 年 8 月被船碰撞，造成中孔东北侧拱角处一块竖向条石被撞成三块。

1998 年 8 月 20 日，建德 103 号轮通过杭州拱宸桥下时，撞上了一桥墩上方部位，致使东南侧一大块条石掉下。

1998 年 10 月中旬，中孔东南角拱角又被撞裂。

2004 年发生的至少 2 起事故，让拱宸桥中孔拱圈石料出现破损。

图 9.4.14　历次船撞留下的创伤

2005 年 9 月 26 日，一辆货船在通过拱宸桥时，撞到中孔拱圈，券石被撞损。

2005 年 11 月 23 日，在前一次该桥被撞损拱圈尚未修复的情况下，相同位置再次遭受撞击。2006 年对断裂拱券石进行更换。

2012 年 8 月 31 日，拱宸桥遭到过往船只撞击，东南角桥墩部分被毁。

2013 年 11 月 15 日上午，拱宸桥西面朝北一侧护桥墩被一货船撞击，墩上神兽落水。

经全面分析，拱宸桥频繁受撞的原因，一是

294

航道等级与桥梁现状不匹配，二是港航管理部门没有对通行的船舶规模进行有效管控，导致超规格船舶在航道上通行，三是航道交通管理没有跟上，在单向通行的情况下，没有对通行船舶进行有效的引导，导致抢位的现象时常发生。在上述原因基础上，外加天气、水流等外部因素，导致在雨天、夜晚和水流较大情况下，造成船舶撞击桥梁的事件发生。

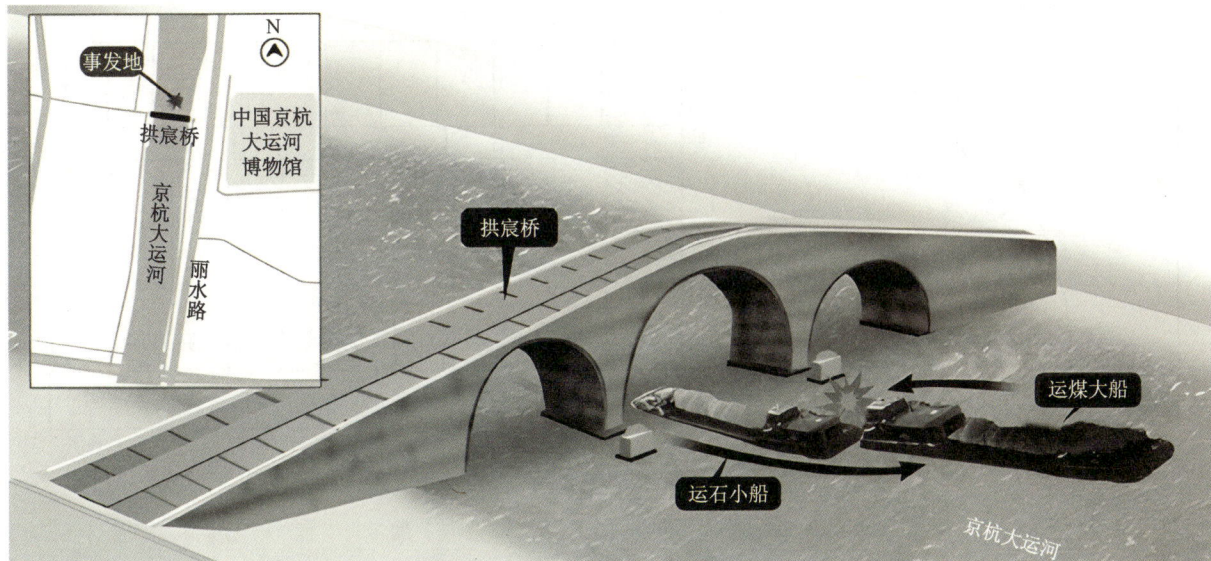

图 9.4.15　两艘货船为抢位过桥而相撞沉船（2014 年 12 月）

2. 拱券券石的维修方法

2015 年 12 月，巡查发现，主孔拱圈东北侧一块条石受过往船只刮擦后开裂破损，且存在 2 厘米左右被拉出现象，必须及时对其进行更换处理，否则严重影响桥梁安全。

本次维修的中孔东北角条石呈弧形，半径 7.5 米，高 3 米，宽 0.65 米，厚 0.3 米，整块石料 0.54 立方米，总重量约 1400 公斤。原桥石材为金山石，现已无法采购。2005 年维修采用诸暨高湖石。本次考虑高湖石材质较脆，且拱肋东北侧位置经常受撞的实际情况，经多方论证和考察，拟采用花岗石替代修复。

图 9.4.16　条石上半部被拉出 2 厘米

图 9.4.17　主孔拱圈北侧条石横向断裂

拱圈条石更换工艺：

（1）选择花岗石石材，根据尺寸进行加工，并运至码头。

（2）对航道进行封闭，在主孔拱圈病害位置附近（1 号墩）设置施工作业平台。

（3）移除破损条石，在条石外移过程中，在空槽内设置钢支撑，确保破损条石上部横梁所受荷载直接传递至基础，确保安全。

（4）清理基础，将残留的石块等进行清理。

（5）更换东北侧破损断裂条石，加工好的石块吊至指定位置，在桥墩侧面利用千斤顶顺着横梁凹槽顶入，并在预制构件顶入的过程中相应减少原设置在内的钢支撑。

（6）更换完毕后，在脱空或空隙位置灌注无收缩的灌浆料，特别是预制构件底部位置进行密实，确保横梁所受荷载能通过预制构件顺利传递至基础。

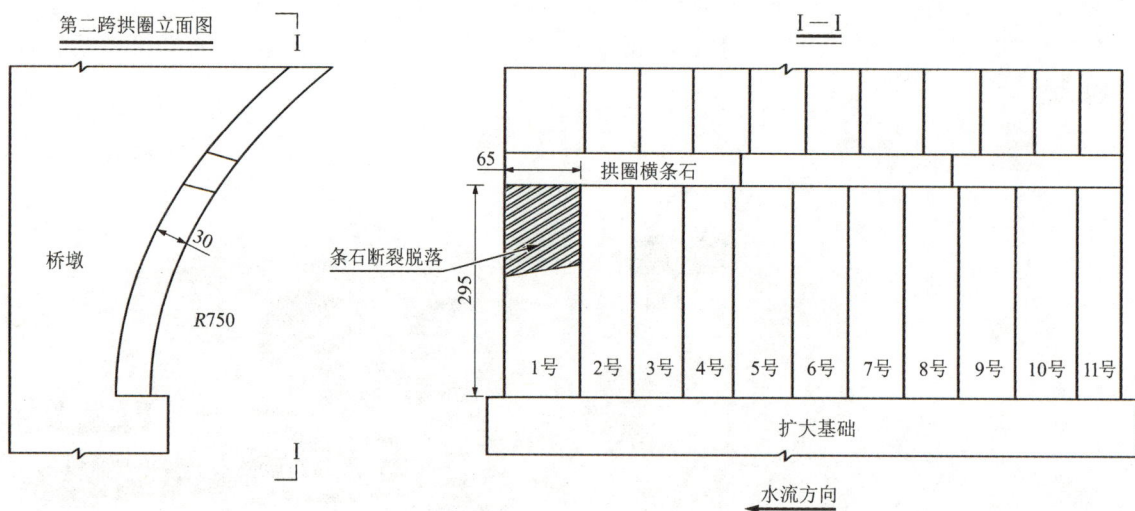

第二跨拱圈立面图

桥墩

R750

I—I

拱圈横条石

条石断裂脱落

扩大基础

水流方向

1号 2号 3号 4号 5号 6号 7号 8号 9号 10号 11号

图 9.4.18　拱宸桥第二跨拱圈立面示图（单位：厘米）

图 9.4.19　基底凿平

图 9.4.20　尺寸度量

图 9.4.21　制作券石

图 9.4.22　缝隙填实

图 9.4.23　券石安装

图 9.4.24　千斤顶顶入

图 9.4.25　灌浆

图 9.4.26　安装完成

9.4.5　水下基础无损检测

1.检测内容

拱宸桥水下基础因检测困难，其技术状况一直不明，特别是经受数百年水流冲刷、船只撞击、风化腐蚀后的木桩基础是否仍然能够持续满足上部承载要求，具有较大不确定性。而一旦木桩基础失稳或破坏，对桥梁的损害是毁灭性的。故需对水下基础进行无损检测，检测内容主要包括：

（1）用多波束测深仪测量桥底及两侧各 100 米范围内的河底地形；

（2）采用侧扫声呐仪扫描桥底及两侧各 100 米范围内的河底底质与水底障碍，了解露出河底的木桩和条石基础外观，结合多波束测深成果分析水下基础被冲刷情况；

（3）潜水员携带浑水摄像机摄录露出河底的水下基础，对条石基础及露出木桩进行外观检查；

（4）在桥墩和桥台两侧距离桥基 1 米处钻孔，了解桥梁基础的地质情况；

（5）利用桥墩和桥台两侧的钻孔进行声波 CT（电子计算机断层扫描）检测，了解木桩的深度及分布情况。

2.检测方法

（1）河底多波束测深

沿顺河向布置 7 条纵测线，其中主孔布置 3 条，两侧边孔各布置 2 条。每条纵测线长度为 200 米，以桥梁为中心，向两侧各延伸 100 米。另外，在桥梁两侧各布置 1 条横测线，每条横测线长度为 50 米。测线总长度 1500 米，面积约 0.016 平方千米。

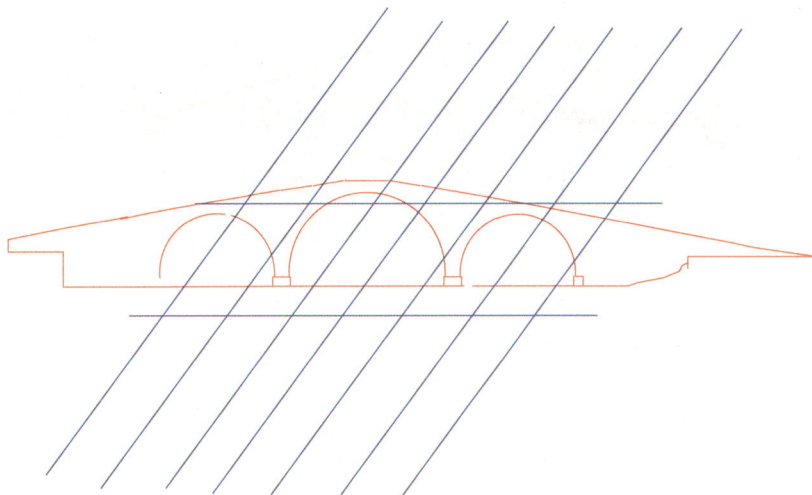

图 9.4.27　河底面地形多波束测深测线布置示意

（2）河底侧声呐扫描

沿顺河向布置 7 条纵测线，其中主孔布置 3 条，两侧边孔各布置 2 条。每条纵测线长度为 200 米，以桥梁为中心，向两侧各延伸 100 米。另外，在桥梁两侧各布置 3 条横测线，每条横测线长度为 50 米。测线总长度 1700 米。

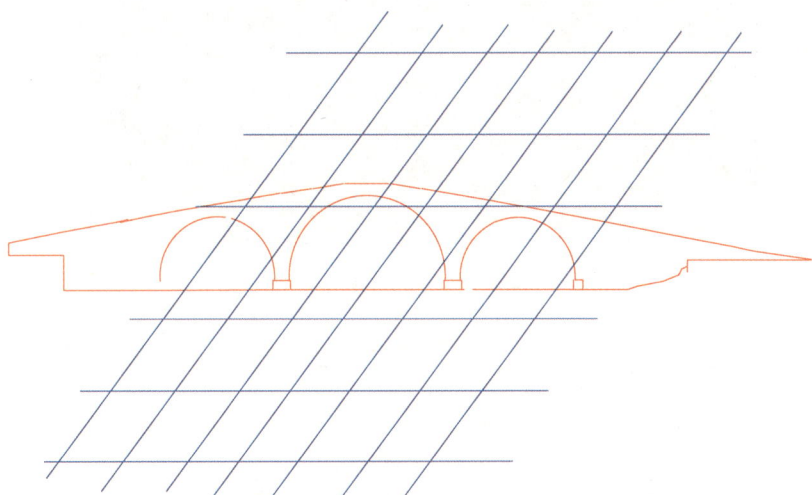

图 9.4.28　河底底质及障碍物侧扫声呐测线布置示意

（3）水下基础外观摄像检查

由潜水员携带浑水摄像机，对两桥墩和两桥台露出水底的条石基础、木桩基础进行摄像检查。

（4）桥基地质钻探

在每个桥墩和桥台两侧各布置 2 个钻孔，共布置 16 个钻孔，钻孔布置在距离桥基 1 米处（避免对基础损伤）。每个钻孔深度暂定 12 米（钻孔深度应超过木桩深度），钻孔深度共计 96 米。所布置的钻孔除用于了解桥基地质情况外，还要用于声波 CT 检测，故在钻孔成孔后放置 PVC（聚氯乙烯）护管，护管高出水位 50 厘米，露出河底部分并用钢套管保护。钻孔布置根据声波 CT 检测需要。

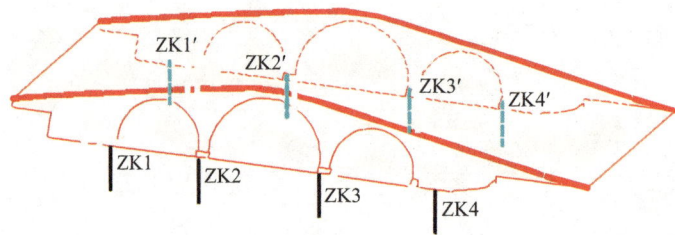

图 9.4.29　声波 CT 孔位置分布示意

（5）桥基木桩声波 CT 检测

利用 8 个桥基地质钻孔进行跨孔声波 CT 检测，每个桥墩或桥台的 2 个钻孔可组成 2 个声波 CT 检测断面，共布置 4 个声波 CT 检测断面。

声波 CT 检测时，发射和接收点间距均为 0.2 米，每组声波 CT 检测断面布置 800 条射线，4 组断面共布置 3200 条射线。

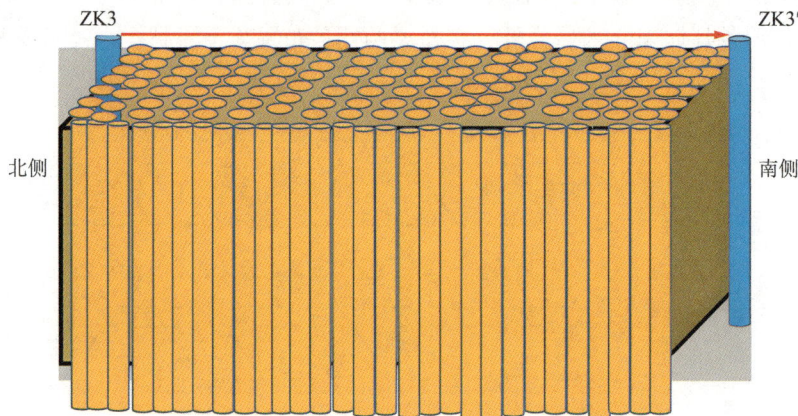

图 9.4.30　桥基木桩声波 CT 检测断面布置示意

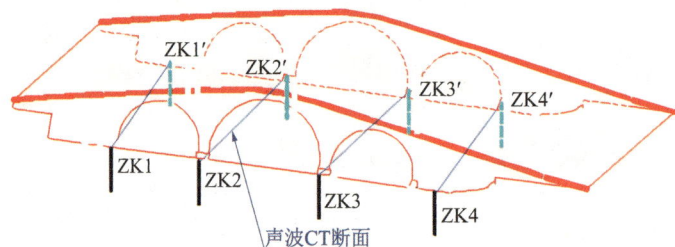

图 9.4.31　桥基木桩声波 CT 检测断面布置示意

3.检测成果及分析

（1）水下基础外观检查

拱宸桥水下基础外观检查采用多波束、侧扫声纳、水下摄像及三维全景声纳扫描成像等多种方法，其中三维全景声纳扫描成像能直观展现拱宸桥水下基础的全貌及细部结构，并有效监测水下基础附着物和水生物的覆盖情况。检测期间河道水位高程为 12.5 米左右。

图 9.4.32　拱宸桥全貌图（西—东）

（2）水下基础全貌

根据拱宸桥水下基础三维全景声呐扫描成像成果，可直观显现拱宸桥水下基础的全貌及细部结构，其中中孔水深较深（4.5 米），西侧边孔水深较浅（3 米），东侧边孔水深最浅（2.6 米）。

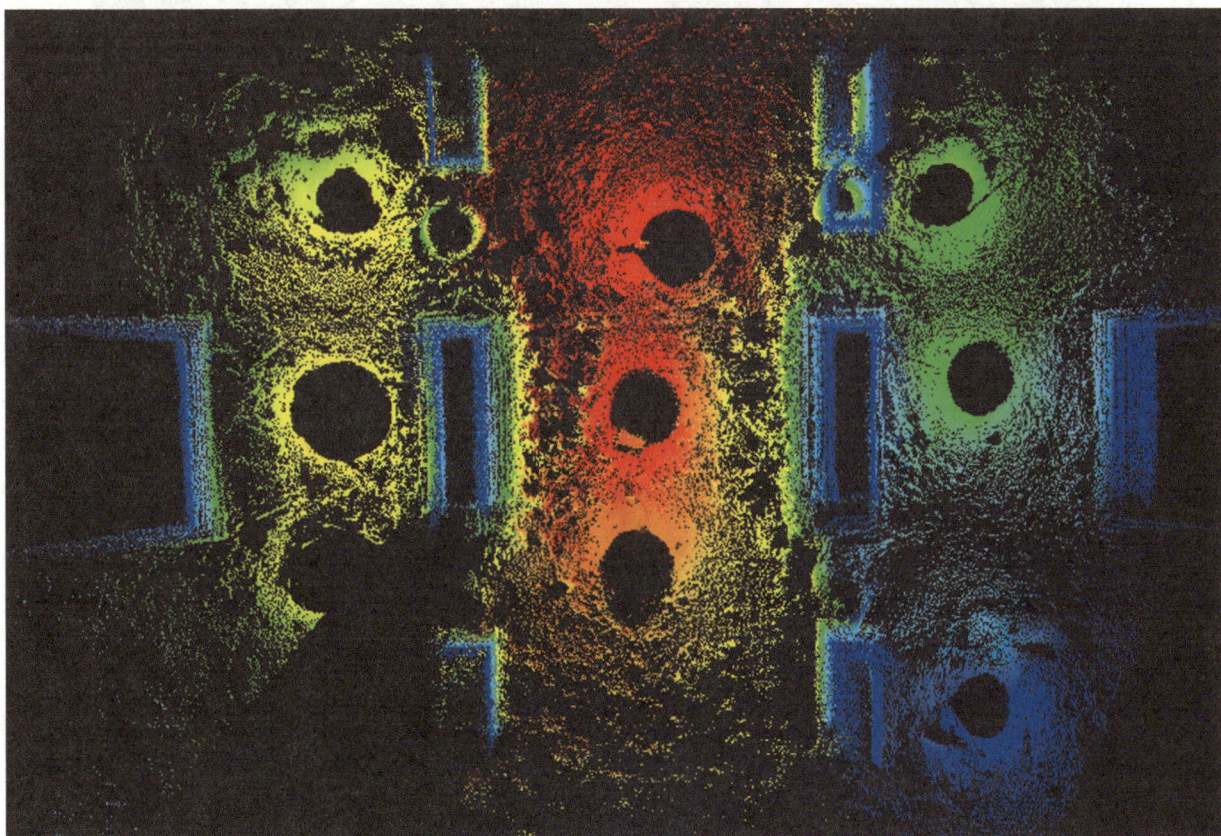

图 9.4.33　拱宸桥水下基础俯视全貌图（西—东）

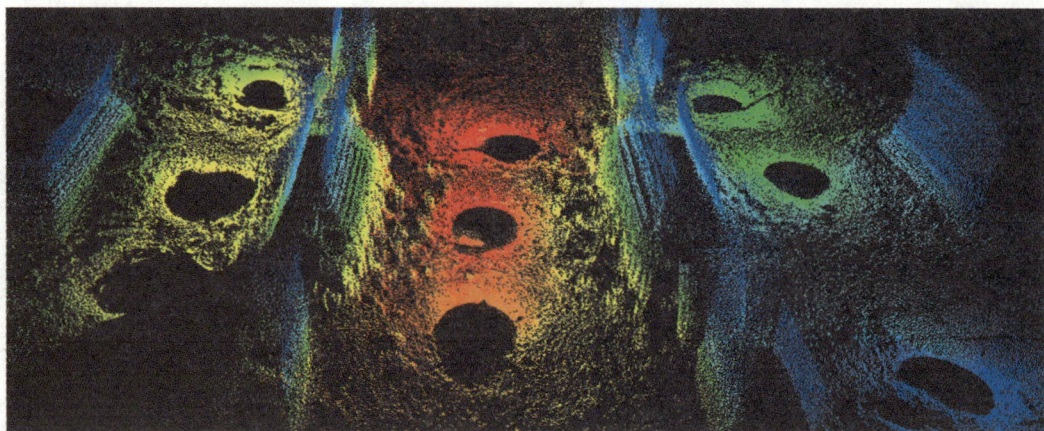
图 9.4.34　拱宸桥水下基础南侧斜俯视全貌图（西—东）

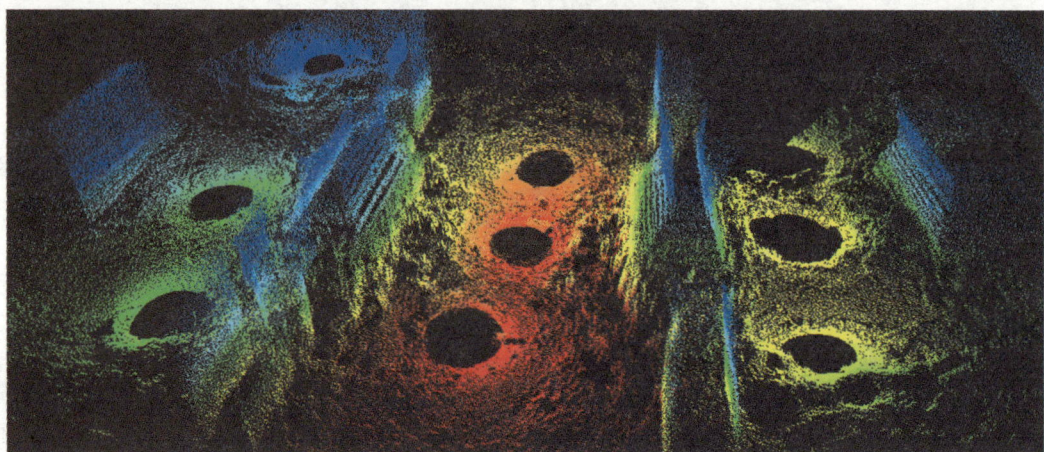
图 9.4.35　拱宸桥水下基础北侧斜俯视全貌图（东—西）

（3）东桥台水下基础

东桥台水下基础为条石扩大基础，可见 5 层条石，底部露出河底宽度约 9 米，上部宽度约 7.8 米，露出的条石基础基本完整，未见明显缺损；底部未见木桩露出。上部四层砌体表面平整，砌缝基本整齐、平顺；但最底层砌体表面有凹凸，砌缝不平顺，靠南侧局部缺损，缺损范围约长 3.8 米 × 宽 0.22 米。

图 9.4.36　东桥台水下基础桥洞侧平视图（从西向东平视，北—南）

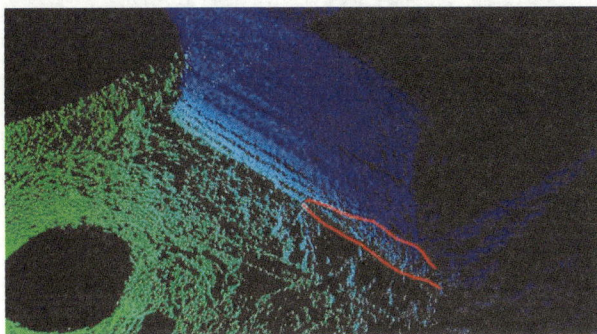

图 9.4.37　东桥台水下基础西南角斜视图（北—南）

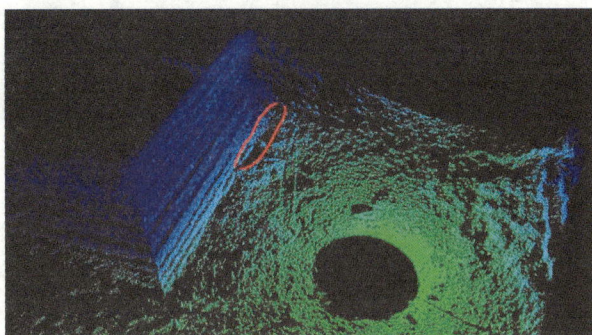

图 9.4.38　东桥台水下基础西北角斜视图

（4）东桥墩水下基础

东桥墩水下基础为条石扩大基础，底部露出基础尺寸约 10.0 米×4.3 米，上部基础尺寸约 7.8 米×2.3 米，露出的条石基础基本完整。

桥墩东侧（边孔侧）可见 5 层条石，其中上部 3 层砌筑表面较平整，砌缝基本整齐、平顺；下部 2 层砌筑表面不平整，砌缝不平顺，局部错断；底部未见木桩露出。桥墩西侧（中孔侧）可见 6 层条石基础，砌筑总体平整，砌缝基本整齐、平顺；条石基础底部可见木桩基础，木桩基础两端超出条石基础长约 60 厘米、宽约 40 厘米，木桩基础边缘不整齐，露出高低不一，最高约 1.5 米；河底有零星木桩桩头露出，桩头最大露出高度约 50 厘米。桥墩西南角条石基础明显被船撞缺损，缺损范围约 2.5 米×2.2 米。

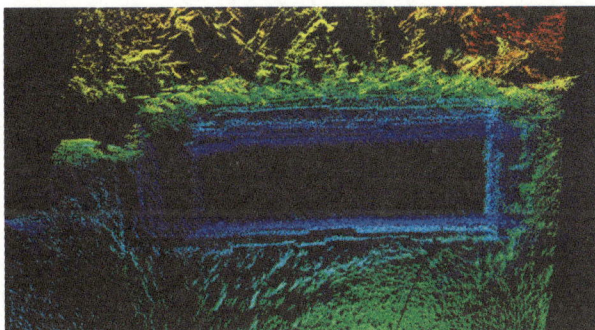

图 9.4.39　东桥墩水下基础俯视图（南—北）

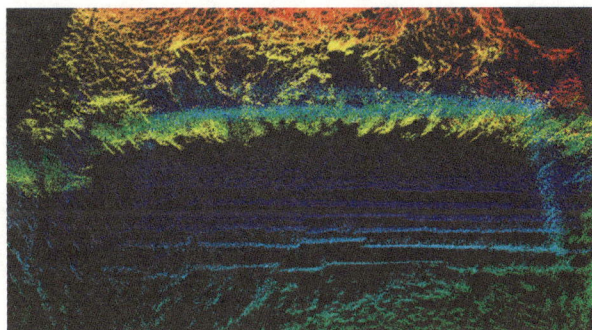

图 9.4.40　东桥墩东侧水下基础斜俯视图（南—北）

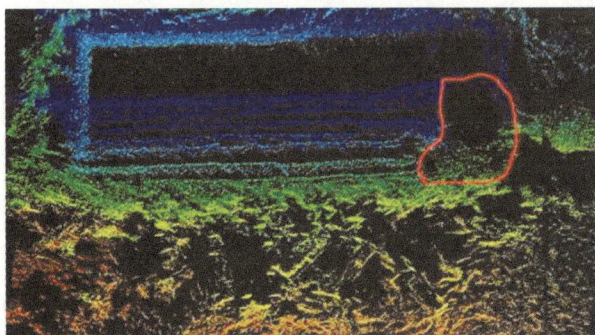

图 9.4.41　东桥墩西侧水下基础斜俯视图（北—南）

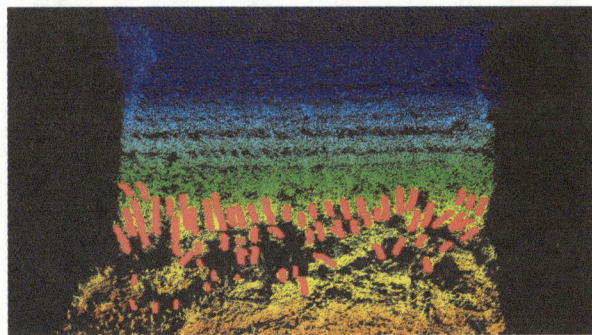

图 9.4.42　东桥墩西侧水下基础平视图（北—南）

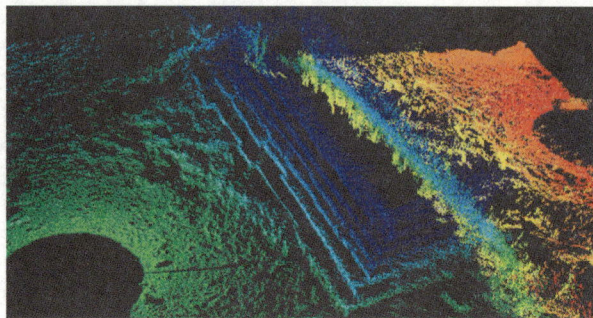

图 9.4.43 东桥墩水下基础东北角斜视图

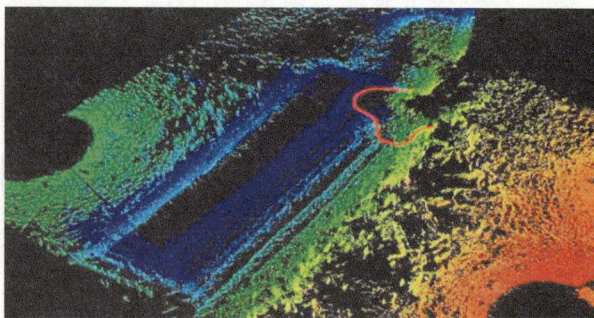

图 9.4.44 东桥墩水下基础西北角斜视图

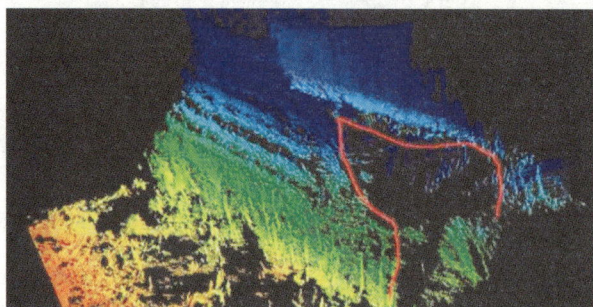

图 9.4.45 东桥墩水下基础西南角斜视图

图 9.4.46 东桥墩水下基础东南角斜视图

（5）西桥墩水下基础

西桥墩水下基础为条石扩大基础，底部露出河底基础尺寸约 10.0 米 × 4.3 米，上部基础尺寸约 7.8 米 × 2.5 米，露出的条石基础基本完整。

桥墩东侧（中孔侧）可见 6 层条石，其中上部 5 层砌筑表面较平整，砌缝基本整齐、平顺；最底层砌筑表面不平整，砌缝不平顺；条石基础底部可见木桩基础，木桩基础两端超出条石基础长约 60 厘米、宽约 40 厘米，木桩基础边缘不整齐，露出高低不一，最高约 1.5 米；桥墩附近河床有零星木桩桩头露出河底，桩头最大露出高度约 50 厘米。

桥墩西侧（边孔侧）可见 5 层条石基础，其中上部 4 层砌筑表面较平整，砌缝基本整齐、平顺，但第 3 层中部缺损一块条石长约 1 米；最底层条石已扭曲，中部错断，靠南端约 2.5 米基本塌陷；条石基础底部未见木桩基础，但桥墩附近河床可见有零星木桩桩头露出河底，桩头最大露出高度约 20 厘米。

图 9.4.47 西桥墩水下基础俯视全貌图（北—南）

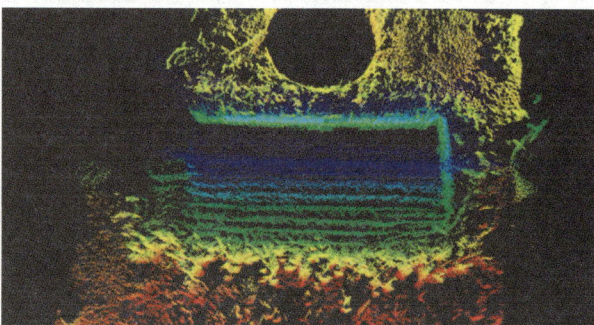

图 9.4.48 西桥墩东侧水下基础俯视图（南—北）

图 9.4.49　西桥墩西侧水下基础俯视图（北—南）

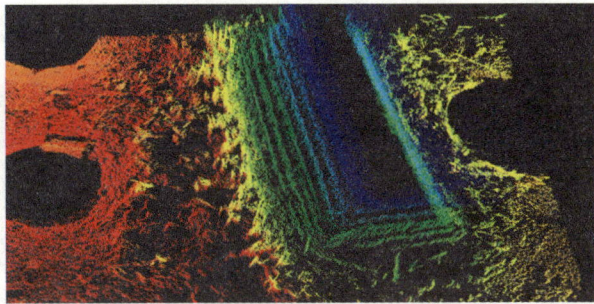

图 9.4.50　西桥墩水下基础东北角斜视图

图 9.4.51　西桥墩水下基础西北角斜视图

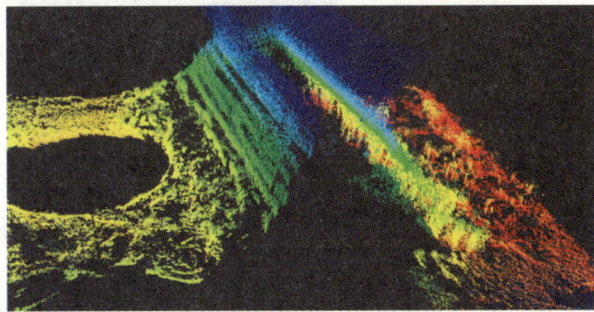

图 9.4.52　西桥墩水下基础西南角斜视图

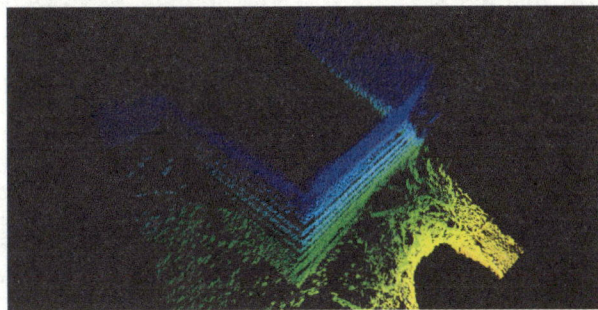

图 9.4.53　西桥墩水下基础东南角斜视图

（6）西桥台水下基础

西桥台水下基础为条石扩大基础，桥台东侧可见 8 层条石，上部宽度约 7.8 米，底部露出宽度约 9 米；其中上部 6 层砌体表面平整，砌缝基本整齐、平顺；底部 2 层砌体表面不平整，砌缝不平顺，靠北侧约 3.5 米段局部有坍塌。底部未见木桩露出。

图 9.4.54　西桥台水下基础斜平视图（南—北）

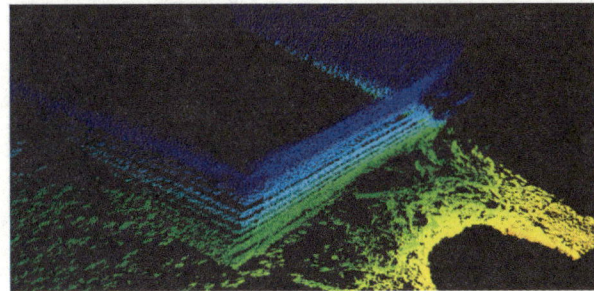

图 9.4.55　西桥台水下基础东南角斜视图

图 9.4.56　西桥台水下基础东北角斜视图

（7）木桩基础

通过水下三维声呐扫描和水下摄像，在中孔侧可见东西桥墩条石基础底部有木桩基础，木桩基础两端超出条石基础长约 60 厘米、宽约 40 厘米。木桩基础边缘不整齐，靠外侧的部分木桩歪斜，每排可见约 30 根，间距约 30～40 厘米。木桩露出高度不一，最高约 1.5 米。水下摄像发现表面有附着物和水生物，刷去表面附着物后测量木桩顶端直径约 10～30 厘米。

另外，在中孔靠近东西桥墩的河床有零星木桩桩头露出，桩头最大露出高度约 50 厘米，部分桩头歪斜。

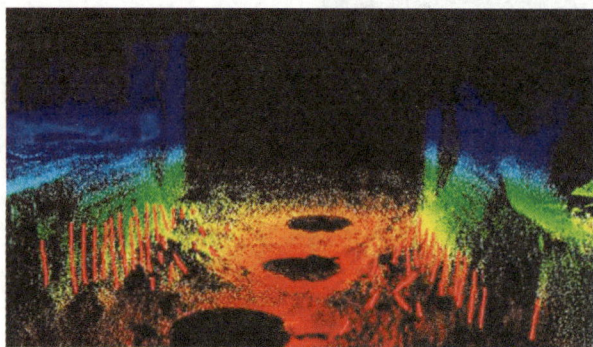

图 9.4.57　中孔东西桥墩木桩基础及河床桩头露出图

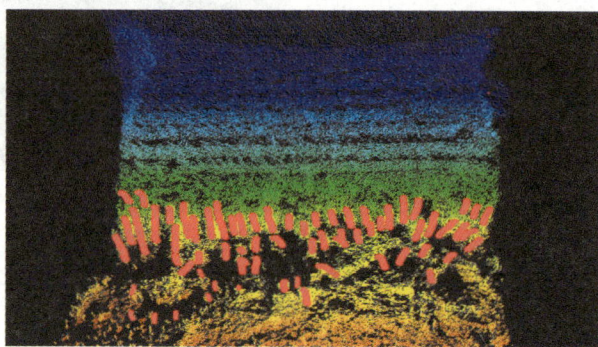

图 9.4.58　中孔靠东桥墩侧木桩基础露出图

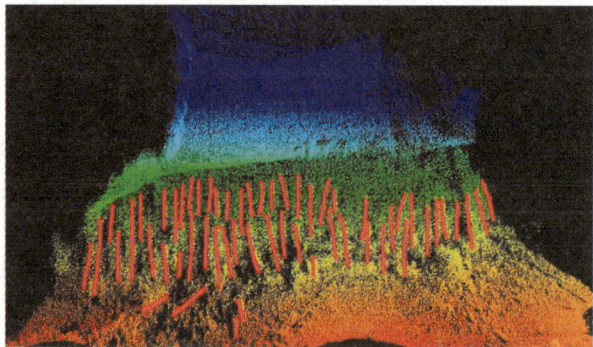

图 9.4.59　中孔靠西桥墩木桩基础露出图

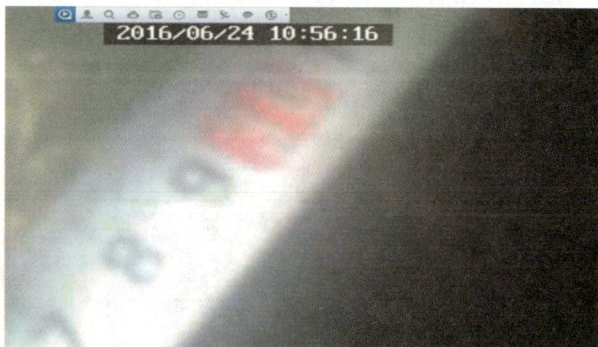

图 9.4.60　中孔水下露出部分木桩桩头摄像截图

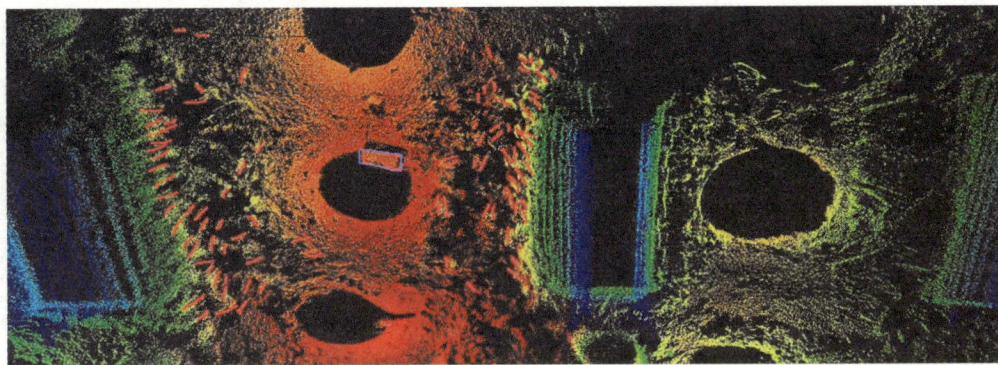

图 9.4.61　中孔河床木桩桩头露出图

（8）木桩深度

采用声波 CT 和声波水平同步对穿法检测木桩深度，分析木桩入土深度 6～10 米不等。

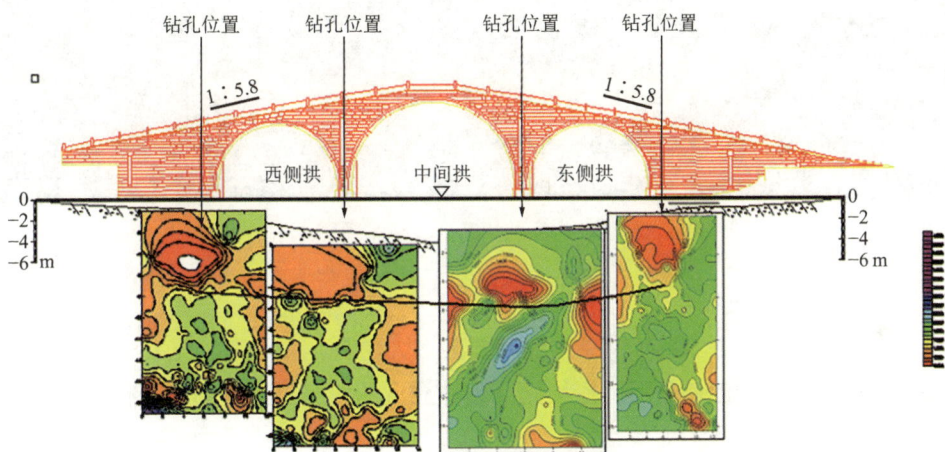

图 9.4.62　声波 CT 检测成果图

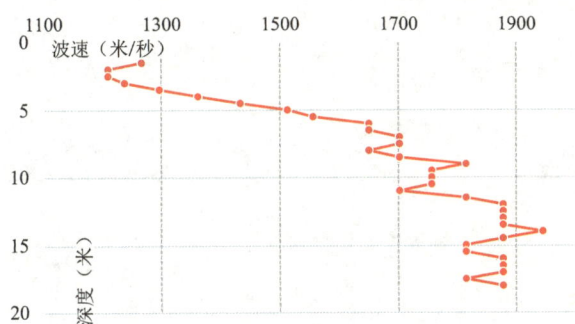

图 9.4.63　声波水平同步检测成果图（一）

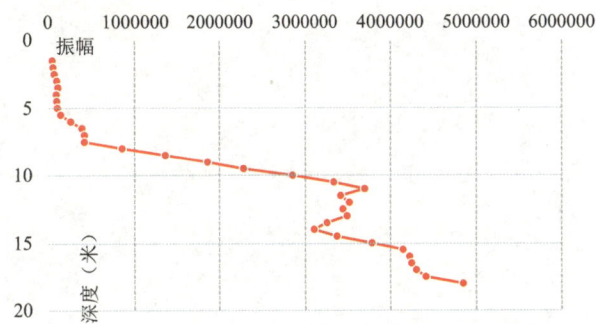

图 9.4.64　声波水平同步检测成果图（二）

（9）桥底河床检查

拱宸桥桥底河床呈凹槽形态，中孔河床最低高程为 8 米，东边孔河床最低高程为 9.9 米，西边孔河床最低高程为 9.5 米，中孔河床低于东西两侧边孔分别为 1.9 米和 1.5 米。中孔河床呈深槽形态，分析为船只行驶导致河床冲刷和船底刮擦所致。

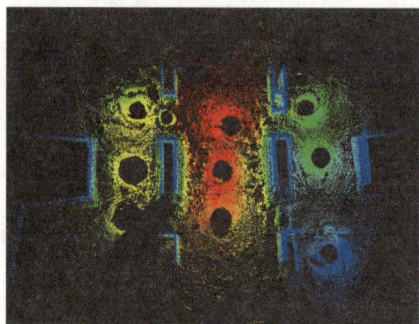

图 9.4.65　拱宸桥桥底河床俯视图（西—东）

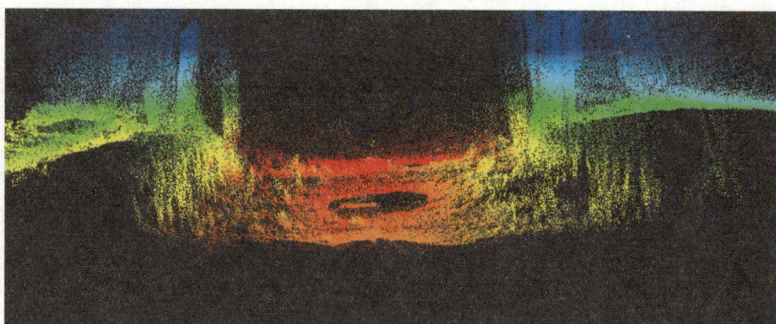

图 9.4.66　拱宸桥桥底河床断面南侧平视图（西—东）

图 9.4.67　拱宸桥桥底河床断面北侧平视图（东—西）

　　桥底河床上可见零星块石分布，其中在中孔底部有一大块石，尺寸约为长 1.7 米 × 宽 0.7 米 × 高 0.6 米。另外，潜水员在西桥墩的西南角河底探摸到一艘铁质沉船，露出长度约 1.7 米。

图 9.4.68　中孔河床大块石及露出桩头图

（10）两侧河道

在拱宸桥上下游两侧 100 米范围内河床底质为淤泥，河床基本平顺，最低处河床高程约为 8 米。河底零星散布块石及杂物，上下游河底未再见到沉船等大体积障碍物。在拱宸桥南北侧 23 米、33 米处切取断面，4 个断面的河床低点高程范围为 8.05～8.4 米，按检测时河水位高程 12.5 米计算，4 个断面的最大水深约为 4.1～4.5 米。

图 9.4.69　拱宸桥桥底及两侧河道侧扫影像图

9.4.6　检测评价

本次检测应用无损检测技术，对拱宸桥进行详细的水下基础检测，包括多波束测深仪测量河底地形、侧扫声呐仪结合多波束测深分析水下基础冲刷情况、水下三维声呐成像检测水下基础、声波 CT 检测及桥基声波水平同步对穿检测木桩的深度及分布情况等工作。检测结果表明，运用无损检测技术对水下基础进行检测，极大提高了工作效率，更精准地获取了水下基础的损坏情况，为后期桥梁加固养护提供了重要依据。

基于本次检查所获得的结果，初步推测认为拱宸桥桥底原为满堂木桩基础，中孔河底上部木桩系被河流冲刷和船底刮擦侵蚀所损毁。

大吨位船只吃水深，船体底部对河底经常造成冲刷和刮擦，导致中孔河床凹陷并不断侵蚀河床底部木桩和东西桥墩边缘木桩，严重损伤桥墩木桩基础并影响其上部条石基础的稳定。

中孔形成深槽，明显低于两侧边孔河床，中孔侧木桩陡立 2 米高度，在数百吨的竖向荷载和因河床高差导致的侧向压力作用下极易造成桥墩木桩基础的整体失稳，严重威胁拱宸桥的安全。

东西桥墩的条石基础因船撞受损明显，桥墩、桥台底部条石局部有坍塌、缺损，已影响条石基础的整体稳定。建议尽快对水下条石基础进行加固修复并封闭露出在外的木桩，及早清理。

9.5　上海外白渡桥保护修缮

由于受自然环境、荷载等因素的作用，作为全国重点文物保护单位的上海外白渡桥上部结构受侵蚀影响较为严重，加之结构的自然退化，所以从结构安全性及可靠性的角度出发，如要继续使用该桥，必须对检测发现的结构病害加以整治。

2007 年，同济大学桥梁工程系对外白渡桥墩台混凝土质量进行了外观、碳化深度测试、回弹测试、钻芯法测试 4 个方面的检测，结果显示墩台已经老化，碳化深度达 15 毫米，混凝土强度在较低的 8～28 兆帕。

根据外滩通道工程的线位布置，主线大直径土压平衡盾构将在外白渡桥下实施推进。圆形隧道衬砌外径 13.95 米，内径 13.8 米，盾构顶距基础桩底约 1.5 米。

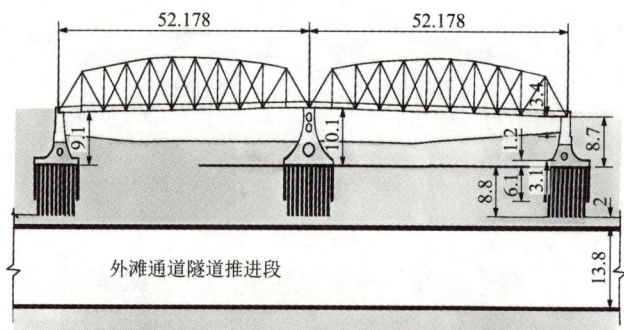

图 9.5.1 外滩白渡桥通道工程（单位：m）

由于盾构顶部离外白渡桥桥墩木桩桩底较近，且盾构中心线与原桥梁中心线在平面上存在较大偏离；桥梁结构使用逾百年，已处于超期服役状态，盾构推进将对外白渡桥的正常使用带来安全隐患，所以必须对杆件进行加固。

由此提出，必须提高下部桥基墩台钢筋混凝土结构强度。同时确保相邻隧道施工时，排除盾构穿越外白渡桥桩基础的安全隐患。

9.5.1　保护修缮的要求

外白渡桥大修分为下部结构重建和上部结构大修两部分。

下部结构重建的目的是改善老桥墩的基础及承台结构形式，并且要求桥墩台外部形态"修旧如旧、最小干预"，维持原有的历史风貌。

上部钢桁架部分则是在"修旧如旧"的前提下，保持原有结构形式不变，重点是采用传统工艺对锈蚀严重部位进行加固或更换。

外白渡桥修缮回归原位后，外滩通道超大直径泥水平衡盾构将自北向南依次从 3 个桥墩台下穿越，穿越过程中，盾构机与新建桥梁桩基础基本上是擦肩而过，最小距离不足 1 米。

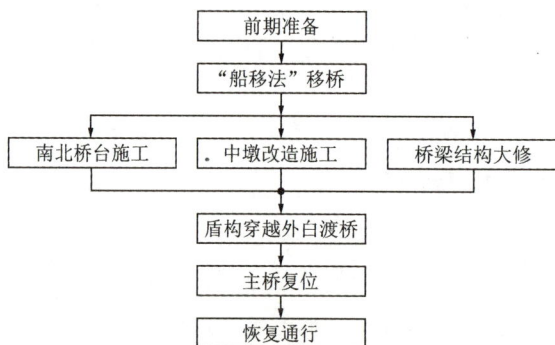

图 9.5.2　外白渡桥大修流程

外白渡桥位于苏州河上。河宽约为 100 米，周边环境复杂，两岸历史保护建筑众多，且控制沉降要求较高。实测陆域地面标高在 2.63～4.26 米之间；水下地形略有变化，河床断面基本呈"U"

字形，实测河床标高为 −2.69～1.51 米；水位受长江口潮汐影响，常水位约为 2.5 米，水深约为 4 米。本河段的主要动力因素为落潮流。黄浦江潮型呈非正规半日潮，并受潮汐影响，具有一定的潮汐动态特征。

黄浦公园水文站潮位特征值

表 9.5.1

特征潮位	历年最高潮位	历年最低潮位	平均高潮位	平均低潮位	历年潮差平均值
数值（米）	5.74 （1997.8.19）	0.24 （1914.1.1）	3.12	1.29	1.83

9.5.2　保护修缮面临的难点

施工工艺复杂繁多，包括水上作业、航运、吊装、钢结构、铆接、围堰、钢壳沉井和清障等。能否合理安排各个工艺之间的施工顺序与流程，做到环环相扣，互不影响，是确保整个工程顺利进行的关键。

外白渡桥作为文物建筑和上海市的标志性建筑之一，社会各方面都给予了高度关注。同时，工程牵涉面又相当广，对外协调与组织能力都要求较高。

9.5.3　下部结构桥墩台重建

下部结构重建保护，利用全回转清障、贝诺特灌注桩、钢壳沉井等新技术、新方法来改善老桥墩的桩基础及承台的结构形式，以提高桥墩台的安全承载能力和保证附近隧道盾构施工的技术要求。为了保持 3 个桥墩台外部形态，采用原有材料进行花岗石贴面，维持原有的历史风貌。

1. 南北桥台原址重建

新北桥台在原位处复建，在隧道两侧各新设 6 根准 1.2 米钻孔灌注桩，桩侧距隧道边控制在 0.5 米以上距离，并在桩顶上设置两个 2 米厚托换桩基承台，在两承台间设置板式墩和台身及翼墙。南桥台在老桥台原位处复建，由于盾构隧道位于墩台东侧，在隧道两侧各设 4 根和 8 根准 1.2 米钻孔灌注桩，桩侧距隧道边控制在 0.5 米以上距离，在桩顶上设置两道 2 米厚预应力混凝土转换大梁，并在梁上设置新建南桥台，原台身及翼墙处设置新台身及翼墙。新墩身的外形风格同老墩身保持一致。

2. 中墩原址重建

外滩隧道通道盾构施工中心线距离中墩中心线 1.077 米，盾构位置相对桥台偏向东侧，盾构顶距离原中墩小木方桩桩底 1.5 米。新中墩在隧道两侧各新设 6 根准 1.2 米钻孔灌注桩，桩侧距隧道边控制在 0.5 米以上距离，并在桩顶上新建中墩。新墩身采用预应力钢筋混凝土结构，新墩身的外形风格同老墩身保持一致。

9.5.4　上部结构钢桁架大修

1. 上部钢桁架整体位移

首先对钢桁架利用"船移法"，将其与下部结构进行脱离。"船移法"就是利用涨潮提供的浮力，通过设置在桥下有固定胎架的驳船，随潮位的上升将桥体缓慢托起，必要时排除驳船自身的压载水来调整水位和水平度，直至脱离桥墩；然后，由拖船将驳船拖至民生路码头维修厂，由 1000 吨浮吊将桥体吊起，放置在修桥场地的胎架之上进行维修施工。

钢桁架维修完工经检查评估合格后，位移至原有桥墩台之上，与下部结构进行完整复位。复位时，先使用 1000 吨浮吊将桥吊到驳船的胎架上，再将驳船拖至原桥安装位置，利用退潮时的潮位差，将桥体随潮位缓慢下降，必要时增添驳船自身的压载水来调整驳船的水平度，使桥梁处于所需的角度直至桥体正确安放在桥墩之上后固定。

为保证移桥过程中桥梁结构安全，采用南北跨分两次进行驳船浮运，先移除南跨，再移除北跨。南北跨位移与修复的原理基本一致，仅工况条件略作变化，本节以南跨桥梁移位细作阐述。南跨桥梁结构重量为 850 吨，凿除桥面混凝土后钢结构总重 570 吨。

（1）进行实地勘测，掌握水域、水文、桥体结构、桥墩与桥体的连接方式、带缆固锚的位置等，为驳船进出方位等作好技术准备，并对航道进行交通管制。

（2）设计和制造顶升、限位板和吊运桥体的工装设备，并进行强度校核。为保证桥梁在顶升、吊装过程中不发生结构变形，对钢架临时设置加固剪刀撑。

（3）通过试验对驳船的排水量进行复核与测算，将顶升胎架和限位板等安装在驳船上，并安放卷扬机。

（4）用千斤顶等将桥体顶升，解除支座，并设置假轴固定。

（5）在顶升的当天，驳船基本到位后，关闭吴淞路闸桥门，控制苏州河水流对驳船定位的影响。

（6）在平潮流时将驳船拖至外白渡桥前，依靠拖船将驳船进行水平转向，直至船体长度方向与桥体一致，然后依靠 2 只拖船的纵横向牵引作用，将驳船拖至桥下。驳船抛锚固定，解除拖船，通过 4 只卷扬机对驳船的位置进行微调，使得胎架顶部的限位板能与桥体主梁对齐，然后等待黄浦江涨潮，并保持桥体和驳船上的定位基准线对准。在等待期间，解除设置的假轴。

（7）涨潮期间，当驳船上浮至胎架顶面的限位板与桥体主梁相贴时，限位板与主梁外侧焊接固定角钢。

（8）利用涨潮浮力，在桥体被顶起 1 米时，排出驳船内的压水，增加对桥体上顶的速度。平潮流至涨潮流最高点大约历时 4 小时，最高涨潮可达 4 米。桥体被顶高至 1.4 米左右时，桥体已脱离桥墩，为了驳船转向行驶方便，顶升高度要求达到 1.7 米。

（9）卷扬机收锚，2 只驳船再次就位，将南跨桥体向南移位约 4 米（离开北侧桥体），再向东移位 15 米左右（与老桥墩位置脱开），最后在 2 只拖船的拖拉作用下逐渐转向，行驶至黄浦江，最后驶至民生路码头。

2. 钢桁架保护

（1）检测：为了彻底摸清钢桁架的病害情况，在钢桁架移至码头维修厂后进行详细的检测，主要包括材料性能试验、损伤探测。损伤探测分为三部分进行，即桥上主桁、桥下构件和上平联。锈蚀与疲劳是控制外白渡桥剩余寿命的两大因素。通过对全桥病害的详细检测，发现外白渡桥主要病害为锈蚀，其中严重锈蚀发生在下弦节点附近，造成杆件截面锈损、缀条锈断、板间锈胀；桥上杆件或上平联只在易积水积尘的板缝间，如缀条、角钢相夹处才有局部锈蚀出现，桥面钢盆板已有麻坑和渗水积泥，说明混凝土板已碎裂；其他病害还有船撞造成下弦角钢与缀条变形，少量铆钉缺失。

（2）除锈与探伤：检测完毕后，对两片主桁及上平联进行 100% 抛丸除锈，对所有杆件及连接进行检测及评定，有缺陷的可疑部分进行探伤。

（3）更换部分部件：拆除桥面纵横梁格系，更换下弦杆锈损缀板与缀条；安装新制作的盆式桥面板。更换部分锈蚀严重的腹杆、缀板与缀条，更换锈蚀或松动的铆钉，矫正与更换变形杆件等。杆件锈蚀凹陷部分采用对接焊缝法处理，对接焊缝 100% 拍片检验；整修后的杆件都进行喷砂处理。

（4）涂装：整修和除锈完成后，对所有钢构件进行喷锌处理，并重新涂装。

（5）铆接：根据"修旧如旧"的原则，所有钢结构的连接全部采用铆接工艺，铆接分为冷铆与热铆。在常温状态下的铆接称为冷铆，将铆钉预先加热后的铆接称为热铆。热铆优点是铆头成型比较容易，可避免铆头材料脆化的不良结果发生，并且铆钉冷却时钉杆收缩产生极大的压力，使得构件互相紧压，摩擦力增加，可防止滑动，适用于直径较大的钢铆钉。现全部采用热铆铆接工艺，大修中调换的铆钉达 6.2 万个。加热温度为 1000~1100℃，铆钉的终铆温度为 450~600℃。铆接工艺流程：构件紧固→修孔（铰孔）→铆钉加热→接钉与穿钉→顶钉→铆接；铆接班组人员由负责加热、传递、接钉穿钉、顶钉、铆接等工序员工组成。

9.5.5　防汛墙改造

这次外白渡桥大修时，对相邻的东西段 120 米防汛墙进行了同步改造。东段改建防汛墙介于黄浦公园亲水平台及老墩身之间，采用前板桩后钻孔桩的高桩承台，由全回转全套筒钻孔桩机施工；西段前排桩采用 0.3 米厚预制板桩，后排桩同东段采用钻孔桩机施工，在桩台上修筑直立式钢筋混凝土"L"形防汛墙。

9.5.6　总结

2009 年 4 月 10 日，外白渡桥恢复交通。大修后的外白渡桥充分体现了"修旧如旧、最小干预"的原则，并且在局部细节上还原了外白渡桥的历史原貌；盾构推进结束后，大部分观测点的位移值均在 ±6mm 内，对桥梁的影响微乎其微，在恢复通车的前夕，荷载试验的结果也表明外白渡桥在结构方面完全满足要求。外白渡桥不仅造型极具美感，而且历史悠久，所沉淀的文化意义深刻。它既是上海现代发展历史的见证，又是国际大都市魔都新上海外滩旅游景观的一个不可或缺的组成部分，具有城市桥梁、历史、景观和文化四位一体的功能和地位。外白渡桥这一重要文物的成功保护，为同类型的文物保护提供了非常有效、可以借鉴的经验。

9.6　宁波灵桥保护修缮

在 2007 年下半年的一个早晨，宁波市政府外事办公室工作人员曹盛收到一封来自德国西门子公司的邮件，在那封用中英文书写的信中，西门子公司礼貌地提醒宁波市市政府：宁波灵桥 70 年的使用寿命已经到了，应该对其进行精心的保护和必要的维护。众所周知，这座老桥由德国西门子公司建造于 70 年前，但是令我们倍感意外的是西门子公司竟然一直关注着它。也许正是因为这种责任感使得西门子公司能够在产品上赢得高品质声誉。数十年来，宁波灵桥不仅是宁波的城市交通命脉，而且也是宁波精神的体现。

9.6.1　启动大修

1951 年、1958 年灵桥曾进行过全面大修。1994 年灵桥再次大修，路面由混凝土改为沥青，桥面拓宽至 24.4 米。2003 年 11 月，灵桥又一次大修，桥面铺装采用了新型优质材料。2006 年，灵桥已达设计使用期限，经检测桥况仍然良好。2011 年 11 月，一艘打桩船交会避让来船时冲撞灵桥卡在桥下，后经检测桥梁安全状况评估为 D 级，属不合格。2012 年 1 月，宁波市政府决定对灵桥限载通行，9 月灵桥再次封桥大修。然而，既是省级文物，又是交通要道，大桥的维修保护必须符合"文物修缮"要求，以至于修缮方案经过多次论证完善，于 2013 年 9 月正式启动修缮施工。

（1）纵梁裂缝

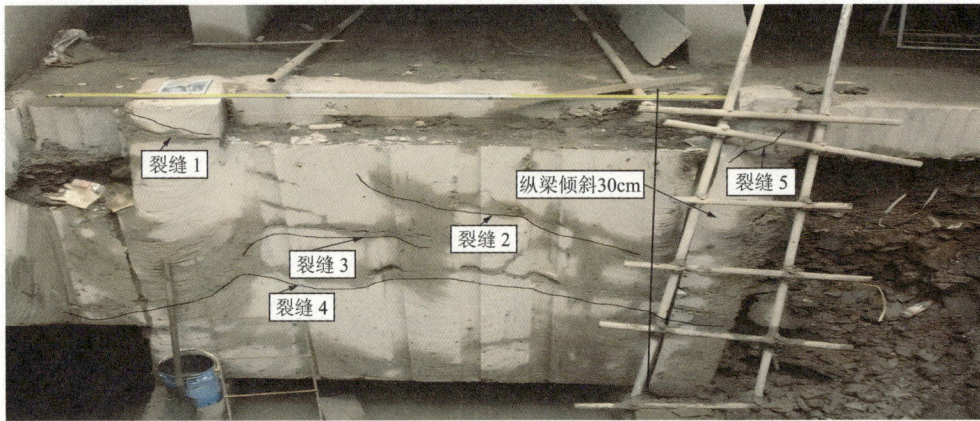

图 9.6.1 纵梁裂缝（一）

图 9.6.2 纵梁裂缝（二）

图 9.6.3 纵梁裂缝（三）

（2）拱肋内部锈蚀

图 9.6.4　拱肋内部锈蚀

（3）托架焊缝和锈蚀

图 9.6.5　托架焊缝和锈蚀（一）

图 9.6.6　托架焊缝和锈蚀（二）

图 9.6.7　托架焊缝和锈蚀（三）

为兼顾灵桥的交通功能与文物价值，在本次大修工程中，建设单位既对灵桥结构进行了维修加固，又最大限度地保护了其文物价值。

9.6.2　拆除旧桥

1. 桥面板拆除

图 9.6.8　桥面板拆除

2. 横梁拆除

图 9.6.9　横梁拆除

3. 拱肋拆除

图 9.6.10　拱肋拆除

9.6.3　确定修缮方案

坚持"原地维修、最小干预"的修缮原则，要求灵桥结构体系不变，构件形状不变，桥体风貌不变，并要确保桥梁牢固安全，确保功能全面，确保桥梁文物价值。修缮初步设计由同济大学建筑设计院完成。

1. 通过加强结构构件，提高基础承载能力

加固灵桥，能修补的要修补好，需要更换的构件要进行完整尺寸的构件更换。之前发现的拱脚积水问题，将在大修后完全解决。

2. 扶正发生横向偏斜的拱肋

桥东北侧拱肋因为当年战争时的炮弹轰炸，歪斜了，而且现在横向偏斜的速度似乎正在加速。为了避免发生类似比萨斜塔这样的情况，必须扶正倾斜的拱肋。

3. 为了提高通行能力，将桥面两侧各增宽1米

既有灵桥是经过1994年拓宽改造过的。最早的灵桥，是没有非机动车道的。本次修缮计划是把现在6米多宽的非机动车道，隔出3.75米宽，作为一个快速机动车道，余下的2米多加上外扩的1米，继续作为行人及非机动车道。

（1）灵桥将从现在的双向四车道，变成双向六车道。

（2）加固桥梁基础。

（3）加固现在灵桥的结构组件，其中包括桥基部分，这样可以提供更稳定的支撑力。

（4）增设防撞设施，确保修缮后的灵桥免遭航行舟船撞击。

现在奉化江上灵桥的两侧，各有一对相应航标，规定了舟船只能从灵桥桥拱的最高处航标规定的航道中间通过，这样避免了船只撞到灵桥上。

（这次灵桥出现问题，是在2011年11月，一艘上虞籍打桩船偏离航道，猛烈冲撞后卡在桥下，而且还强行从桥底拖拽，从而引发桥基伤害。）

（5）灵桥靠海曙一侧将挖掘一条人行地道。人行地道将连接江厦公园和濠河公园。地道竣工后，行人可以从地道往来两公园之间。

（6）桥梁健康监测系统和照明工程也在大修范围之内。

（7）建设临时便桥保证交通。

灵桥便桥是替代灵桥大修时候的交通通道。位置在灵桥的南侧，海曙端在宁波日报社的东面，连接药行街；江东端在江东南路上，连接百丈路。

对便桥的交通组织，由交警部门作出规定：禁止黄牌照大车通行，限高2.6米，小型车辆仍然按照单双号通行。等便桥建成后，再根据现场实际道路条件和通行流量进行调控。

（8）设置信号灯，有必要的话再增设交通信号辅灯。

按照修缮原则，灵桥修正后的外观风貌没有改变，原结构件恢复使用率超过80%。战争中虽受损但仍可用的构件依旧保留在桥身。现桥上弹痕仍清晰可见，显示了战争的历史痕迹。

此次对灵桥修缮工程还增设了水上防撞设施。通过修缮，将使灵桥的使用寿命延长40年。灵桥夜景亮化用的是全新的LED景观灯，能变幻出五颜六色的灯光，让夜晚的灵桥显得更美。

9.6.4 工程竣工

2016年7月28日，历经3年的灵桥修缮工程终于结束，通过验收，工程竣工。

灵桥见证着宁波城市的变迁，继续承载宁波的城市历史和其所承载的桥梁文化，更承担着极大的交通流量和城市交通功能。

图 9.6.11　宁波灵桥

第 **10** 章

附 录

10.1 中国近代著名桥梁

中国古代桥梁的辉煌成就举世瞩目，曾在东西方桥梁发展史中占有崇高的地位，为世人所公认。但是自从鸦片战争开始到新中国成立的近代，我国处在内外交困的环境中，这一阶段我国的大型桥梁绝大多数都是外国人所设计和建造，自主发展几乎停滞，远远落后于西方社会。新中国成立以来特别是改革开放以来，随着我国公路交通、水上航运和城镇建设迅速发展，桥梁建设得到了飞跃发展，它已不再局限于河流之上，山区大峡谷、城市立体交通以及岛陆连接都开始修建桥梁，对桥梁的技术发展和外形美观也提出了更高的要求。

中国近代桥梁主要是由外国人提供材料和设计建造。黄河上的三座桥梁：津浦铁路济南铁路桥，京汉铁路郑州铁路桥和兰州市黄河桥以及上海、天津、广州等大城市中的一些桥梁也无一不是由洋商承建的。只有少数是国人自行建造的，如茅以升先生主持兴建的杭州钱塘江大桥等。当时水平最高的中国桥梁工程队伍当推由赵祖康先生领导的上海市工务局，他们在新中国成立前已设计建造了几座跨苏州河的钢筋混凝土桥梁，这些桥梁至今仍发挥着作用。

10.1.1 天津解放桥

图 10.1.1 天津解放桥

解放桥位于天津火车站（东站）与解放北路之间的海河上，是一座全钢结构可开启的桥梁，建于 1927 年。桥长 97.64 米，桥面总宽 19.5 米。它不仅是天津的标志性建筑物之一，也是连接河北、河东、和平三区，沟通天津站地区的枢纽桥梁。天津解放桥又称万国桥，俗称法国桥、法俄桥，是目前海河跨桥中仅剩的三座可开启的桥之一，连接着河北区的世纪钟广场与和平区的解放北路，解放桥附近原有一座老龙头桥，是法租界当局要求清政府于 1902 年修建的。随着城市交通的发展，于 1923 年筹建新桥，1927 年正式建成后，于 1928 年将老桥拆除。

在天津的近代桥梁中，解放桥占据着十分重要的位置。它是天津河流上拆建次数最多的桥梁，它是天津近代技术水平最高的桥梁，它是天津近代造价最高的桥梁，它是至今为止还在使用的桥梁……解放桥以它独特的建造技术代表着天津近代桥梁的高超技术水平，同时也引领着城市经济的发展。

（1）老龙头浮桥的建设

天津老龙头浮桥修建于开埠后第 2 年，即 1861 年，并于 1904 年拆除，建设地点位于老龙头火车站

图 10.1.2　天津老龙头浮桥

西南部，在天津的浮桥建设史中是建设年份较晚的浮桥，它的建设当时主要是为英租界与法租界地区服务。老龙头浮桥的建设堪称解放桥建设的前奏。

清咸丰十一年（1861 年）的一份总理衙门报告中就这样写道："崇星使现议通商章程，系于拦港沙内及大沽口均设委员，坐乘行船来往梭巡，以防偷渡，即以紫竹林地方作为公所，其前搭盖浮桥，仿照南省水关形势。该英、法商船于港外起拔，截至紫竹林截止，即行卸货，不得潜逾。伏查英、法前勘定紫竹林一带地亩，原为修盖夷馆洋楼之用。"从这份报告就可以了解中方对老龙头浮桥建设的政治意图。为了使外国人的船只停放在紫竹林租界区域，不再沿着海河继续行驶到老城厢，崇厚支持外国人在此建设浮桥。老龙头浮桥是中方政治意图与外方经济意图达到平衡的产物。浮桥建造的具体材料无从查证，从庚子事变后外国人用热气球拍摄的老龙头浮桥的照片中可以看出：浮桥是用铁索将木船相连而成，在水面一字排开，并在两岸铺设跳板。

（2）老龙头铁桥的建设

在解放桥的历史中，曾经出现过一座建造一半就被拆除的铁桥，它还没有被命名就已经消失，于是人们只好称它为"老龙头铁桥"。它的建设是中国铁路建设运动的产物。在《天津插图本史纲》中记载："1888 年天津铁路通车之后，铁路公司着手修建一座跨过海河的高大的铁拱桥以连接租界与天津东站，或称租界车站……最终选择了现在的解放桥以下大约 150 码（137.16 米）这样一个折中的地点修建。"这座桥梁的建设也是中国近代铁路推广发展的产物。1881 年唐胥铁路建成后，李鸿章为了进一步发展中国的铁路并且尽量控制投资规模，于是在之后的铁路布局中将跨越海河的路线制定于老龙头浮桥附近，便在此动手修建了这一座连接老龙头车站与法租界的跨河铁桥。但因为守旧派顽固的抵抗，铁桥在建造一半的时候就被叫停，最后被拆除。1889 年 4 月 26 日的《申报》就刊登出了《铁桥拆毁》的新闻："天津铁路公司新建铁桥，经列报。嗣因盐船人等亦向督辕具禀，恳请拆毁，傅相当即批驳未允……傅相一秉大工，并无适莫，随允罢工，并将全桥一律拆毕。"

（3）老万国桥的建设

老万国桥建于 1904 年，是一座平转开启式铁桥，桥梁建设时就出于一定的军事目的。在《八国联军占领实录：天津临时政府会议纪要》中就提出过要在老龙头车站附近修建桥梁。老万国桥修建的主持人是法国的华伦将军。桥梁设计者，经学者方博论证并非传闻中的亚历山大·居斯塔夫·埃菲尔，而是法国的 FIVES 公司。老万国桥的建成，标志着紫竹林地区告别了浮桥时代，进入了铁桥时代。

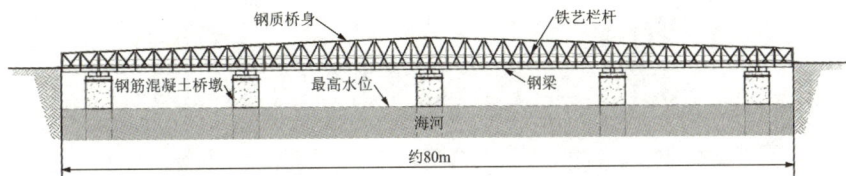

图 10.1.3　老万国桥设计图纸

桥梁由法国工部局设计，经费来源于清政府的 25 万法郎。老万国桥为平转式开启桥，中间分为 4 孔，采用连续钢桁架结构。它的运营工作由比利时电车电灯公司负责，法俄两国分别支付 500 美元，清政府支付 500 两白银，作为运营方不收取桥梁通行费与通航开桥费的承诺。

图 10.1.4　老万国桥（1904 年—1928 年）

由于这座桥梁是连接法俄租界的交通要道，又是火车站的重要枢纽。所以随着两岸的发展，老万国桥无法承受非常繁重的交通任务，于是在 1923 年就筹建新的万国桥。老桥在新桥建成的第二年便被拆除，根据《海河工程局 1929 年报告书》的记录，老万国桥的桥身于 1928 年 11 月 30 日拆除完毕。

（4）新万国桥的建设

新万国桥在 1923 年就已经开始进行设计，在 1927 年 10 月 18 日竣工通车。新万国桥依然是一座钢桥，桥梁位置有所改变，向西有所迁移，与大法国路相接。桥梁采用双叶立转式，两边长度为 24.6 米，中间长度为 47 米，桥梁的总长度为 97.64 米，桥面宽度为 19.5 米，桥身共分为 3 孔，中孔为桥梁开启跨。桥梁原本预算为 100 万两白银，开工以来，面临了之前预想不到的困难，如：由于桥梁位置迁移，为了保证之后通行的顺畅，就对两岸相接道路进行拓宽，还拆除了大法国路上靠近海河的建筑，专门拨款 30 万两白银解决此项问题，最后建造新万国桥总共花费了约 190 万两白银，这是近代海河上建设费用最高的一座桥梁。

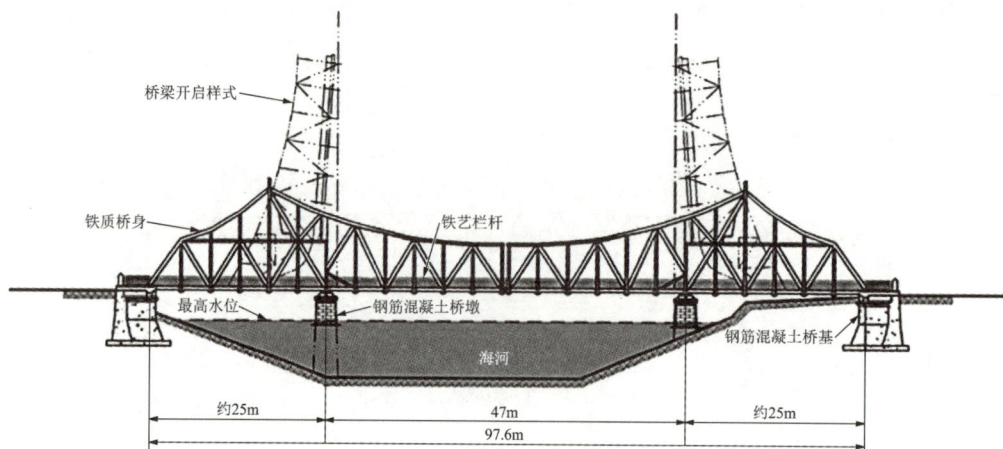

图 10.1.5 新万国桥设计图纸

图中标注：桥梁开启样式、铁质桥身、铁艺栏杆、最高水位、钢筋混凝土桥墩、钢筋混凝土桥基、海河、约25m、47m、约25m、97.6m

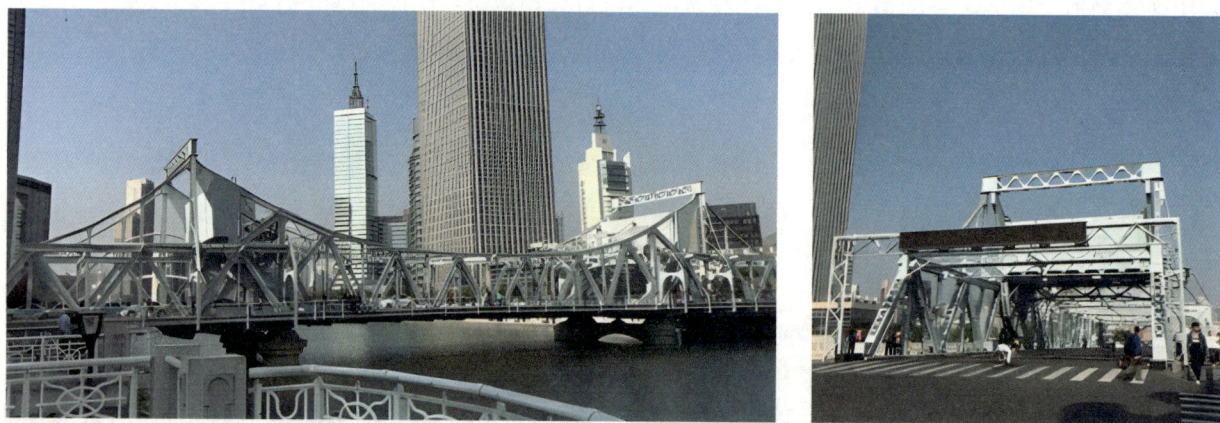

图 10.1.6 新万国桥（1927年—至今）

　　新万国桥在设计时的投标方有 17 家，共计 31 种设计方案，最后选定了达德施奈尔公司的双叶立转式开启桥方案。中国工程学会也对此进行了记载，在其出版物《工程》中，在 1926 年第 2 卷第 1 期中莘觉就撰写了《天津万国桥（新）之计划》。文中说明了双叶立转式开启的优点，将"桥上行人，桥下通航，桥上桥下，水路两便"开启桥的根本原则发挥极致。万国桥（新）设计者也是众说纷纭的，学者方博论证出是一位名为白壁的设计师。万国桥（新）不光是桥身技术处于全国领先水平，桥梁的基础也非常出色。因为在万国桥（新）开启的过程中，桥体位置不断地变化，桥的重心也是不断变换的，所以就必须拥有一个坚实的基础。万国桥（新）所用的基础均采用"气压沉箱"，也是当时十分先进的技术手段。正是由于当时在建桥时大量心血的投入，至今万国桥（新）依然伫立于海河之上，2012 年 10 月 1 日与 2017 年全运会期间，万国桥（新）还完成了开启使用。

　　（5）历史轶事

　　我国抗日战争期间，"万国桥"曾阻断了日军过桥，为中国军队赢得了宝贵的通行时间。1937 年"七七事变"发生之后的第十天，即 7 月 17 日，日本政府召开五相会议，决定调集 40 万日军，全面开始侵华战争。当时天津守军兵力很弱，受《辛丑条约》的限制，当时天津市内不允许驻有中国军队。虽然 1935 年张自忠将军调了部分兵力驻守天津，但实际上守卫在天津地区的兵力仅有 2 个旅和 1 个手枪团。但是被动挨打不如主动出击，1937 年 7 月 29 日凌晨 1 时，天津抗战的枪声在整个市区打响。日本兵营、日本飞机场、天津总站、东车站（今天津站）都湮没在炮火硝烟中。日军的援兵沿着海河北岸向万国桥冲来。假如援军冲过了万国桥，攻击东站的中国军队将面临腹背受敌的局面，攻势也将立刻被瓦解。然而就在这时，万国桥中跨之上的桥面在尖厉的警报声中徐徐开启，驻守法国租界的法国军队以保护本国租界的名义，拒绝日军通过。这让攻击东站的中国军队赢得了时间。激战 2 小时后，日军被逐出东站。在此驻守的中国军队不仅赢得了攻打东站的胜利，而且能抽调出一部分兵力去增援其他部队。

10.1.2　甘肃兰州中山桥

1. 中山桥的基本信息

兰州中山桥俗称"中山铁桥""黄河铁桥"，有"天下黄河第一桥"之称，为国家重点文物保护单位，是兰州市主要的建筑物标志之一，铁桥前身是浮桥，建于明洪武年间（1368 年—1398 年），名为镇远桥。铁桥建于清光绪三十三年（1907 年），最初命名"兰州黄河铁桥"。1928 年，为纪念孙中山先生，更名为"中山桥"。

中山桥全长 233.5 米，上部结构为 5 跨简支钢桁架桥，跨径布置为 46.7 米，桥宽 9.55 米，原结构为平行弦杆桁架体系，钢桁架高 5.7 米。1954 年，在原平行弦杆桁架体系上端增设了拱式桁架，杆件截面形式基本与原桥相同。

它的建成结束了黄河两岸永久相隔的历史，经过百年时间的洪水冲刷、车船撞击，以及战争的破坏和历经岁月的变迁，兰州中山桥依然屹立在黄河两岸。

图 10.1.7　兰州中山桥前身

图 10.1.8　兰州中山桥全貌

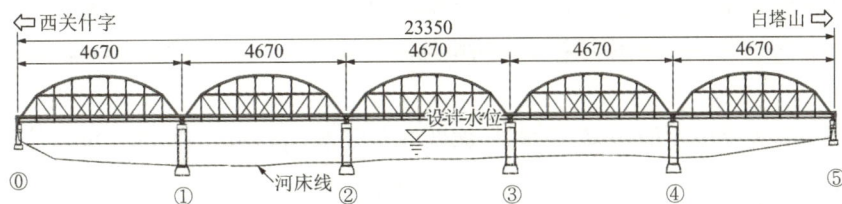

图 10.1.9　兰州中山桥总体布置（单位：厘米）

2. 桥梁维修的必要性

（1）铁桥维修历史

中山桥于 1954 年、1989 年、2004 年进行了 3 次维修，为保护百年老桥，2004 年维修后，改为人行桥。由于中山桥已超期服役，为了确保安全通行，应给予"体检"和维修。

（2）通航要求

黄河兰州段规划为Ⅴ级航道，而中山桥现有净空无法满足通航要求，成为阻碍黄河兰州段水路运输发展的"瓶颈"。

（3）防洪要求

兰州市编制的《兰州市市区防汛规划》，黄河兰州段按Ⅱ级城市设防，百年一遇为6500立方米/秒，中山桥桥面高度则不能满足防洪要求。

（4）抗震要求

该铁桥建成年代较早，近代虽然经过1954年、1989年和2004年3次维修，但均未考虑桥梁抗震性能，桥梁无法满足抗震要求。

3. 桥梁加固原则

（1）修旧如旧、最小干预

中山桥为国家重点文物保护单位，文物维修加固必须保持原桥型、桥位及外观等主要历史信息不变，做到"修旧如旧"。

（2）满足功能需要

维修加固的目的是增强百年老桥的泄洪能力和旅游通航要求。同时提高桥梁的安全性和耐久性，作为桥梁文物的主要历史信息能保存得更好、更完整、更久远。

（3）景观

维修加固后的中山桥与周围景观协调一致（中山桥北与金城关、白塔山，南与中山路桥头广场平顺衔接）。

4. 维修加固总体设计

（1）上部结构整体提升

将中山桥整体提升，经过多方案比选，最终确定将中山桥整体提升1.2米作为推荐方案，并通过了国家文物局的审批。

中山桥上部结构整体提升是设计、施工的重点，为确保中山桥的万无一失，桥梁提升采用液压同步提升系统，5跨整体同步提升，采用200吨连续提升油缸，全桥设置1个控制柜、6个泵站、12台油缸，通过数字反馈和计算机程序控制提升速度及同步性，实现整体同步提升1.2米。

（2）桥墩

本桥桥墩采用增大截面加固法，增加桥墩承载能力，凿除原表面带病害的混凝土外包层，保留主要钢筋，在桥墩周围植入直径为16毫米的钢筋，间距为40厘米，外包30厘米厚C40混凝土，并在混凝土表面采用干挂条石进行表面效果处理，维持桥墩原样。在桥墩加固的基础上，在桥墩顶整体现浇混凝土加高1.2米。

（3）桥面系

本桥桥面改造方案为更换桥面铺装，拆除桥面沥青混凝土，保持原有枕木，重新铺装10厘米厚沥青混凝土，沥青混凝土中掺入抗裂纤维，更换人行道防滑垫、伸缩缝和支座。

（4）桥畔广场改造

本桥南滨广场为中山桥与南滨河路之间的连接段，广场内设置有重要的标志性建筑，包括"黄河第一桥"石碑、"铁桥百年纪念碑"和"将军柱"，南广场改造是维修加固工程的重点。南广场靠黄河侧挡墙整体抬高1米与桥面齐平，从0号桥台起由北往南按1.5%放坡，从中山桥桥轴线延长线起，东西方向分别按1%放坡，南滨河路沿广场范围内整体抬高40厘米与南广场平顺衔接。本桥北滨广场为中山桥与北滨河路之间的连接段，观望平台整体抬高1米与桥面平接，北广场路基侧抬高与观景平台齐平，并向北侧按1%放坡与改造后的北滨河路顺接。

图 10.1.10　"黄河第一桥"石碑

图 10.1.11　将军柱

图 10.1.12　铁桥百年纪念碑

（5）亮化工程

本桥亮化主要包含大桥钢桁架、人行道护栏、桥墩 3 个部分。大桥钢桁架采用 LED 全彩投光灯，沿大桥拱脚斜压杆和上拱圈外侧布置；人行道护栏采用 LED 白光洗墙灯具，沿护栏外侧平齐桥面，连续排置；桥墩采用暖白光投光灯，沿桥墩上缘布置。

10.1.3　浙江钱塘江大桥

浙江钱塘江大桥又称钱江一桥，位于浙江省杭州市西湖之南，杭州六和塔之东约 700 米处的钱塘江上。该桥是我国第一座由中国人自己设计、自己建造的三角形钢架结构双层铁路、公路两用梁桥。我国桥梁专家茅以升先生主持全部工程设计、施工，并亲自担任技术总负责人。钱塘江大桥于 1934 年 8 月 8 日开工建设，分别于 1937 年 9 月 26 日和 11 月 17 日将铁路桥、公路桥建成通车。工程建设历时 925 天，

图 10.1.13　钱塘江大桥（夜景）

图 10.1.14　钱塘江大桥

当时耗资 160 万美元。

　　钱塘江大桥北起杭州市西湖区虎跑路，南至杭州市滨江区（原为萧山县）江南大道，全长 1453 米。整桥设有 15 墩、16 孔，上层公路桥桥面宽 9.14 米，下层铁路桥桥面宽 4.88 米。公路桥设计为双向两车道，时速 100 千米；铁路桥设计为单轨铁路，时速为 120 千米。由于钱塘江是世界著名的潮汐大江，涌潮时江水巨浪滚滚、汹涌澎湃、势不可挡，地质水文条件相当复杂，勘察、施工难度极大，而且在 20 世纪 30 年代，我国桥梁施工技术力量和机械装备十分落后、薄弱，茅以升先生及其建设技术人员和作业工人克服了重重困难，终将大桥建成。同时，在建设过程中，根据复杂的地质条件下和水文特征特殊所遇到的难题，提出了许多创新性的建桥施工工艺，其中最具代表性的有：以"射水法"穿越 40 余米厚泥沙层的快速打桩法；以"沉箱法"抵御湍急水流的筑墩法；以"浮运法"借助潮起潮落水面落差的船运架梁法，为我国近代桥梁建设提供了宝贵的样板和有效的借鉴。

　　钱塘江大桥建设正值我国"抗战时期"，大桥建成后不到 3 个月（89 天），侵华日军长驱直入浙江地区，1937年12月23日，为阻断日本侵略者挥师南下，茅以升先生授权亲自指挥安排，含恨忍痛炸毁了大桥局部结构，造成桥梁坍塌，阻止日军前进。当时，茅以升先生立下誓言"抗战必胜，此桥必复"；写下"斗地风云突变色，炸桥挥泪断通途。五行缺火真来火，不复原桥不丈夫"的诗句。日本投降后，茅以升先生主持了大桥修复工作，于1948年5月，全线修复成功通车。1949年5月3日下午，中国人民解放军先头挺进部队到达杭州，抢占钱塘江大桥时，国民党溃退部队为阻止解放军穿越大桥，盘踞南岸桥头堡内的敌军实施对钱塘江大桥的破坏性爆炸，但未炸及要害部位，炸后大桥钢梁安然无恙，稍加修复，第二天公路桥面就能通行人员、车辆。铁路桥经两昼夜抢修，也恢复了列车通行。

2000年，钱塘江大桥进行了建桥以来最大的一次整修，对已腐蚀的钢梁和桥面混凝土梁板进行了全部置新调换，拓宽了行车道，对桥上所有栏杆和照明设施全面更新。同时，对大桥两端引桥作了规模性的改造，调整行车转弯半径，改善交通条件，确保车辆通行安全。如今，已有85年历史的钱塘江大桥仍是浙江省乃至全国经济建设、交通大动脉上发挥着重大作用的城市基础设施。钱塘江大桥为第六批全国重点文物保护单位。

10.1.4 安徽淮河大铁桥

图 10.1.15 安徽淮河大铁桥

淮河大铁桥位于安徽省蚌埠市境内津浦（天津至南京浦口）铁路上。1908年1月，当时清朝政府为发展经济，决定修建一条北去天津南，途经天津、山东、安徽、江苏四省的铁路线，作为沟通华北与华东地区的运输大动脉，世称津浦铁路。由于该铁路联通四省市，途中需跨越黄河、淮河和大运河，所以必须在这些河流上修建铁路大桥。当年9月，清政府聘请英国桥梁工程师来到淮河沿岸选择桥位，最终确定在蚌埠建设淮河大铁桥。1909年11月，淮河大铁桥正式开工建设，1911年5月15日建成通车，历时18个月。正桥共有8墩9孔，采用固定型钢桁架梁桥设计方案。桥身长度553米，底梁距水面高度约10.7米，桥上架单轨铁路，桥梁两端各建引桥一座。在建设过程中，我国项目负责人与外籍设计师通力合作，采用当时先进的气压沉箱法修筑基础和桥墩，克服淮河洪水和冰封影响，最终于1911年5月竣工通车，淮河大铁桥成为津浦线上仅次于黄河铁路大桥规模的第二大桥。由于蚌埠地处交通要道，历来成为兵家必争之地。1937 年底，日寇入侵中国腹地，南京沦陷，津浦铁路南段遭到战火侵袭，国民党军队为阻止日军进攻，于 1938 年 2 月 2 日炸毁了淮河大铁桥的 6 座桥墩和 7 孔钢梁。日军占领后，历时 8 个月，在原有残剩的桥墩上重筑了混凝土桥墩，更换了损坏的桁架钢梁，恢复了交通。日本投降后，由国民党政府收管运行，1949 年初，淮海战役进入决胜阶段，国民党军队南逃时，又在大桥上铺设炸药，于 1 月 18 日引爆炸毁了大桥，致使桥梁 5 孔 3 墩受到严重损坏，5 孔梁架全部落入水中。为了"打过长江去，解放全中国"，解放军铁道兵在临时建造一座便桥后，夜以继日，克服难以想象的困难，甚至牺牲生命，仅用 1 年时间，将大桥修复，保证列车通行。如今，在大桥南岸大堤上，巍巍矗立着"建桥烈士纪念塔"。

2019 年，津浦铁路淮河大铁桥被列入第八批全国重点文物保护单位。

10.1.5 辽宁鸭绿江断桥

图 10.1.16 鸭绿江断桥

鸭绿江断桥位于辽宁省丹东市振兴区江宾路鸭绿江畔，是原鸭绿江大桥被炸毁后的残余部分。鸭绿江断桥为鸭绿江上诸多桥梁中的第一座桥，由当时日本朝鲜总督府铁道局所建。1909 年 5 月动工，1911 年 10 月竣工，连接着我国与朝鲜半岛。1950 年 11 月，该桥在朝鲜战争中被美国空军炸断，见证了我国抗美援朝历史。

鸭绿江断桥原为 12 孔可开闭式铁路桥，总长 944.2 米，宽 11 米，从丹东数起第四孔为开闭梁，四号墩设桁架旋转装置，可将钢梁平面旋转 90°，便于桥下航船通行。

1937 年 4 月，日本又在此桥上游不足百米处建成第二座铁路大桥，即现在的"中朝友谊大桥"，与第一座桥并称为鸭绿江上的"姐妹桥"。

1950 年 6 月 25 日，朝鲜爆发内战，美国派兵入侵，战火烧到鸭绿江，直接威胁我国国家安全。1950 年 10 月 19 日，中国人民志愿军跨过鸭绿江，入朝参战，史称"抗美援朝战争"。

1950 年 11 月 8 日，美军首次派出百余架 B-29 型轰炸机，对大桥狂轰滥炸，大桥被拦腰炸断，朝方一侧钢梁落入水中。同年 11 月 14 日，美军又派出 34 架战机，再次轰炸大桥，朝方侧三座桥墩被炸毁，使大桥瘫痪。直至 1951 年 2 月，经过美机不断轰炸，大桥最终被炸成了残桥废桥。我方侧所剩 4 孔残桥保留至今，称为"鸭绿江断桥"，桥上留下弹痕累累成为历史见证。

鸭绿江断桥现为辽宁省爱国主义教育基地，第六批全国重点文物保护单位。

图 10.1.17 鸭绿江断桥碑

10.1.6 湖北武汉长江大桥

图 10.1.18 武汉长江大桥

湖北武汉长江大桥位于湖北省武汉市长江水道之上，是武汉三镇中连接汉阳区龟山和武昌区蛇山之间的过江大通道，是新中国成立后，我国兴建的第一座公铁两用长江大桥，也是武汉市重要的历史标志性建筑之一，素有"万里长江第一桥"之称。

武汉长江大桥于 1955 年 9 月 1 日作为国家第一个五年计划重点工程开工建设；1957 年 7 月 1 日完成主桥合龙工程；1957 年 9 月 25 日工程全部竣工；同年 10 月 15 日正式通车运行。大桥全长 1670.4 米，桥身共有 8 墩 9 孔，每孔跨度 128 米，主桥全长 1155.5 米；上层桥面为双向四车道城市主干道，设计时速 100 千米；下层为双线铁轨铁路桥，设计速度为 160 千米/小时；当时，总投资为 1.38 亿元人民币。清政府及民国政府期间曾多次动议修建武汉长江大桥，终因政府腐败、经济落后、技术低下而未成功。新中国成立后，于 1949 年 9 月，在毛泽东主席主持召开的第一届政治协商会议上，通过了建设武汉长江大桥的议案。1953 年 4 月经周恩来总理批准成立武汉大桥工程局，具体开展武汉长江大桥的筹建工作。当时，苏联应我国要求，派遣以康坦斯丁·谢尔盖耶维奇·西林为组长的桥梁专家组共 28 名前来武汉提供技术指导。武汉长江大桥由多方人员包括苏联专家参与工程设计，我国桥梁专家茅以升先生在 1955 年至 1957 年期间任武汉长江大桥技术顾问委员。大桥桥头堡建筑设计经周恩来总理选定，采用了 28 岁年轻结构工程师唐寰澄的设计方案。茅以升担任武汉长江大桥总设计师，设计单位为铁道部勘测设计院、建设单位为武汉大桥工程局（现为中铁大桥局）。武汉长江大桥是在当时学习苏联的技术政策下，由苏联派专家作技术援助建设成功的。正桥是根据苏联国内建桥经验和材料供应情况确定为三联九孔结构形式，每孔跨径各 128 米，采用平弦、双层桥面的连续菱格形桁架梁。通航净空在高水位以上 26 米。引桥和桥头堡建筑面向全国征求方案，经顾问委员会评选后报当时铁道部、政务院审核，由周恩来总理作最后批示决定。武汉长江大桥所有的设计、制造和施工都由中国工程技术人员和工人承担完成。

10.1.7　浙江新安江白沙大桥

图 10.1.19　新安江白沙大桥

白沙大桥位于浙江省杭州市建德市白沙镇，跨越新安江，是 20 世纪 60 年代所建的一座大跨度多孔石拱桥。白沙大桥于 1959 年 9 月 1 日动工建设，1960 年 7 月建成通车，创造了当时轰动全国的"建桥速度"。该桥总长 262 米，高 24 米，桥面宽 11 米，两侧人行道各 1.5 米，整桥略呈弧形。全桥 6 孔，中间两孔跨径各为 50 米，两边四孔跨径各为 45 米。拱上配置空腹小孔共 36 个，各跨径均为 3 米，纵向通道孔共 29 个，连同台上圆孔 2 个，共有小孔 67 个。

图 10.1.20　狮子石雕

　　白沙大桥桥面望柱上部共雕有形态各异、生动活泼的 260 只石狮，大桥两端各雄踞着一对青石雕成的大石狮，威猛有加、气势非凡，桥上总共有 264 只石狮。白沙大桥造型具有我国古代赵州桥和卢沟桥的结构形式和艺术风格，成为当地一道亮丽的风景线和旅游景点。在白沙大桥的南岸建有双层碑亭，亭内矗立着郭沫若先生所题"白沙桥"的汉白玉石碑。

　　白沙大桥的建成结束了新安江"走遍天下路，难过白沙渡""隔江如隔海，渡江如登天"的千年历史，为当地交通道路通达、经济发展、商旅繁荣起到重大作用。

10.1.8　甘肃渭源灞陵桥

　　灞陵桥位于甘肃省定西市渭湄县城南清源河上，始建于明洪武初年（1368 年—1370 年），初为平桥。因"渭水绕长安，绕灞陵，为玉石栏杆灞陵桥"之语而得名。1919 年开始在县城南门仿兰州雷坛河上"握式桥"，修建纯木结构卧式悬臂拱桥，后遭毁，1934 年 8 月再建。

　　桥全长 40 米，跨度 29.5 米，高 15.4 米，宽 4.8 米，为全国独一无二的纯木质叠梁式拱桥。号称"千

图 10.1.21 　渭源灞陵桥

里渭河第一桥"的灞陵桥，建后遇洪水屡毁屡修。20 世纪 20 年代桥身倾斜成为危桥，1932 年政府集资进行整体修建，于 1934 年 8 月竣工，由单梁变成叠梁，并加以大量彩绘装饰，建成叠梁式拱桥。1984年、1986 年分别进行过二次抢救性原状修复。

灞陵桥整桥廊房 13 间，64 柱；桥面和桥底均以每排 10 根粗大圆木，并列为 11 组，每组用一根横木作支点，从两岸桥墩底部逐次递升，凌空而上，形成半圆状桥体。桥面有台阶通道 3 条，中间宽敞，两边狭窄，并配有栏杆扶手。桥顶为飞檐挑阁式的廊房，灰瓦屋面传统造型，廊房全为木结构，精巧壮观。桥两端建有卷棚式桥头屋，四角斗起，雄伟壮观。众多社会名流留有匾额和题词，左宗棠为之题有"南谷源长"一匾，悬挂于桥内。灞陵桥因桥身拱起，宛如长虹，故又有"谓水长虹"之称。

2006 年 6 月公布为第六批全国重点文物保护单位。

10.1.9　浙江宁波灵桥

宁波"灵桥"俗称老江桥，桥东直达宁波市百丈街，桥西直抵药行街，至今仍是宁波市中心的主要桥梁之一。灵桥是宁波最早的跨江大桥，是老宁波的标志建筑。

1. 灵桥由来

"灵桥"的历史可追溯到唐代。彼时宁波市（历史上曾称明州）内奉化江水奔腾咆哮，把明州城撕成东西两边，人员往来只能依靠渡船，而江面常常发生巨大风浪造成船沉人亡的江难事故。为解决东西两岸民众的往来，改变只能依赖渡船作为主要交通工具的状况，唐长庆三年（823 年），明州刺史应彪，鉴于商旅涉江之难，建造了宁波市内历史上第一道横跨奉化江的浮桥。用 16 只船，上铺六尺宽的木板，以篾索联系成排，连接两端。桥长五十五丈，宽一丈四尺。由于江流湍急，建筑桥基时打桩发生了困难。此时天降暴雨，雨后天现彩虹。工匠齐心协力在出现彩虹之时打下桥桩，因而时人认为有神灵助力，故桥名定为灵桥。由于宁波地处沿海，进入台风暴雨季节，或遇大潮汛期，浮桥却是险象环生，极不稳固，时有链崩桥断，舟覆人溺之患，极不安全。

南宋时，灵桥改称东津浮桥，清康熙年间浙海关建立后，亦更名关桥。1936 年重建为永久桥梁时，曾有民间团体提议将桥名更名为"中山桥"，但宁波老江桥筹备委员会以保护古迹为名，将桥名恢复为"灵桥"。"文化大革命"期间，灵桥曾被更名为"红卫桥"，1981 年恢复灵桥名称。

民间曾称灵桥为"江桥"，后由于清同治年间（1862 年—1875 年）英国人在桃花渡建成新江桥，为表示区别，灵桥的民间称呼遂改为老江桥，这一俗称一直沿用至今。

图 10.1.22 宁波灵桥

2. 浮桥险情

浮桥千载以来，屡坏屡修，官府和地方均甚为重视。见之于志书的元代以前大修有：唐大和三年（829年）、唐末，北宋开宝年间（968年—976年），南宋乾道年间（1165年—1173年）、嘉泰元年（1201年）、嘉定年间（1208年—1224年）、宝庆二年（1226年）、淳祐二年（1242年）等次。元至元二十八年（1291年）廉访司副使陈祥置舟十四联，每舟两头用篾索系锚沉于江底固定，并置栏杆二十四铁座，系大篾索四条压定。至正二十年（1360年）浙江省平章方国珍重造。明正统十四年（1449年）宁波府知府陆奇建新舟，始冶铁成链用以联系。成化二年（1466年）方逵又更置新船。嘉靖年间（1522年—1566年），官府对桥屡修屡坏不胜其烦，责令少数富户承建修造，工毕予以冠带奖励、称为"江桥大户"。清顺治年间（1644年—1661年）知府杨之柄改变办法，规定每隔5年，向各里科银2两，由官府督促修桥。康熙二十六年（1687年），飓风过境，铁链折断，浮桥漂流四散。知府李熙募银千余两重建，用厚板密钉船排，设坚固木栏杆，并勒石禁止浮桥附近停泊船只。嘉庆年间（1796年—1820年），浮桥原九排十六舟改为八排十四舟。道光二年（1822年）仍复旧制。随着时世的推移，浮桥多次翻新修旧，无大变样，不过栏杆以铁代木，桥面衔接处也用铁板代替木板，增强铁链，两块还一度建了铁栅口。

木造浮桥经不起风雨侵袭、人行车驰，一遇台风临境，骤风暴雨，上游山洪暴发，江水流势汹涌，浮桥时有断链折索，舟排飘散，行人落水等险情发生。赶车挑担的行者在潮涨船晃时举步费力，往往人仰车翻。过桥船筏由于狂风湍流把舵失控，常有与舟排相撞而发生翻船事故。年年生命财货蒙受损害，民国以来仅有文字记录的就有：

民国二年至二十五年（1913年—1936年）的23年间就发生大小事故79次，落水死亡者约六七十人。其中较大的事故有下列几例：

1917年芦柴船一艘，撞断浮桥第三排铁链，桥身发生剧烈震动，桥上两行人坠下落水。

1919年农历十月十七，一艘奉化航船撞及舟排，当即覆没，全船17人落水，得救7人。

1920年8月13～15日，三日连下骤雨，奉化江上游水势暴涨，潮流湍急，冲断浮桥铁链，架板大船3艘于16日晨被冲至镇海，浮桥中间断脱三排，交通断绝2天。

1922年8月6日暴风雨，江水猛涨，风势之大为20年来所未有，桥身摇撼震动，江东一面之桥脚局部崩坍，两岸链锚拔出，致全排船身被水余去。幸时在夜间，桥上无行人，故未有丧生者。次日，江桥毁，交通断绝10日。民国元年（1912年）以来，船身破坏以此次最为厉害。

1926年8月24日、25日，疾风骤雨，急流冲击桥身，有大堆蕴草，自上流下，积集于桥排，势甚猛烈。至26日上午7时半，靠近东西塊各第二排浮船铁链断裂，于是中段五排随之逐流飘去。其时桥上行人纷纷奔窜逃命，被挤落水者达30余人，不及逃逸尚在漂流中之断桥上求援者亦有10余人。落水者除3人得救外，其余均被恶浪吞没。民国元年（1912年）以来，因桥冲毁而死难者以此次为最多。

1931年8月24日发生飓风，次日大风雨，江水暴涨。至26日，上游扒沙港造船厂正在修理的2艘冰鲜船被风吹断绳索冲下，撞及舟排，桥西铁链破断，除东首尚留 1 排外，其余 11 排桥船连桥板向下游漂去。幸时在深夜无行人，故未有人罹难。桥船冲至新北京码头（今客运码头）江面被追获牵引回原处，费时 6 日修复。

1933 年 9 月 18 日发生飓风，其猛烈之势为 20 年来所罕见。晚 8 时许，三江口方面所泊之大号卤蛋船、大钓船 7 艘，所抛铁锚为风拔去，漂至老江桥猛撞，浮船三排当被撞断，随潮余入奉化江内。东首桥埞仅剩 1 排，西首剩 3 排。至 21 日晨第一排桥船亦被卤蛋船一艘撞断铁链余去。卤蛋船内有七八人皆因船身剧烈震动而落入江水，均未获救。此时因桥栅门关闭，禁止行人，故市民未遇险。余去之船排，被觅回 2 排，1 排不知去向。改建宁波老江桥筹备委员会以新桥即拟着手动工，故决定在姜山道头搭设临时浮桥。自此不再在原处敷设浮桥。

从唐代至 1913 年为止的近 1100 年间，若按已有资料可稽的这 23 年事故比例来推断，则事故发生次数当达 3700 次左右，落水者不下 3300 人，其祸患何等惊人！可一直无力改建成坚固耐久又安全可靠的新式桥梁。

3. 浮桥改建

清末民初始有人创议改建，但未有下文。1922 年留学日本归国宁波人陈树棠又建议改建，拟定计划书和工程设计图分至宁波市当局。虽然当时建筑预算仅需 16 万元，亦因官府无力负担、地方未暇顾及而成泡影。

图 10.1.23　陈树棠

第一个提出改建方案的人叫陈树棠（1876 年—1943 年）。他是鄞州区走马塘村人，曾留学日本学习土木工程。

1910 年，他在自己的毕业论文里，提出了将灵桥改建的构想。但因预算太高，被搁置了。

民国十一年（1922 年）8 月，暴风雨造成了灵桥（浮桥）系桥船的铁链断裂，桥身被冲走，改建灵桥再次提上议程。

同年商民应鸣和分函乡老耆绅建议改建。宁波旅沪同乡会集议后转函宁波总商会和鄞县县议会。9 月间邀德工程师海尔门等来甬测量，拟定建筑方案，计工程费 30 万元。11 月上旬鄞县会议决定设立工程局，至此改建之提案开始具体化。宁波旅沪同乡会于 12 月中旬开会讨论，议决各项，正式成立"改建宁波老江桥筹备处"。随后陆续接受会员千余人。改建之议时断时续，迨至 1924 年 9 月卒。后因江浙军阀齐卢战事地方不靖，遂至时过境迁，不了了之。1926 年 8 月下旬发生的浮桥特大灾情又成为沪甬各界掀起改建热潮的动力，重温旧事，于是当年 8 月底开会讨论。9 月中旬，甬人乐振葆，严康懋偕西人罗德来甬测量。10 月中旬举行第一次筹备会议，推定张申之、严康懋、郁桂芳等 6 人为筹备会干事。11 月 5 日在宁波总商会召开筹备会议，推出筹备员 60 人，发起人当场认捐。此次筹划又因国民革命军进行北伐，江浙局势动荡，改建之议遂告中止。

此后，北伐告成，局势平靖，经济回苏，浮桥更不能适应工商业发展的需要。各界要求改建的呼声越来越高，但当时政府仍无财力、物力、人才来承担这一建桥艰巨任务，只能由工商界来挑起此任重担。于是，宁波旅沪同乡会又把改建工作提到议事日程上来。1931 年 3 月 27 日乐振葆、张继光偕同德国工程师爱士伯，自沪来甬察看桥址地势并进行测量。初步拟定在三江口筑桥墩，以三桥联江北、江东、江厦。7 月 4 日张继光又偕同上海工部局英国工程师詹姆生来甬打桩验土，会同新仁记营造厂工程师竺泉通进行勘察设计。8 月沪甬两地各成立"改建老江桥筹备委员会"。沪筹备处主任乐振葆，副主任陈蓉馆；甬筹备处主任王文翰，副主任严康懋、徐镛笙。酝酿至 1933 年 9 月，时机逐步成熟，乐振葆等又来甬进行最后测定，确定新桥长度，应拆迁东西房屋 46 间，并作出经费预算：造桥报价 50 万元，外收民地 12 万元，杂费 8 万元，共需 70 万元。沪负担七成，甬负担三成。临时浮桥改搭在江东姜山道头和浩河头奉化凉亭。新桥建成需时 18 个月。

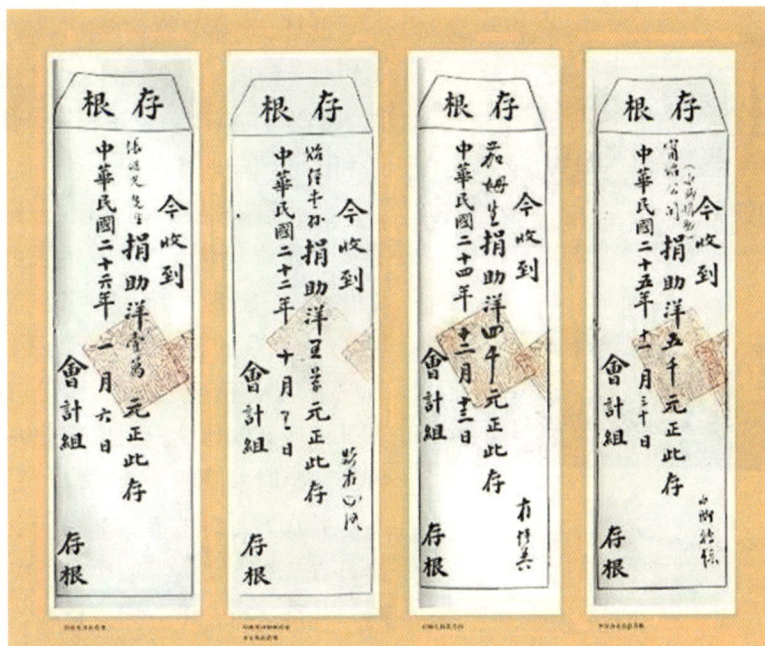

图 10.1.24　经费存根记录

关于建设灵桥的资金来源，当时的鄞县县长陈宝麟在《重修灵桥碑记》中写道：用币七十万有奇（其中建桥 48 万余元，拆迁房屋赔偿 12 万元，其他包括勘测、设计费、临时浮桥搭建、办公等杂费 10 万元），不费公帑，悉输于民，这 70 万元，几乎是举全城之力。

灵桥设计师英国人詹姆生对造桥完全由民间筹资而大为惊奇。他说："在英美各国，知地方之伟大建筑，必向他方借款，或由国家征捐抽税集资，以竟其事。未睹有如中国人民为地方之事业，由人民出钱捐助成就，此举实为难得"。

建桥资金主要来源是旅沪甬商，其余都是 20 万宁波市民民间集资。

建桥由德商西门子洋行（Siemens China Co.）承包，钢梁由德孟阿恩桥梁公司（M. A. N. Factory）提供，打桩和混凝土工程分包于康益洋行（A. Corrit Co.），油漆工程归信昌洋行（China Engineer Co.）承包。于 1934 年 5 月 1 日正式开工。

新桥为三联钢骨独孔下承式公路桥，钢骨分 13 联，全长 320 英尺（合 97.6 米），桥面总宽 19.8 米，人行道每面 4.5 米，桥面最高潮位 4.6 米，桥面坡度 5%，两端桥脚为马蹄式。钢架由弧形工字钢和钢板铆接而成，桥脚基础打入 5 丈 8 尺（19.33 米）木桩，计 102 根，钢梁固定其上。钢梁重 455 吨，桥面钢筋水泥重 697 吨，共重 1152 吨。打桩方式为斜形三角式，斜度分别为 75 度、50 度、17 度三种。桥设计承载能力为 20 吨。

当时对建桥质量甚为重视，原材料物理性能必须符合规格，施工和检验亦须符合技术要求。设计很具有预见性，桥墩留出管道孔。桥面设计混凝土厚 14 厘米，其上以 1:1 的水泥石子盖面厚 3.8 厘米，故见石子露出，功能耐久，颇具建筑美特色。

有人说，在灵桥改建过程中，体现了最成熟的欧洲技术和中国最传统的乡绅文化进行的有机结合。

在《承揽章程》中，乡绅们和洋商对桥梁质量起重要影响的水泥、钢材等均有具体约定，如打桩倾斜或桩身损坏，必须拔去，另换新桩；水泥必须用合格的品牌或公司出品，其质量当据上海公共租界工部局 1933 年订立的水泥化验章程为准。

吊杆竖起	拼装桥拱
拼装桥拱	拼装完成

图 10.1.25　公路桥拼装过程

此外，灵桥又是一座国际合作建设的桥梁（英国人设计、德国人总包、丹麦人打桩、苏联人督工、中国人监理），整个营建过程完全按照当年最先进的程序和国际惯例展开。

工程进展快速，全部建筑于 1936 年 5 月完工。自此一座银灰色配以朱栏的长虹般桥梁矗立在宁波奉化江上，宁波人多年梦寐以求的愿望实现了。书有"灵桥"两字的匾额高悬桥顶（新中国成立后拆去，现又重悬），钢梁近桥面处各筑有水泥塔式结构物，其外壁嵌有铜质铭记，如《重修灵桥碑记》（陈宝麟撰文，赵时棡篆额，沙文若书），建桥捐资人姓名立石等共八方（后被拆除）。6 月 27 日举行开桥典礼。是日以"开光"之名，吸引远近民众纷至沓来，买"关牒"礼拜过桥，十分拥挤热闹。

由德国西门子洋行总承包桥梁建设，其实桥梁的骨架结构和材料都是从德国装运过来，其他建造都是英国人和中国人建造的。值得一提的是：当时宁波方面向承建方提出了务必在桥下预留煤气管道等一切过桥管孔，这为几十年后城市发展中安装自来水、煤气和各种电缆等工程提供了非常有利的条件，足见我们宁波先辈的远见和难能可贵的超前意识。

建桥工作是在上海旅沪宁波同乡会的主持下开展的，早期在沪成功的宁波人士坚持要在家乡造一座像上海苏州河上外白渡桥那样的坚固桥梁。最后，宁波灵桥由上海工部局英籍工程师詹姆生和新江记营造厂竺泉通设计中标，德国西门子洋行中标工程总承包。但据当时参与建桥的老人施求藏回忆说：灵桥用外国材料、挂洋行牌子，但实际上设计、施工都是沪甬两地的宁波人。英国人詹姆生、师克和许多外国人很少来宁波。

灵桥是中国第一座中国工程师参与设计的单孔三铰拱钢结构桥，是浙江省内现存较早的少数现代工程技术桥梁，是我国现代桥梁建设史中的重大标志性建筑。

1934 年开工，1936 年竣工。宁波人在通车当日（1936 年 6 月 27 日）会集灵桥上，人山人海，一睹"灵桥"风采。1936 年 6 月 27 日，灵桥举行了隆重的通桥大典。那天清晨，沪甬两地的宁波帮、全城民众纷纷赶来，见证了这一伟大时刻。

通桥典礼情况记录如下：

1936 年 6 月 27 日 6 点半，在江东演武街平政祠公祭。祭毕，分 2 队到灵桥举行典礼。省主席代表周象贤向热心筹款造桥的各界人士表示衷心的感谢，对省政府因财政困难而无力资助深感惭愧；陈宝麟县长（即宁波市市长）感谢地方热心人士完成建设工作，对下一步市政建设提出新设想，希望得到各方支持；来宾王晓籁特别感谢工程师詹姆生先生的科学设计及鼎力资助；沪筹委张申之表示愿继续完成新江桥的筹备工作；工程师詹姆生介绍了灵桥的承载能力、工程质量，尤其对该桥由人民捐助造成表示了由衷的钦佩；来宾杜月笙表示愿为宁波新的市政建设尽绵薄之力。时任国民政府主席林森还为大桥题词："安涉流畅"。等到典礼仪式完成，只听"哗啦"一声——桥两端的临时隔离篱笆被挤破，人们一窝蜂拥上新桥，把 10 名选出来走头桥的知名人士挤得不知所措。8 点半以后到中午，行桥的人约在 10 万以上。挤破袍子的、挤丢鞋子的已算小事，严重的坠落江中，还有 4 个小孩迷失回家之路而滞留在公安局内。由于走桥的人太多阻碍了江东来往的车辆，只得将旧桥重新开通起来，以缓解交通压力。当时，两桥同行也成了宁波有史以来难得一景。

1936年5月25日灵桥通车典礼

图 10.1.26 举行灵桥通车典礼时搭建的
庆贺牌楼

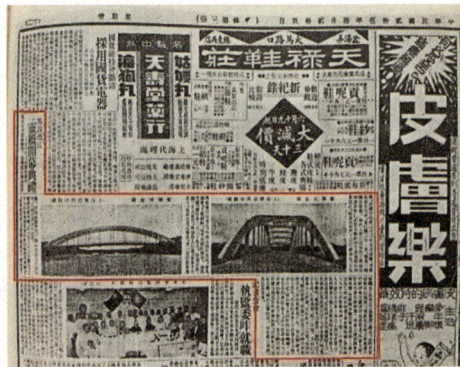

图 10.1.27 1936 年 6 月 29 日《申报》载
"宁波甬江灵桥开幕典礼"报道

图 10.1.28 2013 年 6 月竣工的宁波灵桥

1937 年 7 月,我国抗日战争全面爆发,接着"八·一三"淞沪战役又起,日寇飞机对宁波的交通命脉灵桥视为主要目标进行轰炸,2 年半的时间内不时对它俯冲投弹,其中以 1940 年间的一次最为猖狂,9 架敌机来袭,一下投掷千磅级炸弹 18 枚。反复肆虐,但灵桥依然屹立如故,不过桥面西部分中了一弹,钢筋混凝土击穿一处,钢梁边缘为弹片飞穿数孔,另一枚陷入桥西块车道上未炸。空袭时桥上行人绝迹,除有人躲入钢梁圆孔内被震死外,别无伤亡。日寇袭击灵桥殃及灵桥附近闹市上许多房屋和市民,例如灵桥附近的大有南货号商店被燃烧弹击中焚毁,天后宫半边街一带被夷为平地,死伤渔民等数百人。

图 10.1.29 民国二十五年(1936 年)的宁波灵桥

1949 年 5 月 24 日下午，我人民解放军二十二军六十五师许昌连勇士，从江北下白沙渡江挺进到灵桥东堍，与盘踞在桥头 3 座楼房里顽抗的敌军展开激战，灵桥终于被解放军攻占，但是 5 名战士的热血却洒在了桥头上。1949 年 5 月 25 日拂晓，六十五师官兵雄赳赳、气昂昂地跨过灵桥，与兄弟部队在市中心会师，此时宁波全城宣告解放。

图 10.1.30　1949 年 5 月解放军从宁波江东进入市区

图 10.1.31　1949 年下半年，灵桥遭受败退国民党军空袭轰炸的情形

　　解放了的宁波人民，在新生的人民政权领导下，正着手翻开历史的新篇章，但盘踞在舟山群岛的国民党军队妄图阻挡解放大军的进军步伐，从 1949 年 9 月中旬开始，对以灵桥为中心的市区进行了 28 次大轰炸，灵桥桥面落下了累累弹坑，江厦街、东渡路、百丈街等地 5800 余间房屋在连日大火中被焚毁，昔日繁华之地沦为一片废墟。在反轰炸、保路桥的日日夜夜里，宁波第一代市政工人——身穿号衣的市建设局职工们，脚蹬草鞋，自带饭盒，冒着轰炸余波的危险，一次次挺身抢修灵桥和附近路面。在连续 4 个多月的轰炸中，灵桥始终屹在奉化江上，解放大军和渡海作战物资，按计划源源不断地通过灵桥……

　　宁波解放后，解放军即向滨海地区和浙东岛屿进军，退居定海的国民党空军妄图阻挡大军前进，采取轰炸灵桥断绝过江交通之举来苟延残喘，几乎每天出动飞机飞临宁波上空低空投弹，对灵桥进行扫射轰炸。直至同年 9 月下旬，解放军高炮部队开抵宁波，给来犯之国民党轰炸机予以迎头痛击。当时宁波上空炮声隆隆，弹花飞射。解放军高炮部队击中了一架敌机，其摇摇欲坠，带伤低飞过江东向东海逃去。自此国民党飞机改为高空投弹，漫无目标。据《宁波时报》1951 年 7 月 6 日报道，国民党飞机先后 28 次轰炸灵桥，投弹 328 枚，大拱梁被炸了个大洞，5 根大风构、2 根吊杆炸断，5 根纵梁炸弯，东部、中部 2 根横梁炸断，西部拱圈基础连梁炸断，弹痕达三万余处。

　　灵桥经先后两次大规模被轰炸，很难想象竟奇迹般地保存下来了。1951 年，在浙江省交通厅的领导下，宁波市政工人对灵桥进行了第一次全面整修，修复炸坏的桥门、横梁、栏杆、桥面等，并重新涂了油漆，花费了旧制人民币 7.6 亿元。

直至 1994 年，灵桥再没有过大修。1998 年 12 月，灵桥被评为"甬上十佳名桥"。

2005 年 7 月 16 日起，灵桥开始实行车辆单双号通行制。同年，灵桥被定为浙江省重点文物保护单位。

经历了宁波解放枪声和血火洗礼的灵桥，如今虽已年过花甲，但仍焕发着青春的活力。老宁波人都知道，桥西北块的江厦街，是钱庄银楼云集的金融大本营，为往昔甬城最繁华之所在。历经宋、元、明、清而不衰，故甬人常以"走遍天下，不如宁波江厦"这句话为荣。

10.1.10　上海外白渡桥

上海外白渡桥是中国第一座全钢结构铆接桥梁和仅存的不等高桁架结构桥，同时也是自 1856 年以来在苏州河河口附近同样位置落成的第四座桥梁。由于处于苏州河与黄浦江的交界处，因此成为连接黄浦与虹口的重要交通要道。

现在的外白渡桥于 1908 年 1 月 20 日落成通车。由于其丰富的历史和独特的设计，外白渡桥成为上海的标志之一，同时也是上海现代化和工业化的象征。1994 年 2 月 15 日，上海市人民政府将外白渡桥列为优秀历史保护建筑之一。关于桥名"外白渡桥"的含义至今仍存在着许多的争论，现今已知最早是由上海工部局在 1873 年对原先木桥的称呼。

上海外白渡桥自始建以来，历经 150 余年历史岁月，也曾发生多次重建和修缮。

第一代外白渡桥建于 1856 年，名为"威尔斯桥"，是座木桥。它是由供职于怡和洋行的英国人威尔斯和宝顺洋行的韦韧、霍梅等 20 人集资成立的"苏州河桥梁公司"投资建造的，该公司为国内第一家以桥梁建造为主业的公司制式的组织机构。桥建成后，对过往人、车进行收费，以收回投资。当时桥长 137.25 米，宽 7.015 米，中间设活动桥面，船只通过时起吊活动桥面板，使之通行。

图 10.1.32　上海外白渡桥

由于"威尔斯桥"为木质结构，经不起风雨和水流的长期侵蚀及航船的碰撞，再加上桥梁公司疏于养护管理，在使用几年后，该桥出现了桥基腐烂、桥面倾斜等多处安全隐患。更为甚者，1871 年 5 月，桥基上两根铁柱断裂，造成部分桥身落入苏州河内，交通中断。1873 年 7 月，为恢复交通，在桥东侧建立一座长约 117 米，宽约 12 米，两侧设置各 2 米宽人行道的第二代木桥。由于第二代木桥建在公共花园

（今黄浦公园）附近，因此称此桥为"花园桥"，又称"外摆渡桥"。1873 年 7 月 28 日，公园桥建成后，拆除了原威尔斯木桥。

图 10.1.33 威尔斯桥

19 世纪晚期，由于人口增长，交通流量也加大，公园桥开始不堪重负，而且也时常出现险情。当时，上海经济发展，苏州河两岸之间引入有轨电车，其中杨树浦沿外滩至南京路段需经过公园桥，显然公园桥不能满足此建设要求。1888 年 6 月，上海工部局决定把现有木质公园桥更换成铁桥。经过勘测、设计，直到 1905 年，有两份设计方案，一份"单跨、约 106 米的长桥方案"，另一份为双跨钢桁架方案。综合考虑投资成本、施工技术难度等因素，决定采用钢结构方案，并在媒体上刊登广告，发布设计及施工招标文件。在 17 份投标书中，最终由英国豪沃思·厄斯公司以 1.7 万英镑中标，总承包建设第三代"外白渡桥"。英国达林顿市克利夫兰桥梁建筑公司制作钢构件，威斯敏特市的帕利和比德公司代表上海工部局在英国对桥梁加工件的制作工艺和产品质量进行跟踪实施监理。此桥为中国第一座全钢架结构城市桥梁。

该桥上部结构为下承式简支铆接钢桁架，下部结构为木桩基础钢筋混凝土桥台和混凝土空心薄板桥墩，全桥长度约为 107 米，总宽为 18.26 米，车行道宽 11.06 米。两孔跨径各为 52.12 米，梁底桥高为 5.75 米，桥面铺设电车轨道。1907 年工程竣工，交付使用。有轨电车于 1908 年 3 月顺利通行。上海外白渡桥是上海开埠以来第一座全钢结构桥梁，由当时上海公共租界工部局主持修造，所有钢材从英国进口，由英国工程技术人员负责整座桥梁的设计和施工总承包。

1949 年后，外白渡桥先后经历过大小十余次加固修缮和安全检测。1976 年，上海市城建局对外白渡桥进行全桥负载测试和全面"体检"，发现多处存在不安全因素，例如桥台下沉、桥面渗水、钢结构锈蚀等。为保证桥梁安全运行，市政府决定对外白渡桥进行大修，主要内容有：调换上风撑，加固横梁，补强立柱下弦杆和节点加强板，调换锈蚀严重的钢构件，桥面渗水积水修复等。第三代外白渡桥设计寿命为 100 年，使用到 2000 年之后，运行已超过设计寿命，虽不断进行加固修缮，但也不堪重负，安全隐患日益严重。2008 年 3 月，外白渡桥进行了百年来最大的一次整修。拆除原水泥桥面板，采用整体移桥方式，将上部钢桁架用驳船逐跨拖移至上海船厂进行大修；原有旧墩拆除后重建；对部分桥岸进行综合整治。2009 年 4 月，上海外白渡桥整治修缮一新，回归苏州河上，不仅担负起重要、繁忙的交通任务，也成为上海市著名历史建筑、旅游景点、全国重点文物保护单位。

10.2　中国十大著名古桥

10.2.1　金水桥

图 10.2.1　故宫金水桥

　　北京紫禁城内外共有两处金水桥群。天安门前的七座汉白玉石桥，横跨在金水河上，一般称其为外金水桥。而午门内的金水河上并列横跨着与天安门外金水桥形制同样的五座单孔石拱桥，称为内金水桥。外七座金水桥现统称为金水桥。

　　由于天安门城楼是中华人民共和国第一面五星红旗升起的地方；也是毛泽东向全世界宣告"中华人民共和国中央人民政府成立了"的历史见证地。天安门是中华人民共和国的象征，而门前的金水桥也不容置疑地具有了深厚的政治意义和历史意义，成了全国人民乃至世界人民向往的地方。

　　天安门前的七座三孔石拱桥，其中五座对应着天安门内五个城门，东西两侧还各有一座同类型三孔石拱桥，东边石桥对应太庙（今为北京市劳动人民文化宫），西边石桥对应社稷坛（今为中山公园）。金水桥始建于明代初期，为木桥，明正统二年（1437 年）改建为石桥，清康熙二十九年（1690 年）扩建成现今规模的七座三孔汉白玉石拱桥。金水桥居中一座名为御路桥，全长 42 米，桥身长 23.15 米，宽 8.55 米，拱券最大跨径 5.5 米，每侧有汉白玉望柱 20 根，中间嵌有栏板，望柱上雕刻祥云蟠龙，非常精致。封建王朝时期，此桥为皇帝出入专用。御路桥两侧为王公桥，桥全长 37.6 米，宽 5.78 米，每侧各有 18根望柱，中间嵌有栏板，桥头有抱鼓石，其时仅供皇室人员及亲王大臣通行。两王公桥外侧为品极桥，桥全长为 34.97 米，宽 4.66 米。形制如同王公桥，其时供三品及以上文官武将通行。品级桥东、西两侧约 50 米处为两座公生桥，桥长 26.43 米，宽为 11.87 米，两侧各有 12 根望柱，中间嵌有栏板，供四品及以下文武官员，太监、工役、侍兵通行。七座石桥中，只有中间的御路桥望柱头上刻有祥云蟠龙，其他则无，由此可见当时皇权至高无上，皇帝也号称真龙天子。由于大气污染和酸雨长期侵蚀，加之游览人员触摸，桥上望柱、栏板及其雕刻形态受到破坏日益严重，现用有机硅保护剂涂刷，定期保护免蚀。

图 10.2.2　金水桥的柱上刻着龙和凤

内金水桥是指位于故宫大和门前同为金水河上横跨着的五座单孔石拱桥。五座桥从中间向两侧随金水河弯曲成弧形布置，桥身中间狭两端宽，内金水桥这种截面变化，与桥面拱形的曲线变化相得益彰，显示出金水桥的造型美感。其规模几何尺寸逐渐递减，以示意通行人员等级差别。中间为御路桥，专供皇帝通过，望柱上刻有祥云蟠龙，显示皇权至上。两侧分别为王公桥及品级桥，其功能及通行人员身份与外金水桥一致。

10.2.2　赵州桥

赵州桥位于河北省赵县洨河之上，又称安济桥，由于赵县古称赵州，所以大量文献将之称为"赵州桥"。赵州桥在世界上首先采用了矢跨比较小的圆弧敞肩拱桥结构，其大拱券两侧各设置大小不等的空腹式小拱，也称为敞肩式圆弧拱，因此称赵州桥为单孔大跨度敞肩式圆弧石拱桥。赵州桥是目前世界上建设年代最早、单孔跨度最大、保存最完好的单孔圆弧形石拱桥。该桥建于我国隋开皇十五年至大业元年（596 年—606 年），经考证由隋代工匠李春设计、施工，距今已有 1400 多年历史，具有重要的历史、经济、科学和文化价值，为第一批全国重点文物保护单位。

赵州桥其全长 64.4 米，主拱净跨 37.02 米，拱顶宽 9 米，拱底宽 9.6 米，矢高 7.23 米，矢跨比 1∶5.12。主拱券上设有 4 个小拱，布置于两侧主拱肩上，两端第一个小拱净跨 3.81 米，第二小拱净跨 2.8 米。敞肩式结构石拱桥既节约了用料，又减少了桥梁自重，在水量剧增时能增加过水面，减少洪水对桥梁的冲击，保障桥梁安全稳定。赵州桥大小拱券两侧相邻拱石之间采用腰铁嵌入相连，各道拱肋之间相邻拱石在拱背上也采用腰铁相嵌，将整个拱圈连成一体，进一步提高了桥梁的稳定性。赵州桥全桥两侧栏杆共有望柱 44 根，栏板 42 块，栏柱上的雕刻极其精美，雕刻图案有多种姿态之蛟龙、面兽、花枝、翠竹等。桥栏中部有 10 块栏板，雕有 32 条腾空驾雾之蛟龙，12 根望柱上雕有 24 条若动欲飞的蛟龙。在拱顶两侧嵌入两只意为镇水护桥的龙子赑屃（也有说是"霸下"）。1400 多年前建造的赵州桥至今仍横跨在洨河

图 10.2.3　赵州桥

图 10.2.4　赵州桥上的精美雕刻

之上，供行人通行、科学考察、旅游赏景。赵州桥敞肩式结构的应用，是世界建桥史上划时代的创举，在桥梁发展史上起到里程碑的作用，为后来桥梁结构设计起到了示范性的效应。

10.2.3　卢沟桥

卢沟桥横跨于北京市丰台区永定河上，永定河又称卢沟河，桥因河得名。卢沟桥是北京现存最古老的一座联拱石桥，"卢沟桥上狮子数不清"，此桥望柱上有历代雕刻的大小石狮 501 只（其中 2 只为象形），举世闻名。卢沟桥更因 1937 年 7 月 7 日侵华日军发动"卢沟桥事变"（史上又称"七七事变"），发起全面侵华战争而震惊全世界，由此爆发了全国全面抗日战争。经过 8 年艰苦卓绝的斗争，中华民族最终取得了抗日战争的伟大胜利，由此，卢沟桥也载入了我国抗日史册，成为家喻户晓之名桥。

卢沟桥建于金大定二十九年（1189 年），于明昌三年（1192 年）竣工建成，至今保持着原有的风貌特征。卢沟桥全长 268 米，桥面净宽 7.1 米，全宽 9.4 米。现有桥孔 11 个，其跨径 13.80～15.40 米不等，中心孔径为最大，然后向两端依次递减。拱券为半圆形，桥墩采用重力式厚墩，呈平面船形状态，其上游墩首是高大的分水尖，在每个分水尖上安装了三角形铁件，包住分水尖顶端，以破解冬季时上游顺水而下的冰块及其他杂物，确保桥墩稳固安全。卢沟桥在桥墩、桥身和拱券等重要部位都采用腰铁将石料相互紧密连接，形成整体结构。

卢沟桥上精雕细刻的大小不一 501 只石狮（其中 2 只为石象），是我国石雕艺术的精华。卢沟桥面两侧有望柱 281 根，中间栏板共 279 块。据 1983 年卢沟桥文物保护所统计，望柱上有大石狮 281 只，小石狮子 11 只，桥上石狮共 492 只，另华表顶部有石狮 4 只，地伏作抱鼓石的石狮 2 只，总计石狮 498 只。1988 年 9 月 3 日二望柱遭雷击受损 3 只石狮（1 大 2 小）被毁，后按一柱一狮复原，现为 497 只（也有文献确定为 501 只、495 只）。由于望柱上石狮历经金、元、明、清四个朝代，时间跨度 800 余年，历代均有修缮，所以桥上石狮神态各异、千姿百态、大小混合，寓意横生，工艺精湛，各具特色，为中华石雕之精华，集石狮雕刻之大成。

图 10.2.5 卢沟桥

图 10.2.6 卢沟桥上的石象

图 10.2.7 卢沟桥上的石狮子

卢沟桥构造特色之一为桥端两侧尽端抱鼓石与众不同。桥东为一对伏地大石狮,头顶护栏望柱;桥西则为一对站立石象,象头紧顶着端部望柱。石桥两端入口处设有八棱柱体华表各一对,共4根,高4.65米,华表顶端各雕蹲姿石狮一只,表情各异,十分有趣。桥西北侧有石碑三座,桥东北侧有一桥亭,内有一座石碑,碑上刻有清乾隆皇帝当年为卢沟桥题写的"卢沟晓月"四个大字。桥西亭内有清康熙皇帝当年的"察永定河诗碑"。

卢沟桥为第一批全国重点文物保护单位。

10.2.4 泸定桥

泸定桥,又称大渡河铁索桥,位于四川省藏族自治州泸定县境内,横跨大渡河。泸定桥既是四川省与西藏自治区和青海省交通上人流、物流的重要交通要道,又是内地入藏的军事要津,始建于清康熙四十四年(1705年),于第二年(1706年)建成。泸定桥为铁索桥,桥全长123.42米,净跨100米,宽2.8米,离水面高14.5米。它由13条锚固于东西两岸桥台背后"卧龙桩"上的铁链组成,其中9根铁链作为底索承重,上铺木板作为桥面,而两侧各有2根铁链作为扶手缆索。每根铁链平均有890个扁环,全桥共有铁环12164个,环环相扣,形成整索。每根铁链长约128米,重约1.5吨,底索与扶手索有小铁索相连接。铁链两端绕过石筑桥台顶部,锚固于桥台背后底部。2座桥台上部建有木结构的桥亭,桥亭飞檐翘角,庄重古朴,具有浓郁的明清建筑风格。桥台离地高约20米,后台修筑6米深的"落井",井底有8根生铁铸成的地龙桩设于井壁上,地龙桩下面再设1根横向的铸铁卧龙桩。卧龙桩每根长3.35米,直径为20厘米,重约900公斤。铁索桥上的13根铁链就固定在这些卧龙桩上,由桥台和桥桩共同承受桥面系的拉力(负载),300余年来不管风吹雨打、水急浪高,巍然屹立在激流汹涌的大渡河上。如今,泸定桥东端竖立着清康熙皇帝书写的《御制泸定桥碑记》大石碑;桥西端立有康熙皇帝御书的《泸定桥》三个大字的桥碑,碑额上刻有"河山统一"四个大字。世纪伟人毛泽东曾写下气壮山河的《七律·长征》:"红军不怕远征难,万水千山只等闲。五岭逶迤腾细浪,乌蒙磅礴走泥丸。金沙水拍云崖暖,大渡桥横铁索寒。更喜岷山千里雪,三军过后尽开颜。"其中就写到了1935年5月29日中国工农红军为粉碎敌人的围堵追截,在昼夜冒雨急行军120公里到达泸定桥的情景。22名红军战士冒着敌军的枪林弹雨,以视死如归的英雄气概,沿着铁链徒手攀爬,穿越桥头熊熊烈火,勇猛冲锋,突破敌军炮火封锁,消灭敌军,取得"飞夺泸定桥"的伟大胜利壮举。由此,泸定桥载入了中国革命的史册,成为全国爱国主义教育示范基地。

泸定桥为第一批全国重点文物保护单位。

图 10.2.8 泸定桥

图 10.2.9 泸定桥老照片

10.2.5　广济桥

广济桥又称湘子桥，位于广东省潮州市东门外的韩江上，是我国一座仅有的梁桥与浮桥相连的组合桥。茅以升先生曾对其评价为"世界上最早的开合式桥梁"。广济桥形态巨大，全长约 518 米，桥面宽 5 米。全桥由三段组成，东段长 283 米，桥墩 13 座，桥孔 12 个，历时 16 年完成；西段长 137 米，有桥墩 10 座，桥孔 9 个，历时 56 年完成。中段长 97.3 米，由 24 只木船用 3 根铁索相连，组成可开可合的浮桥，连接东西两段梁桥。梁桥上建有亭台楼阁，绚丽无比。

图 10.2.10　广济桥

图 10.2.11　广济桥上的亭台楼阁

广济桥建成之后，历经宋、元、明、清及近代时代变迁，遭受自然灾害及战火、人祸等破坏，历朝政府和民间集资曾进行多次重大修缮、改造。现存广济桥仍由梁桥与浮桥组合而成，分东、中、西三段。东段长 283.4 米，计有 12 孔，12 座桥墩，桥台 1 座，跨径 9.4～12.9 米不等；中段长 97.3 米，由 18 只木船相连，每只船长 14 米，宽 3.6 米，中间铺设木板作桥面，组成浮桥；西段长 137.3 米，计有 7 孔，8 座桥墩，跨径 8～17.5 米不等。东西两段中间各有 1 个跨径较大的孔道便于通航。东西石梁桥上建有形式多样、具有潮州地区民族特色的桥亭 30 座。桥亭建在桥墩之上。桥亭梁柱上悬挂和雕刻有众多匾额和楹联，其文字充满哲理和地域文化特征，也体现了广济桥所承载的历史文化遗产。有文献称其与河北赵州桥、北京卢沟桥、福建洛阳桥并称为我国"古代四大名桥"。

广济桥为第三批全国重点文物保护单位。

10.2.6　洛阳桥

洛阳桥，原名万安桥，位于福建省泉州市东部的洛阳江入海口处，因江而名，它是我国现存最早的跨海梁式大石桥。洛阳桥于北宋皇祐四年（1053 年）四月动工建设，嘉祐四年（1059 年）十二月建成，工程浩大，前后施工历经 7 年之久，建成了当时举世无双的跨江接海之巨型石梁桥。桥梁全部由花岗石砌筑，初建时桥长 1200 米，宽约 4.7 米，全桥桥墩 46 座，桥孔 47 个，桥上刻有石狮 28 只，建有桥亭 7 座、石塔 9 座、武士石像 4 尊。桥上石梁每孔 7 根相拼而成，两侧为石栏杆，计有栏杆（柱）500 根。洛阳桥自建成以来，共进行过多次修缮复建，现桥长 742.29 米，桥面宽 4.5 米，高为 7.3 米，桥墩 46 座，桥孔 47 个, 全桥栏杆 (柱) 64 根, 雕有石狮 104 只。桥上遗存石亭 2 座, 石塔 7 座, 桥头武士石像 4
尊。桥亭及附近与桥相关的碑刻众多, 有"海内第一桥"之称。

图 10.2.12 洛阳桥

图 10.2.13 洛阳桥独具特色的桥墩

洛阳桥在中国桥梁史上首先采用"筏形基础", 即在江内填石 3 万余立方米, 在江底修筑一条长 500
多米、宽 25 米左右的石堤作为桥基, 在此上部修筑桥墩, 有效增强基础的整体性, 极大地提高了江堤土
石承载力。更为奇特的是在世界上首次提出"种蛎于础以为固的种蛎固基法"。为了巩固基础, 在桥基上
大量养殖海生软体动物牡蛎, 利用牡蛎外壳具有极强附着力和极速繁殖力的特点, 把桥基和桥墩牢固地
粘结成一整体, 抵御水流的冲击。另外, 洛阳桥建设过程中, 建桥工匠采用"浮运架梁法"将每根重达
20 余吨的石梁架到桥墩上, 即利用海水潮涨潮落的水平面不同高差, 巧妙地运到桥墩之间的位置上架设
石梁。洛阳桥建设过程中采用的"筏型基础""种蛎固基""浮运架梁"三大绝技, 可称世界之最。

洛阳桥为第三批全国重点文物保护单位。

10.2.7 "鱼沼飞梁"十字桥

"鱼沼飞梁"实际上是一座具有十字形结构的石梁桥, 位于山西省太原市的晋祠内, 处于晋祠献殿与
圣母殿之间, 桥面呈十字形, 其造型和结构非常少见, 现存晋祠内的"鱼沼飞梁"十字桥是举世实物遗
例。故人以圆形池塘为"沼", 沼池中多鱼, 故常称"鱼沼"; 鱼沼之上架梁, 称之为"飞梁"。此十字桥
池内立 38 根八角形石柱为桥柱, 在柱顶上架横梁及斗栱, 其上为桥面梁板。桥东西长 15.50 米, 宽 5 米;

南北长 18.8 米，宽 3.3 米，桥距地面 13 米，东西向与圣母殿、献殿相连。"鱼沼飞梁"正桥和翼桥（副桥）两侧都设置了汉白玉栏杆，在正桥东头的望柱上，北侧刻"鱼沼"二字，南侧刻"飞梁"二字，全称"鱼沼飞梁"。此十字桥始建于何时，现难以考证，但在北魏水利学家郦道元所著《水经注·晋水》中，已经有了"鱼沼飞梁"的记载，可推断"鱼沼飞梁"始建于北魏之前时代，距今已有 1500 多年历史了。中国著名近代古建筑学家梁思成先生曾说：此式石柱桥，在古画中遇见，实物仅此孤例，洵属可贵。

图 10.2.14　山西太原晋寺内 "鱼沼飞梁"

10.2.8　宝带桥

宝带桥位于江苏省苏州市吴中区葑门外澹台湖口，与京杭大运河相连，始建于唐元和十一年至十四年（816 年—819 年）。该桥是我国现存古桥中桥身最长、桥孔最多、建造时间最早、结构最简练的薄墩联拱石桥，也是一座依傍京杭大运河的人工纤道桥。宝带桥自建成以来几经兴废，1863 年和 1937 年更遭英国和日本侵略者的人为拆塌和炸毁，使古桥残缺不全，历代政府及民间人士多次出资修复。现存宝带桥为 53 孔联石拱桥，桥孔跨径略有差异，最大为 6.95 米，最小为 3.9 米，桥总长 317 米，桥段长 249.8 米，两端为石砌堤岸，北端长 23.4 米，南端长 43.8 米，桥墩呈喇叭形，桥中宽 4.1 米，桥端宽 6.1 米。整桥全由金山石砌筑，拱券为半圆形，榫卯结构，拱券厚 0.16～0.2 米，采用连锁分节并列砌筑法。

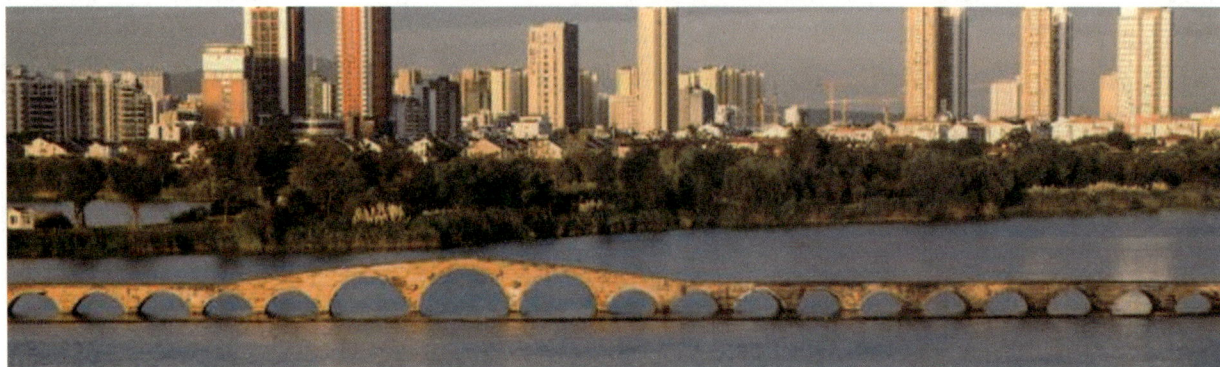

图 10.2.15　江苏苏州宝带桥

宝带桥所处环境属软土地层，故采用木桩为墩基础，桥桩间用石块嵌垫，桩上置条石基础，其上再建桥身，桥券两端拱脚嵌入墩身沟槽内，既减轻桥体重量又扩大桥孔过水面，减少水流对桥墩的冲击。为避免出现桥墩发生连锁坍塌而造成整桥倾覆，故在北端 27 墩处设计成两墩并列构成的刚性墩。宝带桥采用柔刚结合的墩式设计在我国古桥中实属罕见，显示了设计者的匠心独具。

宝带桥中间三孔特别高大，可以通行较大船只，两侧各拱桥面逐渐下降，呈现弓形弧线。在桥的南北各有太湖青石制成的石狮一对，桥北有"镇妖"石塔一座，高约 4 米，桥中部西侧也有白塔一座，两塔形制相同。

图 10.2.16　宝带桥中间三个巨大通航桥孔

2001 年 6 月，宝带桥被列为第五批全国重点文物保护单位。2014 年 6 月，中国大运河被列入世界历史文化遗产名录，宝带桥为遗产点之一。

10.2.9　五亭桥

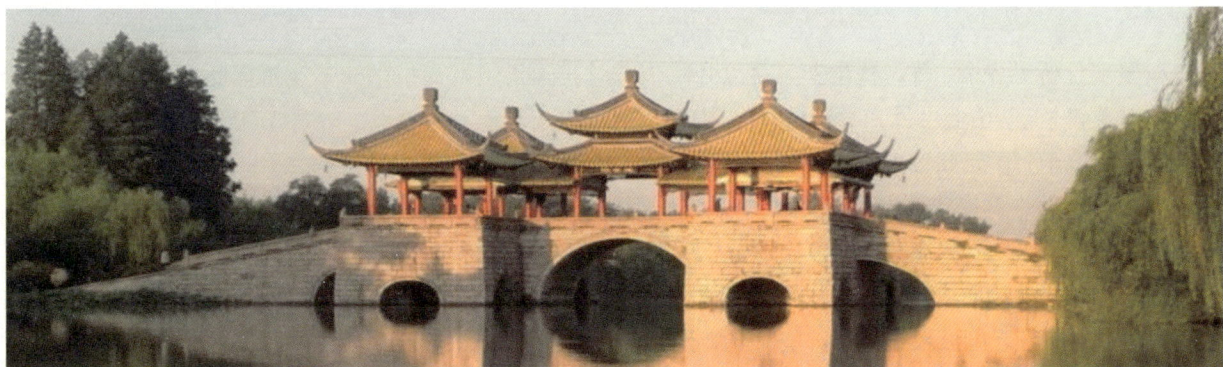

图 10.2.17　五亭桥

五亭桥又称莲花桥，位于江苏省扬州市邗江区瘦西湖风景区内，是扬州市的标志性建筑，也是瘦西湖风景区最具特色的景点。五亭桥是一座石拱亭桥，南北向跨于瘦西湖之上，桥上建有一大四小五亭，故称"五亭桥"。我国著名近代桥梁专家茅以升先生曾赞誉"最具艺术美的桥就是扬州的五亭桥"。

图 10.2.18　五亭桥上一大四小五亭

五亭桥始建于清乾隆二十二年（1757 年），咸丰年间（1851 年—1861 年），桥上五亭及连廊被战火摧毁，光绪年间（1875 年—1908 年）重修；1931 年又遭受水患而局部坍塌，1933 年又予以重修；新中国成立后，政府集资再度整修，恢复原貌，成为扬州胜景。

五亭桥设计奇特巧妙，平面呈"艹"字形，两端有石台阶。桥全长 55.3 米，宽 19.1 米，高约 8 米。桥基由 12 个大小不同的桥墩组成，沿桥主轴线西侧各有 4 个较大桥墩，对称安排，形成互为对称的翼角。桥墩采用长方形青石砌筑，采用灰土、牛血、糯米汁水搅和成粘结剂胶合。桥身为三种不同券洞构成，共计 15 个桥孔。中心桥孔为主孔，跨径为 7.13 米，呈半圆形，可供画舫游船通行；四翼桥孔跨径为 3 米，同为半圆形，共有 12 个，可通南北；而两端石阶下的桥孔则为扇形，可通东西。15 个桥孔，彼此相邻，互为相通。桥上五座桥亭，中间居大，其余四亭分别立于翼角，互为对称。中亭为方形重木檐攒尖顶式，余四亭为方形单檐攒尖顶顶式，围绕主亭。亭间由连廊相接，形成完整屋面，犹如五朵莲花相聚。桥亭内部装饰优美，绚丽多彩；栏板望柱上花卉、石狮雕刻精美，令人赞叹前人工匠的聪明才智。

五亭桥为第六批全国重点文物保护单位。

10.2.10　葛镜桥

我国现代桥梁先驱，著名桥梁专家茅以升院士曾对我国贵州省福泉市的葛镜桥如此评价："北有赵州桥，南有葛镜桥。"由此可见，葛镜桥在我国古代桥梁中的地位。

葛镜桥位于我国贵州省福泉市城东南 2.5 公里处，横跨在麻哈江两岸的绝壁之上。桥全长 52 米，宽 5.5 米，高 30 米。桥在两岸绝壁之上起尖拱，借助江心中礁石和平台基础建分水尖桥墩，为三孔非对称变截面厚墩联拱大石桥。三孔拱高分别为 9.61 米、7.9 米、5.02 米。该桥设计奇妙，用材考究，工艺精湛，全部石块采用干砌法叠垫而成，之间无任何粘结材料，历经 400 多年风雨侵袭，洪水冲击，而桥石坚固如初。桥面设有望柱，柱之间嵌入石栏板。望柱上雕石狮、石象、和尚头；栏板上雕刻太极、莲花、画戟等图案。

葛镜桥由明代云南兵备道葛镜从任上辞官回乡出资建造，曾二建二毁，然葛镜锲而不舍，采取"绝壁起拱，借礁筑墩"的优选方案，三建葛镜桥。从明万历十六年（1588 年）始至明万历四十六年（1618 年），历时 30 年，终将大桥建成。时云贵总督张鹤鸣撰写了《葛镜桥碑记》，刻碑立于桥头。

茅以升先生主编的《中国桥梁技术史》中评价其为"工程艰巨，雄伟壮观，为西南桥梁之冠。"著名桥梁专家罗英先生在《中国石桥》一书中将其列为"中国十大名桥"之一，并且认为"葛镜桥一整套独特的造桥技术还有尚未破解之谜，今天仍有值得深入研究的价值。"2006 年，文物部门对葛镜桥进行了一次较大规模的修缮，将历代破损和遗失的桥诗碑、记事碑部分重新复制，立石于桥畔，丰富了古桥的文化历史记载。

葛镜桥为第六批全国重点文物保护单位。

图 10.2.19 贵州福泉葛镜桥

10.3 中国古桥之最

10.3.1 最早的浮桥（渭水桥）

我国历史上记载最早的浮桥是西周初架设在渭水上的浮桥。《诗经》中说到，周文王娶亲，"亲近于渭，造舟为梁"。这说明我国在 3000 年前已经有了浮桥。

10.3.2 最早的竹索桥（珠浦桥）

四川成都灌县都江堰上的珠浦桥是我国最长的竹索桥，全长 340 米，8 个桥孔，其中最大的孔径为 61 米，由 24 根竹索结成，每 3 年更换一次，它的历史可追溯到唐代，是我国建桥史上的杰出创造。1964 年，当地政府将竹索桥的承重部分改为铁链索。当地百姓也将它称为"安澜桥"，从此再也不怕岷江的狂澜了。

图 10.3.1 四川都江堰珠浦桥

10.3.3　最早的铁索桥（霁虹桥）

云南省澜沧江上的霁虹桥，是我国现存最早的铁索桥，它比四川大渡河上的泸定桥还要早建成 200 多年。这座铁索桥横跨于保山市水寨乡和永平县杉阳乡之间对峙的悬崖上。汉代在此开设渡口，称之为"兰津"，到明成化年间（1465 年—1487 年）改建为铁索桥了。

图 10.3.2　云南保山霁虹桥

10.3.4　最长的古石梁桥（安平桥）

位于福建省泉州市西安海镇上的安平桥是我国最长的古石梁桥，由花岗石和砂石构筑而成，它横跨于晋江，一端是晋江的安海镇，另一端是南安的水头镇。建于南宋绍兴八年（1138 年），历经 14 年，于绍兴二十二年（1152 年）终于竣工建成。据 1957 年普查数据：桥长 2070 米，桥宽 3～3.8 米，共有桥墩 314 座。桥墩是由花岗石条石交叉层层叠砌而成。桥面两侧有石护栏，护栏望柱头上雕有狮子、蟾蜍等动物形象。由于桥长超过 5 里路，当地民众又将此桥称为"五里桥"。据传建桥所需巨石都由大海对岸金门岛开采，通过船海运而来。桥上建有具宋代特征的 4 座方形 1 座圆形的小石塔及 2 尊威武的武士像和 5 座供人途中休息的"憩亭"，亭柱上有副对联："世间有佛同此佛，天下无桥长此桥"。在桥的入口处还建了 1 座高 22 米的五层六角形砖塔。此桥为全国重点文物保护单位，距今已有近 900 年的历史了。

图 10.3.3　福建晋江安平桥

10.3.5　最早的开闭桥（广济桥）

　　广东省潮州市广济桥，又名"湘子桥"，始建于南宋乾道七年（1171年），初为浮桥，横跨于韩江，后被洪水冲毁（1174年—1189年间）。后由太守常炜建墩重修之。至1228年，历经数任官员，花了54年时间，终究建成。之后，又历经多年，多任官员努力，建了13墩，建起了东西二桥，中间仍用浮桥相连，形成梁桥—浮桥—梁桥的开闭桥格式。现东段桥墩12个，桥台1个，12孔，长283.4米；西段桥墩8个，7孔，长137.3米；浮桥长97.3米，用18只木船相连搭成浮桥。广济桥全长518米。各孔径大小不一，为8～17米，桥宽5米。当有船只、筏排需通过时，浮船就散开，事后再合龙。广济桥始建于南宋，经南宋、元、明三代，历时300多年，建成我国最古老的开闭式桥梁。而且，桥墩上还建有十分壮观和优美的亭阁。有民谣称："潮州湘桥好风流，十八梭船二十四洲，二十四楼台二十四样，二只大牛一只溜。"广东潮州广济桥这是我国最早的开闭式桥梁，也是世界上开闭式桥梁的鼻祖。广济桥（湘子桥）于2003年11月起进行全面大维修，总体按照明代风格结合现代旅游观光文化需要进行，至2007年竣工。广济桥是全国重点文物保护单位，至今有800年的历史。

图10.3.4　广东潮安广济桥

10.3.6　最早的敞肩石拱桥（赵州桥）

　　河北省赵县的赵州桥（安济桥）是目前学术界公认的我国现存最早的石拱桥，它位于赵县城南2.5公里的洨河上，离石家庄40多公里。赵州桥建于隋大业年间（605—618年），是由杰出工匠李春设计和领衔建造的。它是一座弧形单孔石拱桥，全长50.82米。单孔跨径37米，桥面宽约9.6米，用厚0.3米的条石铺筑。全桥两侧金刚墙上各辟2个券洞，形成"敞肩拱"，其结构形式为世界首创。法国泰克河上的赛雷桥，类似赵州桥，只存在300余年就坍塌了。赵州桥较之早700年，至今已有1400多年的历史，还在正常使用。它为第一批全国重点文物保护单位。

图 10.3.5　河北赵县赵州桥

10.3.7　最重的石梁桥（虎渡桥）

福建省漳州市九龙江上的虎渡桥（江东桥），建于南宋嘉定七年（1214年）。每根石梁约20米长，1米多宽，1米多厚，最长的一根梁重207吨（长23.7米、宽1.7米、高1.9米）。该桥与泉州洛阳桥、晋江安平桥、福清龙江桥合称为"福建四大石桥"。《中国古代建筑》书中第一章就写道："虎渡桥重达200吨的石梁，工匠们如何把它们架在波涛汹涌的激流之上，至今仍然为之惊叹。"

图 10.3.6　福建漳州虎渡桥

10.3.8　最小的古石拱桥（引静桥）

位于江苏省苏州市十全街区内著名的古代私家花园网师园内的引静桥，为我国至今发现的最小石拱桥，其架于园内彩霞池东南流向的小溪之上。网师园始建于南宋时期（1127年—1279年），旧为宋代藏书家、官至侍郎的扬州文人史正志的"万卷堂"故址，花园名"渔隐"。至清乾隆年间（约1770年）由时任光禄寺少卿的宋宗元购之重建，取园名为"网师园"。网师园为江南名园，苏州四大名园之一，全国

图 10.3.7　苏州网师园内引静桥

重点文物保护单位。

　　网师园内"引静桥"全长 2.5 米，整桥宽 0.94 米，桥跨为 1.3 米，拱顶厚 0.2 米，石栏板高 0.2 米，因两人在桥上不能相对通过，而步行过桥也仅三步之距，故引静桥又称"三步桥"。该桥虽然小巧，但基本健全石拱桥所具备的特征，堪称江南私家花园中的石桥精品。

　　引静桥为至今发现的全国园林中的最小石拱桥。

10.3.9　最小的古石梁桥（锦带桥）

　　浙江省杭州市西湖景区孤山西泠印社内有一"文泉"，文泉为印社四泉（印泉、潜泉、文泉、闲泉）之一。清光绪七年（1881 年）俞樾于泉北山崖上题刻"文泉"二字，并作跋语。崖壁上尚镌刻由清代大金石家钟以敬书写的"西泠印社"四个篆体大字。西泠印社，创建于清光绪三十年（1904 年），吴昌硕为第一任社长。印社致力于"保存金石、研究印学、兼及书画"，是海内外研究金石镌刻历史最久、成就最高、影响最广的国际性研究印学、书画的民间艺术团体，享有"天下第一名社"之誉。2001 年 6 月被公布为第五批全国重点文物保护单位。

　　文泉侧溪流上有一花岗石梁桥，名为锦带桥。桥旁有小龙泓洞，周边尚有观世音造像、失亭、奕隐遗枰、袁救雕刻、邓石如雕像、吴昌硕雕像等。桥台两端岩石路面与桥面接平，桥面为两条石板，呈微梯形摆放。经实测，南侧桥板长为 1.56 米，北侧桥板长为 0.95 米，中间拼接部分长为 1.28 米；南侧条石宽 0.47 米，北侧条石宽 0.48 米，全桥宽为 0.95 米；桥板石厚 0.18～0.20 米不等，桥跨为 0.89 米，桥上无栏杆。桥南侧桥面边上立桥碑一座，由上下两块石组成，上面块石为长 0.72 米、宽 0.71 米、高 0.19 米，约显锥台形，上大下小，在南侧面上刻有"锦带桥"三字，为醒目字上现涂刷绿色油漆。台座同为锥台形，上部长 0.38 米、下部长 0.34 米、宽 0.28 米、高为 0.52 米，材料为紫石。浙江海盐县绮园，原系私家花园，现为公园，在假山上有旱平梁小桥一座，有两块条石板直接搁置在两端山石上，长 1.4 米、宽 0.7 米、梁板厚 0.12 米，离地高约 2.8 米。桥无名。

　　杭州西泠印社内锦带桥和海盐绮园无名桥属园林桥，仅供行人两步跨溪通行，其几何尺寸比苏州网师园内"引静桥"更为小型，为目前发现的全国现存最小石梁桥。

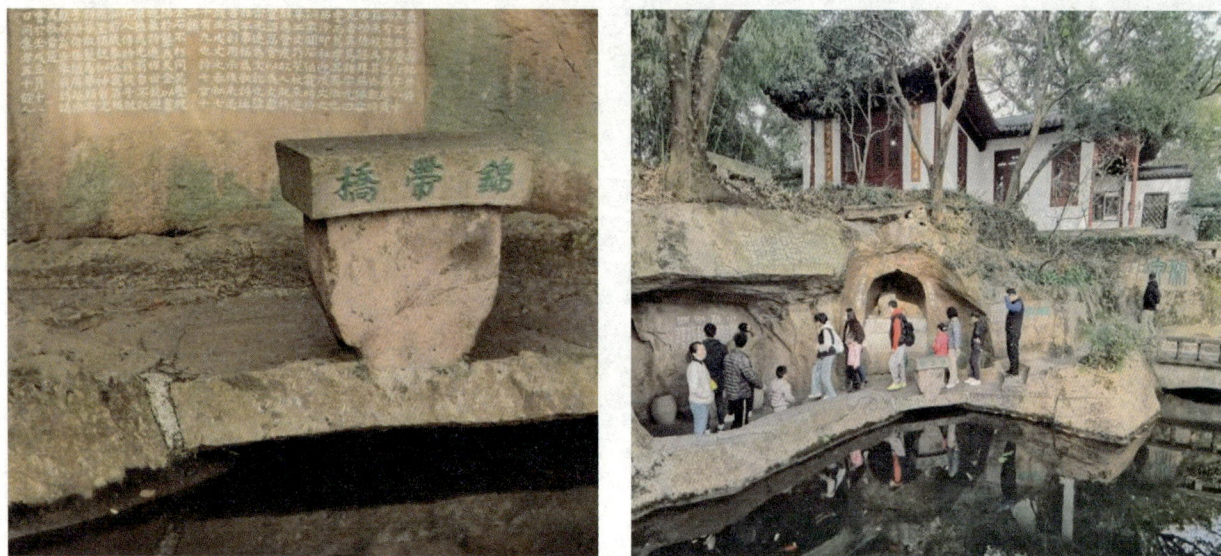

图 10.3.8 杭州西泠印社内锦带桥

10.3.10 最多桥孔的古石桥（宝带桥）

我国现今保存完整的古石桥中，苏州宝带桥桥下孔洞最多。它位于江苏省苏州市葑门外长桥村，横跨于与京杭大运河相连的渗台湖口上。其桥长之长，桥孔之多均为全国之最。宝带桥始建于唐元和十一年至十四年（816 年—819 年），至今已 1200 多年历史，但屡建屡毁，现存石桥为 1956 年政府出资按原貌修复。宝带桥由花岗石砌筑，桥长 317 米，桥面宽 4.1 米，桥下共有桥孔 53 个，中间 3 孔特别高大，可供船只通行。宝带桥为柔性墩与刚性墩相结合的薄墩联拱石桥，实为全国所罕见。宝带桥为全国重点文物保护单位。

图 10.3.9 江苏苏州宝带桥（53 孔）

10.3.11 最早的石梁桥（安平桥）

我国现存最早的石梁桥为福建省晋江市的安平桥，又称"五里桥"。安平桥坐落在福建省晋江市安海镇与南安市水头镇海面之上，始建于南宋绍兴八年（1138 年），历经 14 年，于绍兴二十二年（1152 年）才正式竣工。安平桥不仅是我国现存最早的石梁桥，也是世界上建设最早的石梁桥。据 1957 年实地调查数据，桥长 2070 米，宽 3～3.8 米不等，建有桥墩 314 座，以巨型花岗石石板架于桥墩之上作为桥面，桥面两侧设有桥栏板和望柱。桥面梁板宽大厚实，两墩之间最大桥板长 10 余米，大多由七八条石板并列铺设。安平桥桥墩用长条石和方形石纵横叠砌而成，全桥桥墩根据水文情况砌筑成长方形、单边船形、双边船形墩。相邻两墩间距一般为 6～8 米。

安平桥上建有桥亭五座，分别称为水心亭、中亭、宫亭、雨亭和楼亭，亭前有武士石刻雕像，周边保存有历代石碑 13 座。桥两侧水中筑有对称方形石塔四座，圆形塔一座，塔身刻有佛像。桥面望柱上原雕有石狮和护桥将军石像，现已严重风化，待以修复。安平桥号称"天下无桥长此桥"，为全国第一批重点文物保护单位。

图 10.3.10　安平桥

10.3.12　最美的叠梁式木拱廊桥（溪东桥）

被称为最美的叠梁式木拱廊桥——溪东桥位于浙江省温州市泰顺县泗溪镇白粉墙村内。溪东桥始建于明隆庆四年（1570 年），清乾隆十年（1745 年）、道光七年（1827 年）重修。由于是木结构，受自然环境影响，100 多年来屡有修缮。1986 年当地政府、村民筹资出工进行了重大维修。溪东桥为单孔叠梁式木拱廊桥，全长 41.7 米，桥面宽 4.86 米，高 10.35 米，跨径为 25.7 米。桥台由块石砌筑而成，在 4.5 米高程处砌有台阶，向溪面略有倾斜，直角处竖立"将军柱"。各梁下端嵌入长条石内，中节平支作为拱顶，上层五节八根并排，置于下层上方的梁与梁之间，每节皆用"牛头"衔接，形成上下贯穿的八字形拱架，承载来自桥面的负载。桥面铺设木板，纵向立柱4行，立柱共64根，建廊屋15间。廊屋中间3间矗立梁式楼阁，飞檐翘角，十分秀美。廊屋两侧设置风雨板防雨挡风，室内彩绘浓妆淡抹，丰富多彩。两侧桥头分别悬挂木匾，书有"虹气凌虚"和"影摇波月"。整桥稳固协调，美感无比。众多学者公认溪东桥为我国最美叠梁式木拱廊桥。

溪东桥（泰顺廊桥）于2006年5月被公布为全国重点文物保护单位。

图 10.3.11　溪东桥

10.4　全国重点文物保护单位中的桥梁

全国重点文物保护单位（桥梁部分）				
		名称	始建朝代	桥址
第一批	1	赵州桥（安济桥、大石桥）	隋	河北省石家庄市赵县
	2	安平桥（五里桥）	南宋	福建省泉州市晋江市
	3	永通桥（小石桥）	金	河北省石家庄市赵县
	4	大渡桥（泸定桥）	清	四川省甘孜藏族自治州泸定县
	5	卢沟桥	金	北京市丰台区
第二批	1	程阳永济桥	民国	广西壮族自治区柳州市三江侗族自治县
第三批	1	观音桥	宋	江西省九江市庐山市
	2	洛阳桥	宋—明	福建省泉州市
	3	广济桥	宋—明	广东省潮州市
第四批	1	灞桥遗址	隋—元	陕西省西安市
	2	龙脑桥	明	四川省泸县
第五批	1	东渭桥遗址	唐	陕西省西安市

全国重点文物保护单位（桥梁部分）				
		名称	始建朝代	桥址
第五批	2	宝带桥	明	江苏省苏州市
	3	古月桥	宋	浙江省义乌市
	4	如龙桥	明	浙江省庆元县
	5	八字桥	宋	浙江省绍兴市
	6	江东桥	宋	福建省漳州市
	7	小商桥	宋	河南省临颍县
	8	岜团桥	清	广西壮族自治区三江侗族自治县
	9	地坪风雨桥	清	贵州省黎平县
第六批	1	永济桥	明—清	河北省涿州市
	2	单桥	明	河北省献县
	3	弘济桥	明	河北省邯郸市永年区
	4	伍仁桥	明	河北省安国市
	5	太仓石拱桥	元	江苏省太仓市
	6	莲花桥	清	江苏省扬州市
	7	新河闸桥群	宋—清	浙江省温岭市
	8	寿昌桥	宋	浙江省德清县
	9	赤溪五洞桥	宋	浙江省苍南县
	10	泰顺廊桥	清	浙江省泰顺县
	11	闽东北廊桥（包含：溪木拱桥群、弯峰桥、杨梅洲桥、东源桥、百祥桥、千乘桥、万安桥、田地桥、余庆桥）	清	福建省屏南县、寿宁县、柘荣县、古田县、武夷山市
	12	鸣水桥	宋	江西省樟树市
	13	清华彩虹桥	宋—清	江西省婺源县
	14	卞桥	唐—金	山东省泗水县
	15	坪坦风雨桥	清	湖南省通道侗族自治县
	16	波日桥	清	四川省新龙县
	17	葛静桥	明	贵州省福泉市
	18	金龙桥	清	云南省丽江市
	19	双龙桥	清	云南省建水县
	20	鸭绿江断桥	1950 年	辽宁省丹东市
	21	钱塘江大桥	民国	浙江省杭州市
	22	五家寨铁路桥	清	云南省屏边苗族自治县
	23	兰州黄河铁桥	清	甘肃省兰州市
	24	灞陵桥	民国	甘肃省渭源县

全国重点文物保护单位（桥梁部分）			
	名称	始建朝代	桥址
1	沙河古桥遗址	秦、汉	陕西省咸阳市
2	断桥	唐	浙江省杭州市
3	德清古桥群（包括：寿昌桥、永安桥、兼济桥、社桥、普济桥、青云桥、万寿桥）	宋、元、明	浙江省湖州市德清县
4	绍兴古桥群（包括八字桥、光相桥、广宁桥、泗龙桥、太平桥、谢公桥、题扇桥、迎恩桥、拜王桥、接渡桥、融光桥和泾口大桥等12座古桥）	元—民国	浙江省绍兴市
5	处州廊桥	明—民国	浙江省丽水市庆元县、龙泉市、景宁畲族自治县、青田县、松阳县
6	琉璃河大桥	明	北京市房山区
7	下胡良桥	明	河北省保定市涿州市
8	方顺桥	明—清	河北省保定市满城区
9	登瀛桥	明—清	河北省沧州市沧县
10	衡水安济桥	清	河北省衡水市桃城区
11	襄垣永惠桥	金	山西省长治市襄垣县
12	平遥惠济桥	清	山西省晋中市平遥县
13	思本桥	宋	江苏省苏州市吴江区
14	东庙桥	宋	江苏省苏州市吴江区
15	七桥瓮	明	江苏省南京市秦淮区
16	蒲塘桥	明	江苏省南京市溧水区
17	护法寺桥	宋	浙江省温州市苍南县
18	八卦桥	宋	浙江省温州市瑞安市
19	河西桥	宋	浙江省温州市瑞安市
20	西山桥	南宋	浙江省杭州市建德市
21	潘公桥	明—清	浙江省湖州市吴兴区
22	双林三桥	清	浙江省湖州市南浔区
23	北岸廊桥	清	安徽省黄山市歙县
24	龙江桥	宋	福建省福州市福清市
25	宁海桥	元	福建省莆田市涵江区
26	逢渠桥	宋	江西省宜春市宜丰县
27	万年桥	明—清	江西省抚州市南城县
28	太平桥	清	江西省赣州市龙南市
29	永镇桥	清	江西省赣州市安远县
30	玉带桥	清	江西省赣州市信丰县

第七批

		名称	始建朝代	桥址
		全国重点文物保护单位（桥梁部分）		
第七批	31	平阴永济桥	明	山东省济南市平阴县
	32	大汶口古石桥	明—清	山东省泰安市岱岳区
	33	永济桥	明—清	河南省信阳市光山县
	34	文星桥	清	湖南省怀化市通道侗族自治县
	35	广利桥	清	湖南省永州市东安县
	36	安化风雨桥	清、民国	湖南省益阳市安化县
	37	富川瑶族风雨桥群（包括：兴隆风雨桥、双溪风雨桥、环涧风雨桥、青龙风雨桥、集贤风雨桥、毓秀风雨桥、社尾岗风雨桥、锦桥风雨桥、钟灵风雨桥、龙归风雨桥、儒子东门风雨桥、东辕风雨桥、永济福风雨桥、下井风雨桥、阳寿风雨桥、福寿风雨桥、朝阳风雨桥、凤溪新桥风雨桥、鸬鹚塘澜通风雨桥、高桥风雨桥、洪江桥、汉缕桥、寺上桥、步瀛桥、寿隆桥）	明—清	广西壮族自治区贺州市富川瑶族自治县
	38	惠爱桥	清	广西壮族自治区北海市合浦县
	39	泸县龙桥群（包括：苦桥子桥、旧桥、石鸭滩万寿桥、水口寺桥、仙济桥、江安桥、五子函桥、栏湾桥、三元桥、狮洞子桥、梨园桥、金罡桥、龙洞桥、顺对大桥、小龙桥、永济桥、新桥、铁炉滩桥、济众桥、高桥、高阁桥、万寿桥、杨湾桥、白鹤桥、白鹤村观音桥、白思桥、薄刀桥、双龙桥、子母桥、翘墩桥、玉带桥、墩河桥、狮子桥、母猪桥、福水桥、观音桥、蜘蛛桥、龙凤桥、桂花坝桥、保寿桥、如此桥、龙岩新桥、风水桥、金龙桥、鸿雁桥、龙灯桥）	明—清	四川省泸州市泸县
	40	金勾风雨桥	清	贵州省黔东南苗族侗族自治州从江县
	41	沘江古桥梁群（包括：通京桥、彩凤桥、安澜桥、青云桥、惠民桥、水城藤桥、关帝圣君桥、小铁桥等）	明—民国	云南省大理白族自治州云龙县
	42	星宿桥	清	云南省楚雄彝族自治州禄丰县
	43	丰裕桥	清	云南省楚雄彝族自治州禄丰县
	44	桥上桥	清	陕西省渭南市华县
	45	毓秀桥	清	陕西省渭南市韩城市
	46	滦河铁桥	清	河北省唐山市滦县
	47	抗美援朝下河口公路断桥遗址	1950 年	辽宁省丹东市宽甸满族自治县
	48	济南泺口黄河铁路大桥	1912 年	山东省济南市天桥区
	49	武汉长江大桥	1957 年	湖北省武汉市武昌区、汉阳区
	50	渌江桥	1924 年	湖南省株洲市醴陵市
	51	广九铁路石龙南桥	1911 年	广东省东莞市

全国重点文物保护单位（桥梁部分）				
		名称	始建朝代	桥址
第八批	1	原平普济桥	金	山西省原平市
	2	永安石桥	清	辽宁省沈阳市于洪区
	3	垂虹断桥	元、明	江苏省苏州市吴江区
	4	杭州忠义桥	南宋	浙江省杭州市西湖区
	5	南渡广济桥	元、清	浙江省宁波市奉化区
	6	湖州潮音桥	明	浙江省湖州市吴兴区
	7	余姚通济桥	清	浙江省余姚市
	8	金清大桥	清	浙江省温岭市
	9	兰溪通洲桥	清	浙江省兰溪市
	10	池河太平桥	明—清	安徽省定远县
	11	屯溪镇海桥	明—清	安徽省黄山市屯溪区
	12	歙县太平桥	明—清	安徽省歙县
	13	休宁登封桥	清	安徽省休宁县
	14	建瓯值庆桥	明	福建省建瓯市
	15	安阳永和桥	北宋	河南省安阳县
	16	汝宁石桥	明	河南省汝南县
	17	龙泉澧河石桥	明	河南省叶县
	18	澧县多安桥	清	湖南省澧县
	19	津浦铁路淮河大铁桥	1911 年	安徽省蚌埠市蚌山区
	20	涡河一桥	1964 年	安徽省怀远县
	21	川藏公路大渡河悬索桥	1951 年	四川省泸定县
	22	滇缅公路惠通桥	1935 年	云南省龙陵县
	23	畹町桥	1938 年	云南省瑞丽市
	24	滇缅铁路禄丰炼象关桥隧群	1942 年	云南省禄丰县
	25	开远长虹桥	1961 年	云南省开远市

参 考 文 献

[1] 茅以升. 中国古桥技术史[M]. 北京: 北京出版社, 1986.

[2] 唐寰澄. 中国科学技术史: 桥梁卷[M]. 北京: 科学出版社, 2017.

[3] 李国豪. 土木建设工程词典[M]. 上海: 上海辞书出版社, 1991.

[4] 杨志强. 石桥营造技艺[M]. 杭州: 浙江摄影出版社, 2014.

[5] 季海波, 陈伟红. 木拱桥传统营造技艺[M]. 杭州: 浙江摄影出版社, 2014.

[6] 卢曙火. 茅以升和钱塘江大桥[M]. 杭州: 杭州出版社, 2013.

[7] 吴越. 中国古桥[M]. 南昌: 百花洲文艺出版社, 2012.

[8] 梁欣立. 北京古桥[M]. 北京: 北京图书馆出版社, 2007.

[9] 张惠民, 周渝生. 上海的桥[M]. 上海: 华东师范大学出版社, 2000.

[10] 马时雍. 杭州的古桥[M]. 杭州: 杭州出版社, 2006.

[11] 朱永宁. 玉虹万千: 宁波古桥的田野调查与研究[M]. 宁波: 宁波出版社, 2020.

[12] 朱同芳. 江苏古桥[M]. 南京: 南京出版社, 2015.

[13] 上海市金山区档案局（馆）. 唐寰澄文集: 第3册[M]. 上海: 学林出版社, 2018.

[14] 吴礼冠. 图像中国古代桥梁[M]. 北京: 中国建筑工业出版社, 2011.

[15] 吴齐正. 中国十大古桥[M]. 杭州: 浙江摄影出版社, 2022.

[16] 朱惠勇. 中国古桥文化[M]. 北京: 大众文艺出版社, 2011.

[17]《绍兴历史文化丛书》编委会. 绍兴古桥文化[M]. 北京: 中华书局, 2004.

[18] 於贤德. 中国桥梁[M]. 广州: 广东旅游出版社, 1996.

[19] 曹永康. 上海古桥保护研究[M]. 上海: 上海交通大学出版社, 2020.

[20] 孔庆普. 中国古桥结构考察[M]. 北京: 东方出版社, 2014.

[21] 程霏. 闽浙地区贯木拱廊桥营造技艺[M]. 合肥: 安徽科学技术出版社, 2013.

[22] 朱惠勇. 中国古桥雕刻[M]. 沈阳: 沈阳出版社, 2006.

[23] 读图时代项目组. 中国古桥: 汉英对照[M]. 合肥: 黄山书社, 2014.

[24] 李诚. 营造法式[M]. 南京: 江苏凤凰科学技术出版社, 2017.

[25] 苏州市吴中区吴地历史文化研究会. 吴中石雕技艺[M]. 苏州: 古吴轩出版社, 2010.

[26] 朱惠勇. 湖州古桥[M]. 北京: 昆仑出版社, 2003.

[27] 王嫁句, 张锡昌. 江南古桥[M]. 上海: 上海书店出版社, 2004.

[28] 吴齐正. 江南大运河古桥[M]. 北京: 人民交通出版社, 2020.

[29] 吴卓珈. 廊桥营造[M]. 北京: 中国文史出版社, 2015.

[30] 茅以升. 桥梁史话[M]. 北京: 北京出版社, 2016.

[31] 王家伦, 谢勤国, 陈建红. 苏州古石桥[M]. 南京: 东南大学出版社, 2013.

[32] 北京茅以升科技教育基金会中国古桥研究与保护委员会. 中国古桥学[EB/OL]. [2024-09-19]. https://www.mysf.org.cn/Lists/index.html?id=703.

[33] 桐乡市政协文教卫体与文史资料委员会, 桐乡市档案局. 桐乡古桥[M]. 北京: 中国文史出版社, 2014.

[34] 陈明宪. 湖南桥梁[M]. 长沙: 湖南人民出版社, 2010.

[35] 张玉杰. 张工说桥: 800 年风雨卢沟桥, 经历 430 吨重车实验稳如泰山, 中国厚墩厚拱石拱桥典型技术[EB/OL]. (2017-01-31) [2024-09-19]. https://zhuanlan.zhihu.com/p/25054291.

[36] 杨古城, 徐炳明, 曹厚德, 等. 宁波老桥[M]. 宁波: 宁波出版社, 2011.

[37] 朱永宁. 宁波古桥桥联[M]. 宁波: 宁波出版社, 2022.

[38] 郑翰献. 钱塘江文献集成: 第 9 册[M]. 杭州: 杭州出版社, 2014.

[39] 李晓杰. 古桥谈往[M]. 长春: 长春出版社, 2012.

[40] 徐群飞. 宁海古桥[M]. 杭州: 浙江摄影出版社, 2005.

[41] 陈云峰, 张俊. 云南古桥建筑[M]. 昆明: 云南美术出版社, 2008.

[42] 李秋萍. 古桥结构体系及石拱桥的分析、监测评估与保护[D]. 杭州: 浙江大学, 2011.

[43] 潘洪萱. 南宋时期泉州地区的石梁桥[J]. 自然科学史研究, 1985(04): 345-352.

[44] 黄续. 论中国木拱廊桥建筑的营造技艺及其保护策略[J]. 艺术百家, 2013, 29(S2): 87-90.

[45] 张鹰. 闽浙木拱廊桥的建构技术解析[J]. 福州大学学报（自然科学版）, 2011, 39(06): 917-922.

[46] 沈方圆. 折边桥与木拱廊桥的关系研究[D]. 杭州: 浙江大学, 2015.

[47] 蒋烨. 中国廊桥建筑与文化研究[D]. 长沙: 中南大学, 2010.

[48] 李克发. 用"土牛拱胎"法砌筑石拱的经验[J]. 公路, 1958(02): 25.

[49] 刘冰. 河南古桥的造型与雕刻艺术[J]. 中华民居, 2011(10): 93-97.

[50] 乐振华, 徐晓民, 刘舒. 江南古桥石作艺术研究[J]. 现代园艺, 2012, (04): 35-36+82.

[51] 彭靖. 江南水乡古镇的桥文化解读[J]. 艺术设计, 2006(1): 100-101.

[52] 马辉. 中国传统风景园林桥设计理法研究[D]. 北京: 北京林业大学, 2006.

[53] 张永权. 西北古廊桥装饰艺术特征与民俗文化意蕴——以甘肃康县平洛古廊桥为例[J]. 艺术研究, 2013(03): 6-9.

[54] 蒋卫平. 侗族风雨桥装饰艺术探析[J]. 贵州民族研究, 2017, 38(12): 136-139.

[55] 严波, 瞿小佩, 张勇, 等. 苏南古桥建造技术和装饰艺术特征对比研究[J]. 艺术与设计（理论）, 2017, 2(07): 71-73.

[56] 张可永. 寿宁木拱廊桥彩绘泥塑宗教造像研究[J]. 雕塑, 2016(05): 64-66.